개정판

한국어학 개론

개정판

# 한국어학 개론

이석주 · 이주행 지음

보고사
BOGOSA

## 개정판 머리말

　이 책의 초판은 2006년에 발간하였다. 2007년에 신정판을 발간한 지 10년 만에 개정판을 발간하게 되었다.

　그동안 한국어학에 관한 연구가 활발히 이루어졌다. 우리는 그러한 연구 성과를 참고하고, 이 책의 부족한 점을 보완하여 이 개정판을 내기로 하였다.

　이 책이 독자들에게 한국어학을 공부하고 연구하는 데 조금이라도 도움을 주기를 간절히 바란다.

2017년 3월

이석주 · 이주행

# 초판 머리말

　한국어학은 한국어에 대해서 과학적으로 연구하는 학문의 한 분야이다. 즉 이것은 한국어의 음성·음운·문법·의미·화용·담화·역사·교육·정책 등에 대해서 고찰하는 인문 과학의 한 분야이다. '한국어학 개론'은 한국어의 음성학·음운론·문법론·의미론·화용론·담화 분석론·역사·방언론·교육론·정책론 등에 대해서 대략적으로 서술한 것이다. 앞으로 한국어학에 대해서 전공하고자 하거나 한국어학의 본질과 한국어학의 여러 분야에 관해서 개략적으로 알려면 한국어학 개론서를 반드시 읽어야 한다. 우리는 그러한 독자를 위해서 1994년 '국어학 개론'을 발간한 이후 5판을 출간하였다. 그런데 이번에 전반적으로 미흡한 점을 보완하여 '한국어학 개론'이라고 책의 이름을 바꾸어 발행하기로 하였다.

　이 책은 모두 9장으로 이루어져 있다. 제2장 한국어 음성학, 제3장 한국어 음운론, 제5장 한국어 의미론, 제6장 한국어사, 제9장 응용 한국어학 등은 이석주가 집필하였고, 제1장 서론, 제4장 한국어 문법론, 제7장 한국어 문자론, 제8장 한국어 방언론 등은 이주행이 집필하였다. 1994년에 발간한 '국어학 개론'의 제9장에서 다루었던 '사회 한국어학'을 수정 보완하여 제8장 한국어 방언론의 '8.6.2 한국어 사회 방언의 특성'에서 기술하였다. 그 이유는 '사회 방언'도 방언의 일종이기 때문이다.

　우리는 이 책에서 그동안 이루어진 한국어학의 여러 분야에 관한 연구 업적 중에서 가장 보편적인 것을 정선하여 이해하기 쉽게 기술하였다. 이 책은 수많은 한국어학자의 논문과 저서의 덕택으로 햇빛을 볼 수 있게 된 것이다. 그분들께 직접 감사의 뜻을 표하지 못하고, 이 지면을 통해서 대신함을 매우 송구스럽게 생각한다. 부족한 것은 앞으로 끊임없이 수정하고 보완하여 갈 것이다. 독자 여러분의 질정과 조언을 바란다.

　출판계의 어려운 사정에도 불구하고 이 책을 발간하여 주신 보고사 김홍국 사장님과 이 책의 원고를 편집하고 교정하느라 수고하신 편집부원 여러분께 감사의 뜻을 표한다.

2006년 2월 15일
이석주 · 이주행

# 목차

머리말 _ 5


# 제1장 서론

1.1 한국어학의 개념 ·········································································· 15

1.2 한국어학의 연구 분야 ······························································ 16

1.3 한국어학의 연구 방법 ······························································ 21


# 제2장 한국어 음성학

2.1 음성학의 개념 ············································································· 23

2.2 발음 음성학 ················································································· 24

   2.2.1 발음 기관 ············································································· 24

   2.2.2 음성의 분류 ········································································· 27

2.3 결합 음성학 ················································································· 43

   2.3.1 음절 ······················································································· 43

   2.3.2 운율 자질 ············································································· 47

# 제3장 한국어 음운론

3.1 음소론 ······································································ 53

   3.1.1 음소의 정의 ······················································· 53

   3.1.2 음소의 체계 ······················································· 56

3.2 운소론 ······································································ 61

   3.2.1 음장 ································································· 61

   3.2.2 강세 ································································· 63

   3.2.3 고저 ································································· 64

   3.2.4 억양 ································································· 67

3.3 음운 규칙 ··································································· 68

   3.3.1 중화 ································································· 69

   3.3.2 동화 ································································· 70

   3.3.3 축약 ································································· 78

   3.3.4 생략 ································································· 78

   3.3.5 첨가 ································································· 79

   3.3.6 음운 전위 ··························································· 79

   3.3.7 이화 ································································· 80

# 제4장 한국어 문법론

4.1 한국어 문법론의 개념 ······················································ 81

4.2 형태소 ······································································ 83

4.3 단어 ········································································ 87

4.4 품사 ········································································ 100

4.5 활용 ········································································ 130

4.6 문법 범주 ··································································· 133

# 제5장 한국어 의미론

5.1 의미와 의미론 ························································· 154

    5.1.1 언어와 의미 ················································· 154

    5.1.2 의미의 의미 ················································· 155

    5.1.3 의미의 유형 ················································· 156

5.2 단어의 의미 ························································· 158

    5.2.1 의미와 지시 ················································· 158

    5.2.2 의미와 영상 ················································· 159

    5.2.3 의미와 개념 ················································· 160

    5.2.4 의미 특성 ··················································· 160

    5.2.5 다의성 ····················································· 165

    5.2.6 동의어 ····················································· 166

    5.2.7 반의어 ····················································· 168

    5.2.8 명칭 ······················································· 171

5.3 문장 의미 ··························································· 172

    5.3.1 뜻과 지시 ··················································· 172

    5.3.2 단어의 결합과 구문 ········································· 173

    5.3.3 주제 관계 ··················································· 174

    5.3.4 문장의 '진리' ·············································· 177

5.4 담화 의미 ··························································· 179

    5.4.1 대화의 격률 ················································· 180

    5.4.2 대용 표현 ··················································· 181

5.5 화용론 ······························································· 183

    5.5.1 화행(話行) ················································· 183

    5.5.2 전제 ······················································· 185

    5.5.3 직시 ······················································· 187

5.6 언어 규칙 위반 ····················································· 188

5.6.1 변칙 ································································ 188

5.6.2 은유 ································································ 190

5.6.3 관용구 ····························································· 191

5.7 의미 변화 ····························································· 192

5.7.1 의미 변화의 성격 ·················································· 192

5.7.2 의미 변화의 원인 ·················································· 195

5.7.3 의미 변화의 유형 ·················································· 198

# 제6장 한국어사

6.1 한국어사 서설 ······················································· 200

6.1.1 한국어사의 개념과 연구 방법 ········································ 200

6.1.2 한국어사의 시대 구분 ·············································· 202

6.2 한국어의 계통과 형성 ·················································· 204

6.2.1 한국어의 계통 ···················································· 204

6.2.2 한국어의 형성 ···················································· 218

6.3 한국어사 개관 ························································· 220

6.3.1 고대 한국어 ······················································ 220

6.3.2 전기 중세 한국어 ·················································· 221

6.3.3 후기 중세 한국어 ·················································· 222

6.3.4 근대 한국어 ······················································ 225

6.3.5 현대 한국어 ······················································ 228

6.4 한국어의 변천 ························································· 229

6.4.1 한국어 음운의 변천 ················································ 229

6.4.2 한국어 어휘의 변천 ················································ 247

6.4.3 한국어 문법의 변천 ················································ 253

6.4.4 한국어 표기법의 변천 ·············································· 275

# 제7장 한국어 문자론

7.1 문자의 본질 ································································· 285

    7.1.1 문자의 정의 ····················································· 285

    7.1.2 문자의 특성 ····················································· 286

    7.1.3 문자의 종류 ····················································· 287

7.2 차자 표기 ······································································· 297

    7.2.1 향찰 표기법 ····················································· 297

    7.2.2 이두 표기법 ····················································· 299

    7.2.3 구결식 표기 ····················································· 301

7.3 훈민정음 ········································································ 302

    7.3.1 훈민정음의 창제 의의와 목적 ···························· 302

    7.3.2 훈민정음의 제자 원리 ····································· 303

    7.3.3 훈민정음의 체계 ············································· 305

7.4 한글 맞춤법의 원리 ······················································ 309

# 제8장 한국어 방언론

8.1 방언의 본질 ································································· 316

    8.1.1 방언의 개념 ····················································· 316

    8.1.2 방언의 분류 ····················································· 317

    8.1.3 표준어와 방언 ················································· 319

8.2 한국어 방언론의 개념과 연구 방법 ································ 321

    8.2.1 한국어 방언론의 정의와 분류 ···························· 321

    8.2.2 한국어 방언론의 연구 목표와 연구 방법론 ·········· 322

8.3 방언 조사 방법 ····························································· 325

    8.3.1 조사 항목의 설정 ············································· 326

8.3.2 질문지 ···································· 328

8.3.3 질문법 ···································· 329

8.3.4 조사 지점 ································· 332

8.3.5 제보자 ···································· 332

8.3.6 현지 조사자 ····························· 333

8.3.7 면담 ······································· 334

8.3.8 전사 ······································· 334

8.3.9 자료의 정리 ····························· 336

8.4 언어 지도 ·········································· 337

8.4.1 언어 지도의 정의 ······················ 337

8.4.2 언어 지도의 종류 ······················ 337

8.5 등어선과 방언 구획 ······························· 342

8.5.1 등어선 ···································· 342

8.5.2 등어선속 ·································· 346

8.5.3 등어선의 등급화 ························ 346

8.5.4 방언 구획 ································· 351

8.6 한국어 방언의 특성 ······························· 354

8.6.1 한국어 지역 방언의 특성 ·············· 354

8.6.2 한국어 사회 방언의 특성 ·············· 381

# 제9장 응용 한국어학

9.1 한국어 교육학 ···································· 406

9.2 심리언어학 ········································ 408

9.3 임상언어학 ········································ 412

9.4 한국어 정책론 ···································· 414

9.4.1 한국어 문제 ·················································································· 415

9.4.2 국자 문제 ···················································································· 416

9.4.3 한국어 교육 문제 ············································································ 417


참고 문헌 _ 419

찾아보기 _ 432

# 제1장
# 서론

## 1.1 한국어학의 개념

한국어학(韓國語學)이란 한국어의 여러 현상에 대하여 연구하는 학문의 한 분야이다. 즉 한국어학은 한국어의 음운 체계, 어휘 체계, 통사 체계, 의미 체계 등과 한국어의 역사, 한국어 연구의 역사, 한국어와 계통이 같은 언어와의 비교 연구, 한국어의 문체 연구, 그리고 한국어를 표기하는 문자에 관하여 연구하는 것이다. 그리고 한국어학은 한국어 교육, 한국어 정책, 한국어와 사고방식과의 관계, 사회 계층별·성별·연령별 한국어의 특성, 한국어의 습득 과정 등에 대하여도 연구하는 것이다.

여기에서 '한국어(韓國語)'는 '대한민국의 언어'를 뜻한다. 한국어는 분류 준거에 따라 여러 가지로 구분된다. 시대에 따라 고대어(古代語)·중세어(中世語)·근대어(近代語)·현대어(現代語) 등으로 나뉘고, 표현 수단에 따라 구어(口語)와 문어(文語)[1]로 양분된다. 또한 용도에 따라 일상어(日常語)와 문학어(文學語)로 구분되고, 표준 여부에 따라 표준어(標準語)와 비표준어(非標準語)로 나뉘기도 한다. 그리고

---

1) '구어(口語)'를 '입말' 또는 '음성 언어(音聲言語, oral language)'라 일컫고, '문어(文語)'를 '글말' 또는 '문자 언어(文字言語, written language)'라고 일컫기도 한다.

연령 및 세대에 따라 10대어(十代語)·30대어(三十代語)·50대어(五十代語) 등으로 구분되고, 사회 계층에 따라 상류 계층어(上流階層語)·중류 계층어(中流階層語)·하류 계층어(下流階層語) 등으로 나뉘기도 하며, 성별(性別)에 따라 남성어(男性語)와 여성어(女性語)로 양분되기도 한다. 이 밖에 지역에 따라 서울 방언, 경기도 방언, 충청도 방언, 강원도 방언, 황해도 방언, 전라도 방언, 경상도 방언, 제주도 방언, 함경도 방언, 평안도 방언 등으로 나뉘기도 한다. 요컨대 한국어학은 이러한 한국어의 여러 현상을 살펴 그 특성을 밝히고 체계화하는 학문인 것이다.


## 1.2 한국어학의 연구 분야

그동안 사람들의 지혜의 발달과 더불어 여러 학문이 다양하고 정밀하게 발전하여 왔다. 한국어에 대한 연구도 그와 같은 과정을 거쳐 오늘날에 이르렀다. 한국어학의 연구 분야는 연구 대상과 방법에 따라 이론한국어학(理論韓國語學, Theoretical Korean Linguistics)과 응용한국어학(應用韓國語學, Applied Korean Linguistics)으로 양분된다. 이론한국어학은 한국어 음성학, 한국어 음운론, 한국어 문법론, 한국어 의미론, 한국어 화용론, 한국어 담화 분석론, 텍스트 한국어학, 한국어사, 한국어학사, 한국어 계통론, 한국어 문자론 등으로 세분된다. 응용한국어학으로는 한국어 방언론, 한국어 교육론, 심리 한국어학, 한국어 문체론, 임상한국어학, 전산한국어학, 한국어 화법론 등이 있다.

**한국어 음성학**(韓國語音聲學, Korean Phonetics)  한국어 음성학은 한국어 음성의 기능을 고려하지 않고 한국어의 음성에 관해서 연구하는 분야이다. 즉 이것은 한국어 음성이 생성될 때에 발음 기관이 어떻게 작용하며, 음성이 전달될 때에 어떤 물리적 현상이 일어나고, 음성이 어떻게 청취되는지 등에 관하여 연구하는 분야이다.

각 음성은 뇌 속에 존재하는 음운 체계에 따라 발성되고 분류되는 것이다. 그러한 의미에서 한국어 음성학은 한국어 음운론(韓國語音韻論)의 한 하위 분야라고 할 수 있다(제2장 참조).

**한국어 음운론**(韓國語音韻論, Korean Phonology)  한국어 음운론은 한국어 체계 내에서 음성이 가지는 기능을 고려하여 음운에 관해서 연구하는 분야이다. 즉 이것은 한국어의 음성들이 한국인의 뇌에서 어떠한 구조로 인식되고 있으며, 그것이 달라짐에 따라 어떠한 규칙이 필요한지 등에 대하여 연구하는 분야이다(제3장 참조).

**한국어 문법론**(韓國語文法論, Korean Grammar)  한국어 문법론은 한국어 단어의 내적 구조를 지배하는 규칙과, 단어들이 결합하여 문장을 구성하는 원리에 대하여 연구하는 분야이다.[2] 한국어 단어의 내적 구조를 지배는 규칙에 관하여 연구하는 분야를 한국어 형태론(韓國語形態論, Korean Morphology)이라 하고, 한국어의 단어들이 결합하여 문장을 구성하는 원리에 대하여 연구하는 분야를 한국어 통사론(韓國語統辭論, Korean Syntax)이라고 한다(제4장 참조).

**한국어 의미론**(韓國語意味論, Korean Semantics)  한국어 의미론은 한국어 단어와 문장의 의미에 관하여 연구하는 분야이다. 단어의 의미에 대하여 연구하는 분야를 어휘의미론(語彙意味論, Lexical Semantics)[3]이라 하고, 문장의 의미에 관해서 연구하는 분야를 통사 의미론(統辭意味論, Syntactosemantics)이라고 한다(제5장 참조).

**한국어 화용론**(韓國語話用論, Korean Pragmatics)  한국어 화용론은 한국어의 언술(言述)에 관해서 화자(話者)와 언술이 표현된 상황(context)과 관련지어 연구하는 분야이

---

2) 변형생성문법론자(變形生成文法論者)들 가운데 일부는 문법론을 더욱 넓은 의미에서 언어 구조 전체, 즉 음운론·통사론·의미론의 총괄적 언어 이론으로 간주한다.

3) 단어의 의미와 구조, 그 형성 방법 등에 관해서 연구하는 분야를 어휘론(語彙論, Lexicology)이라고 일컫기도 한다.

다. 이것을 넓은 의미의 의미론에 포함하여 논의하기도 한다(제5장 참조).

**한국어 담화 분석론**(韓國談話分析論, Korean Discourse Analysis)  한국어의 담화를 분석하여 담화의 의미와 구조 관계 등을 규명하는 한국어학의 한 분야를 한국어 담화 분석론이라고 한다. 이것의 주된 관심사는 의사소통을 위한 담화 사용의 양상 즉 언어적 소통의 과정이나 구조, 의미, 유형 등의 특성을 밝히는 데 있다.

**텍스트 한국어학**(Text Korean Linguistics)  한국어로 표현된 텍스트의 특성—응집성, 결속성, 의도성, 용인성, 정보성, 상황성, 상호 텍스트성—을 연구하는 분야를 텍스트 한국어학이라고 한다. 텍스트는 현실적 시간 안에서 의사 전달을 목적으로 하는 의사소통 행위 속에서 실현되는 언술의 단위이다. 텍스트 한국어학은 한국어의 최소 단위를 분석하거나 문장의 통사 규칙을 가려내는 것 등 한국어의 정적(靜的)인 체계와 구조에 대한 이론이 아니라 인간이 의사소통을 목적으로 활용하는 자연 언어의 구성체, 즉 텍스트의 과학이다.

**한국어사**(韓國語史, History of Korean Language)  한국어사는 한국어의 역사에 대하여 연구하는 분야이다. 즉 이것은 한국어가 이 지구상에 생긴 이래 음운 체계, 어휘 체계, 통사 체계, 의미 체계 등이 어떤 변화를 거쳐 현시점에 이르게 되었는지에 관해서 체계적으로 설명하고 기술하는 분야이다. 한국어사를 '한국어 변천사' 혹은 '한국어 발달사'라고 일컫기도 한다(제6장 참조).

**한국어학사**(韓國語學史, History of Korean Linguistics)  한국어학사는 역대(歷代)의 한국어학자들이 한국어에 대해서 연구한 바를 통시적으로 고찰하는 분야이다. 즉 이것은 그동안 이루어진 한국어 연구의 결과를 평가하여 한국어 연구의 새로운 발판을 마련하려는 데 그 목적이 있다.

**한국어 계통론**(韓國語系統論, Korean Genealogy)  한국어 계통론은 한국어의 기원(起源)에 대해서 연구하는 분야이다. 즉 이것은 한국어가 어떤 어족(語族)에 속하며, 어떤 언어와 친족 관계(親族關係)를 가지고 있고, 그 언어와 어느 시기까지 같은 언어이다가 언제 갈라졌는지 등에 관해서 탐구하는 분야이다.

**한국어 문자론**(韓國語文字論, Korean Writing Systems)  한국어 문자론은 한국어를 표기하는 문자에 대해서 연구하는 한국어학의 한 분야이다. 이것은 한국어를 표기하는 향찰(鄕札)·이두(吏讀)·구결(口訣)·한글 등의 특성, 기능, 기원 그리고 변천의 여러 법칙 등에 관해서 연구하는 분야이다(제7장 참조).

**한국어 방언론**(韓國語方言論, Korean Dialectology)  한국어 방언론은 한국어의 방언—지역 방언과 사회 방언—을 연구 대상으로 하는 분야이다. 이것은 지역 방언론과 사회 방언론으로 구분된다. 지역 방언론은 지역 방언을 연구 대상으로 하는 것이다. 예를 들면 제주도, 충청도, 경상도, 전라도 등지의 음운·문법·어휘·의미·화용 등의 체계적인 특징에 관해서 연구하는 것이다. 사회 방언론은 사회 계급·성(gender)·연령·종교·인종 등의 사회 변인과 관련지어 언어적 특징에 대해서 연구하는 것으로 사회 언어학이라고 일컫기도 한다. 한국어의 정책에 관해서 연구하는 분야를 한국어 정책론(韓國語政策論, Korean Planning)이라고 하는데 이것도 넓은 의미의 사회 방언론에 포함된다. 이것은 표준어 사정 원칙, 표준 발음법, 한글 맞춤법과 외래어 표기법, 한국어의 로마자 표기법 등 제반 어문 규정과 한국어 순화, 문자 사용 등 국민의 한국어 생활에 관해서 연구하는 분야이다(제8장 참조).

**한국어 교육론**(韓國語敎育論, Education of Korean Language)  한국어 교육론은 한국어의 교육 목표, 교육 내용, 교육 방법, 교육 평가, 교재 편찬 등에 대해서 연구하는 분야이다(제9장 참조).

**심리한국어학**(心理韓國語學, Psycho-Korean Linguistics)  심리한국어학은 한국어를 심리와 관련지어 연구하는 분야이다. 즉 이것은 한국어의 습득 과정, 한국어를 이해하고 표현하는 심리 과정, 심리적 요인이 한국어의 사용에 끼치는 영향 등에 대해서 연구하는 분야이다(제9장 참조).

**한국어 문체론**(韓國語文體論, Korean Stylistics)  한국어 문체론은 한국어의 문체에 대해서 연구하는 분야이다. 문체론은 응용 문체론(Applied Stylistics)과 문학적 문체론(Literary Stylistics)으로 나뉜다. 응용 문체론은 문학적이거나 비문학적인 텍스트(text)의 언어 현상인 문체에 관한 특별한 논의와 더불어 맥락적으로 시차적(時差的)인 언어의 변인에 대하여 연구하는 것이다. 문학적 문체론은 현저하게 미학적인, 즉 정통적인 문학, 담화, 농담 등과 텍스트와 그 밖에 주요한 목적을 지닌 텍스트, 즉 회화 등에 쓰인 언어의 음성, 운율, 어휘, 문장 등의 미학적인 사용에 관해서 연구하는 것이다.

**임상한국어학**(臨床韓國語學, Clinical Korean Linguistics)  임상한국어학은 실어증(失語症, aphasia)이나 말더듬과 같은 언어적 장애 현상에 관해서 연구하는 분야이다. 이것은 신경언어학(Neuro-Linguistics)에 속한다(제9장 참조).

**전산한국어학**(電算韓國語學, Computational Korean Linguistics)  전산한국어학은 컴퓨터를 이용하여 한국어를 자동 분석하고, 한국어 자료를 자동 처리하며, 번역하는 것 등에 관하여 연구하는 한국어학의 한 분야이다. 이것을 '계산기 한국어학'이라고 일컫기도 한다. 이 분야와 관련되는 학문은 전자공학(電子工學), 정보론(情報論), 수학(數學), 수리논리학(數理理學) 등이다.

## 1.3 한국어학의 연구 방법

한국어학을 연구하는 방법으로는 문헌 연구 방법(文獻硏究方法)과 현장 연구 방법(現場硏究方法), 연역적 방법(演繹的方法, deductive method)과 귀납적 방법(歸納的方法, inductive method), 공시적 연구 방법(共時的硏究方法, synchronic method)[4]과 통시적 연구 방법(通時的硏究方法, diachronic method)[5], 비교 연구 방법(比較硏究方法, comparative method)과 대조 연구 방법(對照硏究方法, contrastive method) 등을 들 수 있다.

문헌 연구 방법(文獻硏究方法)은 각종 문헌에 기록되어 있는 언어, 즉 문어(文語)를 연구하는 것이며, 현장 연구 방법(現場硏究方法)은 농촌, 어촌, 산촌, 도시 등에 사는 사람들의 구어(口語)를 녹음기나 노트에 채록하여 연구하는 것이다. 전자는 현대 이전의 한국어를 연구할 때에 적절한 방법이며, 후자는 현대의 지역 방언이나 사회 방언을 연구할 때에 적절한 방법이다.

연역적 방법(演繹的方法)은 합리주의 철학과 인지 심리학(認知心理學) 등의 영향을 받아 생성된 것이다. 이것은 토착 화자(native speaker)가 지닌 언어 능력을 바탕으로 언어 규칙을 가설로 설정하고, 그것의 타당성 여부를 직관(直觀, intuition)과 내성(內省, introspection)으로써 검증하여 본 후에 그 가설을 언어 규칙으로 확정하는 것이다. 그런데 귀납적 방법(歸納的方法)은 경험주의 철학과 행동주의 심리학의 영향을 받아 생성된 것이다. 이것은 토착 화자가 사용하는 언어 자료들을 수집하여 그것을 종합하고 분석하여 일반적인 언어 규칙을 기술하는 것이다.

공시적 연구 방법(共時的硏究方法)은 한국어 현상을 일정한 시대에 한정하여 횡적(橫的)으로 연구하는 것이며, 통시적 연구 방법(通時的硏究方法)은 여러 시대에

---

4) 'synchronic'의 'syn'의 어원은 'with'이며, 'chrons'는 'time'이다.
5) 'diachronic'의 'dia'의 어원은 'across'이다.

걸쳐 종적(縱的)으로 연구하는 것이다. '암탉'을 전자에 따라 연구할 경우에는 접두사 '암-'과 명사 어근 '닭' 사이에 'ㅎ' 음이 첨가된 것으로 기술하는데, 후자에 따를 경우에는 '암탉'의 '암'이 후기 중세 한국어에서는 접두사가 아니고 이른바 'ㅎ 말음 체언'[6])이었으므로 '암'과 '닭'이 합하여 새로운 단어를 형성하면서 'ㅎ' 말음이 내재해 있다가 겉으로 드러난 것으로 설명한다.

비교 연구 방법(比較研究方法)은 한국어와 같은 어족(語族)에 속하는 언어인 퉁구스-만주어, 몽골어, 터키어, 일본어 등과 음운 체계, 어휘 체계, 통사 체계 등을 비교하여 음운상, 어휘상, 통사상의 공통점을 찾아내는 것이다. 이를테면 한국어와 몽골어의 음운 현상을 비교하여 두 언어에는 공통으로 두음 법칙(頭音法則)과 모음 조화(母音調和)가 있음을 구명하는 것이다. 대조 연구 방법(對照研究方法)은 한국어와 계통이 다른 언어와 대조하여 두 언어 간의 차이점을 찾아내는 것이다. 이를테면 이것은 한국어와 영어의 어순(語順)을 대조 연구하여 한국어의 어순은 '주어+목적어+서술어(SOP)'인데 영어의 어순은 '주어+서술어+목적어(SPO)'라는 사실을 밝히어 내는 것이다.

---

6) 'ㅎ 말음 체언'을 'ㅎ 곡용어'라고 일컫기도 한다.

# 제2장
# 한국어 음성학

## 2.1 음성학의 개념

사람들이 의미를 나타내고자 사용하는 말소리(speech sound)에 대하여 연구하는 학문을 음성학이라고 한다.

우리가 말할 때 내는 소리들은 각 소리들이 단절된 것이 아니고 연속된 것 (continuum of sound)이기 때문에 소리들을 기술하기 위해서는 개별음(個別音, individual sound)으로 분절하여야 한다. 인간의 언어는 모두 개별음으로 분절하여 낼 수 있지만 처음 듣는 언어를 분절하여 내기란 쉽지 않다. 왜냐하면 음운을 분절하는 방법에 대한 지식이 필요하기 때문이다. 음성학을 연구하기 위해서는 소리의 연속체를 어떻게 분절하여 내며 그 분절된 개별음이 다른 개별음들과 어떻게 다른가를 말 수 있어야 하며, 또한 음성 기호(音聲記號, phonetic sign)로 기록할 수 있어야 한다.

음성학은 언어학의 여러 분야 가운데 연구 역사가 가장 오래 되었다. 초기 산스크리트(Sanskrit, 梵語) 문법학자들이 처음 연구하기 시작하였고, 19세기 후반과 20세기 초반에 괄목할 만한 발전이 이루어졌다.

생각을 나타내기 위하여 발화(utterance)를 만들어 내는 과정은 매우 복잡하다.

그것은 화자(話者, speaker)의 머리 속에 있는 생각을 청자(聽者, hearer)의 머릿속에 전달하는 것이라고 할 수 있다. 이 때 그 생각은 언어의 형태로 나타내는데, 신경 계통을 통해 발음 기관으로 전달되어 여러 가지 물리적인 소리로 표출된다.

말소리는 이러한 일련의 행위가 일어나는 어느 단계에서나 기술될 수 있다. 소리 자체의 물리적 특성에 대한 연구는 음향 음성학(音響音聲學, acoustic phonetics)이라고 하고, 듣는 사람이 소리를 감지하는 방법에 대한 연구를 청취 음성학(聽取音聲學, auditory phonetics)이라고 하며, 발음이 이루어지는 구강(口腔)에서 말소리가 어떻게 만들어지는가에 대한 연구는 발음 음성학(發音音聲學, articulatory phonetics) 또는 조음 음성학(調音音聲學)이라고 한다.

이것들 가운데 발음 음성학은 발음 기관의 부위와 움직임을 관찰하여 용이하게 말소리를 기술할 수 있으므로 음성학에서 중심 연구 부분이 된다.


## 2.2 발음 음성학

### 2.2.1 발음 기관

음성을 만들어 내기 위해서는 음성 기관(organs of speech)을 이루고 있는 세 부분인 호흡부(respiratory system), 발성부(phonatory system)그리고 발음부(articulatory system)가 작용하여야 한다.

호흡부는 허파에 압력을 가하여 공기를 배출하게 하는 부분이고, 발성부는 후두(喉頭) 연골과 근육으로 되어 있는데, 바로 성대(聲帶)를 가리킨다. 성대의 작용으로 유성음과 무성음을 선택하여 낼 수 있고 호흡부와 함께 음의 고저(pitch)를 만들 수 있다. 발음부는 혀, 아래턱, 입술 그리고 연구개 등 여러 개의 움직이는 구조를 가리킨다. 이들은 윗니, 경구개 그리고 인두(咽頭)의 후벽(後壁) 등 움직이지 않는 구조들과 작용하여 대부분의 말소리를 만든다.

음성 기관 가운데 호흡 작용에 의해 성대에서 발성된 소리는 발음부에서 조음 (調音)하게 된다. 그러므로 발음부를 이루는 구강(口腔)과 비강(鼻腔)의 여러 부분 이 말소리를 내는 데에 중요한 역할을 하게 된다.

음성 기관은 다음의 [그림 2-1]과 같다.

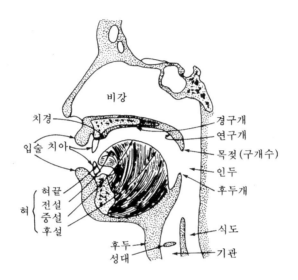

[그림 2-1] 음성 기관(organs of speech)

**후두**(喉頭, larynx) 목의 앞쪽에 있는 뼈로 된 구조가 있는데, 여기에 두 개의 막(膜) 으로 이루어진 성대(聲帶, vocal cord)가 있다. 이 성대를 중심으로 한 공기의 통로 가 후두이다. 두 개의 성대는 판막(瓣膜) 모양으로 생기었는데, 틈이 있어서 공기 가 드나든다. 이 틈을 성문(聲門, glottis)이라고 한다. 일반적으로 말할 때에는 허파에서 나오는 숨이 성문을 통과하면서 성대와 작용을 한다. 성대가 열리면서 허파에서 나오는 공기를 내보내거나 성대가 닫히면서 공기의 통과를 막기도 하고 성대의 틈을 좁혀서 공기를 내보내기도 한다. 말할 때에 성대가 열려 있고 진동을 하면 유성음(有聲音)이 나오고, 성대가 닫혀 있고 진동을 하지 않으면 무성음(無聲 音)이 나온다.

**인두**(咽頭, pharynx)   인두에는 음식물이 후두 쪽으로 내려가지 않도록 하는 후두개(喉頭蓋, epiglottis)라는 것이 있어서 후두를 보호하여 주는 덮개 역할을 하고 있다. 이 후두개 위쪽 부분이 인두인데, 인두는 전체 크기를 달리 해서 사용할 수 있는 공간이며 성대를 울려서 나오는 소리의 공명실(共鳴室) 구실을 한다. 인두는 드나드는 공기를 완전히 막기도 하고 일부를 막기도 하여 발음에 사용하기도 한다.

**구강**(口腔, oral cavity)   성문을 지나 인두로 나온 공기가 가장 많은 변동을 일으키는 곳이 구강, 즉 입이다. 공기가 주로 목젖(uvular)[1], 입술 그리고 혀의 움직임으로 변동을 받는다.

목젖은 인두 위에 있는데, 공기를 입이나 코로 내보내는 것을 결정하는 기능을 한다. 목젖이 늘어져 있으면 코로 공기가 나가는데, 뒤의 인두벽(咽頭壁)에 닿게 되면 코로 가는 길이 막혀 입으로 공기가 나오게 된다. 이 목젖은 드물게는 목젖음 -프랑스어에서는 빈번하게 나타난다-을 내는 데 사용한다.

입술은 아랫입술과 윗입술이 닿을 때나 아랫입술과 윗니가 닿을 때 움직인다.

혀는 발음 기관 가운데 가장 다양한 역할을 한다. 혀의 모든 부분은 발음하는 데에 사용할 수 있다. 혀의 앞부분은 들어 올려 잇몸 또는 입천장에 닿게 할 수 있고, 이(齒) 사이로 혀끝을 밀어 넣을 수도 있고, 두 입술 사이로 혀를 밀어내어 입 밖으로 뺄 수도 있어서 여러 종류의 발음을 만들 수 있다. 혀의 가운데 부분을 입천장에 닿게 들어 올릴 수 있고, 혀의 안쪽 부분도 여린입천장(연구개, 軟口蓋)과 작용하여 공기의 흐름을 막을 수 있다. 또, 혀를 떨게 하거나 말아 올릴 수 있다.

**이와 잇몸**   이는 아랫입술과 윗니, 혀와 아래윗니의 작용으로 말소리를 내는 데에 쓰인다. 잇몸은 치조(齒槽) 또는 치경(齒莖)이라고 하는데, 혀와 작용하여 말소리를 낸다. 이 때, 쓰이는 잇몸은 윗잇몸뿐이다.

---

1) '목젖'을 '구개수(口蓋垂)'라고 일컫기도 한다.

**입천장**(palate)[2]   입천장에서 내는 소리를 구개음이라고 한다. 구개 부분이란 윗잇몸에서부터 목젖까지를 가리키는데, 딱딱한 앞쪽 부분은 경구개(硬口蓋, hard palate)라고 하며, 뒤쪽 부분은 연구개[軟口蓋, soft palate(velum)]라고 한다. 보통 구개음이라고 하면 경구개음을 일컫는다.

**비강**(鼻腔, nasal cavity)   비강은 입의 뒤쪽에 있는 코로 통하는 길(velic)을 따라서 구강과 연결된다. 인두벽과 목젖 사이를 거쳐서 코로 통하는 길은 완전히 열 수도 있고 닫을 수도 있다. 허파의 공기를 입을 통하여 내보내고자 하면 연구개를 코로 통하는 길로 바짝 끌어 붙일 수가 있다. 이 때, 코로 통하는 길이 닫히는데, 이렇게 내는 소리를 구음(口音, oral sound)이라고 하며, 코로 통하는 길이 열려진 상태에서 내는 소리를 비음(鼻音, nasal sound)이라고 한다. 비강에서는 공기를 폐쇄하거나 마찰할 수 있는 부분이 전혀 없으므로 공기가 한 번 비강으로 들어가면 발음 수정을 할 수 없다.

## 2.2.2 음성의 분류

### 2.2.2.1 모음의 특징과 분류

**모음**(母音, vowel)   모음은 성대를 울리며 나오는 허파의 공기가 구강을 자유롭게 통과할 때 공명(共鳴)되어 나는 소리이다. 비강에서 공명되기도 하는데, 이것은 비모음(鼻母音)이라고 한다. 모음은 성대가 울려 나는 소리이므로 기본적으로 유성음(有聲音)이다.

**모음의 분류**   모음을 분류할 때는 모음을 발음할 때의 혀의 위치와 입술의 상태에 따라 두 가지 기준을 세울 수 있다. 첫째 기준은 발음할 때 작용하는 혀의 위치에

---

2) '입천장'을 '구개(口蓋)'라고 일컫기도 한다.

따르는 것으로 (1) 혀끝과 입천장 사이의 간격과 (2) 혀의 오므림과 폄으로 나뉜다.

(1) 혀끝과 입천장 사이의 간격이란 혀의 높낮이를 가리키는데, 구강의 상대적 개방 정도에 따라 결정된다. 턱을 조금 내려 입을 좁게 벌리면 혀의 위치는 상대적으로 높고, 턱을 많이 내려 입을 크게 벌리면 혀의 위치는 상대적으로 낮다. 입을 좁게 벌려 발음하는 모음이 폐모음(閉母音, close vowel)이고 크게 벌려 발음하는 모음은 개모음(開母音, open vowel)이다. 폐모음과 개모음 사이에 입의 벌림 정도에 따라 반폐모음(半閉母音, half-close vowel)과 반개모음(半開母音, half-open vowel)이 있다. 입의 벌림 정도, 즉 개구도(開口度, aperture)에 따라 혀의 높낮이가 다르다. 폐모음을 발음할 때는 입을 좁게 벌리므로 혀의 위치가 높고 개모음을 발음할 때는 낮다. 따라서 폐모음은 고모음(高母音, high vowel), 반폐모음은 반고모음(半高母音, mid-high vowel), 반개모음은 반저모음(半低母音, mid-low vowel), 개모음은 저모음(低母音, low vowel)이 된다. 반고모음과 반저모음을 합해서 중모음(中母音, mid vowel)이라고 한다. 이에 따라서 반폐모음을 폐중모음(閉中母音, close-mid vowel), 반개모음을 개중모음(開中母音, open-mid vowel)이라고도 한다.

(2) 혀의 오므림과 폄이란, 발음할 때 혀가 작용하는 모양을 가리키는데, 혀를 세 부위(部位)로 나누어 앞부분은 전설 모음(前舌母音, front vowel), 가운데부분은 중설 모음(中舌母音, central vowel) 그리고 뒷부분은 후설 모음(後舌母音, back vowel)이라고 한다. 모음을 분류하는 둘째 기준은 입술 모양에 따르는 것이다. 입술을 둥글게 하여 발음한 모음을 원순 모음(圓脣母音, rounded vowel)이라고 하고, 입술을 평평하게 하여 발음하는 나머지 모음을 비원순 모음(非圓脣母音, un-rounded vowel) 또는 평순 모음(平脣母音)이라고 한다.

**음성 표기** 개별음을 항상 일정하게 표시하기 위하여 음성 하나하나에 붙인 기호를 음성 기호(phonetic alphabet)라고 한다. 국제음성학회(International Phonetic Association)가 개별음을 발음 위치와 방법 그리고 소리의 성질에 따라 분류하고 일정한 기호를 붙인 것을 국제 음성 기호(International Phonetic Alphabet, IPA)라고 한다. 이러한 음성 기호를 사용하여 음성을 기록하는 방법과 체계를 음성 표기 또는 음성 전사(音聲轉寫, phonetic transcription)라고 한다. 음성을 전사할 때에는 음성 기호를 대괄호 [  ] 속에 넣어 표기한다. 즉, '한국어'는 [kugə]로 나타낸다.

음성 표기는 간략 표기[簡略表記, broad notation, 또는 간략 전사(broad transcription)]와 정밀 표기[精密表記, narrow notation, 또는 정밀 전사(narrow transcription)]로 나누는 두 가지 방법이 있다. 간략 표기는 한 음성을 하나의 음성 기호로 간단하게 표기하는 것이 원칙인데, 실용적인 목적으로 사용하는 표기 방법이다. 외한국어 사전의 발음은 간략 표기로 되어 있다. 정밀 표기는 음성의 미세한 특징을 보조 기호를 사용하여 표시하는 복잡한 표기 방법이다. 이음(異音, allophone)까지 자세하게 표기하므로 변이음 표기(allophonic tran-scription)라고도 한다. 한국어에서 한 소리의 이음인 'ㄱ, ㅋ, ㄲ'을 구별하여 /k, kʰ, k'/ 등으로 적는 것을 말한다.

**기본 모음**  모음을 발음할 때, 혀의 위치와 작용에 따라 발음점을 표시하고 그 발음점을 연결하면 사각형의 모양이 된다. 이들 모음 가운데 대부분의 언어에 나타나는 18개의 모음이 기본 모음(cardinal vowel)인데, 이 중에서도 가장 기본이 되는 8개의 모음을 제1차 기본 모음(primary cardinal vowel)이라고 한다.

기본 모음을 발음 위치에 따라 국제 음성 기호(IPA)로 표기하면 [그림 2-2]와 같다.

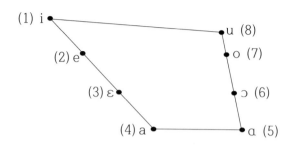

[그림 2-2] 제1차 기본 모음 사각도

　제1차 기본 모음을 보통 기본 모음이라고 부른다. 이 기본 모음을 보면, 혀의 위치가 가장 높고 가장 앞인 모음 [i]가 제1번이고, 혀의 위치가 낮아지면서 앞쪽에서 나는 모음이 제2번 [e], 제3번 [ɛ]이며, 혀의 위치가 가장 낮고 앞쪽에서 나는 모음이 제4번 [a]이다. 이때, 제2번 [e]와 제3번 [ɛ]는 제1번과 제4번 사이를 3등분한 위치에서 나는 모음들이다. 혀의 안쪽에서 나는 모음으로는 혀의 높이가 가장 낮은 모음인 제5번 [ɑ]가 있고 1/3씩 높아가면서 제6번 [ɔ], 제7번 [o]가 자리하고 가장 높은 위치에 제8번 [u]가 있다.

　한국어의 모음 가운데 제1차 기본 모음에 해당하는 모음은 'ㅣ(i), ㅔ(e), ㅐ(ɛ), ㅏ(a), ㅗ(o), ㅜ(u)'의 6개이다.

　제1차 기본 모음 8개 외의 모음 10개를 제2차 기본 모음(secondary cardinal vowel)이라고 한다. 이 가운데 제1차 기본 모음과 똑같은 혀의 위치에서 발음되나 입술의 모양이 다른 모음이 8개이다. 즉, 제9번 [y]는 제1번 [i]와 혀의 위치가 같으나 입술을 둥글게 하여 발음하는 모음이다. 제16번 [ɯ]는 제8번 [u]와 혀의 위치가 같으나 입술을 평평하게 하여 발음하는 모음이다. 제1차 기본 모음의 1번에서 5번까지는 평순 모음인데 그것들에 대응하는 제2차 기본 모음의 9번에서 13번까지는 원순 모음이다. 이와는 달리 제1차 기본 모음의 6번에서 8번까지는 원순 모음인데, 그것들과 대응하는 제2차 기본 모음의 14번부터 16번까지는 평순 모음이다. 제17번 [ɨ]와 제18번 [ʉ]는 발음할 때 혀의 위치가 제1번 [i]와 제8번 [u]의 중간인데, [ɨ]는 평순 모음이고, [ʉ]는 원순 모음이다.

한국어 모음 가운데 제2차 기본 모음에 해당하는 모음은 'ㅟ(y), ㅚ(ø), ㅓ(ʌ), ㅡ(ɯ)'의 4개이다.

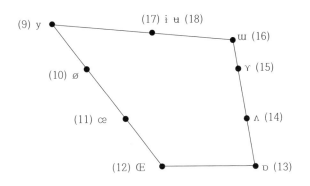

[그림 2-3] 제2차 기본 모음

**한국어 모음**  현대 한국어 단모음은 10개이다.

| ㅣ | ㅔ | ㅐ | ㅏ | ㅓ | ㅗ | ㅜ | ㅡ | ㅟ | ㅚ |
|---|---|---|---|---|---|---|---|---|---|
| i | e | ɛ | a | ə | o | u | ɯ | y | ø |

한국어 모음 가운데 'ㅏ[a]'는 [a]와 [ɑ]의 중간 위치에서 나는 중설 모음이다. 'ㅐ[ɛ]'는 [æ]보다 약간 높고 전진한 혀 위치에서 발음한다. 'ㅓ[ʌ]'는 주로 짧은 소리로 나타내는데, 같은 위치에서 원순으로 발음하면 [ɔ]가 되고, 좀더 높고 전진한 혀 위치에서 발음하면 기본 모음이 아닌 [ə]가 된다. 또한, [ʌ]보다 낮은 위치에서 원순으로 발음하면 [ɒ]가 된다. 이런 점에 'ㅓ'의 음가는 'ʌ, ɔ, ə, ɒ' 등 이론이 분분하다. 여기서는 [ə]로 잡는다. 학자에 따라 'ㅓ'를 [ɒ]로 잡기도 한다. 혀의 위치가 [ʌ]보다 더 높으면 [ɤ]로 발음된다.

언제 [ɤːnɟe], 성은(聖恩) [sɤːɲɯn]
정말 [cɤːŋmal], 경애(敬愛) [kjɤːŋe]

이와 같은 경우에 장모음으로 나타난다. 간혹 다음과 같이 단모음으로도 쓰인다.

처음 [cʰɤɯm], 발병(足病) [palpʼjɤŋ]

[ɤ]는 [ʌ]와는 분명히 다른 소리이므로 별개의 모음으로 간주하기도 한다. '─
[ɯ]'는 [u]의 평순 모음이지만 한국어에서는 [u]보다 약간 낮고 조금 전진한 혀
위치에서 발음된다. '─'를 [i]와 [u]의 중간 위치에서 나는 소리인 [ɨ]로 보기도
한다. 'ㅟ[y]'는 [i]와 같이 발음하되 입술을 둥글게 하며, 'ㅚ[ø]'는 [e]와 같되 입술
을 둥글게 한다. 그러나 대부분의 표준어 사용자들은 'ㅟ'를 [wi] 또는 [yi]로,
'ㅚ'를 [we]로 이중 모음으로 발음한다.

지금까지 설명한 한국어의 모음을 기본 모음과 대비하면 [표 2-1]과 같다.

**[표 2-1] 기본 모음과 한국어 모음 대비표**

| 제1차 기본 모음 | | 한국어 모음 | 제2차 기본 모음 | | 한국어 모음 |
|---|---|---|---|---|---|
| 번호 | 음성 기호 | 한글 자모 | 번호 | 음성 기호 | 한글 자모 |
| 1 | i | ㅣ | 9 | y | ㅟ |
| 2 | e | ㅔ | 10 | ø | ㅚ |
| 3 | ɛ | ㅐ | 11 | œ | |
| 4 | a | ㅏ | 12 | Œ | |
| 5 | ɑ | | 13 | ɒ | |
| 6 | ɔ | | 14 | ʌ | ㅓ |
| 7 | o | ㅗ | 15 | ɤ | (*ㅓ) |
| 8 | u | ㅜ | 16 | ɯ | ─ |
| | | | 17 | ɨ | |
| | | | 18 | ʉ | |

한국어의 모음을 발음할 때 혀의 작용과 혀의 높이 그리고 입의 벌림에 따라
유만근(1992 : 3)에서는 다음의 [그림 2-4]와 같이 모음 사각도로 나타내고 있다.

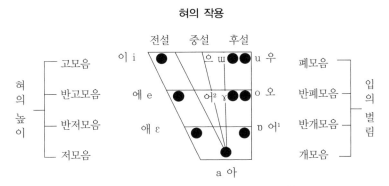

[그림 2-4] 표준 한국어 모음 사각도[3]

그런데 한국어 모음에서 'ㅏ(a)'는 중설에서 발음되므로 다음의 [그림 2-5]와 같이 역삼각형으로 나타내기도 한다.

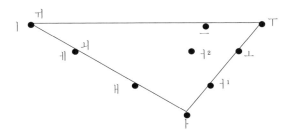

[그림 2-5] 표준 한국어 모음 삼각도

지금까지 한국어의 모음을 혀와 입의 움직임에 따라 분류하였는데, 이것은 다음의 [표 2-2]와 같이 나타낼 수 있다.

---

3) 유만근(1992: 3)에서 전재. '어'는 'ʌ, ɔ, ə' 등으로 나타내기도 한다. 이 그림에 빠진 '위'는 전설 고모음 '이'의 위치, '외'는 전설 반고모음 '에'의 위치에서 원순 모음으로 나타난다.

**[표 2-2] 단모음의 분류**

| 혀의 작용 / 혀의 높이 | 전설 | | 중설 | | 후설 | | 입의 벌림 (개구도) |
|---|---|---|---|---|---|---|---|
| 고모음 | ㅣ | ㅟ | | | ㅡ | ㅜ | 폐 모 음 |
| 반고모음 | ㅔ | ㅚ | | | | ㅗ | 반폐모음 |
| 반저모음 | ㅐ | | | | ㅓ | | 반개모음 |
| 저모음 | | | ㅏ | | | | 개 모 음 |
| 입술 모양 | 평순 | 원순 | 평순 | 원순 | 평순 | 원순 | |

모음은 분류 기준에 따라 세 가지 이름을 붙이게 된다. 'ㅏ'는 '평순 중설 저모음'이 되고, 'ㅚ'는 '원순 전설 반고모음'이 된다. 혀의 높이와 입의 벌림은 항상 상호 관계 속에서 작용하므로 고모음은 항상 폐모음이고 저모음은 항상 개모음이 된다.

**이중 모음** 지금까지 논의한 기본 모음은 단모음(單母音, mono-phthong)이다. 단모음은 발음하는 동안 혀나 입술 따위의 음성 기관이 일정한 상태를 유지하는 모음인데, 이중 모음(二重母音, diphthong)은 발음하는 동안 음성 기관의 상태가 변동하는 모음이므로 한 음절에 속하는 두 모음의 연속체이다. 이 두 모음 가운데 하나는 성절모음(成節母音, syllabic vowel)이고 또 하나는 비성절모음(非成節母音, non-syllabic vowel)이다. 한국어의 이중 모음은 반모음(半母音, semi-vowel)이라고 하는 과도음(過渡音, glide) 'ǐ'(j), 오/우(w)와 단모음이 결합하여 이루어진다. 이중 모음에서 음절 주음은 단모음이다. 이중 모음의 구조를 보면 반모음이 음절 주음의 앞에 위치하는 경우와 반모음이 음절 뒤에 위치하는 경우의 두 가지가 있다.

(1) 반모음+단모음 :

  • j+단모음 : 'ㅣ'의 발음 위치에서 시작하는 이중 모음

        ㅑ(ja), ㅕ(jə), ㅛ(jo), ㅠ(ju), ㅒ(jɛ), ㅖ(je)

* W+단모음 : 'ㅗ'나 'ㅜ'의 발음 위치에서 시작하는 이중 모음

ㅘ(wa), ㅙ(wɛ), ㅝ(wə), ㅞ(we)

## (2) 단모음+반모음

* 단모음+j : 'ㅡ'의 발음 위치에서 시작하여 'ㅣ'의 위치에서 끝나는 이중 모음

ㅢ(ɰj)

이러한 이중 모음 외에 \*ㅕ(jɤ)[경애(敬愛), kjɤːŋɛ], 'ㅟ(wi)'[위(上), ui] 같은 이중 모음 발음이 있다.

이중 모음 가운데 앞에 오는 반모음[입과도(入過渡, on-glide)]과 단모음을 한 단위로 하여 이중 모음으로 처리할 경우, 상승 이중 모음(上昇二重母音, rising diphthong)이라 하고, 단모음과 그 뒤에 오는 반모음[출과도(出過渡), off-glide]을 한 단위로 하여 이중 모음으로 처리할 경우, 하강 이중 모음(下降二重母音, falling diphthong)이라고 한다.

**모음의 길이**  모음은 상대적으로 길게 발음하기도 하고 짧게 발음하기도 한다. 한국어에서 음절의 주음을 이루고 있는 모음을 길게 발음하면 음절은 길어지고 짧게 발음하면 그 음절은 짧아진다. 이 때 음절의 길고 짧음은 의미를 변별하는 중요한 역할을 한다. 이런 면에서 한 모음의 상대적 장단(長短)은 변별적인 자질이 된다. 한국어에 나타나는 예를 들어 보면 다음과 같다.

| | 짧은 소리 | 긴소리 |
|---|---|---|
| 한자어 | 경기도(京畿道) | 경 : 상도(慶尙道) |
| | 이모(姨母) | 이 : 모(異母) |
| | 소인 (消印) | 소 : 인 (小人) |
| | 말(馬) | 말 : (言語) |
| 고유어 | 밤(夜) | 밤 : (栗) |
| | 갈다(磨) | 갈 : 다(耕) |
| | 업다(負) | 없 : 다(無) |
| | 적다(記) | 적 : 다(小) |

　　일반적으로 한국어의 장음은 첫째 음절에서 일어난다. 이들 장음은 둘째 음절 또는 그 이하에 자리 잡으면 단음으로 바뀐다.

경 : 상도 (慶尙道)　　대경(大慶)
변 : 경 (變更)　　이 : 변(異變)
이 : 모 (異母)　　차이 (差異)
소 : 인 (小人)　　왜소(矮小)
말 : (言語)　　머리말(序言)
밤 : (栗)　　풋밤
갈 : 다 (耕)　　밭갈이
없 : 다 (無)　　다시없다

　　한국어 모음의 장단은 현재 매우 혼란해져서 일부 단어를 제외하고는 대부분 구분하기가 힘들고 사전들에서도 장단 표기에 차이가 난다.

## 2.2.2.2 자음의 특징과 분류

**자음(子音, consonant)**　　자음은 공기가 구강에서 장애를 받아 흐름이 바뀌거나 막혀서 성도(聲道)의 한 부분을 수축할 때 나는 소리이다. 자음에는 성대를 울리지 않고 소리를 내는 무성음과 성대를 울려 소리를 내는 유성음이 있다.

**자음 분류**  자음은 발음할 때 작용하는 발음 기관과 발음 방법에 따라 분류할 수 있다. 구강에서 공기의 흐름이 장애를 받아 자음을 낼 때 (1) 조음점(調音點, point of articulation)과 (2) 조음체(調音體, articulator)가 작용하는데, 소리를 내는 방법, 즉 (3) 조음법(調音法, manner of articulation)에 따라 소리의 종류가 결정된다. 조음점, 조음체와 조음 방법에 따라 자음을 분류하면 다음과 같다.

## (1) 조음점

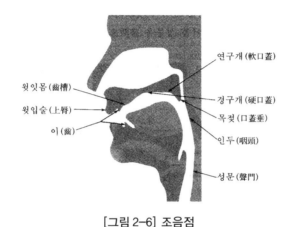

[그림 2-6] 조음점

조음점은 대체로 고정되어 있는 발음 기관인데, 윗입술(上脣), 이[齒], 윗잇몸(齒槽), 경구개(硬口蓋), 연구개(軟口蓋), 목젖(口蓋垂), 인두(咽頭), 성문(聲門) 등을 말한다. 윗입술에서는 'ㅁ, ㅂ, ㅃ, ㅍ'이 발음되는데, 이를 순음(脣音, labial)이라 하고, 이[齒]에서 발음되는 소리는 치음(齒音, dental)이라 하는데, 혀끝을 윗니와 아랫니 사이에 대고 발음하므로 치간음(齒間音, interdental)이라고도 한다. 한국어에는 없고 영어에 나오는 'θ(thin의 첫소리), ð(thy의 첫소리)' 같은 소리가 여기에 해당한다. 윗잇몸에서는 'ㄴ, ㄷ, ㄸ, ㅌ, ㅅ, ㅆ' 등이 발음되는데, 이를 치조음(齒槽音, alveolar)이라 하고, 경구개에서는 'ㅈ, ㅉ, ㅊ' 등이 발음되는데, 이를 경구개음(硬口蓋音, palatal)이라 하고, 연구개에서는 'ㄱ, ㄲ, ㅋ, ㅇ(ŋ)'이 발음되는데,

이를 연구개음(軟口蓋音, velar)이라 한다. 목젖에서 발음되는 소리는 목젖음(또는
日蓋垂音, uvular)이라 하는데, 한국어에는 없다. 프랑스어에 나오는 'R(repas의
첫소리)'가 여기에 해당한다. 인두에서 나는 소리는 인두음(咽頭音, pharyngeal)인
데, 한국어에는 없고 미국 인디언 퀘르달랜(Coeur d'Alene)의 'Rust(lost)'와 아랍
어 'ʕazza(strong)' 같은 단어의 첫소리가 여기에 해당한다. 성문에서는 'ㅎ'이 발
음되는데, 이를 성문음(聲門音, glottal)이라고 한다.

### (2) 조음체

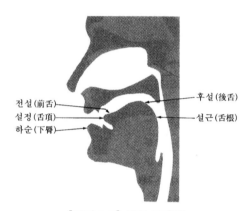

전설(前舌)
설정(舌頂)
하순(下脣)

후설(後舌)
설근(舌根)

[그림 2-7] 주요 조음체

조음체는 성도를 수축하는 데에 사용하는 발음 기관인데, 아랫입술(下脣), 혀끝
(舌端), 설면(舌面), 설근(舌根) 등이다. 아랫입술이 윗입술과 함께 내는 소리는
순음이다. 아랫입술을 윗니에 대고 발음하면 순치음(脣齒音, labiodental)이 되는
데, 한국어에는 없고 영어에 있는 'f(food의 첫소리), v(view의 첫소리)'가 여기에
해당한다. 혀끝으로 내는 소리는 설단음(舌端音, apical)이라 하고 설면으로 내는,
즉 앞 혓바닥소리는 설면음(舌面音 또는 前舌音, frontal)이라 하고 설근으로 내는
소리, 즉 뒤혓바닥소리는 설근음(舌根音 또는 後舌音, dorsal)이라 한다.

조음점과 조음체가 서로 작용하여 소리를 내는데, 작용하는 부위에 따라 여러
가지 소리가 된다. 한국어에서 자음을 낼 때 작용하는 부위에 따라 자음을 분류하

면 다음의 [표 2-3]과 같다.

[표 2-3] 조음점과 조음체의 작용 부위에 따른 자음 분류

| 작용 부위 | 자음 분류 | 자음의 보기 |
|---|---|---|
| 하순-상순 | 양순음 | ㅂ, ㅃ, ㅍ, ㅁ |
| 설단-치조 | 치조음, 또는 설단음 | ㄷ, ㄸ, ㅌ, ㄴ, ㄹ, ㅅ, ㅆ |
| 설면-경구개 | 경구개음 또는 설면음 | ㅈ, ㅉ, ㅊ |
| 설근-연구개 | 연구개음 또는 설근음 | ㄱ, ㄲ, ㅋ, ㅇ(ŋ) |
| 성문 | 성문음 | ㅎ |

## (3) 조음 방법

자음을 분류하는 세 기준 가운데 하나가 조음 방법에 따른 것이다. 조.음체가 공기 흐름을 차단하거나 조절하여 구강이나 비강으로 내보낼 때에 자음이 발음되는데, 구강으로 배출되는 공기가 방해를 받아 만들어지는 소리가 장애음(障碍音 또는 阻止音, obstruent)이고 나머지 소리는 공명음(共鳴音, sonorant)이라고 한다.

장애음에는 폐쇄음(閉鎖音 또는 停止音, stop), 마찰음(摩擦音, fri-cative), 파찰음(破擦音, affricative) 등이 있다.

폐쇄음은 공기의 흐름이 입 안의 어느 위치에서 잠시 동안 완전히 막히는 소리이다. 구강 폐쇄음은 공기가 입 안에서 막혔다가 터져 나오는 소리이므로 파열음(破裂音, plosive)이라고도 한다. 폐쇄음이 아닌 나머지 소리들은 지속음(持續音, continuant)이라고 하는데, 공기의 흐름이 중단되지 않고 구강을 통과하기 때문이다.

구강에서 공기의 흐름을 폐쇄할 수 있는 곳은 양순, 설단 치조, 설근 연구개, 그리고 성문이다. 한국어에서 'ㅂ, ㅃ, ㅍ'은 두 입술을 폐쇄하므로 양순 폐쇄음(bilabial stop)이고, 'ㄷ, ㄸ, ㅌ'은 혀끝과 윗잇몸으로 폐쇄하므로 설단 치조 폐쇄음(apicoalveolar stop)이고, 'ㄱ, ㄲ, ㅋ'은 혀뿌리와 연구개로 폐쇄하므로 연구개

폐쇄음(velar stop)이다. 이 밖에 성문을 폐쇄하였다가 터뜨리는 소리로 성문 폐쇄음(glottal stop)이 있는데 [ʔ]로 표기한다. 이 소리는 한국어에서 하나의 독립된 소리로 나타나지는 않고 평음(平音) 'ㄱ, ㄷ, ㅂ, ㅈ' 등과 작용하는데, 후두 근육을 긴장시켜 경음(된소리) 'ㄲ, ㄸ, ㅃ, ㅉ'를 만든다. 이 소리들은 'kʼ, tʼ, pʼ, čʼ'로 적기도 한다.

마찰음은 구강의 어느 부분을 좁게 하여 공기를 그 사이로 내보낼 때 마찰을 일으켜서 나게 하는 소리이다. 이 소리는 유음(流音)과 함께 대표적인 지속음(持續音, continuant)이다.

구강에서 공기를 마찰시켜 소리를 내는 곳은 양순, 순치(脣齒), 설단치간(舌端齒間), 설단 치조, 경구개(치조 구개), 연구개(후설 구개), 목젖, 성문 등 여러 곳이 있다. 한국어에서 'ㅅ, ㅆ'은 혀끝과 윗잇몸 사이를 좁혀 공기를 마찰시켜 내므로 설단 치조 마찰음(apicoalveolar fricative)이고, 이 'ㅅ, ㅆ'이 'i(ㅣ)'나 'j(ㅑ, ㅕ, ㅛ, ㅠ)' 또는 'y(ㅟ)' 앞에서 'ʃ'로 발음이 되는데, 이 때는 경구개 마찰음(palatoalveolar fricative)이 된다. 'ㅎ'은 성문을 마찰시켜 내는 소리이므로 성문 마찰음(glottal fricative)이다.

파찰음은 구강에서 공기의 흐름을 막았다가 터뜨리면서 마찰을 일으킬 때 나는 소리이다. 구강에서 파찰을 일으키는 곳은 순치, 치조, 경구개(치조 구개), 전설 구개 등이 있다. 한국어에서 'ㅈ, ㅊ, ㅉ'은 경구개에서 파찰을 일으키므로 경구개 파찰음(alveopalatal affricative)이다.

장애음, 즉 폐쇄음, 마찰음 그리고 파찰음은 후두에 긴장(ʔ)을 동반하는가 아니하는가에 따라 경음(硬音, 된소리)과 평음(平音, 예사소리)으로 대립하고, 기식(氣息, aspiration)(h)의 유무에 따라 유기음[有氣音 또는 激音(거센소리)]과 무기음(無氣音)으로 대립한다. 폐쇄음과 파찰음에서 평음 'ㄱ, ㄷ, ㅂ, ㅈ', 경음 'ㄲ, ㄸ, ㅃ, ㅉ', 격음 'ㅋ, ㅌ, ㅍ, ㅊ' 같은 대립이 그것이다. 마찰음에서도 평음 'ㅅ'과 경음 'ㅆ'이 대립하고 있다.

공명음에는 비음(鼻音 또는 通鼻音, nasal), 설측음(舌側音, late-ral), r음(r音, r-sound), 인두음(咽頭音, pharyngeal), 과도음[過渡音 (활음(滑音), 전이음(轉移音) 또는 반모음(半母音), glide)] 등이 있다. 이 가운데 한국어에는 다음과 같은 소리들이 있다.

비음은 구강을 폐쇄음 낼 때와 같이 막고 공기를 비강으로 내보낼 때 나는 소리이다. 한국어에서 구강을 폐쇄하는 곳은 입술, 치조, 연구개 등인데, 'ㅁ'은 입술을 폐쇄한 상태에서 비강으로 공기를 배출하면서 내는 소리이고, 'ㄴ'은 치조를 혀끝으로 폐쇄한 상태에서 비강으로 공기를 배출할 때 내는 소리이며, 'ㅇ(ŋ)'은 혀뿌리와 연구개로 구강을 폐쇄한 상태에서 비강으로 공기를 매출하면서 내는 소리이다. 즉, 'ㅁ, ㄴ, ㅇ'은 'ㅂ, ㄷ, ㄱ'과 같은 방법으로 구강을 폐쇄하는데, 다만 공기를 비강으로 통과시키는 것이 다르다. 따라서 비음을 비강 폐쇄음(nasal stop)이라고 일컫기도 한다. 비음에는 모음도 있는데, 일반적으로 비음이라고 하면 비자음을 일컫는다.

설측음은 혀를 입천장에 대어 공기가 혀의 한 쪽 또는 양 쪽으로 통과하도록 하여 내는 소리이다. 한국어에서 음절의 끝소리인 'ㄹ'이나, 'ㄹ' 다음에 오는 'ㄹ'은 설측음 'l'이다.

r음은 혀끝을 치조에 여러 번 대었다 떼는 소리인 전동음(顫動音, trill) 'r'과 한 번만 대었다 떼는 소리인 탄설음(彈舌音, flap 또는 tap) 'ɾ', 그리고 목젖을 떨게 하여 내는 전동음 'R' 등을 가리킨다. 한국어에서는 'ㄹ'이 어두나 모음 사이에서 소리 날 때 탄설음이 된다.

한국어의 'ㄹ' 소리는 음절 말에서는 설측음이고 어두나 모음 사이에서는 탄설음이 된다. 장애를 적게 받는 소리이기 때문에 설측음 'l'과 탄설음 'ɾ'을 합쳐서 유음(liquid)이라고 한다.

과도음은 입 안에서 공기가 거의 막힘이 없이 나는 소리인데, 'j'와 'w'음이다. 이 소리들은 구강 장애가 거의 없다는 점에서는 모음과 같으나 소리의 지속이 극히 짧다는 점에서는 자음과 같다. 이런 까닭에 과도음을 반모음 또는 반자음이라고 일컫기도 한다. 과도음은 항상 모음의 앞이나 뒤에 오는데, 모음의 영향을 받아 혀가 미끄러지듯이 움직이므로 활음(滑音) 또는 전이음(轉移音)이라 일컫기도 한다.

지금까지 한국어 자음을 조음 위치와 조음 방법에 따라 나누어 설명하였다. 이들을 표로 만들면 다음의 [표 2-4]와 같다.

**[표 2-4] 한국어 자음 분류표**

| 발음방법 \ 발음 부위 | | | 순음 | 치조음 | 경구개음 | 연구개음 | 성문음 |
|---|---|---|---|---|---|---|---|
| 무성음 | 폐쇄음 | 평음 | ㅂ(p) | ㄷ(t) | | ㄱ(k) | |
| | | 경음 | ㅃ(p') | ㄸ(t') | | ㄲ(k') | |
| | | 격음 | ㅍ(pʰ) | ㅌ(tʰ) | | ㅋ(kʰ) | |
| | 파찰음 | 평음 | | | ㅈ(c) | | |
| | | 경음 | | | ㅉ(c') | | |
| | | 격음 | | | ㅊ(cʰ) | | |
| | 마찰음 | 평음 | | ㅅ(s) | | | ㅎ(h) |
| | | 경음 | | ㅆ(s') | | | |
| 유성음 | 비음 | | ㅁ(m) | ㄴ(n) | | ㅇ(ŋ) | |
| | 유음 | | | ㄹ(l, r) | | | |

※ ( ) 속은 국제 음성 기호(IPA)임.

한국어 자음은 앞의 표에서 보듯이 모두 19개이다. 여기에 경구개음인 ɲ[4], ʎ[5], ʃ[6], ʃ'[7]과 성문음 ʔ을 추가한다면 24개가 된다.

---

4) ɲ은 'ㄴ'의 경구개음이다. '냐, 녀, 뇨, 뉴'의 등의 어두음 'ㄴ'이 ɲ에 해당함.

5) ʎ은 'ㄹ'의 경구개음이다. '빨리'의 둘째 음절 어두음 'ㄹ'이 ʎ에 해당함.

6) ʃ은 'ㅅ'의 경구개음이다. '샤, 셔, 쇼, 슈, 시' 등의 어두음 'ㅅ'이 ʃ에 해당함.

7) ʃ'은 'ㅆ'의 경구개음이다. '쌰, 쎠, 쑈, 씨' 등의 어두음 'ㅆ'이 ʃ'에 해당함.

## 2.3 결합 음성학

모음과 자음은 개별적으로 발음할 수 없는 분절음(分節音, segmental sound)이므로 언어로 사용할 때에는 하나의 음성적 단위로 결합하여 발음한다. 모음과 자음이 하나의 음성적 단위로 결합한 단위가 음절(音節, syllable)이다. 이 음절은 높이(pitch), 길이(length), 세기(stress) 등에 따라 변화를 받아 단어의 뜻을 분화(分化)하기도 한다. 이 때 음절에 변화를 주어 단어의 뜻을 분화하는 요소를 운율적 자질(韻律的資質, prosodic feature) 또는 초분절음(超分節音, supraseg-mental)이라고 한다.

### 2.3.1 음절

**음절** 음절은 모음과 자음들이 결합하여 이룬 최소의 음성 연쇄 단위이다. 모음은 홀로 하나의 음절을 이룰 수 있으나 자음은 홀로 음절을 이루지 못하고 모음과 결합하여 음절을 이룬다. 이렇게 이루어진 음절에서 중심이 되는 분절음은 모음인데, 이 모음을 성절음(成節音, syllabic)이라고 한다.

언어에 따라서는 자음이 성절음이 되기도 한다. 영어 little[litl]은 두 음절로 이루어져 있는데, 둘째 음절 'tl'에서는 'l'이 성절음이다. 그런데 한국어에서는 모음만이 성절음이 된다. 따라서 한국어의 음절 형성은 매우 간단해서 쉽게 확인할 수 있다. 항상 모음을 중심으로 음절을 이루고 있으므로 음절과 모음의 수가 동일하다. 자음은 성절음인 모음의 앞이나 뒤에 온다. '아, 이, 우' 같이 모음으로만 이루어진 음절이 있는가 하면 '감, 물, 팔' 같이 모음 앞뒤에 자음이 있는 음절이 있다. 음절은 맞춤법에 따른 표기와 일치하지는 않는다. '삶이'는 '살'과 '미'로, '뜯어'는 '뜨'와 '더'로 음절이 갈라진다.

음절이란 일반적으로 쉽게 분석하여 낼 수 있지만 그것을 정의하기는 용이하지 않다. 음절이란 공명도(共鳴度, sonority)가 높은 소리가 성절음이 되어 전후의 낮은 소리와 이루는 한 단위 소리라고 할 수 있다.

**공명도**  공명도는 말소리를 같은 세기, 같은 높이, 같은 길이로 발음할 때 멀리
들리는 정도를 말하므로 가청도(可聽度)라고도 한다. 공명도는 발음할 때 성문
상태와 입을 벌리는 정도, 즉 개구도(開口度) 또는 간극도(間隙度, aperture)에 따라
결정된다. 개구도와 공명도는 정비례하므로 입을 크게 벌리고 내는 소리는 그만
큼 멀리 들리게 된다.

　일반적으로 예스페르센(O. Jespersen)의 공명도 8단계와 소쉬르(F. de Saussure)
의 개구도 7단계를 음절 분석을 위해 사용한다.

[표 2-5] 예스페르센(Jespersen)의 공명도

| 공명도 | 음성 | 한국어 |
|---|---|---|
| 1 | p, t, k,(무성 폐쇄음)<br>f, s, ç, x(무성 마찰음) | ㄱ, ㄲ, ㅋ, ㄷ, ㄸ, ㅌ, ㅂ, ㅃ, ㅍ<br>ㅈ, ㅉ, ㅊ, ㅅ, ㅆ, ㅎ |
| 2 | b, d, g(유성 폐쇄음) | ㄱ, ㄷ, ㅂ, ㅈ |
| 3 | v, z, r(유성 마찰음) | |
| 4 | m, n, ŋ(통비음) | ㅁ, ㄴ, ㅇ |
| | l(설측음) | ㄹ |
| 5 | r(전동음) | ㄹ |
| 6 | y, u, i(폐모음) | ㄱ, ㅣ, ㅜ, ㅡ |
| 7 | ø, o, e(반폐·반개모음) | ㅚ, ㅔ, ㅐ, ㅓ, ㅗ |
| 8 | ɔ, æ, a(개모음) | ㅏ |

[표 2-6] 소쉬르(Saussure)의 개구도

| 개구도 | 음성 | 한국어 |
|---|---|---|
| 0 | p, b, t, d, k, g(폐쇄음) | ㄱ, ㄲ, ㅋ, ㄷ, ㄸ, ㅌ, ㅂ, ㅃ, ㅍ |
| 1 | f, v, θ, ð, s, z,<br>ʃ, ʒ, ç, j, x, r(마찰음) | ㅈ, ㅉ, ㅊ, ㅅ, ㅆ, ㅎ |
| 2 | m, n, ŋ(통비음) | ㅁ, ㄴ, ㅇ |
| 3 | l, r(유음) | ㄹ |
| 4 | i, u, y(폐모음) | ㅣ, ㅜ, ㅡ ㄱ |
| 5 | e, o, ø(반폐·반개모음) | ㅔ, ㅐ, ㅓ, ㅗ, ㅚ |
| 6 | a(개모음) | ㅏ |

공명도나 개구도로 음절을 분석할 때에 거의 비슷한 결과가 나타난다. 예스페르센의 공명도에 따라 '한국어학'의 음절 구성을 분석하여 보면 다음 [그림 2-8]과 같다.

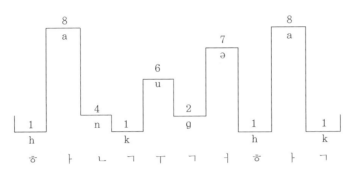

[그림 2-8] '한국어학[hangugəhak]'의 음절 분석

이 그림에는 정점음(頂點音, peak)이 4개가 있는데, 이들이 음절을 이루는 성절음이고 골짜기는 성절음인 정점음과 결합하여 음절을 이루는 비성절음이다. 그러므로 '한국어학'은 '한-구-거-학'으로 분석할 수 있는 4음절어이다.

언어의 최소 음성 단위는 자음과 모음이지만, 언어 생활에서는 모음이나 자음을 인식하지 않고 음절 단위로 작용한다. 음절은 구조상 세 부분으로 나뉜다. 즉, 정점음(頂點音, peak), 두음(頭音, onset) 그리고 말음(末音, coda)으로 되어 있다. 음절에서 성절음을 지니고 있는 부분을 음절 정점(syllable peak)이라고 한다. '발[pal]', '손[son]'에서 'ㅏ[a]'와 'ㅗ[o]'는 음절 정점음이다. '소리[sori]'는 'ㅗ[o]'와 'ㅣ[i]'의 두 정점음을 가지고 있으므로 두 음절이다. 이 정점음 앞뒤에는 분절음이 오는 경우가 빈번하다.

음절 두음은 정점음의 앞에 오는 분절음인데, 정점음과 한 덩어리를 이루는 동일 음절음(tautosyllabic)이 된다.

음절 말음은 정점음의 뒤에 오는 분절음인데, 정점음과 한 덩어리를 이루는 동일 음절음이 된다. 음절에는 '음[ɯm]'처럼 두음이 없거나, '나[na]'처럼 말음이 없는 것들이 있다. 말음이 없는 음절을 개음절(開音節, open syllable)이라고 하며, 말음이 있는 음절을 폐음절(閉音節, closed syllable)이라고 한다.

음절에서 정점음과 말음을 합해서 음절핵(音節核, syllable core)이라고 한다.

지금까지 설명한 음절 구조에 맞추어 단어 '말[mal]'의 구조를 그림으로 나타내면 다음의 [그림 2-9]와 같다.

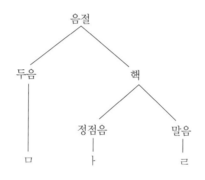

**[그림 2-9] '말'의 구조 분석**

**한국어 음절 구조**  한국어 음절은 하나 또는 그 이상의 음소로 되어 있다. 하나의 음소로 구성된 음절은 모음으로만 되어 있는 경우이고, 둘 이상의 음소로 구성된 음절은 모음의 앞이나 뒤에 자음이 위치한다. 이처럼 한국어에서 성절음은 항상 모음이고 비성절음은 항상 자음과 반모음이다.

한국어 음절 구조 유형은 다음과 같다.

1. V    아, 어, 오, 우, 애, 에, 외, 위
2. sV   야, 여, 요, 유, 얘, 예, 와, 워, 왜
3. Vs   의
4. cV   가, 무, 소, 너
5. Vc   암, 울, 섭, 욱

6. sVc  약, 열, 왕, 원

7. csV  교, 벼, 과, 쾌

8. cVc  강, 선, 몸, 풀

9. csVc 멸, 권, 꽹

* V(vowel) : 모음, c(consonant) : 자음, s(semi-vowel) : 반모음

**한국어 음절의 두음 제약**  한국어에는 '아, 열, 왜'처럼 두음이 없이 모음으로 시작하는 음절이 있고, 두음이 있는 음절도 '가, 방, 철'처럼 하나의 자음만이 올 수 있다. 두음으로 사용되는 자음은 'ㄱ, ㄴ, ㄷ, ㄹ, ㅁ, ㅂ, ㅅ, ㅈ, ㅊ, ㅋ, ㅌ, ㅍ, ㅎ, ㄲ, ㄸ, ㅃ, ㅆ, ㅉ'의 18개이다. 'ㅟ, ㅡ'의 두음으로는 'ㅂ, ㅃ, ㅍ' 같은 순음이 잘 오지 않으며 'j(ㅑ, ㅕ, ㅛ, ㅠ, ㅖ, ㅒ)'의 두음으로는 'ㄷ, ㄸ, ㅌ' 등의 치조음이 자리를 잡기가 어렵다. 'ㅢ'는 일반적으로 두음을 갖지 못한다. 또한 'ㄹ'이나 'ㄴ'은 'i'나 'j' 앞에서 어두 음절 두음으로 오지 않으므로 '리론, 녀성' 같은 발음을 하지 않는다. 'ㄹ'과 'o(ŋ)'도 어두 음절 두음으로 오지 않는다.

**한국어 음절의 말음 제약**  한국어에는 말음이 없이 모음으로 끝나는 개음절과 자음으로 끝나는 폐음절이 모두 있다. 한국어 음절 말음으로 올 수 있는 자음은 'ㄱ, ㄴ, ㄷ, ㄹ, ㅁ, ㅂ, ㅇ'의 7개이다. 이 밖에 특별한 음운 환경에서 'ㅅ'이 발음되기도 한다. '풋사랑, 했소'처럼 'ㅅ'말음이 'ㅅ'두음과 연결할 때와 같은 경우가 바로 그 예에 해당한다.

## 2.3.2 운율 자질

운율 자질(prosodic feature)은 음절이나 단어에 작용하여, 분절음으로 구성된 음절이나 단어를 구별하고 문장의 의미를 구별하는 데에 사용된다. 따라서 이것을 초분절 자질(suprasegmental feature)이라고도 하는데, 길이(duration)·높이(pitch)·세기(stress) 등이 그것에 해당한다.

모음과 자음은 발음할 때 지속 시간이 길기도 하고 짧기도 하다. 모음은 소리를 길게 늘일 수도 있고 자음은 폐쇄나 마찰 시간을 길게 늘일 수 있다. 또, 소리의 높이를 바꿀 수도 있는데, 성대의 진동을 빠르게 하면 높아진다. 그리고 단어나 문장에 있는 어떤 음절이나 음절 속의 모음은 다른 것들보다 더 높이, 더 세게, 그리고 더 길게 발음된다. 이것들은 강세 모음 또는 강세 음절이라고 한다. 이것들에 대한 자세한 내용은 3.2 운소론에서 다루기로 한다.

# 국제 음성 기호(THE INTERNATIONAL PHONETIC ALPHABET)

## 자음(CONSONANTS)

(1989년 개정판)

| | 양순음 (Bilabial) | 순치음 (Labiodental) | 치음 (Dental) | 치조음 (Alveolar) | 후부치조음 (Postalveolar) | 권설음 (Retroflex) | 경구개음 (Palatal) | 연구개음 (Velar) | 목젖음 (Uvular) | 인두음 (Pharyngeal) | 성문음 (Glottal) |
|---|---|---|---|---|---|---|---|---|---|---|---|
| 파열음 (Plosive) | p b | | | t d | | ʈ ɖ | c ɟ | k g | q ɢ | | ʔ |
| 비음 (Nasal) | m | ɱ | | n | | ɳ | ɲ | ŋ | ɴ | | |
| 전동음 (Trill) | ʙ | | | r | | | | | ʀ | | |
| 탄음 (Tap or Flap) | | | | ɾ | | ɽ | | | | | |
| 마찰음 (Fricative) | ɸ β | f v | θ ð | s z | ʃ ʒ | ʂ ʐ | ç ʝ | x ɣ | χ ʁ | ħ ʕ | h ɦ |
| 설측마찰음 (Lateral fricative) | | | | ɬ ɮ | | | | | | | |
| 접근음 (Approximant) | | ʋ | | ɹ | | ɻ | j | ɰ | | | |
| 설측접근음 (Lateral approximant) | | | | l | | ɭ | ʎ | ʟ | | | |
| 방출파열음 (Ejective stop) | p’ | | | t’ | | ʈ’ | c’ | k’ | q’ | | |
| 내파음 (Implosive) | ɓ | | | ɗ | | | ʄ | ɠ | ʛ | | |

기호가 쌍으로 있는 부분에서 오른쪽 기호는 유성 자음이고, 어두운 부분은 발음이 불가능하다고 생각되는 곳이다.

## 보조 기호(DIACRITICS)

| | | | |
|---|---|---|---|
| ̥ | 무성 (Voiceless) | n̥ | d̥ |
| ̬ | 유성 (Voiced) | s̬ | t̬ |

## 초분절음소(SUPRASEGMENTALS)

| | | ʷ w | | ʲ j | | ~ | |
|---|---|---|---|---|---|---|---|
| ̹ | 강원순 (More rounded) | 순음화 (Labialized) | tʷdʷ | | 비음화 (Nasalized) | | ẽ |
| ̜ | 약원순 (Less rounded) | (경)구개음화 (Palatalized) | tʲdʲ | | 비파열 (Nasal release) | | dⁿ |

| | | | | | | | |
|---|---|---|---|---|---|---|---|
| ʰ | 유기 (Aspirated) | tʰ dʰ | ̟ | 전진 (Advanced) | u̟ | ˠ | 연구개음화 (Velarized) tˠ dˠ |
| ̤ | 숨소이는 유성 (Breathy voiced) | b̤ a̤ | ̠ | 후진 (Retracted) | i̠ | ˤ | 인두음화 (Pharyngealizcd) tˤ dˤ |
| ̰ | 뻐걱거리는 유성 (Creaky voiced) | b̰ a̰ | ̈ | 중설모음화 (Centralized) | ë | ̴ | 연구개음화 또는 인두음화 (Velarized or pharyngealized) ɫ |
| ̼ | 설순 (Linguolabial) | t̼ d̼ | ̽ | 중설중모음화 (Mid centralized) | ɛ̽ | ̝ | (조음점이)높은 (Raised) e̝ ɹ̝ [ ɹ̝ = (voiced alveolar fricative)] |
| ̪ | 치 (Dental) | t̪ d̪ | ̘ | 전진 설근: (Advanced Tongue root) | e̘ | ̞ | (조음점이)낮은 (Lowered) e̞ β̞ [ β̞ = (voiced bilabial approximant)] |
| ̺ | 설첨 (Apical) | t̺ d̺ | ̙ | 후진 설근: (Retracted Tongue Root) | e̙ | ̩ | 유성 치조 마찰음 주음절(Syllabic) n̩ |
| ̻ | 설단 (Laminal) | t̻ d̻ | ˞ | r음색 (Rhoticity) | ə˞ | ̯ | 유성 양순 접근음 부음절(Non-syllabic) e̯ |

설측파열 (Lateral release) dˡ
불파열 (No audible release) d̚

모음(VOWELS)

기호가 쌍으로 있는 부분의 오른쪽 기호는 원순모음이다.

전설(Front)　중설(Central)　후설(Back)

폐(Close)　i • y — ɨ • ʉ — ɯ • u

　　　　ɪ ʏ　　ʊ

반폐(Close-mid)　e • ø — ɘ • ɵ — ɤ • o

　　　　　ə

반개(Open-mid)　ɛ • œ — ɜ • ɞ — ʌ • ɔ

　　　　æ • ɐ

개(Open)　a • ɶ — ɑ • ɒ

## 기타 기호(OTHER SYMBOLS)

ʍ  무성(양)순 연구개 마찰음(Voiceless labial-velar fricative)
w  유성(양)순 연구개 접근음(Voiced labial-velar approximant)
ɥ  유성(양)순 경구개 접근음(Voiced labial-palatal approximant)
ʜ  무성 후두개 마찰음(Voiceless epiglottal fricative)
ʢ  유성 후두개 파열음(Voiced epiglottal plosive)
ʡ  유성 후두개 마찰음(Voiced epiglottal fricative)
ɧ  동시 발음하는 ∫ 와 x (Simultaneous ∫ and x)
ɜ  보조적 중설 중성모음(Additional mid central vowel)

⊙  양순 흡착음 (Bilabial click)
|  치 흡착음 (Dental click)
!  후부 치조 흡착음 (Post alveolar click)
ǂ  경구개 치조 흡착음(Palatoalveolar click)
‖  치조 설측 흡착음 (Alveolar lateral click)
ɺ  치조 설측 탄음 (Alveolar lateral flap)
ɕ ʑ  치조 경구개 마찰음 (Alveolo -palatal fricatives)

파찰음 및 이중 조음은, 필요할 때 두 기호를 결합선으로 묶어서 나타낼 수 있다. k͡p t͡s

## 초분절음소(SUPRASEGMENTALS)

ˈ  제 1 강세(Primary stress)   ˌfoʊnəˈtɪʃən
ˌ  제 2 강세(Secondary stress)
ː  장(Long)  eː
ˑ  반장(Half-long)  eˑ
̆  극단(Extra-short)  ĕ
.  음절 단절(Syllable break)  ɹi.ækt
|  소음군(운각 그룹)[Minor (foot) group]
‖  대음군(음조 그룹)[Major (intonation) group]
‿  연결(단절이 없음)[Linking (absence of a break)]
↗  전체적 상승조(Global rise)
↘  전체적 하강조(Global fall)

### 성조 및 어악센트(TONES AND WORD ACCENTS)

평판조(Level tones)

e̋ 또는 ꜛ  초고(Extra-high)
é 또는 ˈ  고(High)
ē  중(Mid)
è  저(Low)
ȅ  초저(Extra-low)
↓  하향 이동(Downstep)
↑  상향 이동(Upstep)

변동조(CONTOUR TONES)

ě 또는 ꜛ  상승(rise)
ê  하강(fall)
᷄  고상승(high rise)
᷅  저상승(low rise)
᷈  상승 하강(rise fall)
  기타

# 제3장
# 한국어 음운론

음운론(phonology)은 언어음의 구조에 관한 연구이다. 언어학에서 음운론은 한 편으로는 형태론·품사론과 또 한편으로는 음성학과 밀접한 관련을 가진다.

세계 언어의 소리 구조는 다양하지만, 차이점보다는 유사점이 더 많다. 언어 음은 물리적으로는 한없이 많이 나타나지만 언어의 요소, 즉 음운론적 단위로 기능할 때에는 고도로 제약을 받는다. 이러한 까닭에 언어학자들은 모든 언어에 서 발견되는 음성학적, 음운론적 보편성에 비추어 언어 체제들이 어떻게 다르고 어떻게 유사한가에 관해 관심을 가진다. 인간의 언어음은 적은 수의 동일한 음 성 자질로 이루어져 있으며, 전 세계 언어에 동일 부류의 음이 사용되고 동일한 종류의 규칙적인 음의 형태가 나타난다. 사람들은 언어를 배울 때, 그 언어에 어떤 음이 있는지 그리고 그 음들이 규칙에 따라 어떤 형태로 나타나는지를 배 운다.

음운론은 이런 종류의 언어 지식과 관련이 있다. 음성학이 언어음을 기술하는 수단을 마련하는 것임에 비해 음운론은 언어음이 체계와 형태를 형성하는 방법을 연구하는 것이다. 음운은 음소(音素)와 운소(韻素)를 포괄하는 개념으로 사용되고 있으므로 음운론은 음소론(音素論, phonemics)과 운소론으로 나누어 논의하기로 한다.

## 3.1 음소론

### 3.1.1 음소의 정의

**음소(音素)**  음소는 언어의 음운론적 단위이다. 언어에서 말소리가 결합하여 의미를 가지는 최소의 형태가 형태소이다. 형태소가 다르다는 것은 형태소를 구성하고 있는 소리가 다르다는 것이다. '달'과 '딸'이 다른 형태소가 되는 것은 '달'의 'ㄷ'과 '딸'의 'ㄸ'이 다른 소리이기 때문이다. 이들은 초성 자음만 제외하고는 모두 같다. 다만, 초성 자음 때문에 의미가 다른 형태소가 되는 것이다. 그러므로 'ㄷ[t]'과 'ㄸ(t')'은 한국어에서 변별적(distinctive)인 소리이다. 이러한 변별적인 소리가 음소이다. 음성을 [ㄱ], [k]처럼 [ ]로 표시하듯이 음소는 /ㄱ/, /k/처럼 / /으로 표시한다.

**최소 대립어**  음소는 의미 분화를 일으키는 최소의 단위이므로, 음소를 확인하기 위해서 사용할 수 있는 방법은 한 소리를 다른 소리로 대치하여 의미가 달라지는지를 알아보는 것이다. 의미가 달라지면 그 두 소리는 서로 다른 음소이다. 이 때, 두 단어가 동일한 위치에 나타나는 하나의 분절음만 제외하고 나머지 부분은 같다면 이 두 단어를 최소 대립어(最小對立語, minimal pair)라고 한다. '감'과 '담', '눈'과 '문' 그리고 '하늘'과 '바늘'들은 초성에 의해서 의미가 달라진 최소 대립어이다. '살'과 '술'은 중성에 의해서 그리고 '굳다[固]'와 '굽다[曲]'는 종성에 의해서 의미가 달라진 최소 대립어이다.

　음성학에서는 언어에서 사용하는 소리를 다만 생리학적, 물리학적인 면에서 기술하므로 사람들이 한 소리를 발음할 때에 똑같이 내는 경우도 없고, 또 다른 소리와 연결하여 발음할 때에 달라지기도 하는데, 이 때에 차이가 나는 소리들을 음성이라고 한다. 따라서, 음성을 기술할 때에는 의미를 구별해 줄 수 있는가의 여부를 따지지 않는다.

그러므로 음성학적으로는 분명히 다른 소리이지만 음소론적으로는 하나의 음소로 되는 경우가 있게 된다. 한국어에서는 양순 무성음이 평음 'ㅂ', 경음 'ㅃ', 격음 'ㅍ'의 세 개 음소로 나타나는데, 영어에서는 'p' 하나의 음소만 가지고 있다. 즉, 한국어에 있는 'ㅂ[p]', 'ㅃ[p']', 'ㅍ[pʰ]'은 '불', '뿔', '풀'처럼 의미를 구분하는 기능을 가지고 있고, 영어에서는 그런 기능이 없이 'p' 하나만 사용한다. 이렇기 때문에 영어를 모한국어로 사용하는 사람들은 'ㅂ, ㅃ, ㅍ'의 음소를 구별하지 못하고 'p' 하나로 발음하게 된다. 그런데 영어에서는 무성음과 유성음이 음소를 구별하는 자질이 되므로 'p'와 'b'는 'pill'과 'bill'처럼 의미를 구분하는 기능을 갖고 있는데, 한국어에서는 그렇지 않다.

**변별 자질** 음운론에서, 변별 자질이란 한 소리가 다른 소리와 구별되는 데 필요한 음운상의 특징을 말한다. 특정 언어에서 두 개 소리가 음성 형태가 다르고 의미 차이를 나타내는 기능을 가지고 있으면 서로 다른 음소이다. 한국어에서 'ㄷ'과 'ㅌ'은 발음 위치가 같은 소리이지만 'ㄷ'은 평음(무기음)이고 'ㅌ'은 격음(유기음)이므로 기(氣, aspirate)에서만 차이가 있고, 이것의 차이는 '달'과 '탈'에서 알 수 있듯이, 의미의 차이를 나타낸다. 이 때, 기(氣)가 있고 없음에 따라 두 소리를 구별하게 되므로 '유기성'을 변별 자질(辨別資質, distinctive feature)이라고 한다. 'ㅁ'과 'ㅂ'은 발음 위치가 같은데 다만 공기를 코로 내보내는가(비음성, 鼻音性), 입으로 내보내는가(구강성, 口腔性)에 따라서만 차이가 나는 소리이므로 '비음성'이 변별 자질이 된다.

영어에서는 '유기성'에 의해 소리의 차이가 구별되지 않으므로 '유기성'은 변별 자질이 아니다. 그래서 한국어의 'ㄱ, ㄲ, ㅋ'이 영어에서는 동일한 소리로 사용된다. '비음성'은 영어에서도 한국어에서와 마찬가지로 변별자질이 되므로 'm'과 'p' 같은 소리를 구별하는 데에 작용한다. 이렇듯 언어마다 변별 자질은 일정하지 않으므로, 한 언어에서는 중요한 변별자질이 다른 언어에서는 아무런 변별력을 가지지 못하기도 한다. 변별 자질을 표시할 때는 음성 기호처럼 [  ] 속에 넣되 '+'와 '−'로 나타낸다. 변별 자질은 두 개의 가치 가운데 하나만을 갖는 것이므로 양분적 표시 방법을 사용한다. 'ㅍ'은 [+유기성], 'ㅂ'은 [−유기성]으로 표시한다. 입술 소리인 'ㅂ, ㅍ, ㅃ, ㅁ'은 [+순음성]이라는 하나의 변별 자질로 묶어 나타낼 수 있다.

**이음(異音)**  하나의 음소가 환경에 따라, 음성학적으로는 다른, 여러 가지 소리로 나타날 수 있다. 한국어에서 'ㄱ'이 무성음 앞이나 음절 끝에서는 무성음 'k'로 발음되고 유성음 사이에서는 유성음 'g'으로 발음된다. 그래서 한국어에서는 'ㄱ' 이 하나의 음소인데, 음성학적으로는 'k'와 'g' 두 개의 단음(單音, phone)으로 구분할 수 있다. 이렇게 하나의 음소가 환경에 따라 다른 소리로 나타나는데, 그 소리를 이음(異音, allophone)이라고 한다. 이음은 아무렇게나 아무 때나 나타나지 않으며 일정한 규칙의 지배를 받는다. 'ㄱ'을 보면 무성음 'k'가 유성음 사이에서 'g'가 되므로 이 때 'g'는 유성음화(有聲音化)한 것이다. 'k'가 나타나는 환경에 결코 'g'가 나타나지 않으며, 또한 그 반대의 현상도 나타나지 않는다. 이와 같이 두 개 또는 그 이상의 소리가 동일한 음운 환경 속에서 나타나지 않을 매, 이들 소리들은 상보적 분포(相補的分布, complementary distribution) 또는 배타적 분포(排他的分布, ex‑clusive distribution)를 이루고 있다고 한다. 이상의 설명을 간추리면, 이음이란 하나의 음소이면서 상보적 분포를 이루고 있는 소리라고 할 수 있다.

　한국어의 폐쇄음 'ㄷ, ㅂ'도 앞에서 예로 든 'ㄱ'과 마찬가지로 같은 음운 환경에서 't'와 'd', 'p'와 'b'처럼 무성음과 유성음의 이음을 가지고 있다. 한국어에서 이 무성음과 유성음의 차이는 음소를 이루는 자질이 아니므로 'k‑g', 't‑d', 그리고 'p‑b'은 각각 하나의 음소이다. 그러나 영어에서는 무성음과 유성음의 차이가 음소를 이루는 자질이므로 이들은 각각 별개의 음소가 된다. 또, 음성학적으로 엄밀히 말하면, 한국어에서 'ㄱ, ㄷ, ㅂ'은 음절 말에서 입의 발음 부위를 폐쇄한 채 소리를 끝내는 불파음(不破音, unreleased)이 되므로 무성음과 유성음 이외에 또 하나의 이음 'k⁻', 't⁻', 'p⁻'이 있는 셈이다. 그러므로 한국어 폐쇄음 'ㄱ, ㄷ, ㅂ'은 'k-g-k⁻, t-d-t⁻, p-b-p⁻'처럼 각각 이음이 세 개가 된다. 이음은 일정한 규칙의 지배를 받으므로 한 음소의 예측할 수 있는 음성적 변이 이다. 그렇지만 이음들이 환경에 따라 자동적으로 일어나는 경우가 대부분이고, 또한 의미차를 나타내지 않는 상보적 분포를 이루는 소리이므로 이음들 사이의 차이를 구별하여 내기란 쉽지 않다. 한국어 사용자들이 영어의 유성음과 무성 음, 즉 'k'와 'g'의 음성적 차이를 잘 구별하지 못하는 것과 같이 영어 사용자들은 한국어의 평음, 격음 그리고 경음, 즉 'k', 'kʰ' 그리고 'k''의 차이를 잘 구별하지 못한다. 그러므로 한 언어의 이음은 그 언어 사용자(native speaker)들에게는 한 음소로 인식된다.

**자유 변이** 두 개의 소리가 동일한 음성 환경에서 단어의 의미를 바꾸지 아니하고 자유롭게 나타낸다면 이 두 소리는 그 단어에서 자유 변이(自由變異, free variation) 관계에 있다고 하고, 이 두 소리는 자유 이음(自由異音, free variant 또는 free allophone)이라고 한다. 한국어에서 '다리'의 어두 자음을 무성음 't[tari]' 로 발음하거나 유성음 'd[dari]'로 발음하거나 두 발음 사이에는 의미차가 없으므 로, 이 때 't'와 'd'는 자유 이음이며 자유 변이 관계에 있다. 또 다른 예로, 표준적 인 발음은 아니지만 '막아'와 '막어'의 '아'와 '어', '고추'와 '꼬추'의 'ㄱ'과 'ㄲ'도 마찬가지로 자유 이음이며 자유 변이 관계에 있다고 할 수 있다.

## 3.1.2 음소의 체계

### 3.1.2.1 음소의 대립

음소는 변별적 특징에 의해서 서로 대립된다. 음소의 대립은 변별적 특징에 따라 여러 가지로 분류할 수 있다.

음소는 서로 공통으로 가지고 있는 특징과 가지고 있지 않는 특징에 의해서 분류한다. 공통으로 가지고 있지 않는 특징이 두 음소를 구분짓는 특징이다.

대립의 종류에는 다음과 같은 것들이 있다.

**양면적 대립**  대립 특성을 가진 두 항(項)에만 공통되는 특징이 있고 다른 항에는 없을 때 양면 대립이라고 한다. 반면에 다른 항에서도 공통 특징이 나타나면 다면적 대립이라고 한다. 한국어에서 /ㄱ/(k)과 /ㅋ/(kʰ) 사이에는 비후두화 연구개 폐쇄음(非喉頭化軟口蓋閉鎖音)이라는 공통 특징이 있고, 다만 기(氣)의 유무(有無)라는 대립 특성을 가진 양면적 대립이 성립되며, /ㄷ/(t)과 /ㅌ/(tʰ), /ㅂ/(p)과 /ㅍ/(pʰ) 사이에도 각각 비후두화 치조 폐쇄음, 비후두화 양순 폐쇄음이라는 공통 특징을 가진 양면적 대립이 성립한다. /ㄱ/(k)과 /ㄲ/(k')은 무기 연구개 폐쇄음이라는 공통 특징을 가진 양면적 대립이 성립하며, /ㄷ/(t)과 /ㄸ/(t'), /ㅂ/(p)과 /ㅃ/(p')도 각각 무기 치조 폐쇄음, 무기 양순 폐쇄음이라는 공통 특징을 가진 양면적 대립이 된다. 그러나 /ㅋ/(kʰ)과 /ㄲ/(k')은 연구개 폐쇄음, /ㅌ/(tʰ)과 /ㄸ/(t')은 치조 폐쇄음 그리고 /ㅍ/(pʰ)과 /ㅃ/(p') 사이에는 양순 폐쇄음이라는 공통 특징만 가지고 있으므로 다면적 대립이 된다. /ㄱ/(k)과 /ㄷ/(t), /ㄷ/(t)과 /ㅂ/(p) 사이도 단일 비교 기반을 가지지 못하므로 다면적 대립이라고 한다.

**비례적 대립**  대립을 이루고 있는 두 항 사이의 특징이 다른 항에서도 대립 특징으로 나타나고 있을 때 이를 비례적 대립이라고 하고, 다른 항에서 대립 특징으로 나타나지 않을 때 이를 고립적 대립이라고 한다. /ㄱ/(k)과 /ㅋ/(kʰ)이 기의 유무에 의한 대립인데, /ㄷ/(t)과 /ㅌ/(tʰ), /ㅂ/(p)과 /ㅃ/(p')에서 보듯이, 같은 특징에 의한 대립이 있으므로 비례적 대립이며, /ㄱ/(k)과 /ㄲ/(k')의 대립도 /ㄷ/(t)과 /ㄸ/(t'), /ㅂ/(p)과 /ㅃ/(p'), /ㅅ/(s)과 /ㅆ/(s') 등의 대립이 있으므로 비례적 대립이 된다. 그러나 /ㄱ/(k)과 /ㄷ/(t), /ㄷ/(t)과 /ㅈ/(č) 사이의 대립은 다른 항에서 대립 특징으로 나타나지 않으므로 고립적 대립이다.

**유무적 대립** 두 항 가운데 하나가 어떤 특징을 가지고 있고 다른 하나는 그 특징이 없음으로써 대립이 이루어지는 것을 유무적 대립이라고 한다.

  /ㄱ/(k)과 /ㅋ/(kʰ)은 기(氣)의 유무에 의한 대립이고, /ㄱ/(k)과 /ㄲ/ (k')은 후두 긴장(緊張)의 유무에 의한 대립이다. 유무 대립을 이룰 때 두 항의 다른 특징은 모두 같다. 이와 같이 대립이 기(氣)나 후두 긴장의 유무에 의해 이루어질 때, 이들 기나 후두 긴장을 지표(指標, mark) 또는 징표(徵表)라고 한다. 그리고 지표를 가진 항을 유표항(有標項, marked term), 지표가 없는 항을 무표항(無標項, unmarked term)이라고 한다.

**상관** 양면적이고 비례적이며 유무적인 대립 관계에 있는 두 음소를 상관쌍(相關雙, correlated pair)이라고 하고, 상관쌍 사이의 대립을 상관적 대립이라고 한다. 상관적으로 대립하는 두 항, 즉 상관쌍의 두 항을 구별하는 음성적 특징이 있는데, 이 특징을 상관 지표(correlated mark)라고 한다. 상관적 대립은 같은 상관 지표에 의해 성립되는 대립인데, 이렇게 대립되는 모든 상관쌍의 총체를 상관(correlation)이라고 한다. 이 상관은 상관 지표를 가진 음소의 계열인 유표 계열(有標系列, marked correlative series)과 상관 지표가 없는 음소의 계열인 무표 계열(無標系列, unmarked correlative seriees)로 이루어진다. 한국어에서 상관을 이루고 있는 음소는 다음의 [표 3-1]과 같다.

[표 3-1] 상관을 이루는 한국어 음소

| | | |
|---|---|---|
| 기 | 무표 계열 | ㄱ(k) ㄷ(t) ㅂ(p) ㅈ(č) |
| | 유표 계열 | ㅋ(kʰ) ㅌ(tʰ) ㅍ(pʰ) ㅊ(čʰ) |
| 후두 긴장 | 무표 계열 | ㄱ(k) ㄷ(t) ㅂ(p) ㅈ(č) ㅅ(s) |
| | 유표 계열 | ㄲ(k') ㄸ(t') ㅃ(p') ㅉ(č') ㅆ(s') |

여기에서 보면 'ㄱ'은 기(氣)의 유무에 의해서는 'ㅋ', 후두 긴장의 유무에 의해서는 'ㄲ'과 상관쌍을 이루고 있는데, 이러한 결속을 가진 상관을 상관속(相關束, correlational bundle)이라고 한다. 한국어의 파열음과 파찰음은 세 음소로 상관속을 이루고 있으므로 삼지적(三肢的) 상관속이 된다.

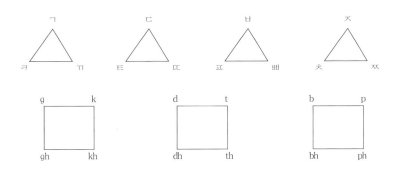

영어는 유성음과 무성음의 대립으로 'p-b', 'k-g', 't-d', 'f-v', 's-z', 'θ-ð' 같은 이지적(二肢的) 상관속을 이루고 있다. 인도의 산스크리트어(Sanskrit)는 유성음, 무성음, 유기음 그리고 후두 긴장음의 대립으로 사지적(四肢的) 상관속을 이루고 있다.

### 3.1.2.2 자음 체계

자음 체계는 상관적 대립 관계에 따라 파악할 수 있다. 음소들이 발음 방식이 같고 발음 위치에서 대립적이면 계열(系列, series)이라고 하고, 발음 위치가 같고 발음 방식이 대립적이면 서열(序列, order)이라고 한다. 한국어 자음의 상관 조직에서 'ㄱ, ㄷ, ㅂ, ㅈ, ㅅ', 'ㄲ, ㄸ, ㅃ, ㅉ, ㅆ', 'ㅋ, ㅌ, ㅍ, ㅊ'는 각각 하나의 계열이며 'ㄱ, ㄲ, ㅋ, ㅇ(ŋ)', 'ㄷ, ㄸ, ㅌ, ㄴ', 'ㅂ, ㅃ, ㅍ, ㅁ', 'ㅈ, ㅉ, ㅊ'은 각각 하나의 서열이 된다.

한국어의 자음 체계는 다음과 같은데, 하나뿐인 설측음 'ㄹ'과 성문음 'ㅎ'을 제외하면 4계열 4서열로 이루어진다.

[표 3-2] 한국어 자음 체계

| 계열→<br>서열↓ | 순음 | 치조음 | 경구개음 | 연구개음 | 성문음 |
|---|---|---|---|---|---|
| 평음 | ㅂ | ㄷ, ㅅ | ㅈ | ㄱ | ㅎ |
| 경음 | ㅃ | ㄸ, ㅆ | ㅉ | ㄲ | |
| 격음 | ㅍ | ㅌ | ㅊ | ㅋ | |
| 비음 | ㅁ | ㄴ | | ㅇ | |
| 유음 | | ㄹ | | | |

### 3.1.2.3 모음 체계

한국어의 모음 체계도 자음에서와 같이 상관적 대립 관계에 따라 파악할 수 있다. 모음들이 혀의 전후 위치와 입술의 모양에서 대립적이면 계열이라고 하고, 혀의 고저에서 대립적이면 서열이라고 한다. 한국어 모음의 상관 조직에서 'ㅣ, ㅟ, ㅡ, ㅜ'와 'ㅔ, ㅚ, ㅓ, ㅗ'가 각각 하나의 서열이고, 'ㅣ, ㅔ, ㅐ', 'ㅟ, ㅚ', 'ㅡ, ㅓ, ㅏ', 'ㅜ, ㅗ'가 각각 하나의 계열이다.

한국어의 단모음 체계는 다음의 [표 3-3]과 같으므로 4계열 3서열로 이루어진다고 하겠다.

[표 3-3] 한국어 모음 체계

| 계열→<br>서열↓ | 전설 모음 | | 후설 모음 | |
|---|---|---|---|---|
| | 평순 | 원순 | 평순 | 원순 |
| 고모음 | ㅣ | ㅟ | ㅡ | ㅜ |
| 중모음 | ㅔ | ㅚ | ㅓ | ㅗ |
| 저모음 | ㅐ | | ㅏ | |

이상에서 보는 바와 같이 한국어에는 10개의 단모음 외에 2개의 반모음 'w'와 'j'가 있는데, 이것들은 단모음과 결합하여 11개의 이중 모음(二重母音)을 형성한다. 'ㅘ, ㅙ, ㅝ, ㅞ'는 'w('ㅗ'나 'ㅜ'의 발음 위치)'로 시작하고, 'ㅑ, ㅕ, ㅛ, ㅠ, ㅒ, ㅖ'는 'j('ㅣ'의 발음 위치)'로 시작하며, 'ㅢ'는 'ɯ('ㅡ'의 발음 위치)'로 시작하는 모음이다.

## 3.2 운소론

모음과 자음으로 나눌 수 있는 음소, 즉 분절 음소로 말소리를 적절하게 기술할 수 있다. 그런데 말소리에는 의미의 차이를 나타내기 위하여 분절 음소 외에 다른 요소들이 있다. 분절 음소를 길게 늘일 수도 있고 음성의 높이를 바꿀 수도 있다. 또한, 음절이나 모음을 그 문장이나 단어에 있는 다른 음보다 더 높게, 더 세게 또는 더 길게 발음한다. 이들 장단, 고저, 강세, 억양을 음소와 구별하여 운소라고 하는데, 초분절 음소(suprasegmental phoneme)라는 용어를 사용하기도 한다. 이는 모음과 자음으로 나누어지는 음소, 즉 분절 음소(segmental phonenme)와는 달리 분절할 수 없는 운율 자질(prosodic feature)인 음소라는 의미이다.

### 3.2.1 음장

모음이나 자음을 길게 늘여 발음할 수 있다. 언어에 따라 상대적으로 길거나 짧게 발음되는 소리에 따라 의미의 차이가 나타난다. 긴소리 부호는 긴소리 다음에 : 로 표시한다. 한국어는 모음의 음장(duration)으로 단어의 의미가 분화되는 언어이다. 그 예는 다음의 (1)과 같다.

(1) 배[pɛ:](倍) − 배[pɛ](腹, 船, 梨)
　　돌[to:l](石) − 돌[tol](生日)
　　솔[so:l](刷) − 솔[sol](松)
　　안다[a:nt'a](抱) − 앉다[ant'a](坐)
　　사고[sa:go](事故) − 사고[sago](思考)

긴소리는 절대적 불변 요소가 아니다.

단어의 첫째 음절에 나타나는 긴소리가 둘째 음절 이하에 오면 짧게 소리 나는 경향이 있다. 그 예는 다음의 (2)와 같다.

(2) 놀[no:l](霞) − 저녁놀[čənjəŋnol]
　　내[nɛ:](川) − 시내[ʃinɛ]
　　사고[sa:go](事故) − 경사(kjəŋsa)(慶事)

일본어는 자음의 길이가 어의를 분화시키는 최소 대립어 구실을 하고 있다. 긴소리 't[tt]'는 짧은 소리 't[t]'를 발음할 때보다 혀를 두 배 정도로 치조에 오래 대고 있을 때 나는 소리이다. 그 예는 다음의 (3)과 같다.

(3) shite(doing) − shitte(knowing)
　　saki(ahead) − sakki(before)

에스토니아 어(Estonian)에서도

(4) kino(movie) − kinno(to the movie)
　　maja(house) − majja(to the house)

위의 (4)처럼 자음의 길이가 음운적인 기능을 한다.

이와 같이 분절음의 상대적 장단을 변별 자질로 가질 때, 이 장단을 음장소(音長素, chroneme 또는 lengthy phoneme)라고 하고, 장음 음소를 가진 언어를 음장 언어(chrone language)라고 한다.

## 3.2.2 강세

한 단어 안에서 어떤 음절은 다른 음절보다 상대적으로 소리의 크기가 우세하다. 이 우세한 소리의 크기를 강세(強勢, stress)라고 한다. 다른 음절보다 소리의 크기가 더 우세한 음절을 강세 음절(stressed syllable 또는 accented syllable)이라고 한다. 강세로 의미차가 나타나는 언어를 강세 언어(stress language)라고 한다. 영어는 강세 언어로 생각된다. 영어 단어 'subject'가 첫 음절에 강세를 가지면 명사가 되고, 둘째 음절에 강세를 가지면 동사가 된다.

(5) súbject(명사) −subjéct(동사)

어떤 단어에서는 (b)처럼 두 개 이상의 음절이 강세를 갖기도 한다.

(6) signíficàtive   trànsportátion

강세 표시는 보통 강세 음절의 모음 위에 ´ 표시를 한다. 그러나 한 단어에 강세 음절이 두 개 이상이 있을 때, 가장 큰 강세 음절의 모음에 제1강세, 즉 악센트를 나타내는 ´ 표시를 하고, 나머지 강세 음절 모음 위에는 제 2강세를 나타내는 ` 표시를 한다. 또는 다음의 (7)과 같이 제 1강세를 '1', 제 2강세는 '2'로 표시하기도 한다.

(7) significative   transportation

그런데 강세 표시를 모음 위에 붙이는 것은 좋은 방법이 못 된다. 왜냐하면 실제 악센트는 음절 전체에 걸리기 때문이다. 이런 까닭으로 국제 음성 기호(IPA) 표에서는 강세를 음절 앞에 표시하고 있다. 즉, 다음의 (8)과 같이 제 1강세는 ', 제 2강세는 ,로 표시한다.

(8) sig'nifi,cative    ,transpor'tation

한국어 단어에는 강세가 없다. 그런데 한국어 발화 단위에서 강조가 필요할 때 특정 음절이나 단어에 강세를 주는 경우가 있다. 이를 대조 강세(contrasting stress)라고 한다.

(9) ㄱ. 철수가 영이를 막대기로 때렸다.
    ㄴ. 철수가 영이를 막대기로 때렸다.
    ㄷ. 철수가 영이를 막대기로 때렸다.
    ㄹ. 철수가 영이를 막대기로 때렸다.
    ㅁ. 철수가 영이를 막대기로 때렸다.

(9)에서 보듯이 강세의 차이에 따라 의미의 차이가 나타난다. (9ㄱ)은 다만 사실의 기술일 뿐이고, (9ㄴ)은 행위의 주체를, (9ㄷ)은 행위의 대상을, (9ㄹ)은 행위의 도구를, (9ㅁ)은 행위의 종류를 강조한 것이다.

## 3.2.3 고저

성대의 진동수에 따라 말소리의 고저(pitch)가 달라지는데, 진동이 빠를수록 높아진다. 고저를 달리하여 발음할 때 의미가 달라지기도 한다. 이렇게 의미를 대조시키는 고저의 변이(pitch variation)를 성조(聲調, tone)라고 하고, 이런 언어를 성조 언어(tone language)라고 한다. 성조는 단어의 음절에 작용하는데, 세계의 많은 언어는 성조 언어이다. 성조는 언어마다 다르다. 가나(Ghana)에서 쓰이는 트위 어(Twi)는 고조(high tone)와 저조(low tone)로 된 두 개의 성조 체계를 가지고 있다. 트위 어 [papa]에서 두 음절의 성조가 모두 고조이면 '훌륭한'을 뜻하고, 첫째 음절의 성조가 저조이고 둘째 음절의 성조가 고조이면 '아버지'를 뜻하며, 두 음절의 성조가 모두 저조이면 '종려잎 부채'를 뜻한다. 성조 언어로 유명한 중한국어는 고조, 상승조, 하강조, 하강-상승조 등 네 개의 성조 체계로 되어 있다. 중한국어 [ma]가 고조이면 '媽(어머니)', 상승조이면 '麻(삼)', 하강조이면 '罵(꾸짖다)', 하강-상승조이면 '馬(말)'를 뜻한다.

성조는 음절에서 동일한 수평을 유지하는 수평조(水平調, level tone)와 방향이 변동하는 굴곡조(屈曲調, contour tone)로 구분한다. 수평조에는 초고(extra-high), 고(high), 중(mid), 저(low), 초저(extra-low) 등이 있고, 굴곡조에는 상승(rise), 하강(fall), 고상승(high rise), 저상승(low rise), 상승 하강(rise fall), 하강 상승(fall rise) 등이 있다.

성조를 표시하기 위해서는 국제 음성 기호표의 성조 기호를 사용한다.

| 수평조 | 초고 | 고 | 중 | 저 | 초저 |
|---|---|---|---|---|---|
| | ″ 또는 ꜓ | ′ ꜒ | ‾ ꜔ | ` ꜕ | ꜖ ꜖ |

| 굴곡조 | 상승 | 하강 | 고상승 | 저상승 | 상승하강 | 하강상승 |
|---|---|---|---|---|---|---|
| | ˇ 또는 ꜓ | ˆ ꜖ | ꜓ ꜒ | ꜔ ꜕ | ꜓ ꜒ | ꜔ ꜖ |

**트위 어 [papa]의 성조 표시**

고조-고조 [pápá] 훌륭한

저조-고조 [pàpá] 아버지

저조-저조 [pàpà] 종려잎 부채

**중국어 [ma]의 성조 표시**

고조(1성) [mā] 媽(어머니)

상승조(2성) [má] 麻(삼)

하강 상승조(3성) [mǎ] 馬(말)

하강조(4성) [mà] 罵(꾸짖다)

이상으로 보면 트위 어의 성조는 수평조이고, 중한국어의 성조는 하나의 수평조와 세 개의 굴곡조로 되어 있다.

현대 한국어 지역 방언 중에서 경상도 방언, 함경도 방언, 강원도 일부 지역 지역 방언에는 성조가 있으나 그 외의 지역 방언에는 성조가 없고 15세기 한국어에는 (10)처럼 성조가 있었다. 즉, 저조와 고조로 된 수평조의 성조 언어였다. 평성은 저조인데 방점(傍點) 표시를 하지 않았고, 거성은 고조인데 방점을 하나 찍고 상성은 평성인 저조와 거성인 고조의 복합으로 방점을 두 개 적어 표시하였다.[1]

(10) 평성(平聲)　활(弓), 비(梨)

　　거성(去聲)　·갈(刀), ·빈(舟)

　　상성(上聲)　:돌(石), :눈(雪)

　　평성+거성 → 상성　부텨+·이 → 부:톄

---

1) 훈민정음 언해에는 사성(四聲)에 대해 다음과 같이 설명하고 있다.

　"平聲은 뭇ㄴ가봉 소리라, 去聲은 뭇노폰 소리라, 上聲은 처어미 눗갑고 乃終이 노폰 소리라, 入聲은 샐리 긋듣ᄂ 소리라."

## 3.2.4 억양

단어가 결합하여 구와 문장이 되면 한 음절이 다른 것에 비해 더 큰 강세를 가진다. 강세가 있는 음절은 바로 앞 또는 뒤의 음절과 다른 고저 관계를 이룬다. 이런 면으로 보아 음절보다 더 큰 음성 단위에 그 영향이 확대되는 고저의 차이를 억양(抑湯, intonation) 또는 어조(語調)라고 한다. 음절 강세(syllablic stress 또는 accent)는 보통 고정적이어서 그 단어의 의미를 결정하지만, 구 강세나 문장 강세 (phrase and sentence stress)는 발화자가 전하려고 하는 내용의 감정적인 면을 드러낸다. 그러므로 이 강세는 초분절적 음소, 즉 운소로서 통사적 구성의 중요한 형식이다.

억양과 관련하여 연접(連接, juncture)이라는 것이 있다. 문장 내부에 나타나는 것은 문중 연접(文中連接) 또는 내부 연접(內部連接, internal juncture)이라고 하고, 문말(文末)에 나타나는 것은 문말 연접(文末連接) 또는 말미 연접(末尾連接, terminal juncture)이라고 한다.

**문중 연접**  연접이란 발화의 내부에서 한 음에서 다른 음으로 이행하는 방식이다. 이행 방식에는 한 형태로 된 단어 내부에서 연속된 음절사이에 이행하는 평상 연접(平常連接), 두 형태소 사이를 띄우지 않고 연결하는 폐쇄 연접(閉鎖連接, close juncture), 단어 사이에 약간의 휴지를 넣어 연결하는 개방 연접(開放連接, open juncture), 개방 연접보다 더 긴 휴지로 이어지는 휴지 연접(休止連接, pause juncture) 등이 있다.

문중 연접을 기호로 표시할 경우, 폐쇄 연접은 '−', 개방 연접은 '+', 휴지 연접, 즉 긴 휴지는 '→'표로 나타낸다. 일반적으로 폐쇄 연접은 표시하지 않는다. 그 예는 다음의 (11)과 같다.

(11) 평상 연접   아들, 도깨비
    폐쇄 연접   큰집(兄宅), 산토끼(山兎), 자란다
    개방 연접   큰 + 집(大家), 산 + 토끼(生兎), 잘 + 안다
    휴지 연접   사랑하는 ⌐ 영이의 언니
         사랑하는 영이의 ⌐ 언니

**문말 연접**   발화의 끝이나 어구의 끝 음절에 얹혀서 발음되는 연접으로 문장의
종결을 나타낸다. 문말 연접 가운데에는 구말 음절을 서서히 약하게 하여 끝내는
하강 연접(下降連接), 음세(音勢)가 지속하다가 중단되고 소리가 높이 올라가는
상승 연접(上昇連接), 구말 음절을 길게 끌고 소리 높이는 그대로 지속하는 평탄
연접(平坦連接), 구말 음절에 강세가 지속되다가 갑자기 상승하면서 중단되는 단
절 연접(斷切連接) 등이 있다. 그 예는 (12)와 같다.
   문말 연접을 표시할 때, 하강 연접은 '↘' 또는 '#', 상승 연접은 '↗' 또는 ' ‖ ',
평탄 연접은 '→' 또는 ' | ', 단절 연접은 '↕'로 나타낸다.

   (12) 하강 연접(서술)   보시오↘
     상승 연접(의문)   보시오↗
     평탄 연접(희망)   보시오→
     단절 연접(명령)   보시오↕

억양은 한 발화에 나타나는 고저의 연속과 문말 연접이 합해진 것이다.


## 3.3 음운 규칙

   단어나 구절을 이를 때에 음소들은 서로 영향을 주어 변동이 나타나기도 하는
데, 이러한 현상을 음운 규칙(phonological rule)이라고 한다. 어떤 규칙은 여러

언어에 일반적으로 나타나지만 어떤 규칙은 드물게 나타난다. 한국어에 일반적으로 나타나는 음운 규칙에 대해서 살펴보기로 한다.

### 3.3.1 중화

별개인 두 개 이상의 음소가 어떤 음운적 환경에서 대립성을 잃고 동일한 음소로 나타나는 현상을 중화(中和, neutralization)라고 한다.

한국어에서 중화는 음절 말음에서만 나타난다. 휴지 앞의 음절 말에 올 수 있는 대표 자음은 'ㄱ, ㄴ, ㄷ, ㄹ, ㅁ, ㅂ, ㅇ'의 일곱 개이다. 그러므로 이 일곱 개 대표 자음 이외의 말자음을 가진 음절이 휴지 앞에 오거나, 자음으로 시작하는 형태소와 연접하거나, 대립적 모음, 즉 모음으로 시작하는 실질 형태소와 연접하면 중화되어 대표음으로 소리가 바뀐다. 예를 들면, 휴지 앞에서 '부엌'은 [부억], '부엌도'는 [부억또]로, 대립적 모음 앞에서 '부엌 안'은 '부엌안'[→부어간]으로 실현된다. 'ㄷ, ㅌ, ㅅ, ㅆ, ㅈ, ㅊ' 등도 위의 음운적 환경에서 'ㄷ'으로 나타난다. 이를 규칙으로 표시하면 다음과 같다.

$$
\begin{Bmatrix} t \\ t^h \\ s \\ s' \\ \check{c} \\ \check{c}^h \end{Bmatrix} \rightarrow t / \underline{\quad} \begin{Bmatrix} c \\ \# \end{Bmatrix}
$$

→는 '~가 되다'
/ 는 '~의 환경에서'를 뜻한다.
__는 변화를 결정하는 분절음의 앞이나
　　뒤에 놓인다.
{ }는 두 개 이상의 규칙을 결합하는 데
　　사용하며, '선택적'임을 뜻한다.
C는 자음
#는 휴지

이것은 여섯 개의 자음들이 자음이나 휴지 앞에서 't(ㄷ)'가 된다는 것을 의미한다. 한국어에 나타나는 중화 현상은 다음의 [표 3-4]와 같다.

[표 3-4] 한국어 중화 현상

| 음절 말음 → 대표음 | 음절 말 | 자음 앞 | 대립적 모음 앞 |
|---|---|---|---|
| ㄲ, ㅋ, ㄳ, ㄺ → ㄱ | 부엌→부억 | 부엌도→부억또 | 부엌 안→부억 안 |
| ㅅ, ㅆ, ㅈ, ㅊ, ㅌ → ㄷ | 낱→낟 | 낮잠→낟짬 | 밭 아래→받 아래 |
| ㅄ, ㅍ → ㅂ | 잎→입 | 값도→갑또 | 숲 안→숩 안 |
| ㄵ, ㄶ → ㄴ | | 앉고→안꼬<br>앉는→안는 | |
| ㄻ → ㅁ | 삶→삼 | 삶과→삼과 | 삶 앞→삼 압 |
| ㄼ → ㄹ | 여덟→여덜 | 넓다→널따 | |
| ㄼ, ㄿ → ㅂ | | 밟다→밥따<br>읊다→읍따 | |

음절 말음이 'ㅎ'일 때에 평음 'ㄱ, ㄷ, ㅂ, ㅈ'과 이어지면 'ㅋ, ㅌ, ㅍ, ㅊ'으로 축약되나 'ㄴ' 앞에서는 'ㄴ'으로 발음된다. 그래서 '놓는'은 '[논는]', '닿네'는 '[단네]'로 소리난다. 용언의 어간 말음 'ㄺ'은 'ㄱ' 앞에서 '읽고→[일꼬], 묽고→[물꼬]'처럼 'ㄹ'로 발음되는데, 'ㄱ' 이외의 자음 앞에서는 '맑다→[막따], 읽지→[익찌]'처럼 'ㄱ'으로 소리 난다. 용언 어간 '밟-'과 '읊-'은 자음 앞에서 '밟고→[밥꼬], 밟지만→[밥찌만]', '읊고→[읍꼬], 읊지만→[읍찌만]'으로 발음된다.

### 3.3.2 동화

두 분절음 사이에서 한 소리가 다른 소리의 영향을 받아 영향을 준 소리와 같거나 비슷하게 닮는 현상을 동화(同化, assimilation)라고 한다.

동화는 분류 기준에 따라 여러 가지 유형으로 나눌 수 있다.

첫째, 동화의 조건에 따라, 즉 영향을 주는 조건음과 영향을 받아 변하는 동화음의 종류에 따라 분류하면 자음 동화, 모음 동화, 자음과 모음 간의 동화가 있다. 자음 동화에는 '막는→[망는], 듣는→[든는]' 등과 같은 비음 동화와 '선린→[설린], 찰나→[찰라]' 등과 같은 설측음 동화가 있고, 모음 동화에는 '출랑출랑-

출렁출렁, 잡아–접어' 등과 같은 모음 조화와 '되어 → 되여, 기어 → 기여, 아끼다
→ 애끼다, 잡히다 → 잽히다' 등과 같은 ' ㅣ ' 모음 동화가 있다. 자음과 모음 간의
동화에는 '굳이 → [구지], 같이 → [가치]' 등과 같은 구개음화가 있고, '싣+어 →
[실어], 맵+어 → [매워], 굽+이 → [구이]' 등도 자음과 모음 간의 동화이다.

둘째, 동화의 정도에 따라 '전라도 → [절라도], 앞마당 → [암마당]' 등과 같이
동화음이 조건음과 완전히 닮으면 완전 동화(complete assimilation), '잡는 → [잠
는], 국물 → [궁물, 오라비 → [오래비]' 등과 같이 부분적으로 닮으면 부분 동화
(partial assimilation)라고 한다.

셋째, 동화의 방향에 따라 '경로 → [경노], 찰나 → [찰라], 되어 → [되여]'와 같
이 조건음이 뒤에 오는 소리를 동화시키면 순행 동화(progressive assimilation),
'듣는 → [든는], 신라 → [실라], 굳이 → [구지], 손잡이 → [손재비]' 등과 같이 앞
에 오는 소리를 동화시키면 역행 동화(regressive assimilation), '독립 → [동닙],
백리 → [뱅니]' 등과 같이 앞뒤의 소리가 서로 영향을 주어 동화시키면 상호 동화
(reciprocal assimilation)라고 한다.

넷째, 동화의 위치에 따라 '듣는 → [든는], 칼날 → [칼랄], 독립 → [동닙], 굳이
→ [구지]' 등과 같이 인접되어 있는 소리를 동화시키면 인접 동화(contiguous
assimilation) 또는 병렬 동화(juxtapositional assimil– ation), '손잡이 → [손재비]'
와 같이 조건음과 동화음이 인접되어 있지 않고 떨어져서 영향을 주고 받으면
원격 동화(distant assimilation) 또는 비인접 동화(incontiguous assimilation)라고
한다.

한국어에 나타나는 음운 동화 규칙을 살펴보자.

**비음 동화**  비음에 선행하는 자음이 비음으로 동화되는 현상을 비음 동화(鼻音同
化, nasalization)라고 한다. 폐쇄음 'ㄱ, ㄷ, ㅂ'이 비음 'ㄴ, ㅁ' 앞에 오면 폐쇄음은
비음의 영향을 받아 비음 'ㅇ, ㄴ, ㅁ'으로 변한다. 한국어에서 음절 말음 'ㄱ, ㄷ,

ㅂ'은 음절 두음 'ㄴ, ㅁ' 앞에 오지 못하기 때문이다.

    k→ŋ/__ [+비음]  적는→[정는], 밖문→[방문], 부엌문→[부엉문]
    p→m/__ [+비음]  접는→[점는], 앞문→[암문]
    t→n/__ [+비음]  듣는→[든는], 낱말→[난말], 젓는→[전는]

이것들은 다음의 (13)과 같이 하나의 공식으로 나타낼 수 있다.

    (13) 폐쇄음 →비음/__비음

또, 설측음 'ㄹ'은 비음 'ㅁ, ㅇ' 다음에 오면 비음의 영향을 받아 '탐라도→탐나도, 경리→경니'처럼 'ㄴ'으로 변한다. 이것은 한국어에서 음절두음 'ㄹ'이 음절 말음 'ㅁ, ㅇ' 다음에 오지 못하기 때문이다. 그러나 'calmly, songless'에서 보듯이 영어에는 이런 동화가 일어나지 않는다.

'격려→[격녀]→[경녀], 섭렵→[섭녑]→[섬녑]'처럼 'ㄹ'이 비음 'ㄴ'으로 바뀐 다음에 선행 음절 말음이 비음화하는 경우도 있다. 이것은 'ㄹ'이 'ㄹ' 이외의 자음 다음에 올 수 없는 한국어의 음운상 제약 때문이다.

비음 동화는 '믿는→민는'과 같은 완전 동화와 '죽는→중는'과 같은 부분 동화가 있다. 동화의 방향으로는 역행 동화이며 동화의 위치로 보아서는 인접 동화이다.

**설측음화** 설측음 'ㄹ'이 'ㄴ'과 인접하여 있을 때에 'ㄴ'이 설측음의 영향으로 설측음 'ㄹ'로 바뀌는 현상이 설측음화(舌側音化, laterali-zation)이다. 찰나→[찰라], 달나라→[달라라], 진리→[질리], 전력→[절력] 등이 그 보기에 해당한다.

설측음화는 항상 완전 동화이고, 동화의 방향으로는 '찰나→[찰라]', '진리→[질리]'처럼 순행 동화와 역행 동화가 다 나타나며, 동화의 위치로는 인접 동화이다.

**구개음화** 전설 고모음 'i'나 과도음 'j'가 선행하는 비구개 자음에 영향을 주어 구개음으로 바뀌는 현상을 구개음화(口蓋音化, palatali-zation)라고 한다. 모음 'i'와 'j'는 경구개 위치에서 발음되는 구개성 모음이므로 비구개 자음들이 구개 모음의 영향을 받아 구개음으로 된다. 이 구개음화는 엄밀히 말해서 경구개음화를 가리키는데, 보통 구개음화라고 한다. 한국어에는 다음과 같은 구개음화 현상이 있다.

첫째, 치조음 'ㄷ, ㅌ'이 구개 모음 'i'나 'j' 앞에서 구개음 'ㅈ, ㅊ'이 된다.

(14) 굳이→[구지], 미닫이→[미다지], 끝이→[끄치], 붙여→[부처]

그런데 '잔디, 디디다, 견디다, 느티, 버터다' 등에서는 구개음화가 일어나지 않는다. 이것들은 본디 구개 모음이 아닌 이중 모음을 가지고 있던 단어들로서 '잔듸, 드듸다. 견듸다, 느틔, 버틔다' 등이었는데 19세기에 단모음화하여 '디, 티'가 되었으므로 18세기 초에 나타났던 구개음화를 피할 수 있었다. 즉, 'ㄷ, ㅌ'이 모음 'ㅣ' 앞에서 구개음화하던 시기에 이들 단어는 이중 모음 'ㅢ'나 'ㆎ'를 가지고 있었고 구개음화 시기가 지난 뒤에 이중 모음이 'ㅣ'로 바뀌었으므로 구개 음화의 대상에서 벗어난 것이다.

둘째, 연구개음 'ㄱ, ㅋ, ㄲ'이 구개 모음 'i'나 'j' 앞에서 구개음 'ㅈ, ㅊ, ㅉ'이 된다.

(15) 기름→지름, 키→치, 끼다→찌다

셋째, 성문 마찰음 'ㅎ'이 구개 모음 'i'나 'j' 앞에서 구개 마찰음 'ʃ'가 된다.

(16) 힘→심, 형→(셩)→성

넷째, 치조 마찰음 'ㅅ, ㅆ'이 구개 모음 'i'나 'j' 앞에서 구개 마찰음 "ʃ, ʃʼ"가 된다.

      (17) 손[son]−신[ʃin], 쑥[sʼuk]−씨[ʃʼi]

다섯째, 치조음 'ㄴ'이 구개 모음 'i'나 'j' 앞에서 구개음 'ɲ'이 된다.

      (18) 하나[hana]−고니[koɲi], 소녀[soɲjə]

여섯째, 설측음 'ㄹ'이 구개 모음 'i'나 'j' 앞에서 구개음 'ʎ'이 된다.

      (19) 달라[talla]−달리[talʎi], 달력[talʎjʌk]


이 여섯 가지 구개음화 가운데 첫째 항만 표준 발음으로 인정하며, 둘째, 셋째 항은 일부 방언에서 나타나는 현상이다. 넷째, 다섯째, 여섯째 항은 필연적인 발음 현상이다.

구개음화는 동화의 정도로 보아 부분 동화이며, 방향으로는 역행 동화이고, 위치로는 인접 동화이다.

**유성음화** 유성음 사이에서 장애음(obstruent)[2]이 유성음으로 바뀌는 현상을 유성음화(有聲音化)라고 한다. 모음 사이에서 장애음 'k(ㄱ), t(ㄷ), p(ㅂ), č(ㅈ)'가 유성음 'g, d, b, ǰ'로 바뀌는 것은 한국어에서 필연적이다.

---

2) 장애음(obstruent)이라는 용어는 C.F. Hockett가 *A Manual of Phonology*에서 처음 사용하였는데, 공기의 흐름에 장애를 주어 내는 소리이다. 폐쇄음, 파찰음, 마찰음 등을 포괄하는 개념이다.

$$\left.\begin{matrix} ㄱ \\ ㄷ \\ ㅂ \\ ㅈ \end{matrix}\right\} \rightarrow 유성음/모음\_모음$$

바보[pabo], 바다[pada], 모기[moɡi], 바지[paɟi]

유성 자음과 모음 사이에서도 유성음화가 일어난다.

$$\left.\begin{matrix} ㄱ \\ ㄷ \\ ㅂ \\ ㅈ \end{matrix}\right\} \rightarrow 유성음/유성 자음 \left\{\begin{matrix} ㄴ \\ ㄹ \\ ㅁ \\ ㅇ \end{matrix}\right\}\_모음$$

감기(感氣)[kamɡi], 전방(前方)[čənbaŋ], 달변(達辯)[talbjɤn],
정기(正氣)[čəŋɡi], 전등(電燈)[čɤnduŋ]

그러나 유성 자음과 모음 사이에 일어나는 유성음화는 수의적이라서 예외가
많다. '실, 끈을 무엇에 빙 두르다'라는 뜻의 단어 '감다'의 명사형 '감기'는 [kaːmkʼi]
처럼 된소리 [감끼]로 발음된다. '전방(塵房)[čɤnpʼaŋ], 달변[月邊][talpʼjən]도 'ㅂ'이
된소리로 발음된다.

**모음 조화**  모음끼리의 동화로서 한국어에서는 연속하여 있는 음절에서 앞 음절의
모음 성질에 따라 뒤 음절에 일정한 모음이 나타나는 현상을 모음 조화(母音調和,
vowel harmony)라고 한다.

모음 조화는 알타이 어족에 공통적으로 나타나는 현상으로 중세 한국어에서는
단어 안, 체언과 조사 사이, 어간과 어미 사이에서 엄격하게 지켜졌으나, 현대
한국어에서는 엄격성을 잃고 의성어와 의태어, 그리고 '아/어'로 시작하는 어미에
만 남아 있다. 중세 한국어와 현대 한국어에 나타나는 모음 조화의 예를 살펴보자.

- **중세 한국어의 모음 조화**

  단어 안

  ᄀᆞᄉᆞᆯ(秋) − 처엄(初)    아ᄃᆞᆯ(子) − 드르(野)

  체언과 조사

  ᄇᆞᄅᆞᆫ(足)(발+ᄋᆞᆫ) − 므른(水) (믈+은)

  소ᄂᆞᆯ(手)(손+ᄋᆞᆯ) − 누늘(目)(눈+을)

  어간과 어미

  ᄇᆞᆯᄀᆞ며(明)(ᄇᆞᆰ+ᄋᆞ며) − 니어(續)(닛+어)

  고ᄃᆞᆫ(直)(곧+ᄋᆞᆫ) − 구든(固)(굳+은)

- **현대 한국어의 모음 조화**

  음성 상징어

  꼴깍꼴깍 − 꿀꺽꿀꺽    몰랑몰랑 − 물렁물렁

  어간과 어미

  깎아−꺾어    쏘아−쑤어


  모음 조화 현상은 지금도 계속 깨져 가고 있어서, 현대 한국어에서 '오똑이→
오뚝이, 깡충깡충→깡충깡충' 같은 일부 음성 상징어와 '괴로와→괴로워' 같은
'ㅂ' 불규칙 용언은 모음 조화가 깨진 형태를 표준어로 삼고 있다. 언어 현실에서
도 '잡아→잡어', '살아→살어'처럼 모음 조화 현상에서 벗어나고 있다.

  모음 조화는 순행 동화이며 인접 동화와 원격 동화가 다 나타난다.

**모음 변이**  어떤 모음이 인접한 모음에 영향을 주어 변화하는 현상을 모음 변이(母
音變異, vowel mutation)라고 한다. 모음 변이는 모음 조화와 밀접한 관계를 가진
모음 동화 현상인데, 한국어의 경우에 'ㅣ'모음 동화는 '오라비→오래비, 덥히다

→뎁히다'처럼 후설 모음이 전설 모음으로 역행 동화하는 움라우트(Umlaut) 현상과, '되어→되여, 기어→기여' 등과 같이 'ㅣ'모음 순행 동화를 포함하고 있다.

움라우트는 후설 모음 'ㅏ, ㅓ, ㅗ, ㅜ' 등을 가진 음절 뒤에 전설 모음 'i'나 'j'를 가진 음절이 오면 'ㅣ'모음이 역행 동화하여, 앞 음절에 있는 후설 모음 'ㅏ, ㅓ, ㅗ, ㅜ'가 전설 모음 'ㅐ, ㅔ, ㅚ, ㅟ'로 바뀌는 현상이다. 이 현상은 전설 모음 'ㅣ'가 후설 모음들을 전설 모음 쪽으로 발음 위치를 가까이 당겨서 유사한 성질의 소리를 만들어 더 쉽게 발음하기 위한 것이다. 움라우트는 'ㅣ'모음 역행 동화 또는 전설 모음화로 부르기도 한다. 그 예는 다음의 (20)과 같다.

(20) ㅏ(a) → ㅐ(ɛ)  당기다→댕기다,  학교→핵교

ㅓ(ə) → ㅔ(e)  먹이다→멕이다,  쭉정이→쭉젱이

ㅗ(o) → ㅚ(ø)  속이다→쇡이다,  고기→괴기

ㅜ(u) → ㅟ(y)  죽여→쥑여,  구경→귀경

ㅡ(ɯ) → ㅣ(i)  뜯기다→띠끼다

움라우트 현상은 비표준적인 발음인데, 남부 방언에 강하게 나타나고 있다. 이는 역행 동화이며 원격 동화이다.

'ㅣ'모음 순행 동화는 후설 모음 'ㅏ, ㅓ, ㅗ, ㅜ' 등을 가진 음절이 전설 모음 'ㅣ'를 가진 음절 뒤에 올 때, 'ㅣ'의 영향을 받아 과도음 'j'을 가진 이중 모음으로 바뀌는 모음 동화 현상이다. 그 예는 다음의 (21)과 같다.

(21) ㅓ(ə) → ㅕ(jə)  기어→기여, 매어→매여

베어→베여, 뵈어→뵈여

ㅗ(o) → ㅛ(jo)  이오→이요, 보시오→보시요

'ㅣ' 모음 순행 동화는 순행 동화이며 인접 동화이다.

### 3.3.3 축약

연속하는 두 음이 결합하여 하나의 음으로 축소하는 현상을 축약(縮約, con-traction)이라고 한다. 이 현상은 두 음을 발음할 때 드는 노력을 줄여 빠르고 쉽게끔 한 음으로 만드는 것이다.

축약은 모음과 자음 모두에서 일어나는데, 모음 축약으로는 '아이→애, 저이들→제들, 보이다→뵈다'처럼 두 모음이 한 모음으로 줄어드는 것이 있고, '보이어(poiə)→보여(pojə)'처럼 'ㅣ'를 반모음 'j'로 바꾸면서 축약하거나, '보아(poa)→봐(pwa)', '두어(tuə)→둬(twə)'처럼 'ㅗ, ㅜ'를 반모음 'w'로 바꾸면서 축약하는 것이 있다. 자음 축약으로는 평음 'ㄱ, ㄷ, ㅂ, ㅈ'의 앞이나 뒤에 'h'이 연결할 때 나타난다. '찍히다→찌키다, 묻히다→무티다(무치다), 집히다→지피다, 그렇고→그러코, 그렇다→그러타, 그렇지→그러치' 같은 예들이 그것이다.

### 3.3.4 생략

언어 경제적 행위의 결과로서, 음절 사이의 어떤 소리를 탈락시켜 발음하는 현상을 생략(省略, elision) 또는 탈락(脫落, omission)이라고 한다.

생략은 '가을→갈, 아니→안, 쓰어→써, 내었다→냈다, 어제저녁→엊저녁, 하나둘→한둘'처럼 한 형태소 안에서 또는 형태소 결합 과정에서 모음이 생략되는 경우와, '불삽→부삽, 들는→드는, 이것→이거, 육월→유월, 없고→업고, 녀인→여연'처럼 자음이 생략되는 경우가 있고, '하려무나→하렴, 넷다섯→너댓, 여린무→열무'처럼 모음과 자음이 생략된 경우도 있다.

생략은 생략의 위치로 보아 어두음 생략(aphaeresis), 어중음 생략(syncope), 어말음 생략(apocope)으로 나누어 볼 수 있다.

어두음 생략은 단어의 두음을 탈락시키는 현상인데 '리익→이익, 녀자→여자'에서 보듯이 한국어에서 두음 법칙으로 나타나는 탈락을 말한다. 중세 한국어 어두 자음군이 현대 한국어에 나타나지 않는 것도 그것들이 탈락하였기 때문이다. '㖮(情)〉뜻, 㖴(時)〉때' 같은 것이 그런 예들이다.

어중음 생략은 단어의 중음을 탈락시키는 현상인데, 한국어에 나타나는 생략은 대부분 여기에 해당한다. '디디고→딛고, 솔나무→소나무, 쓰어→써, 젓어→저어' 같은 예들이 그것이다.

어말음 생략은 단어의 말음을 탈락시키는 현상인데, '이것→이거, 값→갑, 여덟→여덜' 같은 것들이다. 중세 한국어에서 '고마(熊)〉곰, 거우루(鏡)〉거울' 같은 변화도 어말음 생략에 해당한다. '서어→서, 가아→가'도 생략 현상인데 '서'의 'ㅓ'와 부사형 어미 '어'가 같은 음이므로 하나를 탈락시킨 것인데, 이런 부류의 탈락 현상은 동음 생략(haplology)이라고 부르기도 한다.

## 3.3.5 첨가

어떤 음을 덧붙이어 발음하는 현상을 첨가(添加, addition)라고 하는데, 청각적으로 뚜렷한 인상을 주기 위한 일종의 강화(強化, rein-forcement) 현상이 대부분이다. 어형이 짧은 경우, '물(衆)〉무리, 쟐(袋)〉자루'같이 음절을 많게 하거나 '짜(地)〉땅'과 같이 음절을 분명한 소리로 만들어 주는 경우 같은 것들이다. '소아지〉송아지, ᄀᆞᄅᆞ비〉가랑비, 하아〉하여'와 같이 모음 충돌(hiatus)을 피하기 위해 'ㅇ'(ŋ)이나 반자음(j)을 첨가한 것도 마찬가지 현상이다.

15세기의 어두 자음군이 없어지자 '싸히'의 'ㅅ'이 된소리로 될 수 없었으므로 'ㅅ'과 'ㄴ' 사이에 모음을 첨가하여 '스나히'로 만든 것은 연결되는 음소의 성질로 인하여 나타난 현상인데, 이것도 첨가 현상이라고 할 수 있다.

## 3.3.6 음운 전위

한 단어 속에서 인접한 두 음소나 음절의 순서가 바뀌는 현상을 음운 전위(音韻

轉位, metathesis, anastrophe, transposition) 또는 음운 도치(音韻倒置)라고 한다. 처음에는 부주의로 인해 잘못 발음한 것에서 출발하였다가 차츰 일반화하여 잘못된 발음이 아주 굳어져 버린 현상이라고 생각한다. 그러므로 이런 현상은 통시적 변화를 거쳐 고착된 것이다.

(22) 빗복〉빗곱(배꼽)
    히야로비〉히오라비(해오라기)
    ᄒᆞ더시니〉하시더니

현대 한국어에서도 잘못된 발음으로 이런 현상이 나타나기도 한다. 급하게 또는 무심히 말할 때 '삶은 달걀'을 '닮은 살걀'이라고 하고, '스르르'를 '스르르'라고 하기도 한다.

그러나 이것은 잘못된 형태로 인식하고 있어 본래의 형태를 되돌리기 때문에 도치된 상태로 굳어지지는 않는다.

### 3.3.7 이화

동화의 반대 현상인데, 두 음이 서로 같거나 비슷할 때에 한 음이 다르게 바뀌는 현상을 이화(異化, dissimilation)라고 한다. 이 현상은 예측할 수 있는 규칙도 아니고 드물게 일어난다. 중세 한국어 '붚'(鼓)이 '북'으로 바뀐 것이 이화 현상의 한 예이다. 순음 두 개 가운데 하나를 'ㄱ'으로 바꾸어 매끄럽지 않은 인상을 피하려는 현상이다. '거붑'(龜)이 '거북'으로, '브섭'이 '부엌'으로 되는 일도 마찬가지이다. 자음뿐만 아니라 모음에서도 이런 현상이 나타난다. '아ᅀᆞ'와 '여ᅀᅳ'에서 'ㅿ'이 없어지면 '아ᄋᆞ, 여으'가 되어 '아'와 'ᄋᆞ', '여'와 '으'는 청각 인상이 약하므로 이것을 분명하게 구별하기 위해 'ᄋᆞ'와 '으'가 '아'와 '여'와는 먼 소리인 '우' 모음으로 바뀐다.

# 제4장
# 한국어 문법론

## 4.1 한국어 문법론의 개념

**정의** 한국어 문법론(韓國語文法論)이란 한국어 문법에 관하여 연구하는 한국어학의 한 분야이다. 즉 이것은 한국어의 단어가 활용하는 방식과 형태소들이 배합하여 단어를 형성하는 원리, 그리고 단어들이 결합해서 문장을 구성하는 원리 등에 대하여 체계적으로 연구하는 분야이다. 요컨대 한국어 문법론이란 한국어의 단어와 문장이 이루어지는 규칙에 관하여 고찰하는 한국어학의 한 분야라고 할 수 있다.

　문법론은 이론적인 배경에 따라 다양하게 하위 구분된다. 구조주의 언어학에서는 문법론을 형태론(形態論, morphology)과 통사론(統辭論, syntax)[1]으로 양분한다. 변형 생성 문법론에서는 음운론, 형태론, 통사론, 의미론 등을 문법론에 포함하여 논의한다. 대한민국의 각 대학의 국어국문학과에서는 구조주의 언어학적인 관점에서 한국어 문법론을 강의하고 있는 경향이 주류를 이루고 있으므로 이 글에서도 문법론을 형태론과 통사론으로 양분하여 기술하려고 한다.

　형태론(形態論)은 단어가 활용하는 방식과 형태소들이 결합하여 단어를 형성하

---

1) 통사론(統辭論)을 '통어론(統語論)'이나 '구문론(構文論)' 혹은 '문장론(文章論)'이라고 일컫기도 한다.

는 원리에 관하여 연구하는 분야이다. 그런데 통사론(統辭論)은 단어들이 결합하여 문장을 구성하는 원리에 관하여 연구하는 분야이다.

**연구 대상** 한국어 문법론의 연구 대상은 형태소, 단어, 구(句), 절(節), 문장 등이다. 형태론의 최소 연구 대상은 형태소이고, 최대 연구 대상은 단어이다. 그에 비하여 통사론의 최소 연구 대상은 단어이고, 최대 연구 대상은 문장이다.

　　(1) 영희는 책을 많이 읽었다.

　예문 (1)은 '영희, 는, 책, 을, 많이, 읽었다' 등 여섯 개의 단어로 형성된 문장이다. '영희'와 '책'은 명사이고, '는'과 '을'은 조사이며, '많이'는 부사이고, '읽었다'는 동사이며, '많이'는 의존 형태소 '많-'과 '-이'가 결합하여 이루어진 단어이고, '읽었다'는 의존 형태소 '읽-', '-었-', '-다' 등이 결합하여 형성된 단어라고 논의하는 것이 형태론에서 하는 작업의 일부이다.

　그런데 (1)의 주어는 '영희는'이고, 서술어는 '읽었다'이며, 목적어는 '책을'이고, 부사어는 '많이'이다. 그리고 (1)에서 '책을'은 '읽었다'와 객술 관계(客述關係)를 맺고 있으며, '많이'는 '읽었다'를 수식한다고 논의하는 것은 통사론에서 하는 작업의 일부이다.

　단어는 형태론과 통사론의 공통 연구 대상이 된다. 그래서 형태론과 통사론은 상호 밀접한 관계를 맺고 있다. 특히 한국어는 인구어(印歐語, Indo-European language)와 달리 비형상적인 언어(noncon- figurational language)[2]이기 때문에 한국어 문법론의 연구 대상 중에서 단어가 차지하는 비중이 매우 높다.

---

2) 비형상적 언어란 어순(語順)이 비교적 자유롭고, 문법 요소의 계층적 구조가 문법 관계의 결정에 결정적 구실을 하지 않는 언어이다. 한국어, 몽골어, 터키어 등이 그 보기에 속한다.

## 4.2 형태소

**정의** 형태소(形態素, morpheme)란 의미를 지닌, 가장 작은 언어 단위이다. 여기에서 말하는 '의미'는 어휘적 의미와 문법적 의미를 지칭하는 것이다.

(2) ㄱ. 나는 푸른 나무를 무척 아낀다.
　　ㄴ. 그 책이 많이 팔린다.

앞의 예문 (2ㄱ)은 '나, 는, 푸르-, -ㄴ, 나무, 를, 무척, 아끼-, -ㄴ다' 등 9개의 형태소로 구성되어 있고, (2ㄴ)은 '그, 책, 이, 많-, -이, 팔-, -리-, -ㄴ다' 등 8개의 형태소로 이루어져 있다. (2ㄱ)에서 어휘적 의미를 나타내는 형태소는 '나, 푸르-, 나무, 무척, 아끼-' 등이고, 그 나머지 '는, -ㄴ, 를, -ㄴ다' 등은 문법적 의미를 나타내는 형태소이다. (2ㄴ)에서 어휘적 의미를 나타내는 형태소는 '그, 책, 많-, 팔-' 등이고, 문법적 의미를 나타내는 형태소는 '이, -이, -리-, -ㄴ다' 등이다. (2ㄱ)의 '나무'를 '나-'와 '-무'로, '무척'을 '무-'와 '-척'으로 분석할 경우, 이것들은 각각 어떤 의미도 나타내지 못하므로 형태소가 되지 못한다. 이것을 통해서 볼 때에 형태소는 언어 단위 가운데 의미를 나타내는 최소의 단위임을 알 수 있다.

**분류** 형태소는 분류 준거에 따라 여러 가지로 구분된다. 형태소는 자립성의 유무에 따라 자립 형태소(自立形態素, free morpheme)와 의존 형태소(依存形態素, bound morpheme)로 양분되고, 의미와 기능에 따라 어휘 형태소(語彙形態素, lexical morpheme)와 문법 형태소(文法形態素, grammatical morpheme)로 나뉜다.[3]

---

3) Langacker(1968)에서 '실질 형태소(實質形態素, full morpheme)'라고 한 것을 Langacker(1973)에서는 '어휘 형태소(lexical morpheme)'라 하고, Langacker(1968)에서 '형식 형태소(empty morpheme)'라고 한 것을 Langacker(1973)에서는 '문법 형태소(grammmatical morpheme)'라고 바꿔 기술하고 있다.

자립 형태소는 홀로 단어가 될 수 있는 형태소이다. 그러나 의존 형태소는 홀로 단어가 될 수 없는 형태소이다. 대한민국의 학교 문법에서는 '조사'가 의존 형태소인데 단어로 간주하고 있다.

    (3) ㄱ. 나는 책을 읽었다.
        ㄴ. 풋과일을 먹지 말아라.

앞의 예문 (3ㄱ)에서 자립 형태소에 해당하는 것은 '나, 책' 등이고, 의존 형태소에 해당하는 것은 '는, 을, 읽-, -었-, -다' 등이다. (3ㄴ)에서는 '과일'이 자립 형태소에 해당하고, '풋-, 을, 먹-, -지, 말-, -아라' 등이 의존 형태소에 속한다.

어휘 형태소는 어휘적 의미를 나타내는 형태소이다. 이것을 실질 형태소(實質形態素)라고 일컫기도 한다. 이것은 자립 형태소일 수 있거나 의존 형태소일 수도 있다. 위의 예문 (3ㄱ)의 '나'와 '책' 그리고 (3ㄴ)의 '과일'은 어휘 형태소이면서 자립 형태소이지만, (3ㄱ)의 어휘 형태소 '읽-'과 (3ㄴ)의 어휘 형태소인 '풋-, 먹-, 말-' 등은 의존 형태소에 해당한다.

문법 형태소는 어휘 형태소에 결합되어 문법적 관계를 나타내는 형태소이다. 이것을 형식 형태소(形式形態素)라고 일컫기도 한다. 한국어의 조사(助詞)와 어미(語尾)는 문법 형태소에 속한다(4.3. 참조). 위의 예문 (3ㄱ)에 쓰인 조사 '는', '을' 등과 (3ㄴ)의 '을', (3ㄱ)에 쓰인 선어말 어미 '-었-' 종결 어미 '-다' 등과 예문 (3ㄴ)의 연결 어미 '-지', 종결 어미 '-아라' 등은 문법 형태소이다.

**형태소 식별법** 형태소는 대치(代置)와 삽입(揷入)의 원리에 따라 식별한다. 대치의 원리란 어떤 언어 단위와 같은 성질을 가진 다른 언어 단위가 그것을 대신할 수 있을 때에 그 언어 단위를 하나의 형태소로 간주하는 것이다. 이러한 종류의 언어 단위들은 계열체(系列體)를 이루기 때문에 서로 계열 관계(系列關係, paradigmatic relation)[4]에 있다고 한다.

(4) 저 사람이 꽃에 물을 주었다

앞의 예문 (4)는 형태소인 '저, 사람, 이, 꽃, 에, 물, 을, 주-, -었-, -다' 등으로 구성되어 있다. '저'가 하나의 형태소로 분석되는 것은 '저' 대신에 관형사인 '이'나 '그'를 쓸 수 있기 때문이다. 그리고 '사람이'가 형태소 '사람'과 '이'로 분석되는 것은, '사람' 대신에 '사람, 소년, 소녀, 남자, 여자, ……' 등을 쓸 수 있고, 조사 '이' 대신에 '은/는, 도, ……' 등을 쓸 수 있기 때문이다. 그리고 '꽃에'가 형태소 '꽃'과 '에'로 분석되는 것은 '꽃' 대신에 '나무, 선인장, 난(蘭), ……' 등을 쓸 수 있고, 조사 '에' 대신에 '은/는, 도, 만, ……' 등을 쓸 수 있기 때문이다. 또한 '물을'이 형태소 '물'과 '을'로 분석되는 것은, '물' 대신에 '비료, 거름, ……' 등을 쓸 수 있고, 조사 '을' 대신에 '은/는, 도, 만, ……' 등을 쓸 수 있기 때문이다. '주었다'가 '주-, -었-, -다' 등 세 개의 형태소로 분석되는 것은 '주-' 대신에 '뿌리-, 살포하-, ……' 등으로 바꾸어 쓸 수 있고, '-었-' 대신에 '-겠-'을 쓸 수 있으며, 종결 어미 '-다' 대신에 '-어, -지, -느냐, -는구나' 등으로 바꾸어 쓸 수 있기 때문이다.

삽입(揷入)의 원리란 어떤 언어 단위들 사이에 다른 언어 단위가 끼여들 수 있을 때에 그것을 하나의 형태소로 간주하는 것이다. 이 때 서로 결합될 수 있는 형태소들 사이의 관계를 통합 관계(統合關係, syntagmatic relation)[5]라고 한다. 위의 예문 (4)의 '저'와 '사람' 사이에 '착한, 똑똑한, 영리한, ……' 등을 삽입할 수 있고,

---

4) Saussure(1916)에서는 '계열 관계(paradigmatic relation)'를 '연합 관계(associative relation)'라고 하였다.

5) '통합 관계(syntagmatic relation)'라는 용어는 Saussure(1916)에서 처음으로 사용된 것이다.

'사람이'에서 '사람'과 '이' 사이에 '만'을 삽입할 수 있으며, '물을'에서 '물'과 '을' 사이에도 '만'을 삽입할 수 있고, '주었다'의 '주-'와 '-었-' 사이에 선어말 어미 '-시-'를 삽입할 수 있으며, 선어말 어미 '-었-'과 종결 어미'-다' 사이에 선어말 어미인 '-었-'이나 '-겠-'을 삽입할 수 있기 때문이다.

**변이 형태**  변이 형태(變異形態, allomorph)란 동일한 형태소인데 주위의 환경에 따라 음상(音相)을 달리하는 현상으로 말미암아 서로 달리 실현되는 형태이다. 즉 이것은 의미가 동일하면서 상보적 분포(相補約分布, complementary distri-bution)인 형태이다. 상보적 분포는 동일한 형태소에 해당하는 변이 형태들이 동일한 환경에 나타나지 못하는 것을 뜻한다. 이것을 배타적 분포(排他的分布)라고 일컫기도 한다.

(5) ㄱ. 꽃이 아름답다.
     ㄴ. 나무가 매우 푸르다.

위의 예문 (5ㄱ)의 '꽃이'에서와 같이 주격 조사 '이'는 자음 아래에 분포할 수 있는데, 모음 아래에는 분포할 수 없다. (5ㄴ)의 '나무가'에서와 같이 주격 조사 '가'는 모음 아래에 분포할 수 있으나, 자음 아래에는 분포할 수 없다. 그리하여 주격 조사 '이'와 '가'를 상보적 분포 관계에 있다고 하며, 주격 조사 '가'는 주격 조사 '이'의 변이 형태라고 한다.

변이 형태(變異形態)는 음소적 변이 형태(音素的變異形態)와 형태적 변이 형태(形態的變異形態)로 양분된다. 음소적 변이 형태란, 이웃하는 음소들의 제약으로 말미암아 생긴 변이 형태이다. 즉 이것은 분포된 음소 환경에 따라 꼴바꿈을 하는 변이 형태이다. 음소적 변이 형태를 음운론적으로 조건화된 변이 형태라고 일컫기도 한다. 예를 들면 '닭'은 모음 앞에서 /달ㄱ/, 자음과 단어 경계 앞에서는 /닥/,

비음(鼻音) 앞에서는 /당/ 등 세 개의 변이 형태로 실현된다. 이와 같이 이웃하는 음소들의 제약으로 생긴 변이 형태인 /달ㄱ/, /닥/, /당/ 등을 {닭}의 음소적 변이 형태라고 한다. 음소적 변이 형태는 기호 '~'를 사용하여 /달ㄱ ~닥 ~당/, /이~ 가/, /을~를/, /-아 ~ -어/, /-았- ~ -었- ~ -ㅆ-/ 등과 같이 표시한다.

형태적 변이 형태는 선행하는 형태소에 따라 꼴바꿈을 하는 변이 형태이다. 이것을 형태론적으로 조건화된 변이 형태라고 일컫기도 한다. 선어말 어미(先語末 語尾) /-았- ~ -었-/은 음소적 변이 형태이지만, /-렀-/은 음소 환경에 관계 없이 용언의 어간 /푸르(靑)-/, /누르(黃)-/, /이르(至)-/ 등과 같은 몇 개의 한정된 형태에만 실현된다. 명령형 종결 어미 /-거라/ 와 /-너라/도 /-아라 ~ -어라/와 달리 선행하는 형태소의 제약을 받는다. 그리하여 /-렀-/을 /-았 - ~ -었-~-ㅆ-/의 형태적 변이 형태라 하며, /-거라/와 /-너라/를 /-아 라 ~ -어라/의 형태적 변이 형태라고 한다. 형태적 변이 형태는 기호 '∝'를 사용 하여 /(-았- ~ -었- ~ -ㅆ-)∝ -렀-/, /(-아라 ~ -어라) ∝ - 거라 ∝ -너 라/ 등으로 표시한다.

둘 이상의 변이 형태를 가지고 있는 형태소에 관하여 문법적으로 설명할 경우에 는 그것들 가운데 표준이 되는 변이 형태를 선정하여 설명하기도 한다. 둘 이상의 변이 형태 중에서 표준이 되는 변이 형태를 기본 변이 형태(基本變異形態, basic allomorph) 혹은 표준 변이 형태(標準變異形態, normal allomorph)라고 일컫는다. 기본 변이 형태는 일반적으로 { } 속에 넣어 {달ㄱ}, {-았-} 등과 같이 표시한다.


## 4.3 단어

**정의**  단어란 한 개 이상의 형태소로 이루어지고, 분리성이 없으며, 내부에 휴지 (休止, pause)를 둘 수 없는 언어 단위이다[6].

(6) 나는 얼굴을 닦았다.

앞의 예문 (6)에서 '나'와 '얼굴'은 하나의 자립 형태소로 이루어진 단어인데, '닦았다'는 '닦-, -았-, -다' 등 세 개의 의존 형태소로 형성된 하나의 단어이다. 이와 같이 단어는 한 개 이상의 형태소로 이루어진다.

단어에 분리성(分離性, isolability)이 없다는 말은 단어 내부에 다른 단어를 끼워넣을 수 없다는 것을 뜻한다. 위의 예문 (6)에 쓰인 '나는'에서 '나'와 '는' 사이에 '만'을 끼워 넣어 '나만은'과 같이 대명사 '나'와 조사 '는'을 분리할 수 있다. 조사(助詞)는 의존 형태소이지만, 앞 말과 분리될 수 있기 때문에 단어로 처리한다.

단어는 그 내부에 휴지(休止)를 둘 수 없으나, 그 앞과 뒤에는 휴지를 두는 언어단위이다. 단어 내부에는 폐쇄 연접(閉鎖連接, close juncture)이 오지만, 단어와 단어 사이에는 개방 연접(開放連接, open juncture)이 온다. 앞에서 제시한 예문 (6)에 쓰인 '닦았다'의 앞과 뒤에는 휴지를 둘 수 있다. '닦았다'의 전후에는 개방연접이 온다. 그런데 '닦-'과 '-았-' 사이나, '-았-'과 '-다' 사이에는 휴지를 둘 수 없다. 즉 그것들 사이에는 폐쇄 연접이 온다. 이와 같이 단어의 내부에는 휴지를 둘 수 없지만, 단어의 앞과 뒤에는 휴지를 둘 수 있는 것이다.

**어근과 접사**  어근(語根, root)이란 단어를 구성하는 요소들 가운데 가장 기본이 되는 형태이다. 즉 이것은 단어의 기본 의미를 나타내는 핵(核)이다. 어근에는 자립 형태소인 것과 의존 형태소인 것이 있다.

접사(接辭, affix)는 단어의 주변부를 형성하는 의존 형태소이다. 이것은 단어의

---

6) 단어에 대한 정의는 언어의 이론적 배경에 따라 다양하다. 이 글에서는 구조주의 언어학 이론에 입각하여 단어를 정의하고 있다. 변형생성문법론자인 Chomsky-Halle(1968: 367)에서는 단어란 (a)s[#X[#(b)#]X#]s (c) #]X[#와 같은 형태의 경계에 둘러싸인 용소라고 한다. 즉, 양쪽에 두 개의 #를 가진 요소를 단어라고 한다. 예컨대, ## the # book ## was # in # an # unlikly # place ##와 같은 구(句)에 서 'the book', 'was in an unlikly', 'place' 등 세 개가 단어에 해당한다.

구성 요소들 중에서 어근을 제외한 나머지 부분으로서 어떤 어근에 첨가되어 새로운 단어를 만들거나 문법적 관계를 나타내는 기능을 한다. 예를 들면 '사람들'에서 '사람'은 어근이고, '-들'은 접사이며, '맨주먹'에서 '맨-'은 접사이고, '주먹'은 어근이며, '먹이다'에서 '먹-'은 어근이고, '-이-'와 '-다'는 접사이다.

접사는 분류 기준에 따라서 여러 가지로 나뉜다. 한국어의 접사는 그 분포(分布)에 따라 접두사(接頭辭, prefix)와 접미사(接尾辭, suffix)로 양분된다. 접두사는 어근의 앞에 붙어서 어근에 새로운 의미를 덧붙이어 주는 접사이다. 예를 들면 '군소리, 덧문, 맨손, 맨주먹, 새하얗다, 암놈, 올벼, 짓밟다, 풋과일, 헛일' 등에 쓰인 '군-, 덧-, 맨-, 새-, 암-, 올-, 짓-, 풋-, 헛-' 등이 접두사에 해당한다.

접미사는 어근의 뒤에 붙어서 어근에 새로운 의미를 첨가하거나, 어근의 문법적 기능을 나타내거나, 품사를 전성하는 기능을 하는 접사이다. 예를 들면 '나무들, 도둑질, 멋쟁이, 믿음, 쓰기, 욕심쟁이, 잠보, 장난꾸러기, 남자답다, 자유롭다, 탐스럽다' 등에 쓰인 '-들, -질, -쟁이, -음, -기, -보, -꾸러기, -답-, -롭-, -스럽-, -다' 등이 접미사에 해당한다. 이것들 중에서 어근에 새로운 의미를 첨가하여 주는 접미사는 '-들, -질, -쟁이, -보, -꾸러기' 등이고, 품사를 전성하는 기능을 하는 것은 '-음, -기, -답-, -롭--스럽-' 등이며, '-다'는 문법적인 기능을 하는 접미사이다. 한국어의 어미(語尾)는 모두 접미사에 속한다.

또한 접사는 그 기능에 따라 활용 접사(活用接辭, conjugational affix)와 파생 접사(派生接辭, derivational affix)로 나뉜다.

활용 접사는 한 단어의 활용을 담당하는 접사이다. 활용이란 용언의 어간(語幹)이 여러 어미(語尾)를 취하는 것[7]을 뜻한다. 이를테면 '읽고, 읽어서, 읽으니, 읽으면, 읽지, 읽느냐, 읽는다, 읽어라, 읽자' 등과 같이 '읽다'의 어간 '읽-'이 여러 어미를

---

7) 용언의 어간이 여러 어미를 취하는 것을 굴절(屈折, inflection)이라고 일컫는 이가 있다.

취하는 것을 활용이라고 하며, 어간에 결합되는 '−고, −어서, −으니, −으면, −지, −느냐, −는다, −어라, −자' 등과 같은 어미를 활용 접사라고 일컫는다.

파생 접사는 어근에 결합하여 새로운 단어를 만들어 내는 접사이다. 예를 들면, '군말'의 '군−', '풋사랑'의 '풋−', '일꾼'의 '−꾼', '사람들'의 '−들', '자유롭다'의 '−롭−', '여자답다'의 '−답−', '높이다'의 '−이−' 등이 파생 접사에 해당한다.

**어간과 어미**  어간(語幹, stem)이란 하나 혹은 그 이상의 어근으로 구성되는 단어의 핵 요소로서 활용 접사인 어미(語尾)가 결합될 수 있는 단어의 구성 요소이다. 즉 어간은 활용어(活用語)의 중심부를 형성하는 줄기 부분이다.

그런데 어미(語尾)는 어간에 붙어서 활용어의 주변부를 형성하는 형태소이다. 즉 어미는 어간에 붙는 가변 요소이며, 의존 형태소이다. '노력하다, 노력하고, 노력하니, 노력하도록, 노력하면, 노력하므로, 노력하자, ……' 등에서 '노력하−'가 어간이고, '−다, −고, −니, −도록, −면, −므로, −자' 등이 어미에 해당한다.

어미는 그 분포와 기능에 따라 다음의 [그림 4−1]과 같이 분류된다.

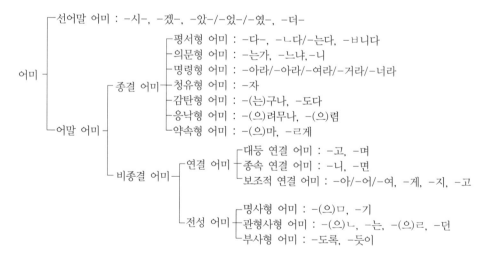

[그림 4−1] 어미의 분류

선어말 어미(先語末語尾)는 어말 어미 (語末語尾)의 앞에 오는 어미로서 종래에 보조 어간(補助語幹)이라고 일컫던 것이다. 예를 들면 '읽겠다, 읽었다, 읽으시다, 읽더라' 등에 쓰인 '-겠-, -었-, -으시-, -더-' 등이 선어말 어미에 속한다.

어말 어미(語末語尾)는 단어의 맨 끝에 오는 어미이다. 이 어미로 한 단어가 끝나기 때문에 어말 어미라고 일컫는 것이다.

> (7) ㄱ. 영주는 책을 읽고, 영희는 독후감을 쓴다.
> ㄴ. 그동안 많이 공부하였으니, 좀 쉬어라.
> ㄷ. 저 나무가 가장 크구나!
> ㄹ. 날씨가 쾌청한 날에 등산을 가자.
> ㅁ. 너는 언제 고향에 가느냐?
> ㅂ. 네가 이 책을 가지렴.
> ㅅ. 이 책을 읽어 보아라.

앞의 예문 (7ㄱ)의 '읽고, 쓴다'에 쓰인 '-고, -ㄴ다', (7ㄴ)의 '공부하였으니, 쉬어라'에 쓰인 '-으니, -어라', (7ㄷ)의 '크구나'에 쓰인 '-구나', (7ㄹ)의 '쾌청한, 가자'에 쓰인 '-ㄴ, -자', (7ㅁ)의 '가느냐'에 쓰인 '-느냐', (7ㅂ)의 '가지렴'에 쓰인 '-렴', (7ㅅ)의 '보아라'에 쓰인 '-아라' 등이 어말 어미의 보기에 해당한다. 어말 어미는 문장의 종결 여부에 따라 종결 어미(終結語尾)와 비종결 어미(非終結語尾)로 양분된다.

종결 어미는 한 문장이 끝남을 나타내는 어미이다. 위의 예문 (7)에 쓰인 어말 어미들 중에서 '-ㄴ다, -어라, -구나, -자, -느냐, -렴' 등이 종결 어미의 보기에 해당한다.

비종결 어미는 연결 어미(連結語尾)[8]와 전성 어미(轉成語尾)로 나뉜다. 연결 어미는 어떤 문장을 다른 문장에 이어 주는 기능을 하는 어미이다. 위의 예문 (7ㄱ)

---

8) 연결 어미를 연결 어미(接續語尾)라고 일컫기도 한다.

에 쓰인 '읽고'에서 '-고'와 (7 ㄴ)에 쓰인 '공부하였으니'에서 '-으니' 등이 연결 어미의 보기에 해당한다. 연결 어미는 또한 앞뒤 문장을 어떤 관계로 이어 주느냐에 따라 대등적 연결 어미[9], 종속적 연결 어미, 보조적 연결 어미 등으로 세분된다. 대등적 연결 어미는 앞 문장이 뒤 문장과 대등한 관계에 있음을 나타내는 어미이다. 그런데 종속적 연결 어미는 앞 문장이 뒤 문장과 종속 관계에 있음을 나타내는 어미이다. 보조적 연결 어미는 본용언을 보조 용언에 연결하여 서술구를 형성시키는 연결 어미이다. 위의 예문 (7ㄱ)에 쓰인 '읽고'에서 '-고'가 대등적 연결 어미에 속하고, (7ㄴ)에 쓰인 '공부하였으니'에서 '-으니'가 종속적 연결 어미에 해당한다. 위의 예문 (7ㅅ)에 쓰인 '읽어'에서 '-어'가 보조적 연결 어미에 속한다.

전성 어미는 주로 서술어의 기능을 하는 용언 —동사·형용사·지정사—을 명사나 관형사가 하는 문법적 기능을 하도록 전성시키는 구실을 하는 어미이다. 이것은 그 기능에 따라 명사형 전성 어미와 관형사형 전성 어미로 나뉜다. 명사형 전성 어미는 용언의 어간에 결합하여 용언으로 하여금 명사와 같은 기능을 하게 하는 것이다. '-(으)ㅁ, -기' 등이 명사형 전성 어미이다. 관형사형 전성 어미는 용언의 어간에 결합하여 용언으로 하여금 관형사와 같은 기능을 하게 하는 것이다. '-(으)ㄴ, -는, -(으)ㄹ, -던' 등이 관형사형 전성 어미이다.

**분류** 단어는 분류 기준에 따라 여러 가지로 나뉜다. 단어의 분류 기준에는 구조, 어원, 의미, 표준, 시대, 지역 변인, 사회 변인 등이 있다. 이와 같은 분류 기준에 따라 분류하면 다음의 [그림 4-2]와 같다.

---

9) 대등 연결 어미를 '등위 연결 어미'라고도 일컫는다.

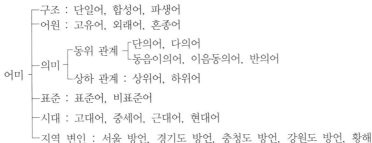

```
        ┌─구조 : 단일어, 합성어, 파생어
        ├─어원 : 고유어, 외래어, 혼종어
        │             ┌─동위 관계 ┌─단의어, 다의어
        │             │           └─동음이의어, 이음동의어, 반의어
어미 ────┼─의미 ──────┤
        │             └─상하 관계 : 상위어, 하위어
        ├─표준 : 표준어, 비표준어
        ├─시대 : 고대어, 중세어, 근대어, 현대어
        └─지역 변인 : 서울 방언, 경기도 방언, 충청도 방언, 강원도 방언, 황해
                      도 방언, 전라도 방언, 경상도 방언, 평안도 방언, 함경도
                      방언, 제주도 방언, 육진 방언
```

**[그림 4-2] 단어의 분류**

단어는 그 구조에 따라 단일어(單一語, simple word)와 복합어(複合語, compound word)로 나뉜다. 복합어[10]는 합성어(合成語, complex word)와 파생어(派生語, derived word)로 양분된다.

단일어는 단순 구조로 되어 있는 단어이다. 즉 이것은 하나의 어근으로 이루어져 있는 단어이다. 그 보기를 들어 보면 다음의 (8)과 같다.

---

10) '복합어'를 '합성어'와 같은 개념으로 사용하거나, '파생어'와 같은 용어로 쓰기도 한다.
   (ㄱ) 남기심·고영근(1993 :190~191)

```
        ┌─단일어(單一語) : 짜임새가 단일한 단어
단어 ───┤              ┌─파생어(派生語) : 실질 형태소에 형식 형태소가 붙
        └─복합어(複合語)─┤   어서 만들어진 말. 〈보기〉 지붕, 덧신, 드높다
                        └─합성어(合成語) : 실질 형태소들의 결합으로 이루
                            어진 말. 〈보기〉 집안, 짚신, 높푸르다.
```

   (ㄴ) 김봉주(1984 : 51~67).

```
        ┌─단일어 : 하나의 자립 형태소로 이루어진 단어
        ├─합성어 : 둘 이상의 자립 형태소로 된 단어
단어 ───┼─복합어 : 자립 형태소와 의존 형태소가 결합하여 형성되거나, 의존 형태소와
        │   의존 형태소가 결합하여 형성된 단어
        └─파생어 : 자립 형태소가 접사에 결합하여 이루어진 단어
```

(8) ㄱ. 나무, 눈, 몸, 사람, 손, 코, 가다, 곱다, 덥다, 춥다

ㄴ. 강(江), 문(門), 방(房), 벽(壁), 산(山), 창(窓)

합성어는 둘 이상의 어근이 결합하여 이루어진 단어이다. 이것은 결합된 어근들 간의 관계에 따라 융합 합성어(融合合成語), 유속 합성어(有屬合成語), 병렬 합성어(竝列合成語) 등 세 유형으로 나뉘기도 한다.

융합 합성어는 어근들이 융합 관계에 있는 합성어이고, 유속 합성어는 어근들이 주종 관계(主從關係)에 있는 합성어이며, 병렬 합성어는 어근들이 병렬 관계에 있는 합성어이다.

(9) ㄱ. 밤낮(늘), 집안(가족이나 가까운 일가)

ㄴ. 길바닥, 봄비

ㄷ. 안팎(안과 밖 혹은 아내와 남편), 앞뒤(앞과 뒤)

앞의 (9ㄱ)은 융합 합성어의 보기이고, (9ㄴ)은 유속 합성어의 보기이며, (9ㄷ)은 병렬 합성어의 보기이다.

파생어는 어근에 접두사나 파생 접미사가 결합하여 이루어진 단어이다. 파생어의 보기를 들어 보면 다음의 (10)과 같다.

(10) ㄱ. 군-말, 맨-손, 선-머슴, 들-볶다, 짓-이기다, 헛-되다

ㄴ. 날-개, 집-게, 크-기, 놓-치-다, 사람-답-다, 자연-스럽-다

앞의 (10ㄱ)은 어근에 접두사 '군-, 맨-, 선-, 들-, 짓-, 헛-' 등이 결합하여 이루어진 파생어의 보기이고, (10ㄴ)은 어근에 파생 접미사 '-개, -게, -기, -치-, -답-, -스럽-' 등이 결합하여 형성된 파생어의 보기이다.

단어는 어원상 고유어(固有語), 외래어(外來語), 혼종어(混種語) 등으로 나뉘기도 한다. 고유어는 어떤 나라나 민족의 역사와 함께 존재하여 온 고유의 단어이다.

한국어 고유어의 보기를 들어 보면 다음의 (11)과 같다.

> (11) 가슴, 가을, 귀, 나라, 나무, 눈, 마음, 몸, 물, 볼, 불, 사람, 입, 잎, 코,
>      팔, 하늘, 가다, 놀다. 달다. 멀다, 모르다, 벌다, 빌다, 사다, 알다, 캐다,
>      타다, 하얗다, 아장아장, 잘, 펑펑, 하하

외래어(外來語)는 원래 다른 나라의 단어이던 것이 어떤 나라에 들어가서 그 나라말의 음운 체계와 의미 체계에 동화되어 쓰이는 단어이다. 한국어의 외래어 중에서 가장 많은 비중을 차지하는 것은 중국어 계통의 외래어이다. 그 다음으로 는 일본어와 영어 계통의 외래어이다. 그 보기를 들어 보면 다음의 (12)와 같다.

> (12) 파쇼(fascio) – 이탈리아 어
>      쿠데타(coupd'etat) – 프랑스 어
>      뷔페(buffet) — 프랑스 어
>      방갈로(bungalow) – 영어
>      빵(pão) – 포르투갈 어
>      토치카(tochka) – 러시아 어
>      오뎅(オテン) – 일본어

혼종어(混種語, hybrid)는 어원이 다른 단어들이 결합하여 형성된 단어로, 혼태 어(混態語)라고 일컫기도 한다. 한국어의 혼종어 중에는 고유어와 외래어, 외래어 와 외래어들이 결합하여 이루어진 것이 있다.

> (13) ㄱ. 고무(gomme)+신→고무신
>      ㄴ. 나일론(nylon)+옷→나일론옷
>      ㄴ. 우승(優勝)+컵(cup)→우승컵
>      ㄹ. 잉크(ink)+병(瓶)→잉크병
>      ㅁ. 버터(butter)+빵(pão)→버터빵

단어는 의미의 동위 관계(同位關係)에 따라 단의어(單義語)와 다의어(多義語), 동음이의어(同音異義語), 이음동의어(異音同義語), 반의어(反義語)로 나뉘고, 상하 관계에 따라 상위어(上位語)와 하위어(下位語)로 나뉜다.

다의어(多義語)는 여러 의미를 나타내는 단어이다. 즉 하나의 형태가 둘 이상의 의미를 지닌 단어이다. 그 보기를 들어 보면 다음의 (14)와 같다.

> (14) ㄱ. 산수(山水) : (ㄱ) 산과 물, (ㄴ) 자연의 경치, (ㄷ) 산에서 흘러내리는 물, (ㄹ) '산수화'의 준말
> ㄴ. 안팎 : (ㄱ) 안과 밖, (ㄴ) 시간이나 수량이 대강 그 정도임을 나타내는 말, (ㄷ) 아내와 남편

다의어와 대립하는 것은 단의어(單義語)이다. 단의어는 하나의 의미를 나타내는 단어이다. 그런데 이러한 단어는 존재하지 않는다.

동음이의어(同音異義語, homonym)란 형태는 동일하지만 의미가 다른 단어이다. 이것을 동음어(同音語) 혹은 동철어(同綴語, homo-graph)라고 일컫기도 한다. 동음이의어는 철자와 발음이 같고 의미가 다른 것과, 철자와 의미가 다르나 발음이 같은 것을 포괄적으로 일컫는 것이다. 그 보기는 다음의 (15)와 같다.

> (15) ㄱ. 배(腹)-배(舟)-배(梨)-배(胚)-배(倍)
> ㄴ. 개선(改善)-개선(改選)-개선(凱旋)
> ㄷ. 진정(眞正)-진정(眞情)-진정(鎭靜)-진정(陳情)

이음동의어(異音同義語, synonym)란 형태는 다르지만 의미가 같은 단어이다. 이것을 '동의어'라고 일컫기도 한다. 형태가 다른 단어들이 서로 똑같은 의미를 나타내기는 어렵다. 그래서 '이음동의어'라는 용어는 부적합한 것이라 하여, 이것 대신에 유의어(類義語) 혹은 유사어(類似語)라는 용어를 사용하기도 한다. 그 보기

는 다음의 (16)과 같다.

    (16) ㄱ. 어머니＝엄마＝어마이＝모친
         ㄴ. 키＝신장(身長)
         ㄷ. 옥수수＝강냉이

  반의어(反義語, antonym)는 의미가 서로 반대되는 단어이다. 즉, 이것은 비교 기준(parameter)이 되는 어떤 축의 양쪽 끝에 놓이는 단어이다. 그 보기를 들면 다음의 (17)과 같다.

    (17) ㄱ. 남쪽↔북쪽
         ㄴ. 아군(我軍)↔적군(敵軍)
         ㄷ. 남자↔여자
         ㄹ. 동물↔식물
         ㅁ. 덥다↔춥다
         ㅂ. 들어오다↔나가다

  앞의 (17)에서 보듯이 반의어들이 완전히 서로 반의 관계(反義關係)에 있는 것이 아니고 대립 관계에 있으므로 '반의어'라 하지 않고 '상대어(相對語)'라고 일컫기도 한다.

  하위어(下位語, subordinate)는 하의 관계(下義關係)[11]에 있는 단어이다. 이것을 하의어(下義語, hyponym)라고 일컫기도 한다. 상위어(上位語, super- ordinate)는 하위어를 안고 있는 상위의 단어이다. 하위어는 그 위에 여러 종류에 걸쳐 상위어를 가질 수 있다. 층위가 높은 상위어일수록 의미 영역이 더욱 포괄적이고 일반적 인데, 층위가 낮은 하위어일수록 그 의미 영역이 더욱 한정적이며 특수화된다.

---

11) 하의 관계란 한 단어의 의미 영역(semantic scope)이 다른 단어의 의미 영역의 한 부분일 경우, 작은 영역의 의미 관계를 일컫는 것이다.

단어는 표준 여부에 따라 표준어(標準語)와 비표준어(非標準語)로 양분된다. 표준어는 한 나라의 표준이 되는 단어이다. 각 나라에서는 국민들 간의 의사소통을 효과적으로 할 수 있도록 하기 위하여 표준어를 제정한다. 표준어는 공용어(公用語)이면서 통용어(通用語)이다. 비표준어는 표준어가 아닌 단어이다. '어머니'는 표준어이지만, '어마니, 어무이, 어머이, 어마이, 엄니' 등은 비표준어이다.

단어를 시대에 따라 나누면 고대어(古代語), 중세어(中世語), 근대어(近代語), 현대어(現代語) 등으로 구분된다. 한국어의 고대어는 통일 신라 시대까지의 언어이고, 중세어는 고려 건국 즉 10세기 이후에서 16세기말까지의 언어이며, 근대어는 17세기 이후에서 19세기 말까지의 언어이고[12], 현대어는 20세기 이후의 언어이다. 현대어 '가을'의 고대어는 '가술'이고, 중세어는 '가ᅀᆞᆯ'이며, 근대어는 '가ᄋᆞᆯ'이다.

단어는 지역 변인에 따라 서울 방언, 경기도 방언, 충청도 방언, 강원도 방언, 황해도 방언, 전라도 방언, 경상도 방언, 제주도 방언, 평안도 방언, 함경도 방언, 육진 방언 등으로 나뉜다(제8장 참조). '어머니'를 일컫는 단어가 지역에 따라 다음의 (18)과 같이 다르다.

(18) ㄱ. 어마니(평안도)
　　　ㄴ. 어마이(함경도, 강원도)
　　　ㄷ. 어만(평남)
　　　ㄹ. 어매(전라도, 경상도, 함경도)
　　　ㅁ. 어머이(충북, 전라도, 강원도, 함경도)
　　　ㅂ. 어멍(제주도)
　　　ㅅ. 어무니(전남, 경북)
　　　ㅇ. 어무이(경북)
　　　ㅈ. 엄니(충청도)

---

12) 일부 논자는 17세기 이후 갑오경장까지의 한국어를 근대 한국어로 간주하기도 한다.

ㅊ. 엄매(전남)
ㅋ. 오매(전라도, 경북)
ㅌ. 오머니(전북)

**단어 형성법**  단어 형성법은 새로운 단어를 만들어 내는 방법이다. 이것을 조어법
(造語法)이라고 일컫기도 한다. 단어 형성법에는 합성법(複合法), 파생법(派生浩),
어근 창조법(語根創造法) 등이 있다.

합성법은 합성어를 만드는 방법이고, 파생법은 파생어를 만들어 내는 방법이
다. 다음의 (19ㄱ)은 합성법으로 생성된 합성어의 보기이고, (19ㄴ)은 파생법으로
생성된 파생어의 보기이다.

(19) ㄱ. 날−짐승, 물−개, 새−해, 쇠−고기, 집−집, 큰−집, 딸기−잼, 눈−
멀다, 본−받다, 오나−가나, 죄−다, 좀−더, 이른−바
ㄴ. 군−침, 사람−들, 저−희, 점−쟁이, 빗−맞다, 시−퍼렇다, 자랑−스
럽다, 많−이, 참−으로, 튼튼−히

어근 창조법은 이제까지 없던 새로운 어근으로 단어를 만드는 것이다. 이 방법
에는 전혀 존재하지 않던 단어를 새로이 만들어 내는 방법과 이미 존재하여 온
단어를 가지고 만드는 방법이 있다. '신어 창조(新語刻造)'가 전자에 속하고, '환칭
(換稱)', '외한국어 차용', '민간 어원' 등이 후자에 해당한다.

신어 창조는 이제까지 존재하지 않던, 새로운 어근으로 단어를 만드는 것이다.

환칭은 제유(提喩)의 일종으로, 고유 명사를 보통 명사나 동사 혹은 형용사 등으
로 전성하여 사용하는 것이다.

외국어 차용은 외국어를 빌려서 사용하는 것이다.

민간 어원(民間語源)은 언어 사용자들이 어원을 잘 모르거나, 알고 있더라도
편의상 단어의 형태를 바꾸어 쓰는 것이다. 다음의 (20ㄱ)은 환칭의 보기이고,

(20ㄴ)은 외국어 차용의 보기이며, (20ㄷ)은 민간 어원의 보기이다.

> (20) ㄱ. 네로(Nero) → 사납고 나쁜 왕(통치자)이나 사람.
> 린치(lynch) → 사적인 형벌을 가하다.
> ㄴ. 가스(gas), 볼(ball), 엘레강스(elegance), 잉크(ink), 펜(pen)
> ㄷ. 소나기, 행주치마, 우뢰

## 4.4 품사

**정의** 품사(品詞)는 단어를 형태·의미·기능 등이 같은 것끼리 분류한 것이다. 품사는 원래 그리스 어에서 '문장 또는 구(句)의 부분들(morētou logou)'을 뜻하던 것인데, 영국·프랑스·독일 등지에서 'parts of speech(영국)', 'parties de discours(프랑스)', 'Rede-teile (독일)' 등과 같이 잘못 번역 차용한 것이다. 이것을 19세기 말 일본에서 '品詞'라고 번역 차용한 것을 우리나라에서 그대로 빌려 사용하여 오고 있는 것이다.

**분류 기준** 품사의 분류 기준은 단어의 형태(形態)·기능(機能)·의미(意味) 등이다. 여기서 형태는 어형 변화와 관련된 것을 뜻한다. 어형 변화의 유무(有無)나 그 성격은 품사 분류의 기초가 된다. 다음 (21ㄱ)의 단어들은 어떤 문장에 쓰이든 어형이 바뀌지 않는 것인데, (21ㄴ)의 단어들은 '가다, 가고, 가니, 가면, 가거라, 가자, ……' 등과 같이 어형이 변화하는 것이다. 다음 (21ㄱ)의 단어들과 같이 어형이 바뀌지 않는 것을 불변화사(不變化詞)라 하고, (21ㄴ)의 단어들과 같이 어형이 바뀌는 것을 변화사(變化詞)라고 일컫는다.

(21) ㄱ. 나무, 돌, 물, 산, 하늘, 당신, 누구, 모든, 가장, 매우, 어머나

　　 ㄴ. 가다, 오다, 곱다, 밝다, 아름답다, 착하다

단어의 기능(機能)이란 어떤 단어가 문장에서 다른 단어와 맺는 관계를 뜻한다. 즉 기능은 단어가 문장에서 맡고 있는 역할이다.

(22) ㄱ. 그 사람은 책을 많이 읽었다.

　　 ㄴ. 모든 어린이는 대단히 순진하다.

앞의 예문 (22ㄱ)에서 '그'는 '사람'을 수식하고, '사람'은 '그'의 수식을 받는다. '많이'는 '읽었다'를 수식하고, '읽었다'는 '많이'의 꾸밈을 받는다. '사람'과 '읽었다'는 '누가 어찌한다'의 관계[13]를 맺고 있으며, '책'과 '읽었다'는 '무엇을 어찌한다'의 관계[14]를 맺고 있다. 위의 (22ㄴ)에서 '모든'은 '어린이'를 수식하고, '어린이'는 '모든'의 수식을 받는다. '대단히'는 '순진하다'를 수식하고, '순진하다'는 '대단히'의 수식을 받는다. '어린이'와 '순진하다'는 '누가 어떠하다'의 관계를 맺고 있다. 이와 같이 단어들 중에는 서로 기능이 같은 것과 다른 것이 있다. 기능이 같은 단어들끼리 묶어서 동일한 품사로 분류하게 되면 문법에 관하여 설명할 때에 유익한 점이 많다.

품사의 분류 기준이 되는 '의미'는 '하의(下義)'가 아니라 '상의(上義)'이다. 이를테면 어떤 단어가 '사람이나 사물의 이름을 나타낸다'든지 '움직임이나 성질·상태를 나타낸다'든지 하는 것을 뜻한다. 이러한 의미 기준에 따라 위의 예문 (22ㄱ)에 쓰인 '사람, 책'과 (22ㄴ)에 쓰인 '어린이' 등을 동일한 품사로 묶을 수 있고, (22ㄱ)에 쓰인 '읽었다'와 (22ㄴ)에 쓰인 '순진하다'를 동일한 품사로 분류할 수 있다.

---

13) '(누가) 무엇을 어찌하다'의 관계를 객술 관계(客述關係)라고 일컫는다.

14) '누가 어찌하다'나 '무엇이 어떠하다' 혹은 '무엇이 무엇이다' 등의 관계를 주술 관계(主述關係)라고 일컫는다.

'사람, 책, 어린이' 등은 사물이나 대상의 이름을 뜻하는 단어들이고, '읽었다, 순진하다' 등은 사람이나 사물의 움직임 혹은 성질을 나타내는 단어이기 때문이다.

'의미'에 의거한 품사 분류는 형태와 기능을 위주로 하여 분류한 어휘의 의미적 차이를 보일 뿐만 아니라, 이와 같은 분류가 도식적인 형태 분류임을 벗어나 단어의 통사론적인 기능과 의미를 유추하는 데 중요한 구실을 한다. 그런데 의미만을 가지고 품사를 분류한다면 그 수효가 매우 많을 것이며, 객관적인 분류가 되지 못할 것이다. 따라서 품사를 분류할 때에는 세 가지 기준, 즉 형태·기능·의미 등을 적절히 고려하여야 한다.

품사 분류는 복잡하고 다양한 언어 현상을 간편하게 기술하는 데 유용하다. 이것은 수많은 어휘에 대하여 각 단어마다 언어학적으로 설명하거나 기술하여야 하는 작업을, 몇 개의 어군(語群)에 대한 설명이나 기술로 대치할 수 있도록 하기 때문이다.

**품사 분류의 실제** 단어의 형태적 특질에 따라 품사를 분류하면, 품사는 불변화사(不變化詞)와 변화사(變化詞)로 양분된다. 단어의 문법적 기능에 따라 나누면, 체언·용언·수식언·관계언·접속언·독립언 등 여섯 개의 품사로 분류된다. 수식언은 다시 기능에 따라 관형사와 부사로 양분된다. 또한 단어의 의미적 특질에 따라 분류하면, 체언은 명사·대명사·수사 등으로 세분되고, 용언은 동사·형용사·지정사 등으로 나뉜다. 관계언은 조사(助詞), 접속언은 '접속사', 독립언은 감탄사라고 일컫는다. 그리하여 한국어의 품사는 명사, 대명사, 수사, 조사, 동사, 형용사, 지정사, 관형사, 부사, 접속사, 감탄사 등 모두 11개의 품사로 분류된다. 이것들 중에서 동사·형용사·지정사 등은 변화사에 속하고, 명사·대명사·수사·조사·관형사·부사·접속사·감탄사 등은 불변화사에 속한다. 이것을 도시하면 다음의 [그림 4-3]과 같다.

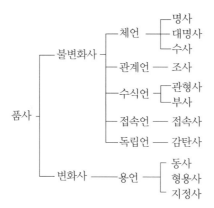

[그림 4-3] 품사 분류

**명사**  명사(名詞)는 사람이나 사물의 이름을 나타내는 단어의 갈래이다. 이것은 다음과 같은 특징을 지니고 있다.

(ㄱ) 명사는 조사의 지배를 받는다.

(ㄴ) 명사는 주로 관형어의 수식을 받는다.

(ㄷ) 명사는 조사와 결합하여 주어·보어·목적어·서술어·관형어·부사어·독립어 등 여러 가지 문장 성분으로서 기능을 한다.

인구어(印歐語)의 명사가 관사(冠詞)나 전치사(前置詞)의 지배를 받는데, 한국어의 명사는 조사(助詞)의 지배를 받는다.

　　(23) 현준아, {영희, *나무, *꽃}에게 물을 주어라.

앞의 예문 (23)에서 조사 '에게'는 인칭 명사(人稱名詞)인 '영희'와만 공기 관계(共起關係)를 맺고, 비인칭 명사(非人稱名詞)인 '나무'나 '꽃'과는 공기하지 못한다.

왜냐하면 조사 '에게'는 [+수혜성]을 지닌 인칭 명사와만 공기하는 것이기 때문이다. 이와 같이 명사는 조사의 지배를 받는다.

또한 명사는 관형어의 수식을 받으나, 부사어의 수식을 받는 일은 거의 없다.

    (24) ㄱ. {이, 그, 저, *가장, *매우} 꽃이 아름답다.
         ㄴ. {이, 그, 저, 아주} 부자(富者)가 반드시 행복한 것은 아니다.

앞의 예문 (24ㄱ)에서 '이, 그, 저'는 관형어인데, '가장, 매우'는 부사어이다. (24ㄱ)에서 명사 '꽃'은 관형어인 '이', '그', '저' 등의 수식을 받을 수 있지만, 부사어인 '가장'이나 '매우'의 수식을 받지 못한다. 이렇듯 명사는 주로 관형어의 수식을 받는다. 그런데 명사들 가운데는 부사어의 수식을 받는 것도 있다. 위의 예문 (24ㄴ)에서 명사 '부자'는 관형어인 '이', '그', '저' 등의 수식을 받을 수 있고, 부사어인 '아주'의 수식도 받을 수 있다. 이처럼 명사가 부사어의 수식을 받는 경우는 명사가 [+정도성]의 의미 자질을 지니고, 부사어 기능을 하는 부사가 정도 부사인 경우에 국한한다.

또한 명사는 조사와 결합하여 문장에서 여러 문장 성분으로 기능한다.

    (25) ㄱ. <u>바람이</u> 많이 분다.
         ㄴ. 그는 <u>바람을</u> 멈추게 하였다.
         ㄷ. 벗나무가 <u>바람에</u> 쓰러졌다.
         ㄹ. <u>바람의</u> 속도를 풍속이라고 한다.
         ㅁ. 이것은 거센 <u>바람이</u> 아니다.
         ㅂ. 방금 얼굴을 스쳐간 것은 <u>바람이다.</u>
         ㅅ. <u>바람아,</u> 더욱 세게 불어라.

'바람'이란 명사가 앞의 예문 (25ㄱ)에서는 주어(主語)로, (25ㄴ)에서는 목적어로, (25ㄷ)에서는 부사어로, (25ㄹ)에서는 관형어로, (25ㅁ)에서는 보어로, (25ㅂ)에서는 서술어로, (25ㅅ)에서는 독립어로 기능을 하고 있다. 이와 같이 명사는 조사와 결합해서 여러 문장 성분으로 기능을 하는 품사이다.

명사는 분류 기준–사용 범위, 자립성 유무, 감정성 유무, 동태성 유무, 구상성 유무–에 따라 [그림 4–4]와 같이 여러 가지로 나뉜다.

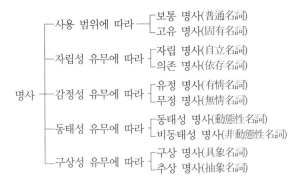

[그림 4–4] 명사의 종류

보통 명사(普通名詞)는 같은 성질을 지닌 사람이나 사물에 두루 쓰이는 명사인데, 고유 명사(固有名詞)는 특정한 사람이나 사물을 지시하는 명사이다.

  (26) ㄱ. 길, 꽃, 나라, 나무, 동네, 문
     ㄴ. 반포로, 개나리꽃, 대한민국, 박달나무, 반포동, 동대문

앞의 (26ㄱ)에 제시한 것들은 보통 명사의 보기이고, (26ㄴ)에 제시한 것들은 고유 명사의 보기이다.

자립 명사(自立名詞)는 문장에서 관형어의 도움 없이도 홀로 쓰일 수 있는 명사인데, 의존 명사(依存名詞)는 관형어의 선행(先行)을 필수 조건으로 하는 명사이다.

(27) ㄱ. 나는 <u>과일</u>을 좋아한다.

　　 ㄴ. 나는 단 <u>과일</u>을 좋아한다.

(28) ㄱ. *나는 <u>것</u>을 좋아한다.

　　 ㄴ. 나는 익은 <u>것</u>을 좋아한다.

　위의 예문 (27ㄱ)과 (27ㄴ)에서 자립 명사인 '과일'의 용법에서 보는 바와 같이, 자립 명사는 그 앞에 관형어가 오든, 오지 않든 문장 성분으로 기능을 할 수 있다. 그러나 의존 명사는 문장에서 관형어의 도움 없이는 쓰이지 못하는 명사이다. 위의 예문 (28ㄱ)이 비문법적인 문장이 된 까닭은, 의존 명사인 '것'을 수식하는 관형어가 쓰이지 않았기 때문이다. 예문 (28ㄴ)이 자연스러운 문장이 된 것은 의존 명사인 '것'을 수식하는 관형어 '익은'이 쓰였기 때문이다.

　의존 명사로는 '것' 이외에 '김, 나름, 노릇, 대로, 데, 듯, 등, 등지, 따름, 따위, 때문, 만, 만큼, 바, 바람, 밖(外), 분, 뻔, 뿐, 수, 양(樣), 이, 적, 줄, 즈음, 지, 채, 체, 통, ……' 등이 있다.

　유정 명사(有情名詞)는 감정성을 지닌 명사인데, 무정 명사(無情名詞)는 감정성을 지니지 않은 명사이다. '사람, 어린이, 어른, 어머니, 아버지, 누나, 형, 철수, 영희, 아주머니, 아저씨 : 개, 말, 소, 고양이, 원숭이, 여우, 늑대, 호랑이, 사자, 곰, 사슴, ……' 등은 감정을 지니고 있는 명사들이므로 유정 명사에 해당한다. 그런데 '길, 나라, 나무, 돌, 바위, 아침, 낮, 노을, 평화, 민족주의, 민주주의, 자연주의, ……' 등은 감정을 지니고 있지 않은 명사들이므로 무정 명사에 속한다.

　동태성 명사(動態性名詞)는 [동작성]과 [상태성]의 의미 자질(意味資質, semantic feature)을 지니고 있는 명사이다. 이것은 다시 의미 자질에 따라 동작성 명사(動作性名詞)와 상태성 명사(狀態性名詞)로 양분된다. 동작성 명사는 [+동작성], [−상태성] 등을 지니고 있는 명사이다. '입학(入學), 졸업(卒業), 입대(入隊), 제대(除隊), 진학(進學), 취직(就職), 사랑, 소망(所望), 원망(怨望), 이해(理解), 설명(說明), 설득(說得), 일출(日出), 일몰(日沒), ……' 등이 동작성 명사이다.

상태성 명사는 [＋상태성(狀態性)], [＋지속성(持續性)], [－동작성] 등을 지니고 있는 명사이다. 이것은 모두 한자어(漢字語)이다. '고독(孤獨), 몰염치(沒廉恥), 무가치(無價値), 무관심(無關心), 무미(無味), 무상(無常), 무성의(無誠意), 불리(不利), 불편(不便), 불화(不和), 성실(誠實), 정직(正直), 청결(淸潔), ……' 등이 상태성 명사이다.

비동태성 명사(非動態性名詞)는 [동태성(動態性)]이 없는 명사이다. 즉 [동작성]과 [상태성]이 없는 명사이다. 그 보기로는 '객관성, 남쪽, 동쪽, 뒤, 민족주의, 민주주의, 바보, 보편성, 북쪽, 산, 서쪽, 아래, 앞, 위, 이념, 자연주의, 합리주의, ……' 등을 들 수 있다.

구상 명사(具象名詞)는 구체적인 대상을 지시하는 명사이고, 추상 명사(抽象名詞)는 추상적인 것을 지시하는 명사이다. 구상 명사의 보기를 들어 보면 '꽃, 나무, 돌, 바위, 사람, 사슴, 의자, 인형, 집, 책, 책상, ……' 등이 있고, 추상 명사의 보기로는 '기쁨, 사랑, 사색, 생각, 슬픔, 평화, 행복, ……' 등을 들 수 있다.


**대명사** 대명사(代名詞)는 명사를 대신하여 쓰이는 단어들이다. '나, 너, 우리, 저희, 당신, 자기, 이것, 그것, 저것, 여기, 거기, 저기, ……' 등이 대명사의 보기에 해당한다. 이것도 명사와 같이 조사의 지배를 받으며, 여러 문장 성분으로 기능한다. 그런데 이것은 관형어의 수식을 받을 때에 명사보다 더 제약을 받는다. 이 밖에 대명사의 특성은 '대용성(代用性)'과 '상황 지시성(狀況指示性)'이다. 대용성이란 명사를 대신하는 특성을 뜻하며, 상황 지시성이란 화자(話者)를 기점으로 하여 화자 자신이나 그 주변의 것을 지시하는 성질을 뜻한다.

(29) 어제 **나**는 이 책을 샀다.

앞의 예문 (29)에 쓰인 대명사 '나'는 화자인 '이동혁'이나 '김보미'라는 고유 명사를 대신하여 쓰인 것이다. 이와 같이 대명사는 명사를 대신하여 쓰이는 성질, 즉 대용성을 지니고 있다. 또한 (29)의 '나'가 지시하는 대상은 상황에 따라 '이동혁'이거나 '김보미'가 될 수 있는데, 이처럼 대명사는 상황 지시성이라는 특성을 지니고 있다.

대명사는 여러 가지 분류 기준—재귀성 유무, 인칭성 유무—에 따라 다음의 [그림 4-5]와 같이 분류된다.

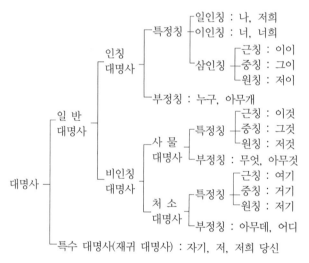

[그림 4-5] 대명사의 종류

인칭 대명사(人稱代名詞)는 사람을 가리키는 데 쓰이는 대명사이다. 이것은 [특정성]의 유무(有無)에 따라 특정칭(特定稱)과 부정칭(不定稱)으로 구분된다. 인칭 대명사의 특정칭은 화자(話者)가 가리키는 대상에 따라 일인칭 대명사(一人稱代名詞), 이인칭 대명사(二人稱代名詞), 삼인칭 대명사(三人稱代名詞) 등으로 세분된다. 일인칭 대명사는 화자가 자기 자신을 가리키는 대명사로서 '나, 저, 우리, 저희' 등이 그 보기에 해당한다. '우리'는 화자(話者)와 청자(聽者), 그리고 이 밖에 제삼자를 일컫는 것인데, '저희'는 청자를 제외하고 화자 자신과 제삼자를 함께 낮추어 일컫는 것이다.

이인칭 대명사는 청자를 지시하는 대명사로서, '너, 자네, 그대, 당신(當身), 너희' 등이 그 보기에 해당한다. 본래 '당신'은 경칭 대명사(敬稱代名詞)이었는데, 오늘날에는 화자에 따라 상대방을 약간 높여 대접하여 일컬을 경우에 쓰이거나, 상대방을 평대하여 말할 때에 사용된다. 또한, '당신'은 재귀대명사나 삼인칭 대명사로도 쓰이는데, 이 경우에는 '대화할 때에 그 자리에 없는 웃어른을 높여 일컬음'을 뜻한다.

삼인칭 대명사는 화자와 청자 이외의 제삼의 인물을 지시하는 대명사이다. 대화 장면에서 일인칭과 이인칭은 늘 사람이 되지만, 삼인칭은 사람뿐만 아니라 '동물, 식물, 물건, 일' 등이 될 수 있다. 삼인칭 대명사는 화자와 청자 간의 거리에 대한, 화자의 판단에 따라 근칭 대명사(近稱代名詞), 중칭 대명사(中稱代名詞), 원칭 대명사(遠稱代名詞)로 세분된다. 근칭 대명사는 화자 가까이에 있는 제삼자를 가리키는 대명사로, '이, 이들, 이이, 이분, 이치' 등이 그 보기에 해당한다. 중칭 대명사는 청자 가까이에 있는 제삼자나 화자와 청자 간의 거리감이 중화된 제삼자를 지시할 때에 쓰이는 대명사로, '그, 그들, 그이, 그분, 그치' 등이 그 보기에 속한다. 원칭 대명사는 화자와 청자로부터 비슷하게 멀리 떨어져 있는 제삼자를 가리킬 때에 사용되는 대명사로, '저들, 저이, 저분, 저치' 등이 그 보기에 속한다.

인칭 대명사 중에서 부정칭 대명사는 특별히 정해져 있지 않은 대상을 지시하는 대명사이다. '누구, 아무, 아무개' 등이 그것에 해당한다. '누구'는 [-기정성(既定性)], [-한정성(限定性)]의 의미 자질을, '아무, 아무개'는 [+기정성], [+한정성]의 의미 자질을 지니고 있다.

비인칭 대명사(非人稱代名詞)는 [사물성(事物性)]의 유무에 따라 사물 대명사(事物代名詞)와 처소 대명사(處所代名詞)로 양분된다.

사물 대명사는 사물을 지시하는 대명사이고, 처소 대명사는 장소를 지시하는 대명사이다. 이것들도 인칭 대명사와 같이 [특정성] 유무에 따라 특정칭과 부정칭으로 나뉜다.

특정칭 사물 대명사(特定稱事物代名詞)는 또한 화자와 청자 간의 거리에 대한, 화자의 판단에 따라 근칭 대명사, 중칭 대명사, 원칭 대명사 등으로 삼분된다. '이것, 요것' 등은 근칭 사물 대명사(近稱事物代名詞)에 속하고, '그것, 고것' 등은 중칭 사물 대명사(中稱事物代名詞)에 해당하며, '저것, 조것' 등은 원칭 사물 대명사(遠稱事物代名詞)에 속한다. 부정칭 사물 대명사(不定稱事物代名詞)로는 '아무것, 무엇' 등이 있다. '여기, 요기' 등은 근칭 처소 대명사(近稱處所代名詞)이고, '거기, 고기' 등은 중칭 처소 대명사(中稱處所代名詞)이며, '저기, 조기' 등은 원칭 처소 대명사(遠稱處所代名詞)이다. 부정칭 처소 대명사(不定稱處所代名詞)로는 '어디'가 있다.

재귀 대명사(再歸代名詞)는 선행하는 동일한 대상을 지시하는 명사나 대명사를 다시 받는 대명사로서, 이것을 특수 대명사(特殊代名詞)라고 일컫기도 한다. 즉 동일한 선행사의 중복 사용을 피하기 위하여 그 선행사를 대신하여 가리키는 대명사이다. 이것을 줄여서 '재귀사(再歸詞)'라고 일컫기도 한다. '자기, 저, 저희, 당신' 등이 그 보기에 해당한다.

**수사** 수사(數詞)는 사람이나 사물의 수효 혹은 차례를 가리키는 단어들이다. '하나, 둘, 셋, 넷, 다섯, 첫째, 둘째, 셋째, 넷째, 다섯째, ……' 등이 수사에 속한다. 수사는 다음과 같은 특성을 지니고 있다.

(ㄱ) 수사는 조사의 지배를 받는다.
(ㄴ) 수사는 여러 가지 문장 성분으로서 기능을 한다.
(ㄷ) 수사는 선행 관형어와의 직접 구성에서 명사보다 더 많은 제약을 받는다.[15]

---

15) "*나는 아름다운 <u>일곱</u>을 좋아한다."라는 문장이 부자연스러운 문장이 된 것은 수사인 '일곱'이 관형어 '아름다운'과 직접 구성을 할 수 없기 때문이다. 그런데 "나는 아름다운 <u>사람</u>을 좋아한다."에서 관형어 '아름다운'이 명사인 '사람'과 직접 구성을 하는데 어떤 제약도 받지 않는다.

(ㄹ) 수사는 명사의 앞에 높이기도 하고 뒤에 놓이기도 한다.[16)

수사는 의미에 따라 양수사(量數詞)와 서수사(序數詞)로 나뉜다. 양수사는 사람의 수효나 사물의 수량을 가리키는 수사로서, 이것을 '기본수(基本數)'라고 일컫기도 한다. 서수사는 사람이나 사물의 차례를 나타내는 수사이다. 양수사와 서수사에는 각각 정수(定數)와 부정수(不定數)가 있고, 고유어 계통의 것과 한자어 계통의 것이 있다. 일상생활에서 사물의 수효를 셀 경우, 우리 국민의 언어 사용의 관습으로 말미암아 그 용법이 다양하다.

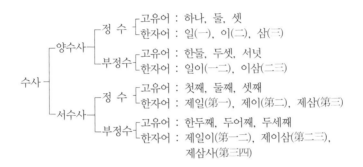

[그림 4-6] 수사의 종류

수사는 다음과 같이 세 유형으로 구분된다.

첫째, 고유어 수사만을 사용하는 경우 : 양복 세 벌, 금 서 돈, 은 너 푼, 소 한 마리, 신발 다섯 켤레, 쌀 한 말, 다섯 시

둘째, 한자어 수사만을 사용하는 경우 : 백십 원, 만 달러, 이십 세기, 십분 오초, 오십 리, 천구백구십삼년 칠월 십일

셋째, 고유어 수사와 한자어 수사를 섞어 사용하는 경우 : 배 한 척, 배 일 척

---

16) "<u>다섯</u> 학생이 책을 샀다.", "학생 <u>다섯</u>이 책을 샀다." 등의 문장에서 수사인 '다섯'이 명사 '학생'의 앞과 뒤에 쓰여도 자연스럽다. 이와 같이 수사는 명사의 앞과 뒤에 자유롭게 실현된다.

: 학생 열 명, 학생 십 명 : 땅 다섯 평, 땅 십 평

**조사** 조사(助詞)는 주로 체언에 연결되어 그 체언이 문장 내의 다른 단어와 맺는 관계를 나타내거나, 체언의 뜻을 한정하여 주는 기능을 하는 품사이다. '이/가, 을/를, 에, 에게, 의, 은/는, 도, 부터, 까지, ……' 등이 조사에 해당한다. 조사는 다음과 같은 특징을 지니고 있다.

   (ㄱ) 어휘적인 의미를 나타내지 못하는데, 문법적인 의미를 나타낸다.
   (ㄴ) 조사는 문장에서 주로 체언에 연결되어 쓰인다. 그런데 조사는 용언·부
      사·절 등에 연결되어 쓰이기도 한다.
   (ㄷ) 조사는 어형 변화를 하지 못한다.

   조사는 그 기능(機能)에 따라 격조사(格助詞), 보조사(補助詞), 접속 조사(接續助詞) 등으로 나뉜다. 격조사는 주로 체언에 붙어서 격을 나타내는 조사이다. 즉 이것은 주로 체언에 결합되어 그 체언이 문장에서 다른 단어와 맺는 관계를 나타내는 조사이다. 격조사에는 주격(主格), 보격(補格), 목적격(目的格),[17] 관형격(冠形格), 부사격(副詞格), 독립격(獨立格)[18] 조사 등이 있다.
   주격 조사(主格助詞)는 그 선행어가 주어임을 나타내는 조사이다. '이/가, 께서, 께옵서' 등이 주격 조사에 해당한다.
   보격 조사(補格助詞)는 선행어가 보어임을 나타내는 조사이다. '이/가'가 보격 조사에 속한다.

---

17) '목적격'을 '대격(對格)'이라고 일컫기도 한다. '목적격'은 기능에 따른 명명(命名)이고, '대격'은 의미에 따른 명명이다.
18) '독립격'을 호격(呼格)이라고 일컫기도 한다. 이것은 기능에 따른 명명(命名)이 아니라 의미에 따른 명명이다.

(30) ㄱ. 철수<u>가</u> 시를 낭독한다.       (주격)

     ㄴ. 어머니<u>께서</u> 시장에 가셨습니다.    (주격)

     ㄷ. 철수는 열등생<u>이</u> 아니다.      (보격)

     ㄹ. 그는 축구 선수<u>가</u> 되었다.      (보격)

목적격 조사(目的格助詞)는 선행어가 목적어임을 나타내는 조사이다. '을/를'이 목적격 조사에 해당한다.

(31) ㄱ. 영회가 탁구<u>를</u> 친다.       (목적격)

     ㄴ. 착한 사람은 남<u>을</u> 아프게 하지 않는다.   (목적격)

관형격 조사(冠形格助詞)는 선행어가 관형어임을 나타내는 조사로, '의'가 그것에 해당한다.

(32) 사람<u>의</u> 삶은 유한하다.       (관형격)

부사격 조사(副詞格助詞)는 주로 체언에 결합되어 그 체언이 부사어임을 나타내는 조사로, '에, 에서, 에게, 께, 한테, 더러, 와/과, 하고, (이)랑, 라고, 고, (으)로서, (으)로써, 보다' 등이 그 보기에 속한다.

(33) ㄱ. 숙회가 연필<u>로써</u> 글을 쓴다.    (부사격)

     ㄴ. 영준이가 도서관<u>에서</u> 공부하고 있다.  (부사격)

독립격 조사(獨立格助詞)는 체언에 붙어서 그 체언으로 하여금 독립어가 되게 하는 조사로, '아/야, 이여, 이시여' 등이 그 보기에 해당한다.

(34) 젊은이들<u>이여</u>, 야망을 가져라.　　　　　　　(독립격)

보조사(補助詞)는 체언이나 그 밖의 다른 단어에 결합되어 어떤 뜻을 첨가하여 주는 기능을 하는 조사이다. 이것을 '도움토' 또는 '특수 조사(特殊助詞)'라고 일컫기도 한다. 보조사에는 '은/는, 도, 부터, 그려, 까지, 들, (이)나, (이)나마, (이)든지, (이)라도, 마다, 마저, 만, 만큼, (이)야(말로), 요, 조차, (은/는)커녕' 등이 있다.

(35) ㄱ. 나<u>는</u> 쇠고기를 먹지<u>는</u> 못한다.
　　　ㄴ. 토끼<u>도</u> 앞발이 짧다.
　　　ㄷ. 너무<u>나</u> 가슴이 아프다.

접속 조사(接續助詞)는 두 단어를 동등한 자격으로 이어 주는 기능을 하는 조사이다. '과/와, (이)랑, (이)니, 하고' 등이 그 보기에 속한다. 부사격 조사인 '과/와'에는 보조사 '은/는, 도' 등이 결합될 수 있는데, 접속 조사 '과/와'에는 보조사가 결합하지 못한다.

(36) ㄱ. 너와 나는 대학생이다.
　　　ㄴ. *너와도 나는 대학생이다.

**동사** 동사는 사람의 동작이나 사물의 작용을 나타내는 단어들이다. 동작은 유정 명사의 움직임을 뜻하는데, 작용은 무정 명사의 움직임을 뜻한다. '가다, 놀다, 막다, 먹다, 사랑하다, 잡다, 창조하다, ……' 등이 동사의 보기에 해당한다. 동사는 다음과 같은 특징을 지니고 있다.

첫째, 동사는 어형 변화를 한다. 즉 동사는 활용을 한다.

둘째, 동사는 [서술성]을 지니고 있기 때문에 주로 서술어로 기능을 한다. 그 밖에 동사는 주어·보어·목적어·관형어·부사어·독립어 등으로 기능을 하기도 한다.

　셋째, 동사는 부사어의 수식을 받는다. 즉 동사는 부사어와 직접 구성을 한다. 동사는 분류 기준에 따라 다음의 [그림 4-7]과 같이 나뉜다.

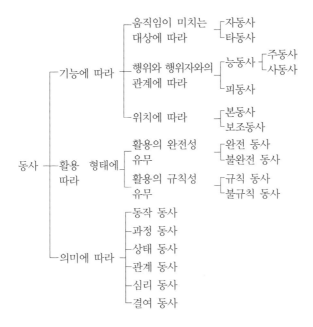

[그림 4-7] 동사의 종류

　자동사(自動詞)는 움직임이 주체에만 미치는 동사인데, 타동사(他動詞)는 움직임이 주체 이외에 객체에도 미치는 동사이다.

　　(37) ㄱ. 영수가 학교에 간다.
　　　　 ㄴ. 영호는 시를 읽는다.

앞의 예문 (37ㄱ)에 쓰인 '간다'라는 동작은 주체인 '영수'에게만 미치는데, (37ㄴ)에 쓰인 '읽는다'라는 행위는 주체인 '영호'와 객체인 '시'에도 미친다. '간다'와 같이 움직임이 주체에만 미치는 동사를 자동사라 하고, '읽는다'와 같이 움직임이 주체 이외에 객체에도 미치는 동사를 타동사라고 한다.

능동사(能動詞)는 주체가 어떤 동작이나 작용을 스스로 함을 나타내는 동사인데, 피동사(被動詞)는 주체의 동작이나 작용이 다른 행위자에 의하여 이루어짐을 나타내는 동사이다. 능동사에는 본디부터 능동사인 것과 형용사가 능동사로 전성된 것이 있다. '듣다, 말하다, 보다, 쓰다, 읽다, ……' 등은 전자의 보기에 해당하고, '낮추다, 넓히다, 높이다, 밝히다, 좁히다, ……' 등은 후자의 보기에 속한다. 피동사는 본래부터 피동사인 것은 없고, 능동 타동사나 자동사에 피동 접미사(被動接尾辭)인 '-이-, -기-, -리-, -히-' 등이 결합하여 형성된다. 피동사인 '먹히다'는 타동사 '먹다'의 어근인 '먹-'에 피동 접미사 '-히-'가 결합하여 이루어진 것이고, 피동사 '날리다'는 자동사 '날다'의 어근인 '날-'에 피동 접미사 '-리-'가 결합하여 형성된 것이다.

주동사(主動詞)는 동작이 주체인 행위자에게 미치는 동사이다. 즉 이것은 행동주(行動主) 스스로의 동작을 나타내는 동사이다. 그런데 사동사(使動詞)는 사동주(使動主)의 행위가 피사동주(被使動主)에게 미쳐서 피사동주로 하여금 어떤 행위를 하게 함을 나타내는 동사이다. 이것은 동사의 어근에 사동 접미사 '-이-, -기-, -리-, -히-, -우-, -구-, -추-, -이우-' 등이 결합하여 형성된다.

(38) ㄱ. 철수가 소설을 읽는다.
ㄴ. 영희가 철수에게 소설을 읽힌다.

앞의 예문 (38ㄱ)에 쓰인 '읽는다'라는 동사는 행동주인 '철수'가 스스로 소설을 읽는 행위를 나타내므로 주동사에 해당한다. 그런데 (38ㄴ)에 쓰인 '읽힌다'는 사동주인 '영희'가 피사동주인 '철수'로 하여금 소설을 읽도록 시킴을 나타내는 동사이므로 사동사에 속한다. 본동사(本動詞)는 보조 동사(補助動詞) 앞에 놓여서 어휘적인 의미를 나타내는 동사인데, 보조 동사는 본동사 뒤에 놓여서 시제(時制), 상(相), 서법(敍法) 등을 나타내는 동사이다. 보조 동사를 조동사(助動詞)라고 일컫기도 한다. 보조 동사는 의미 특성에 따라 불능 보조 동사(不能助動詞), 부정 보조 동사(否定助動詞), 당위 보조 동사(當爲助動詞), 의도 보조 동사(意圖助動詞), 피동 보조 동사(被動助動詞), 사동 보조 동사(使動助動詞), 진행 보조 동사(進行助動詞), 종결 보조 동사(終結助動詞), 봉사 보조 동사(奉仕助動詞), 시행 보조 동사(試行助動詞), 강세 보조 동사(强勢助動詞), 습관 보조 동사(習慣助動詞), 보유 보조 동사(保有助動詞), 금지 보조 동사(禁止助動詞), 성취 보조 동사(成就助動詞) 등으로 세분된다.

(ㄱ) 불능 보조 동사 : 어떤 동작이나 작용이 불가능함을 나타내는 보조 동사로, '(-지) 못하다'가 이것에 해당한다.[19]

(ㄴ) 부정 보조 동사 : 어떤 동작이나 작용을 부정함을 뜻하는 보조 동사로, '(-지) 아니하다'가 이것에 속한다.

(ㄷ) 당위 보조 동사 : 어떤 동작이나 작용을 마땅히 하여야 함을 뜻하는 보조 동사이다. '(-아야/-어야/-여야) 되다'와 '(-아야/-어야/-여야) 하다'가 그 보기에 해당한다.

(ㄹ) 의도 보조 동사 : 주체의 의도를 나타내는 보조 동사로서, '(-려고)/(-고자) 하다'가 그 보기에 해당한다.

(ㅁ) 피동 보조 동사 : 어떤 동작이나 작용을 입음을 뜻하는 보조 동사로, '(-게) 되다, (-아/-어/-여) 지다'가 그 보기에 해당한다.

(ㅂ) 사동 보조 동사 : 사동주가 피사동주에게 어떤 움직임을 시키는 보조 동사로 '(-게) 하다'와 '(-게) 만들다' 등이 그 보기에 속한다.

(ㅅ) 진행 보조 동사 : 어떤 동작이나 작용이 진행됨을 나타내는 보조 동사로,

---

19) 불능 보조 동사인 '(-지) 못하다'를 부정 보조 동사로 간주하기도 한다.

'(-아/-어/-여) 가다', '(-아/-어/-여) 오다', '(-고) 있다', '(-고) 계시다' 등이 그 보기에 해당한다.

(ㅇ) 종결 보조 동사 : 어떤 동작이나 작용이 끝맺음을 나타내는 보조 동사로, '(-고) 나다', '(-아/-어/-여) 내다', '(-아/-어/-여) 버리다' 등이 그 보기에 속한다.

(ㅈ) 봉사 보조 동사 : 나라나 사회 또는 남을 위하여 자신의 이해를 돌보지 않고 몸과 마음을 다하여 일함을 뜻하는 보조 동사로, '(-아/-어/-여) 주다', '(-아/-어/-여) 드리다' 등이 그 보기에 해당한다.

(ㅊ) 시행 보조 동사 : 어떤 움직임을 시험삼아 하여 봄을 뜻하는 보조 동사로, '(-아/-어/-여) 보다'가 그 보기에 속한다.

(ㅋ) 강세 보조 동사 : 움직임에 힘줌을 나타내는 보조 동사로, '(-아/-어/-여) 대다', '(-아/-어/-여) 쌓다'가 그 보기에 속한다.

(ㅌ) 습관 보조 동사 : 어떤 움직임의 습관을 나타내는 보조 동사로, '(-아/-어/-여) 버릇하다'가 그 보기에 해당한다.

(ㅍ) 보유 보조 동사 : 어떤 동작을 하여 둠을 나타내는 보조 동사로, '(-아/-어/-여) 놓다', '(-아/-어/-여) 두다', '(-아/-어/-여) 가지다' 등이 그 보기에 속한다.

(ㅎ) 금지 보조 동사 : 어떤 움직임의 금지를 뜻하는 보조 동사로, '(-지)말다'가 그 보기에 해당한다.[20]

(ㄲ) 성취 보조 동사 : 어떤 움직임이 반드시 이루어짐을 나타내는 보조 동사로, '(-고야) 말다'가 그 보기에 속한다.

완전 동사(完全動詞)는 어간이 대부분의 어미와 결합할 수 있는 동사인데, 불완

---

20) 금지 보조 동사 '(-지) 마라'를 부정 보조 동사로 처리하기도 한다.

전 동사(不完全動詞)[21]는 어간이 극소수의 어미와만 결합할 수 있는 동사이다. 동사는 대부분 완전 동사에 해당한다. 불완전 동사의 보기로는 '가로다, 관(關)하다. 대(對)하다, 데리다, 더불다, 말미암다, 즈음하다' 등을 들 수 있다.

규칙 동사(規則動詞)는 규칙적으로 활용하는 동사이다. 즉 이것은 활용할 때에 어간과 어미의 꼴이 일정한 동사이다. 그런데 불규칙 동사(不規則動詞)는 불규칙적으로 활용하는 동사이다. 즉 이것은 활용할 때에 어간이나 어미의 꼴이 일정하지 않은 동사이다. 어간이 불규칙적으로 활용하는 동사로는 'ㄷ', 'ㅂ', 'ㅅ', 'ㄹ', '우' 불규칙 동사가 있다. 어미가 불규칙적으로 활용하는 동사로는 '러', '여', '거라', '너라' 불규칙 동사가 있다.

동작 동사(動作動詞)는 주체의 동작을 나타내는 동사이다. 이것은 순시 완결 동작 동사(瞬時完結動作動詞)와 지속 미완 동작 동사(持續未完動作動詞)로 양분된다. 순시 완결 동작 동사(瞬時完結動作動詞)는 기동(起動), 종지(終止) 등이 삽시간에 완결되는 동사로서, '시작하다, 출발하다, 닿다, 도착하다, 이르다(至), 끝내다, 마치다, 완료하다, …… 등이 그 보기에 해당한다. 지속 미완 동작 동사(持續未完動作動詞)는 어떤 동작이 완결되지 않고 지속 진행되고 있음을 나타내는 동사로, '가다, 걷다, 떠들다. 뛰다, 먹다, 오다' 등이 그 보기에 속한다.

과정 동사(過程動詞)는 행위자가 없이 상태가 바뀜을 나타내는 동사이다. '가까워지다, 늘다, 늙다, 달라지다, 변하다, 예뻐지다, 자라다, 젊어지다, 좋아지다, 지나다, ……' 등이 과정 동사이다.

관계 동사(關係動詞)는 한 사람이나 사물이 다른 사람이나 사물과 교섭하는 것, 다른 사람이나 사물에 끼치는 영향, 다른 사람이나 사물과의 차별 등을 나타내는 동사이다. '가지다, 결합하다, 결혼하다, 이혼하다, 구별하다, 구성하다, 이기다, 지다, 위반하다, 일치하다, 지배하다, 통일하다, 흡수하다, ……' 등이 관계 동사

---

21) '불완전 동사'를 '불구 동사(不具動詞)'라고 일컫기도 한다.

이다.

심리 동사(心理動詞)는 심리 현상을 나타내는 동사로, '기뻐하다, 노여워하다, 미워하다, 반가워하다, 사랑하다, 슬퍼하다, 실망하다, 존경하다, ……' 등이 그 보기에 해당한다.

결여 동사(缺如動詞)는 당연히 있어야 할 특정한 움직임이 결여되어 있음을 나타내는 동사이다. '결석하다, 결근하다, 무능하다, 미납하다, 부주의하다, 불복종하다, 불응하다, 불참하다, ……' 등이 결여 동사이다.

**형용사** 형용사(形容詞)는 사람이나 사물의 성질이나 상태를 뜻하는 단어들이다. '곱다, 근면하다, 성실하다, 아름답다, 옹골지다, 옹골차다, 외롭다, 자유롭다, 작다, 크다, 착하다, 파랗다' 등이 그 보기에 해당한다.

형용사의 특성으로는 동사처럼 어형 변화를 하고, 주로 서술어로서 기능을 하는 것 이외에 주어·보어·목적어·관형어·부사어·독립어 등으로도 기능을 하며 부사어만을 수식어로 취하는 것 등을 들 수 있다. 그래서 형용사를 동사에 포함하여 '상태 동사(狀態動詞)'라고 일컫기도 한다. 이에 대하여 전통적인 의미의 동사를 동작 동사(動作動詞)라고 하기도 한다. 그런데 동사와 형용사는 다음과 같은 차이점이 있다.

첫째, 동사는 사람의 동작이나 사물의 작용을 나타내는 단어들이지만, 형용사는 사람과 사물의 성질이나 상태를 뜻하는 단어들이다.

둘째, 동사의 어간에는 명령형 종결 어미 '-아라/-어라/-여라', 청유형 종결 어미 '-자', 평서형 종결 어미 '-ㄴ다/-는다', 응낙형 종결 어미 '-(으)려무나', 약속형 종결 어미 '-(으)마' 등이나, 목적형 연결 어미 '-(으)러', 의도형 연결 어미 '-고자/-(으)려고' 등이나 관형사형 전성 어미 '-는'이 결합될 수 있지만, '있다'와 '없다'를 제외한 형용사의 어간에는 이러한 어미들이 결합될 수 없다.

셋째, 동사 중에 타동사는 목적어를 필요로 하는 것이 있지만, 형용사 중에는 목적어를 필요로 하는 것이 없다.

형용사는 분류 기준 – 위치, 활용 형태, 의미 – 에 따라 다음의 [그림 4–8]과 같이 나뉜다.

본형용사(本形容詞)는 보조 형용사(補助形容詞) 바로 앞에 놓여 보조 형용사와 필수적 공존 관계를 맺고, 어휘적 의미를 나타내는 형용사이다. 보조 형용사는 본형용사나 본동사 바로 뒤에 놓여 본형용사나 본동사와 필수적 공존 관계를 맺고, 시제(時制) · 상(相, aspect) · 서법(敍法) 등을 나타내는 형용사이다. 보조 형용사를 '조형용사(助形容詞)' 혹은 '의존 형용사(依存形容詞)'라고 일컫기도 한다.

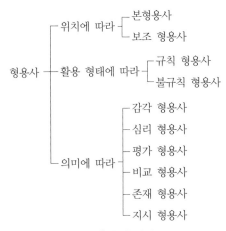

[그림 4–8] 형용사의 종류

보조 형용사는 의미에 따라 다음과 같이 세분된다.

(ㄱ) 부정 보조 형용사(否定補助形容詞) : 어떤 성질이나 상태를 부정함을 나타내는 보조 형용사로, '(–지) 아니하다'가 그 보기에 해당한다. 이것과 공기(共起)하는 본용언은 언제나 형용사이다.

(ㄴ) 불능 보조 형용사(不能補助形容詞) : 어떤 성질을 지닐 수 없거나, 어떤 상태
가 이루어질 수 없음을 나타내는 보조 형용사로, '(-지) 못하다'가 그 보기
에 속한다.[22] 이것과 공기하는 본용언도 언제나 형용사이다.

(ㄷ) 시인 보조 형용사(是認補助形容詞) : 어떤 동작이나 상태 혹은 성질이 그러하
다고 인정함을 나타내는 것으로, '(-기는) 하다'가 그 보기에 해당한다. 이
것과 공기하는 본용언은 동사이거나 형용사이다.

(ㄹ) 희망 보조 형용사(希望補助形容詞) : 어떤 동작을 하고 싶음을 나타내는 보조
형용사로, '(-고) 싶다'가 그 보기에 속한다. 이것과 공기하는 본용언은
동사이다.

(ㅁ) 상태 보조 형용사(狀態補助形容詞) : 어떤 상태를 뜻하는 보조 형용사로,
'(-아/-어) 있다', '(-아/-어) 계시다' 등이 그 보기에 해당한다. 이것과
공기하는 본용언은 동사이다.

(ㅂ) 추측 보조 형용사(推測補助形容詞) : 어떤 동작·작용·상태·성질 등에 대하
여 추측함을 나타내는 보조 형용사로, '(-는가, -ㄴ가, -나) 보다', '(-는가,
-나, -ㄹ까) 싶다' 등이 그 보기에 속한다.

규칙 형용사(規則形容詞)는 규칙적으로 활용하는 형용사이다. 즉 이것은 활용할
때에 어간과 어미의 꼴이 일정한 형용사이다. 그런데 불규칙 형용사는 불규칙적
으로 활용하는 형용사이다. 이것은 활용할 때에 어간과 어미의 꼴이 일정하지
않은 형용사이다. 이것에는 어간이 불규칙적으로 활용하는 것, 어미가 불규칙적
으로 활용하는 것, 어간과 어미가 불규칙적으로 활용하는 것 등이 있다.

어간이 불규칙적으로 활용하는 것으로는 'ㅂ' 불규칙 형용사와 'ㅅ' 불규칙 형용
사, '르' 불규칙 형용사 등이 있다. '가깝다, 곱다, 아름답다, 외롭다, 자유롭다,

---

22) 불능 보조 형용사인 '(-지) 못하다'를 부정 보조 형용사로 처리하기도 한다.

……' 등이 'ㅂ' 불규칙 형용사의 보기에 해당하고, '낫다'가 'ㅅ' 불규칙 형용사의 보기에 속한다. '고르다, 너르다, 마르다, 바르다, 빠르다, 이르다(早), ……' 등이 '르' 불규칙 형용사의 보기에 해당한다.

어미가 불규칙적으로 활용하는 형용사로는 '러' 불규칙 형용사가 있다. '푸르다, 누르다' 등이 그 보기에 속한다.

어간과 어미가 불규칙적으로 활용하는 형용사로는 'ㅎ' 불규칙 형용사가 있다. '노랗다, 빨갛다, 파랗다, 하얗다, 뽀얗다 ……' 등이 'ㅎ' 불규칙 형용사의 보기에 해당한다.

형용사는 의미에 따라 감각 형용사(感覺形容詞), 심리 형용사(心理形容詞), 평가 형용사(評價形容詞), 비교 형용사(比較形容詞), 존재 형용사(存在形容詞), 지시 형용사(指示形容詞) 등으로 나뉘기도 한다.

감각 형용사(感覺形容詞)는 감각적인 의미를 나타내는 형용사로, '달다, 맵다, 쓰다, 시다, 짜다, 붉다, 파랗다, 하얗다, 빠르다, 느리다, 가깝다, 밀다, 낮다, 높다, ……' 등이 그 보기에 해당한다. 심리 형용사(心理形容詞)는 심리 상태를 나타내는 형용사로, '기쁘다, 슬프다, 싫다, 좋다, 아프다, 답답하다, 우울하다, 울적하다, 상쾌하다, 홀가분하다, 즐겁다, ……' 등이 그 보기에 속한다.

평가 형용사(評價形容詞)는 말하는 사람의 대상에 대한 평가를 나타내는 형용사로, '근면하다, 사납다, 성실하다, 씩씩하다, 모질다, 아름답다, 어질다, 온순하다, 용감하다, 용렬하다, 우수하다, 착하다, 태만하다, ……' 등이 그 보기에 해당한다.

비교 형용사(比較形容詞)는 둘 이상의 사람이나 사물을 견주어 서로 간의 유사점과 차이점에 대하여 서술하는 형용사로, '같다, 다르다, 낫다, ……' 등이 그 보기에 속한다.

존재 형용사(存在形容詞)는 어떤 사람이나 사물의 존재 유무를 나타내는 형용사로, '있다, 없다' 등이 그 보기에 해당한다.

지시 형용사(指示形容詞)는 어떤 것을 지시함을 나타내는 형용사로, '이러하다,

그러하다, 저러하다, ……' 등이 그 보기에 속한다.

**지정사** 지정사(指定詞)란 '지정' 또는 '판단'의 뜻을 나타내는 품사이다. '이다'와 '아니다'가 지정사에 해당한다. '이다'를 '서술격 조사'로 처리하는 이가 있는데, 이것은 활용을 하고 서술어 기능을 하기 때문에 조사로 처리하는 것은 타당하지 않다. 지정사는 다음과 같은 특징을 지니고 있다.

(ㄱ) '이고, 이니, 인데, 이므로, 이면서' 등과 같이 활용한다.
(ㄴ) 주로 체언이나 명사구에 연결되어 여러 문장 성분으로 기능을 한다. '이다'
는 용언의 부사형 뒤에 연결되기도 한다.

(39) 내가 열심히 일하는 것은 우리 회사를 위해서<u>이다</u>.

(ㄷ) 'X + 이다' 형태 앞에는 'X'의 의미 특성에 따라 관형어나 부사어가 쓰일
수 있다.

**관형사** 관형사(冠形詞)는 주로 체언—명사·대명사·수사—앞에 놓여 그 체언을 수식하는 단어들이다. 이것은 다음과 같은 특징을 지니고 있다.

(ㄱ) 관형사는 어형이 바뀌지 않는다.
(ㄴ) 관형사는 문장에서 관형어만으로 기능을 한다.
(ㄷ) 관형사에는 조사(助詞)나 어미(語尾)가 결합되지 못한다.

관형사와 접두사는 다음에 오는 단어나 어근의 의미를 제한하는 기능을 하는 공통점이 있다. 그러나 다음과 같은 차이점이 있다.

(ㄱ) 관형사와 명사 사이에는 다른 단어가 끼어들 수 있으나, 접두사와 명사 사이에는 어떤 단어도 끼어들 수 없다.

(ㄴ) 관형사는 접두사에 비하여 그 뒤에 오는 명사의 제약을 덜 받는다.

(ㄷ) 관형사와 명사는 별개의 단어이기 때문에 관형사와 명사 사이에는 개방 연접이 오지만, 접두사는 단어가 아니고 바로 다음에 오는 명사 어근에 결합하는 단어 형성소에 지나지 않으므로 접두사와 명사 어근 사이에는 폐쇄 연접이 온다.

관형사는 의미에 따라 성상 관형사(性狀冠形詞)·지시 관형사(指示冠形詞)·수 관형사(數冠形詞)로 세분된다.

성상 관형사는 성질이나 상태의 의미를 나타내는 관형사로, '오랜, 새, 헌, 딴, 순(純), 웬,……' 등이 그 보기에 속한다.

지시 관형사는 어떤 대상을 가리킴을 나타내는 관형사로, '이, 그, 저, 이런, 그런, 저런, 무슨, 각(各), 모(某), ……' 등이 그 보기에 속한다.

수 관형사는 수효를 나타내는 관형사로, '여러, 모든, 갖은, 뭇, 전(全), 일체(一切), 제(諸)……' 등이 그 보기에 해당한다.

**부사** 부사(副詞)는 주로 동사나 형용사 앞에서 그것들을 수식하는 단어들이다. '고이, 너무, 매우, 아주, 잘, 빨리, 많이, 천천히, ……' 등이 부사의 보기에 속한다. 부사는 다음과 같은 특징을 지니고 있다.

(ㄱ) 부사는 어형 변화를 하지 않는다.

(ㄴ) 부사는 문장에서 주로 부사어로 기능을 한다.

부사는 기능에 따라 단어 부사(單語副詞)와 문장 부사(文章副詞)로 나뉘고, 의미에 따라 정도 부사(程度副詞), 성상 부사(性狀副詞), 시간 부사(時間副詞), 지시 부사(指示副詞), 서법 부사(敍法副詞) 등으로 나뉜다.

단어 부사(單語副詞)는 문장에서 단어를 수식하는 부사인데, '성분 부사(成分副詞)'라고 일컫기도 한다. 문장 부사(文章副詞)는 바로 다음에 이어지는 문장을 수식하는 부사이다.

> (40) ㄱ. 동혁이는 <u>매우</u> 용감하다.
> ㄴ. <u>다행히</u> 그는 부상을 당하지 않았다.

앞의 예문 (40ㄱ)에 쓰인 부사 '매우'는 형용사인 '용감하다'만을 수식하므로 단어 부사에 해당하고, (40ㄴ)의 '다행히'는 바로 다음에 이어지는 "그는 부상을 당하지 않았다."라는 문장을 수식하므로 문장 부사에 속한다.

성상 부사(性狀副詞)는 사물의 성질이나 상태를 한정하는 부사이다. '넉넉히, 막연히, 빨리, 성실히, 열심히, 잘, 천천히, 말끔히, 너무, 아장아장, 졸졸' 등이 성상 부사에 해당한다.

정도 부사, 의성 부사, 의태 부사 등도 성상 부사에 속한다. 의성 부사와 의태 부사를 '상징 부사(象徵副詞)'라고 일컫기도 한다.

정도 부사(程度副詞)는 동작·상태·성질 등을 나타내는 단어의 정도를 한정하는 부사이다. '가장, 꽤, 아주, 매우, 몹시, 무척, 대단히, 너무, 좀, 더, 겨우' 등이 그 보기에 해당한다.

시간 부사(時間副詞)는 시간을 나타내는 부사이다. 이것은 시제(時制)[23]나 상(相, aspect)[24]을 표현하는 데 중요한 기능을 한다. '어제, 오늘, 내일, 작년, 금년,

---

23) 시제란 어떤 사건, 행위, 상태 등의 시간적 위치를 언어로써 나타내는 문법 범주이다. 4.6 참조.
24) 상(相, aspect)이란 어떤 동작이나 상태의 시간선상의 분포를 언어로써 나타내는 문법 범주이다. 4.6

내년, 당시, 이미, 벌써, 바야흐로' 등이 시간 부사의 보기에 해당한다. 시간 부사
는 그 기능에 따라 시제 부사(時制副詞)와 상부사(相副詞)로 나뉜다. 시제 부사는
시제를 나타내는 부사이다.

    (41) ㄱ. <u>어제</u> 나는 미국에서 귀국하였어요. (과거)
          ㄴ. <u>내일</u> 나는 너의 집에 가겠다. (미래)

시제 부사의 보기를 들면 다음의 [표 4-1]과 같다.

[표 4-1] 시제 부사

| 부사 갈래 \ 시제 | 절대성 시제 부사 | 상대성 시제 부사 | 절대 상대성 시제 부사 |
|---|---|---|---|
| 과거 | 어제, 접때, 작년 | | 전날, 전달, 전해 |
| 현재 | 지금, 오늘, 올해 | 그때, 당시, 당월, 당년 | 이때, 이제 |
| 미래 | 내일, 명일, 내년 | 이튿날, 이듬달, 이듬해, 다음날 | 장차, 명년, 후년, 후일 |
| 부정시 | | | 언제 |

상부사(相副詞)는 상(相, aspect)을 나타내는 부사이다. 상부사의 보기를 들면
다음의 [표 4-2]와 같다.

---

참조.

[표 4-2] 상(相) 부사

| 부사의 갈래 | | 어례 |
|---|---|---|
| 완료상 | 단순 완료상 | 이미 |
| | 강조 완료상 | 벌써 |
| 진행상 | 단순 진행상 | 바야흐로, 한창 |
| | 미완 진행상 | 아직 |
| 순서상 | 선행상 | 먼저, 미리, 본래, 비로소, 우선, 일찍, 지레, 처음 |
| | 동시상 | 같이, 더불어, 때마침, 마침, 일제히, 함께 |
| | 후행상 | 드디어, 마침내, 이윽고, 필경 |
| 순간상 | | 갑자기, 난데없이, 문득, 별안간, 홀연히, 곧, 즉시, 언뜻, 얼핏 |
| 지속상 | | 길이, 영원히, 오래, 종일, 나날이, 내내, 늘, 항상, 날로, 차차, 차츰, 평생, 여태, 잠시, 잠깐, 한때 |
| 반복상 | | 날마다, 매일, 자주, 다시, 또, 또다시, 도로, 번번이, 흔히, 가끔, 이따금, 더러, 때때로, 드물게 |

지시 부사(指示副詞)는 방향을 지시하는 부사이다. '이리, 그리, 저리' 등이 그 보기에 해당한다.

서법 부사(敍法副詞)는 서법의 의미인 '가능성, 불가능성, 필연성, 개연성, 우연성, 의혹, 단정, 양보, 기원' 등을 나타내는 부사이다. '가령, 아마, 비록, 부디, 결코, 기어이, 마땅히, ……' 등이 그 보기에 속한다. 서법 부사는 의미 특성에 따라 문두(文頭)에 오거나, 주어 바로 다음에 놓이며, 동사와 형용사와의 공기 양상이 다양하다.

**접속사** 접속사(接續詞)는 어구(語句)와 어구를 이어 주거나, 앞 문장을 뒤 문장에 이어 주는 기능을 하는 품사이다. 접속사는 다음과 같은 특징을 지니고 있다.

(ㄱ) 어형 변화를 하지 않는다.

(ㄴ) 단어와 단어, 구(句)와 구, 문장과 문장 등을 접속하여 주는 구실을 한다.

접속사를 부사의 일종으로 처리하는 것은 합당하지 않다. 접속사는 주로 용언을 수식하는 부사와 달리 어구와 어구, 문장과 문장을 접속하여 주는 구실을 한다. 다른 말과 호응할 때 부사는 그 말과 종속적인 관계를 맺는데, 접속사는 대등한 관계를 맺는다.

(42) ㄱ. 너는 사과 <u>혹은</u> 배 중에서 어느 것을 더 좋아하니?
ㄴ. 근검 절약하면서 살아라. <u>그러면</u> 너는 거부가 될 것이다.

앞의 예문 (42ㄱ)에 쓰인 '혹은'과 같이 단어와 단어를 이어 주는 구실을 하는 접속사를 어구 접속사라 하고, (42ㄴ)과 같이 문장과 문장을 접속하여 주는 구실을 하는 접속사를 문장 접속사라고 한다. 어구 접속사로는 '혹은' 외에 '및, 겸' 등이 있으며, 문장 접속사로는 '그러면' 외에 '그리고, 그래서, 그러므로, 그리하여, 따라서, 그런데, 그렇지마는, 하지만' 등이 있다.

**감탄사**  감탄사(感歎詞)는 벅찬 감정이나 부름 혹은 응답 등을 나타내는 단어들이다. '하하, 어머, 아, 네, 여보, ……' 등이 그 보기에 해당한다. 감탄사는 다음과 같은 특징을 지니고 있다.

(ㄱ) 감탄사는 어형 변화를 하지 못한다.
(ㄴ) 감탄사는 다른 문장 성분의 도움을 받지 않고서도 홀로 문장이 될 수 있다.

감탄사는 의미에 따라 감정 감탄사(感情感歎詞), 요구 감탄사(要求感歎詞), 태도 감탄사(意志感歎詞) 등으로 나뉜다.
감정 감탄사(感情感歎詞)는 기쁨·슬픔·놀람·한탄 등의 벅찬 감정을 나타내는 감탄사이다. '아, 허허, 아이구, 어이구머니, 후유, ……' 등이 감정 감탄사이다.
요구 감탄사(要求感歎詞)는 말하는 이가 듣는 이에게 어떤 것을 요구함을 나타내는 감탄사이다. '아서, 아서라, 여보, 여보세요, 자' 등이 요구 감탄사이다.

태도 감탄사(態度感歎詞)는 듣는 이의 말에 대한 화자(話者)의 태도를 나타내는 감탄사이다. '그래, 네, 암, 예, 오냐, 응, 천만에······' 등이 태도 감탄사이다.

## 4.5 활용

**정의** 활용(活用, conjugation)이란 용언이 어미변화를 하는 것이다. 이것은 용언의 어간에 여러 가지 어미(語尾)가 결합하는 현상이다. 구조주의 문법론자들은 한국어의 조사(助詞)를 단어로 인정하지 않고 곡용 어미로 처리하여 한국어에 곡용이 있는 것으로 간주한다. 그런데 한국인 가운데 대부분은 조사를 용언의 어간에 결합되는 어미와 같은 계층의 단어 형성소로 인식하지 않고, 별개의 단어로 인식한다.[25] 따라서 한국어에는 곡용은 없고, 활용만이 있는 것으로 기술하는 것이 더욱 합당하다.

**활용형** 한국어의 활용형(活用形)에는 종결형(終結形), 연결형(連結形), 전성형(轉成形) 등이 있다. 종결형(終結形)은 한 문장을 종결짓는 활용형이다. 이것은 의미에 따라 평서형(平敍形), 의문형(疑問形), 명령형(命令形), 청유형(請誘形), 기원형(祈願形), 감탄형(感歎形), 응낙형(應諾形), 약속형(約束形) 등으로 세분된다(4.3 참조). 용언의 어간에 결합하여 종결형을 형성하는 어미의 보기를 들어 보면 다음의 (43)과 같다.

---

25) 대한민국의 유아(幼兒)들이 말을 할 때에 유심히 관찰하여 보면, 체언과 조사 사이에는 개방 연접이 오는데, 용언의 어간과 어미 사이에는 폐쇄 연접이 옴을 쉽게 식별할 수 있다. 이러한 사실을 통해서도 조사는 곡용 어미가 아니라 단어임을 확연히 알 수 있다.

(43) ㄱ. 평서형 : ‒다, ‒ㄴ다/‒는다, ‒네, ‒소/‒오,[26] ‒아/‒어[27], ‒지,
　　　　　　　 ‒ㅂ니다/‒습니다

　　 ㄴ. 의문형 : ‒(으)냐/‒느냐, ‒(으)ㄴ가/‒는가, ‒(으)ㄹ까, ‒나,
　　　　　　　 ‒소/‒오, ‒아/‒어, ‒지, ‒ㅂ니까/‒습니까

　　 ㄷ. 명령형 : ‒아라/‒어라/‒여라, ‒게, ‒소/‒오, ‒아/‒어, ‒지,
　　　　　　　 ‒ㅂ시오, ‒(으)십시오

　　 ㄹ. 청유형 : ‒자, ‒세, ‒아/‒어, ‒ㅂ시다, ‒(으)십시다

　　 ㅁ. 기원형 : ‒(으)소서

　　 ㅂ. 감탄형 : ‒구나/‒는구나, ‒구먼/‒는구먼, ‒구려/‒는구려, ‒도다

　　 ㅅ. 응낙형 : ‒(으)려무나[28], ‒렴

　　 ㅇ. 약속형 : ‒(으)마, ‒(으)ㄹ게

연결형(連結形)은 단어와 단어, 문장[29]과 문장을 연결하여 주는 활용형이다.
이것도 의미에 따라 대등 연결형(對等連結形)·종속 연결형(從屬連結形)·보조적
연결형 등으로 세분된다. 대등 연결형은 둘 또는 그 이상의 문장들이 서로 대등한
통사적 지위를 가지고 연결됨을 나타내는 활용형이다. 종속 연결형은 선행문이
후행문에 대하여 종속적인 관계로 접속됨을 나타내는 것이다. 보조적 연결형은
본용언의 어간에 결합되어 본용언을 보조 용언에 연결시키는 기능을 하는 것으로
'‒아/‒어, ‒게, ‒지, ‒고' 등이 그러한 기능을 하는 어미이다(4.3 참조). 대등적

---

26) 종결 어미 '‒오'는 문말 연접(文末連接, terminal juncture)에 따라 평서형이나 의문형 혹은 명령형이
　　나 청유형 등이 된다.

27) 종결 어미 '‒아/‒어'는 문말 연접에 따라 평서형이나 의문형 혹은 명령형이나 청유형 등이 된다.

28) '‒(으)려무나'는 청자의 요구를 허락함을 뜻하거나, 완곡하게 명령하거나 요구함을 나타내는 종결
　　어미이다.
　　[보기]
　　(1) 엄마, 혁이와 여행을 다녀와도 돼요? 응, 다려오렴. (허락)
　　(2) 열심히 공부하렴. (완곡한 명령)
　　(3) 나에게 주렴. (완곡한 요구)

29) 변형생성문법에서는 '절(節)'도 하나의 문장으로 간주한다.

연결 어미와 종속적 연결 어미는 선행문과 후행문의 의미론적 관계에 따라 다음의 [그림 4-9], [그림 4-10]과 같이 세분된다.

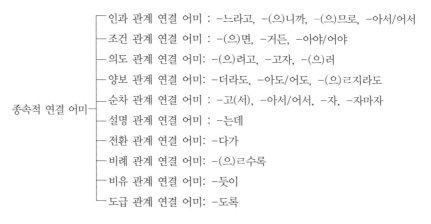

대등적 연결 어미 ┬ 병렬 관계 연결 어미 : -고, -(으)며
             ├ 대립 관계 연결 어미 : -(으)나, -지만, -는데
             └ 선택 관계 연결 어미: -거나, -든지

**[그림 4-9] 대등적 연결 어미**

종속적 연결 어미 ┬ 인과 관계 연결 어미 : -느라고, -(으)니까, -(으)므로, -아서/어서
             ├ 조건 관계 연결 어미 : -(으)면, -거든, -아야/어야
             ├ 의도 관계 연결 어미: -(으)려고, -고자, -(으)러
             ├ 양보 관계 연결 어미: -더라도, -아도/어도, -(으)ㄹ지라도
             ├ 순차 관계 연결 어미 : -고(서), -아서/어서, -자, -자마자
             ├ 설명 관계 연결 어미 : -는데
             ├ 전환 관계 연결 어미: -다가
             ├ 비례 관계 연결 어미: -(으)ㄹ수록
             ├ 비유 관계 연결 어미 : -듯이
             └ 도급 관계 연결 어미: -도록

**[그림 4-10] 종속적 연결 어미**

전성형(轉成形)은 단어나 문장의 성격을 바꾸게 하는 활용형이다. 이것은 그 기능에 따라 명사형과 관형사형으로 양분된다. 용언의 어간에 결합하여 명사형을 형성하는 전성 어미(轉成語尾)로는 '-(으)ㅁ'30)과 '-기'가 있다. 관형사형을 형성하는 전성 어미로는 '-(으)ㄴ, -는, -(으)ㄹ, -던' 등이 있다. 예를 들면 '잡음'과 '잡기'는 동사인 '잡다'의 명사형이고, '잡은, 잡는, 잡을' 등은 '잡다'의 관형사형이다.

---

30) '-(으)ㅁ'은 [+동작성][+상태성]의 의미 자질을 지니고 있으나, '-기'는 [+동작성][-상태성]의 의미 자질을 지니고 있다.

## 4.6 문법 범주

**정의**  문법 범주(文法範疇, grammatical category)란 조사와 활용으로 실현되는 문법 현상이다. 즉 이것은 문법적으로 구분되는 언어 현상을 그 특성에 따라 묶은 것이다. 한국어의 대표적인 문법 범주로는 격(格), 시제(時制), 상(相), 서법(敍法), 태(態, voice), 비교법, 부정법, 경어법 등을 들 수 있다.

**격(格)**  격은 주로 체언이 문장에서 다른 단어와 맺는 통사−의미적 관계를 나타내는 문법 범주이다. 다른 언어에서는 격이 굴절 접사, 전치사, 어순 등에 의하여 실현되는데, 한국어에서는 조사에 의해 실현된다. 격은 기능에 따라 주격(主格), 보격(補格), 목적격(目的格), 관형격(冠形格), 부사격(副詞格), 독립격(獨立格) 등으로 분류된다.

(ㄱ) 주격(主格) : 체언이 주어임을 나타내는 격이다. 격조사(格助詞) '이/가', '께서' 등이 주격을 표시하는 데 쓰인다.

(ㄴ) 보격(補格) : 체언이 보어임을 나타내는 격이다. 격조사인 '이/가'가 보격을 나타내는 데 쓰인다.

(ㄷ) 목적격(目的格) : 체언이 목적어임을 나타내는 격이다. 이것을 '대격(對格)'이라고 일컫기도 한다. 격조사 '을/를'이 목적격을 표시하는 데 쓰인다.

(ㄹ) 관형격(冠形格) : 체언이 관형어임을 나타내는 격이다. 이것을 '속격(屬格)' 혹은 '소유격(所有格)'이라고 일컫기도 한다. 격조사 '의'가 관형격을 표시하는 데 쓰인다.

(ㅁ) 부사격(副詞格) : 체언이 부사어임을 나타내는 격이다. 격조사 '에, 에게, 에서, 과/와, (으)로, (으)로서, (으)로써' 등이 부사격을 나타내는 데 쓰인다.

(ㅂ) 독립격(獨立格) : 체언이 독립어임을 나타내는 격이다. '아/야, 이여, 이시여' 등이 독립격을 표시하는 격조사이다.

또한 격(格)은 그 의미에 따라 행위자격(行爲者格), 경험자격(經驗者格), 대상격(對象格), 목표격(目標格), 원인격(原因格), 결과격(結果格), 구격(具格), 처격(處格), 공동격(共同格) 등으로 분류되기도 한다(이주행, 2004 : 277~281).

**시제(時制)** 시제는 어떤 사건·행위·상태 등의 시간적 위치를 나타내는 언어 형식이다. 즉 이것은 어떤 기준시(基準時)를 중심으로 사건·행위·상태 등의 앞뒤 시간적 위치를 표현하는 문법 범주이다.

시제는 기준시에 따라 여러 가지로 나뉜다. 발화시(發話時)를 기준시로 하는 시제를 절대 시제(絕對時制)라 하고, 사건시(事件時)를 기준시로 하는 시제를 상대 시제(相對時制)라고 한다. 절대 시제는 동일한 발화 상황에서 기준시의 설정이 고정적인 시제이지만, 상대 시제는 동일한 발화 상황에서도 기준시가 유동적인 시제이다. 절대 시제와 상대 시제는 과거 시제(過去時制), 현재 시제(現在時制), 미래 시제(未來時制) 등 세 시제로 나뉜다. 절대 시제의 '과거'는 발화시보다 앞서는 때를 뜻하는데, 상대 시제의 '과거 시제'는 사건시보다 앞서는 때를 뜻한다. 그리고 절대 시제의 '현재 시제'는 발화시와 일치하는 때를 뜻하는데, 상대 시제의 '현재 시제'는 사건시와 일치하는 때를 뜻한다. 절대 시제의 '미래 시제'는 발화시 뒤에 오는 때를 뜻하는데, 상대 시제의 '미래 시제'는 사건시의 뒤에 오는 때를 뜻한다.

한국어의 시제는 용언과 시간 부사에 의하여 실현된다. 과거 시제는 시간 부사(時間副詞)인 '아까, 어제, 그저께, 작년' 등과 선어말 어미(先語末語尾)인 '-았-/-었-/-였-, -더-' 등과 관형사형 전성 어미인 '-(으)ㄴ, -던' 등에 의하여 표현된다.

(44) {아까, 어제, *지금, *내일} 나는 그 작품을 읽었다.

앞의 예문 (44)에서와 같이 과거 시제를 표현하는 문장에는 과거 시제 관련 부사 '아까, 어제' 등과 용언의 어간에 선어말 어미 '-았-/-었-/-였-'이 결합한 형태가 공기(共起)한다.

현재 시제는 현재 시제 관련 시간 부사 '지금, 오늘' 등과 종결 어미 '-ㄴ다/-는다, -ㄴ가/-는가', 관형사형 전성 어미 '-(으)ㄴ/-는' 등으로 표현된다.

(45) ㄱ. {지금, *어제, *내일} 내가 먹는 밥은 매우 맛있다.
　　 ㄴ. {지금, *어제, *내일} 나는 아름다운 경치를 구경하고 있다.
　　 ㄷ. 저 책상 위에 있는 책은 내 것이다.

현재 시제를 나타낼 경우 앞에 제시한 예문 (45ㄱ)에 쓰인 '먹는'과 같이 동사의 어간에는 관형사형 전성 어미 '-는'이 결합하는데, '있다'와 '없다'를 제외한 형용사의 어간에는 (45ㄴ)에 쓰인 '아름다운'과 같이 관형사형 전성 어미 '-(으)ㄴ'이 결합한다.

미래 시제는 미래 시제 관련 시간 부사인 '내일, 모레', 선어말 어미 '-겠-, -리-', 관형사형 전성 어미 '-(으)ㄹ', 우설적(迂說的) 표현인 '-(으)ㄹ 것이다' 등으로 표현된다.

(46) ㄱ. {내일, 모레, *어제} 나는 이 책을 다 읽{-겠다, -으리라, *-는다,
　　　　 *-었다, -을 것이다}.
　　 ㄴ. 내일 나는 방학 중에 읽을 책들을 서점에서 많이 사겠다.

**상(相)**  상(相, aspect)은 어떤 동작이나 상태의 시간선상의 분포를 나타내는 문법 범주이다. 즉 이것은 시간적 흐름 위에 사태가 펼쳐져 있는 모양이나 길이를 뜻하는 시간 양태이다. 어떤 사건·행위·상태 등을 선(線) 위에 나타낼 때에 하나의 점으로 표시되는 것이 시제(時制)라고 한다면, 일정한 길이나 폭으로 표시되는

것이 상(相)이라고 한다. 시제와 상(相)은 별개의 문법 범주인데, 한국어에서는 둘 다 시간 부사와 용언의 활용형에 의하여 실현되는 공통점을 지니고 있기 때문에 시제와 상을 한데 묶어서 '시상(時相)'이라고 일컫는 문법 범주로 처리하기도 한다.

한국어의 상(相)은 실현 방식에 따라 문법상(文法相)과 어휘상(語彙相)으로 구분된다. 문법상은 선어말 어미 '-았-/-었-/-였-'과 같은 문법적 형태소나 '보조적 연결 어미 {-아/-어/-여, -게, -지, -고} + 보조 용언'과 같은 우설적 방식으로 표시되는 상(相)이다. 문법상에는 진행상(進行相), 완료상(完了相), 예정상(豫定相) 등이 있다. 진행상은 동작의 진행을 나타내는 상(相)이다. 이것은 '-고 있다, -고 계시다, -는 중이다, -는 중에 있다, -는 중에 계시다, -아/-어/-여 가다. -아/-어/-여 오다' 등과 같은 우설적 방식이나 관형사형 전성 어미 '-는' 등으로 표시된다.

(47) ㄱ. 지금 영주는 방 청소를 하고 있다.
　　　ㄴ. 지금 보미는 영어 숙제를 하는 중이다.
　　　ㄷ. 새 아침이 막 밝아 오고 있다.

완료상(完了相)은 동작의 완료를 나타내는 상(相)이다. 이것은 선어말어미 '-았-/-었-/-였-'이나 관형사형 전성 어미 '-(으)ㄴ' 혹은 우설적 방식인 '-아/-어/-여 + {있다, 계시다, 내다, 두다, 버리다, 놓다}'와 '-고 나다' 등으로 실현된다.

(48) ㄱ. 유람선이 한강에 떠 있다.
　　　ㄴ. 벌써 철수는 그 책을 다 읽었다.
　　　ㄷ. 숙희는 어려운 일을 해 냈다.

예정상(豫定相)은 동작이 예정되어 있음을 나타내는 상(相)이다. 이것은 관형사형 전성 어미 '-(으)ㄹ'이나 우설적 방식인 '-(으)려고 하다, -고자 하다, -게 되다, -게 하다' 등으로 실현된다.

> (49) ㄱ. 나는 앞으로 더욱 성실히 일하고자 한다.
>
> ㄴ. 철수는 내년에 대학을 졸업하게 되었다.

어휘상(語彙相)은 용언 어간의 의미, 일부 어미(語尾), 시간 부사 등에 의하여 실현되는 상(相)이다. 이것을 '동작류(動作類)'라고 일컫기도 한다. 시제와 문법상은 서로 밀접한 관계를 맺고 있어서 따로 나누기가 어려운데, 어휘상은 용언 어휘 전체를 대상으로 하므로 별개로 설정하는 것이 용이하다. 어휘상에는 순서상(順序相), 순간상(瞬間相), 지속상(持續相), 반복상(反復相) 등이 있다.

순서상(順序相)은 사건들의 순서 관계를 지시하는 상(相)이다. 이것은 어떤 사건의 내적 시간 양상이 선행적이냐 동시적이냐 후행적이냐에 따라 선행상(先行相), 동시상(同時相), 후행상(後行相) 등으로 세분된다. 선행상을 나타내는 시간 부사(時間副詞)로는 '먼저, 미리, 본래, 비로소, 우선, 지레, 처음' 등이 있다. 동시상을 나타내는 시간 부사로는 '같이, 한꺼번에, 함께' 등이 있으며, 후행상을 나타내는 시간 부사로는 '결국, 드디어, 마침내, 이윽고, 필경' 등이 있다.

> (50) ㄱ. 선미는 내가 대학에 입학하여 <u>처음</u> 사귄 친구이다. (선행상)
>
> ㄴ. 현주는 나와 <u>함께</u> 탁구를 쳤다. (동시상)
>
> ㄷ. 용준은 열심히 공부하여 <u>마침내</u> 세계적으로 위대한 학자가 되었다. (후행상)

순간상(瞬間相)은 어떤 사건이 매우 짧은 순간에 이루어짐을 표현하는 상(相)이다. 순간상을 나타내는 시간 부사로는 '갑자기, 문득, 별안간(瞥眼間), 언뜻, 얼뜻, 홀연히' 등이 있다.

(51) ㄱ. <u>문득</u> 미국으로 이민을 간 친구가 생각났다.

ㄴ. <u>갑자기</u> 함박눈이 내렸다.

지속상(持續相)은 일정한 기간 동안 사건 혹은 상태가 계속되는 것을 표현하는 상(相)이다. 이것을 '계속상' 혹은 '기간상'이라고 일컫기도 한다. 지속상을 나타내는 시간 부사로는 '길이, 내내, 늘, 항상, 언제나, 여전히, 영원히' 등이 있다.

(52) ㄱ. 철수는 <u>늘</u> 열심히 독서를 한다.

ㄴ. 착한 사람은 죽더라도 모든 사람들에게 <u>영원히</u> 기억될 것이다.

반복상(反復相)은 사건이 단순하게 또는 주기적으로 되풀이되는 것을 표현하는 상(相)이다. 반복상을 나타내는 시간 부사로는 '거듭, 다시, 더러, 도로, 때때로, 또, 매일, 번번이, 이따금, 자주, 흔히' 등이 있다.

(53) ㄱ. 선미가 <u>다시</u> 반장이 되었다.

ㄴ. 현주는 나에게 준 책을 <u>도로</u> 가져갔다.

**서법(敍法)**  서법(敍法, mood)은 듣는 사람이나 사건에 대한, 말하는 사람의 태도를 활용 형태로 표현하는 문법 범주이다. 서법은 선어말 어미(先語末語尾)와 종결 어미(終結語尾) 중에서 어느 것으로 표현되느냐에 따라서 여러 가지로 나뉜다.

서법 중에서 선어말 어미로 표현되는 것으로는 직설법(直說法), 추측법(推測法), 회상법(回想法), 확인법(確認法) 등이 있다. 직설법은 발화시(發話時)를 기준으로 어떤 사실을 직접적으로 서술하는 서법이다. 이것은 말하는 사람이 발화(發話) 시점에서 어떤 사태를 단순히 파악하여 말할 때 쓰인다. 직설법에는 선어말 어미 'ø'가 쓰인다.

(54) ㄱ. 지구는 태양의 주위를 돈다.

　　　ㄴ. 해는 동쪽에서 돋아 서쪽으로 진다.


추측법은 '추측, 의지, 가능성' 등을 나타내는 서법이다. 이것은 선어말 어미인 '-겠-, -리-' 혹은 우설적 방식인 '-ㄹ 것이다' 등으로 실현된다.


(55) ㄱ. 철수는 지금쯤 광천에 도착했겠다.　　　　　(추측)

　　　ㄴ. 다음 학기에 저는 반드시 장학생이 되겠습니다.　　(의지)

　　　ㄷ. 너는 그 동안 열심히 공부하였으니 장학생이 될 수 있을 것이다.

　　　　　　　　　　　　　　　　　　　　　　　　(가능성)


선어말 어미인 '-겠-'과 '-리-'가 형용사나 지정사인 '이다'에 결합된 경우에는 '의지'나 '가능성'의 의미를 나타내지 못하고, '추측'의 의미만을 나타낸다. 그리고 선어말 어미인 '-겠-'이 '-더-'와 결합하여 쓰일 때에는 '결과 짐작'을 나타낸다.


(56) ㄱ. 요즈음 설악산의 경치는 매우 아름답겠다.　　　(추측)

　　　ㄴ. 철수는 착한 일만 한다니 선인 중 선인이겠다.　　(추측)

　　　ㄷ. 숙희가 내 충고를 들으려 하지 않기 때문에 아무 말도 하지 못하겠더라.

　　　　　　　　　　　　　　　　　　　　　　　(결과 짐작)


회상법(回想法)은 과거 사실에 대한 회상을 나타내는 서법이다. 이것은 선어말 어미인 '-더-'로 표현된다. '-더-'는 심리 형용사의 어간에 결합되어 서술어로 기능을 할 경우에는 1인칭 주어(一人稱主語)와만 공기하고, 이인칭 주어(二人稱主語)나 삼인칭 주어(三人稱主語)와는 공기하지 못한다. 또한 '-더-'는 경어법 표지인 '-ㅂ-' 뒤에서 '-디-'로 바뀌기도 한다.

(57) ㄱ. 철수가 노래를 가장 잘 부르더라.

　　ㄴ. {나, *너, *그}는 열심히 공부하여 장학생이 되니 매우 기쁘더라.

　　ㄷ. 철수가 영희와 함께 도서관에 갑디다.

확인법(確認法)은 어떤 사실에 대한 확인을 나타내는 서법이다. 이것은 선어말 어미인 '-것-, -렷-' 등으로 표현된다.

(58) ㄱ. 네가 진정 그런 말을 했것다.

　　ㄴ. 정녕 거짓말이 아니렷다.

종결 어미(終結語尾)로 실현되는 서법으로 평서법(平敍法), 의문법(疑問法), 명령법(命令法), 청유법(請誘法), 기원법(祈願法), 감탄법(感歎法), 응낙법(應諾法), 약속법(約束法) 등이 있다.

평서법(平敍法)은 평범하게 진술함을 뜻하는 서법이다. 이것은 평서형 종결 어미인 '-다, -ㄴ다/-는다, -네, -아/-어, -소/-오, -ㅂ니다/-습니다' 등으로 실현된다.

(59) ㄱ. 모든 인간은 생각할 줄 안다.

　　ㄴ. 꽃은 아름답다.

의문법(疑問法)은 화자(話者)가 청자(聽者)에게 어떤 대상이나 사건에 대한 물음을 나타내는 서법이다. 이것은 의문형 종결 어미인 '-냐/-느냐, -니, -(으)ㄴ가/-는가, -나, -아/-어, -소/-오, -ㅂ니까/-습니까' 등으로 실현된다.

(60) ㄱ. 동혁아, 무슨 책을 읽고 있니?

　　ㄴ. 언제 고향에 다녀오셨습니까?

명령법(命令法)은 말하는 사람이 듣는 이에게 자기의 의도대로 행동해 줄 것을 요구함을 나타내는 서법이다. 이것은 동사의 어간에 명령형 종결 어미인 '-아라/-어라/-여라, -게, -아/-어, -소/-오' 등이 결합하여 실현된다. 종결 어미 '-아/-어'에 보조사 '요'를 붙이거나, 선어말 어미 '-(으)시-, -(으)십시-'와 종결 어미 '-오'를 결합해서 높임을 나타내기도 한다.

> (61) ㄱ. 영준아, 책을 많이 읽어라.
>     ㄴ. 늦었으니 집으로 빨리 돌아가게.
>     ㄷ. 늙은 후에 행복하게 살려면 젊었을 적에 열심히 일하오.
>     ㄹ. 경험을 많이 쌓-{-아요, -으세요, -으시오, -으십시오}.

청유법(請誘法)은 말하는 이가 듣는 이에게 함께 행동할 것을 요구하거나 제안함을 뜻하는 서법이다. 이것은 동사의 어간에 청유형 종결 어미인 '-자, -(으)세, -아/-어' 등이 붙어서 표현된다. 종결 어미 '-아/-어'에 보조사 '요'를 결합하거나, 종결 어미 '-다'에 선어말 어미인 '-(으)ㅂ시-, -(으)십시-'가 결합되어 높임을 나타내기도 한다. 청유법을 명령법에 포함하기도 한다.

> (62) ㄱ. 동혁아, 나와 함께 여행을 떠나자.
>     ㄴ. 저 강을 같이 건너세.
>     ㄷ. 여행을 함께 떠나요.
>     ㄹ. 짐이 무거우니 같이 듭시다.

기원법(祈願法)은 말하는 이가 듣는 이에게 자기가 바라는 일이 이루어지도록 하여 달라고 빎을 뜻하는 서법이다. 이것은 종결 어미 '-(으)소서'로 실현된다. 상대방을 아주 높일 경우에는 종결 어미 '-(으)소서'에 선어말 어미인 '-시-'와 '-옵-'을 결합하여 '-시옵소서'로 표현한다. 기원법을 청유법과 함께 명령법에 포함하기도 한다.

> (63) ㄱ. 부디 건강하소서.
>
> ㄴ. 행복하게 사시옵소서.

감탄법(感歎法)은 말하는 이의 벅찬 감정을 나타내는 서법이다. 이것은 감탄형 종결 어미인 '-구나/-는구나, -구먼/-는구먼, -도다' 등으로 실현된다. '-구나'는 형용사의 어간에 통합되는데, '-는구나'는 동사의 어간에 통합된다. 감탄법을 평서법의 일종으로 간주하기도 한다.

> (64) ㄱ. 하늘이 매우 푸르구나!
>
> ㄴ. 선미는 정말로 매우 빨리 뛰는구먼!
>
> ㄷ. 물이 무척 맑도다!

응낙법(應諾法)은 말하는 이가 듣는 이의 요구를 허락함을 나타내는 서법이다. 이것을 '허락법(許諾法)'이라고 일컫기도 한다. 응낙법은 응낙형 종결 어미인 '-(으)려무나' 또는 '-(으)렴'으로 실현된다. 이것을 명령법의 일종으로 처리하기도 한다.

> (65) ㄱ. 혁아, 이 책을 가지려무나.
>
> ㄴ. 선미야, 고향에 다녀오렴.

약속법(約束法)은 말하는 이가 앞으로 할 일에 대하여 듣는 이와 언약하여 정함을 뜻하는 서법이다. 이것은 종결 어미인 '-(으)마, -(으)ㅁ세' 등으로 실현된다. 약속법을 평서법의 일종으로 간주하기도 한다.

(66) ㄱ. 내가 너의 일을 도와주마.

ㄴ. 내일 아침에 자네 집에 꼭 감세.

**피동(被動)** 피동은 어떤 주체가 동작 또는 상태의 변화를 입음을 표현하는 태(態, voice)의 일종이다. 이것은 주체의 동작이나 상태의 변화가 다른 행위자에 의하여 이루어짐을 나타내는 문법 법주이다. 피동(被動)을 '수동(受動)' 혹은 '입음'이라고 일컫기도 한다. 피동문은 피동주(被動主)나 목적 대상이 주어의 자리에 오고, 행동주가 부사격 조사 '에게, 한테, 에' 등과 결합하여 부사어가 되며, 능동사의 어간에 피동접미사인 '-이-, -히-, -리-, -기-' 등이 결합하여 피동사화하거나 피동 보조동사인 '(-아/-어/-여) 지다'가 본용언에 연결되어 형성된다.

(67) ㄱ. 어제 그 범인이 경찰관에게 **잡혔다**.

ㄴ. 햇볕에 의하여 얼음이 **녹아진다**.

**사동(使動)** 사동(使動)은 사동자(使動者)가 피사동자(被使動者)로 하여금 어떤 행위를 하게 하는 태(態, voice)의 일종이다. 즉 이것은 사동자가 피사동자로 하여금 어떤 일을 시킴을 표현하는 문법 범주이다. 사동이 성립하려면, 서술 동사는 반드시 [+사역성]의 의미 자질을 지녀야 하고, 사동자와 피사동자는 다음의 [표 4-3]과 같은 의미 자질을 지녀야 한다.

[표 4-3] 사동자와 피사동자의 의미 자질

| 의미 자질<br>사·피동자 | 인간 | 유정성 | 의도성 | 사역성 | 수행자 |
|---|---|---|---|---|---|
| 사동자 | ± | + | ± | + | ± |
| 피사동자 | ± | + | − | − | + |

사동은 분류 준거에 따라 다양하게 분류된다. 그것은 형성 방법에 따라 접미사적 사동(接尾辭的 使動, suffixal causative)과 우설적 사동(迂說的 使動, periphrastic causative)으로 양분된다. 전자를 파생적 사동(派生的 使動) 또는 어휘적 사동(語彙的 使動, lexical causative) 혹은 형태론적 사동(形態論的 使動, morphological causative)이라고 일컫기도 하며, 후자는 통사적 사동(統辭的 使動) 또는 절적 사동(節的 使動, clausal causative) 혹은 분석적 사동(分析的 使動, analytic causative)이라고 하기도 한다. 또한 사동문의 길이에 따라 사동은 단형 사동(短形使動, short causative)과 장형 사동(長形使動, long causative)으로 나뉘기도 한다. 접미사적 사동이 단형 사동에 해당하고, 우설적 사동이 장형 사동에 해당한다. 접미사적 사동은 서술 동사(敍述動詞)의 어근에 사역 접미사 {이}[31]가 결합하여 형성되는 사동이다. 그런데 우설적 사동은 본용언에 사동 보조동사인 '(-게) 하다'가 결합하여 형성되는 것이다.

    (68) ㄱ. 나는 철수에게 중책을 **맡기었다**.
          ㄴ. 나는 철수에게 중책을 **맡게 하였다**.

앞의 예문 (68ㄱ)은 서술 동사 '맡다'의 어근 '맡-'에 사역 접미사 '-기-'가 결합하여 사동사가 됨으로써 사동을 표현하는 문장이 되었다. (68ㄱ)과 같은 사동이 접미사적 사동의 보기에 속한다. 예문 (68ㄴ)은 본동사인 '맡다'의 어간 '맡-'에 '-게 하다'가 결합하여 사동문이 된 것이다. (68ㄴ)과 같은 것이 우설적 사동의 보기에 해당한다.

**경어법(敬語法)** 경어법은 어떤 대상을 언어로써 존대하거나 평대하거나 하대하는

---

31) 사역 접미사 {이}의 변이 형태로는 '-히-, -리-, -기-, -우-, -구-, -추-, -이우-' 등이 있다.

문법 범주이다. 즉 이것은 사람과 사람 사이의 종적인 신분 관계와 횡적인 친소(親疏) 관계를 언어로써 표현하는 법이다. 경어법을 '높임법, 대우법(待遇法), 존비법(尊卑法)', '존대법(尊待法)' 등으로 일컫기도 한다. 대우는 화자(話者), 청자(聽者), 제삼자(第三者) 간의 상호 관계에서 성립한다. 한국어의 경어법은 대우하는 대상이 누구 혹은 무엇이냐에 따라 주체 경어법(主體敬語法), 청자 경어법(聽者敬語法), 객체 경어법(客體敬語法) 등으로 나뉜다.[32]

주체 경어법(主體敬語法)은 화자(話者)가 문장의 주체를 언어로써 높이거나 낮추어 표현하는 경어법이다. 주체를 존대할 경우에는 주격 조사 '께서'나 '께옵서'를 사용하며, 주어와 호응하는 서술 용언의 어간에 주체 존대 선어말 어미 '-시-'를 결합하여 표현하지만, 주체를 낮추어 표현할 적에는 선어말 어미 '-시-'를 주체와 호응하는 용언의 어간에 결합하지 않고 표현한다.

(69) ㄱ. 철수가 도서관에 **간다**. (주체의 비존대)
ㄴ. 어머님께서 시장에 **가신다**. (주체의 존대)

주체가 존대하는 사람의 소유물일 때에도 주체와 호응하는 용언에 선어말 어미인 '-시-'를 결합하여 표현함으로써 간접적으로 존대하는 사람을 존대하여 말한다.

(70) ㄱ. 할아버지는 안경이 멋지시다.
ㄴ. 선생님은 키가 크시다.

---

32) 한국어 경어법의 체계는 학자에 따라 의견이 분분하다. 최현배(1937)에서는 '월의 임자를 높임'과 '말듣는 이를 높임' 등 이분 체계로 간주하고 있다. 그런데 허웅(1954)에서는 '상대 존대, 주체 존대, 객체 존대' 등 3분 체계로 처리하고 있으며, 이숭녕(1964)에서도 '존경법, 겸양법, 공손법' 등 3분 체제로 보고 있다. 이익섭 (1974)에서도 '주체 경어법, 객체 경어법, 상대 경어법' 등 3분 체계로 간주하고 있고, 성기철(1985)에서도 '주체 대우(主體待遇), 청자 대우(聽者待遇), 객체 대우(客體待遇)' 등 3분 체계로 간주하고 있다. 이정복(1993)에서는 '청자 경어법'과 '비청자 경어법'으로 양분하고, 전자는 기본적인 경어법으로 '2인칭 청자 높임'인데, 후자는 부차적인 경어법으로 '3인칭 인물 높임'이라 하고 있다.

화자가 존대하여야 할 주체라고 하더라도 청자가 주체보다 윗사람인 경우에는 주체를 하대하여 표현한다. 이러한 것을 압존법(壓尊法)이라고 한다.

(71) 사장님, 김 과장이 외출 중입니다[33].

청자 경어법(聽者敬語法)은 화자가 청자를 언어로써 존대하거나 평대하거나 하대하여 표현하는 경어법이다. 이것을 '청자 대우법, 상대 높임법, 상대 경어법, 상대 존대법, 공손법' 등으로 일컫기도 한다. 청자 경어법의 화계(話階, speech level)는 지역, 연령, 세대, 사회 계층 등에 따라 다르다. 연령에 따라 서울말의 화계는 중년층 이상의 사람들 중 상당수가 사용하는 구형 체계(舊形體系)와 중년층 이하의 사람들 중에서 상당수가 사용하는 신형 체계(新形體系)로 양분된다. 구형 체계는 하십시오체, 하시오체, 하오체, 하시게체, 하게체, 해라체 등으로 나뉜다. 하십시오체는 청자를 가장 존대하여 표현하는 것이다. '하시오체'는 청자를 '하십시오체'보다 덜 높여 대우하는 것인데 '하오체'보다 더 높여 대우하는 것이다. '하오체'는 청자를 약간 존대하거나 평대하는 것이다. '하시게체'는 청자를 '하오체'보다 낮게 대우하는 것인데, '하게체'보다 높여 대우하거나 평대하는 것이다. '하게체'는 청자를 약간 낮추어 대우하거나 평대하는 것이다. '해라체'는 청자를 가장 낮추어 대우하는 것이다.

(72) ㄱ. 잘 잡으십시오. (하십시오체)
　　　ㄴ. 잘 잡으시오. (하시오체)
　　　ㄷ. 잘 잡으오. (하오체)

---

33) 국립한국어원에서 발간한 "표준 언어 예절"(2011 : 158 ~159)에서는 직장에서 화자의 윗사람을 문장의 주체로 삼아 그보다 윗사람에게 말할 경우 다음의 예문 (1)과 같이 주체를 높여 말하는 것이 언어 예절에 맞다고 한다.
　(1) 국장님, 총무과장님이 이 일을 하셨습니다.

ㄹ. 잘 잡으시게. (하시게체)

ㅁ. 잘 잡게. (하게체)

ㅂ. 잘 잡아라. (해라체)

신형 체계는 '하세요체', '해요체', '해체'로 세분된다. '하세요체'는 화자가 청자를 아주 높여 대우하는 것이다. '해요체'는 '하세요체'보다 청자를 덜 높여 대우하는 것이다. '해체'는 청자를 평대하거나 하대하는 것이다.

(73) ㄱ. 잘 잡으세요. (하세요체)

ㄴ. 잘 잡아요. (해요체)

ㄷ. 잡 잡아. (해체)

날이 갈수록 청자 경어법의 화계가 변화하고 있다. 오늘날 장노년이나 청소년들 중에는 대상과 상황에 따라 구형 체계와 신형 체계를 혼용하는 이가 증가하고 있다.

객체 경어법(客體敬語法)은 화자가 객체를 언어로써 높이거나 낮추어 표현하는 경어법이다. 객체를 존대할 경우에는 조사 '에게' 대신에 '께'를 사용하고, 객체를 존대하는 '드리다, 여쭙다, 뵙다, 모시다' 등의 동사를 사용한다.

(74) ㄱ. 이 선물을 동생에게 주어라. (객체 비존대)

ㄴ. 이 선물을 선생님께 드려라. (객체 존대)

앞의 예문 (74ㄱ)은 화자가 객체인 '동생'을 낮추어 대우한 것인데, (74ㄴ)은 화자가 객체인 '선생님'을 높여서 대우한 것이다.

**부정법(否定法)** 부정법은 부정소(否定素)인 '아니', '못', '말다' 등으로써 어떤 사실

이나 가치를 부정함을 나타내는 문법 범주이다. 부정법은 부정문의 길이에 따라
'단형 부정법(短形否定法)'[34]과 '장형 부정법(長形否定法)'[35]으로 나뉘고, 사용되는
부정소에 따라 '안' 부정법, '못' 부정법, '말다' 부정법 등으로 나뉜다. '단형 부정
법'은 부정소인 '아니'나 '못'이 서술어 바로 앞에 놓여 문장을 부정하는 것이다.
'장형 부정법'은 부정소인 '아니', '못', '말다' 등이 본용언의 어간에 어미 '-지'가
결합된 형태 뒤에 놓여 문장을 부정하는 것이다.

'안' 부정법은 부정소 '아니'로 부정하는 것이다. 즉 이것은 사실을 '안(아니),
아니다, 아니하다' 등으로 부정하는 것이다. '못' 부정법은 부정소 '못'으로 부정하
는 것이다. 즉 이것은 가치를 '못, 못하다' 등으로 부정하는 것이다. '말다' 부정법
은 부정소인 '말다'로 부정하는 것이다. 이것은 명령문이나 청유문에 실현되지만
평서문과 의문문에는 실현되지 못한다.

(75) ㄱ. 나는 안 괴롭다.
　　 ㄴ. 나는 괴롭지 않다.
(76) ㄱ. 철수는 여자가 아니다.
　　 ㄴ. 나무는 동물이 아니다.
(77) ㄱ. 나는 쇠고기를 못 먹는다.
　　 ㄴ. 나는 쇠고기를 먹지 못한다.
(78) ㄱ. 교실 안에서 떠들지 {말아라, 마라}.
　　 ㄴ. 분열하지 말자.

위의 예문 (75)와 (76)은 '안' 부정법의 보기에 속하고, 예문 (77)은 '못' 부정법
의 보기에 해당하고, 예문 (78)은 '말다' 부정법의 보기에 속한다.

부정소인 '안', '못', '말다' 등은 동사나 형용사와 공기할 때에 제약을 받아 그

---

34) '단형 부정법'을 '짧은 부정법'이라고 일컫기도 한다.
35) '장형 부정법'을 '긴 부정법'이라고 일컫기도 한다.

분포 양상이 다양하다. 이것은 동사나 형용사와 부정소인 '안', '못', '말다' 등의
사이에 존재하는 선택 제약에서 기인한다. '단형 부정법'은 '장형 부정법'보다 더욱
강한 부정의 의미를 나타내고, 실현상에 '장형 부정법'보다 더 많은 제약을 받는다.

(79) ㄱ. *철수는 안 인색하다.
　　 ㄴ. 철수는 인색하지 않다.
(80) ㄱ. *철수는 다쳐서 못 일한다.
　　 ㄴ. 철수는 다쳐서 일하지 못한다.
(81) ㄱ. 밥을 빨리 먹지 말아라/마라.
　　 ㄴ. *철수는 여행을 가지 말았다.

**문장의 확대**　문장의 확대(擴大)란 단문(單文)[36]이 복문(複文)으로 바뀌는 것이다.
문장을 확대하는 방식에는 내포(內包)와 접속(接續)이 있다.

　내포(內包)는 어떤 문장이 다른 문장의 한 성분으로 포함되는 현상이다. 다른
문장의 한 성분으로 안기어 있는 문장을 '내포문(內包文)'[37]이라고 일컫는다.

(82) ㄱ. 나는 <u>철수가 성공하기</u>를 진심으로 바란다.
　　 ㄴ. 나는 <u>마음씨가 착한</u> 사람을 좋아한다.
　　 ㄷ. 저 강물은 <u>소리도 없이</u> 흐른다.

　앞의 예문 (82ㄱ)에서는 '철수가 성공하기'가 내포문에 해당하는데, 이것은 목적
어로 기능을 한다. (82ㄴ)에서는 '마음씨가 착한'이 내포문인데, 이것은 관형어로
기능을 한다. (82ㄷ)에서는 '소리도 없이'가 내포문인데, 이것은 부사어로 기능을
한다. (82ㄱ)은 "나는 진심으로 바란다."라는 문장에 내포문인 '철수가 성공하기'가
안기어 문장이 확대된 것이고, (82ㄴ)은 "나는 사람을 좋아한다."라는 문장에 내포

---

36) 학교 문법에서는 '단문(單文)'을 '홑문장'이라 일컫고, '복문(複文)'을 '겹문장'이라고 한다.
37) 전통문법론자들은 '내포문'을 '절(節)'이라고 일컫는다.

문인 '마음씨가 착한'이 내포되어 문장이 확대된 것이다. (82ㄷ)은 "저 강물은 흐른 다."라는 문장에 내포문인 '소리도 없이'가 안기어 문장이 확대된 것이다.

접속(接續)은 둘 또는 그 이상의 문장이 대등적 혹은 종속적으로 연결되어 더욱 큰 문장이 되는 것이다. 접속은 연결되는 문장 간의 접속 관계에 따라 대등 접속(對等接續)과 종속 접속(從屬接續)으로 구분된다. 대등 접속은 둘 또는 그 이상의 문장 들이 서로 대등한 통사적 지위를 가지고 접속되는 것이다. 이것을 '등위 접속(等位 接續)'이라고 일컫기도 한다. 대등 접속은 선행문(先行文)과 후행문(後行文)의 의미 론적 관계에 따라 병렬 관계 접속(竝列關係接續), 대립 관계 접속(對立關係接續), 선택 관계 접속(選擇關係接續) 등으로 세분된다(4.3. 참조).

병렬 관계 접속은 연결 어미 '−고, −(으)며' 등으로 선행문과 후행문이 이어지 는 것이다.

> (83) ㄱ. 너는 인자(仁者)이고, 그는 용자(勇者)이다.
> ㄴ. 현주는 대학원생이며, 선미는 대학생이다.

대립 관계 접속은 선행문과 후행문의 명제가 서로 대립되고, 연결 어미인 '−(으) 나, −지만, −(으)ㄴ데/−는데' 등으로 접속되는 것이다.

> (84) ㄱ. 인생은 짧−{−으나, −지만, −은데}, 예술은 길다.
> ㄴ. 선주는 밥을 먹−{−으나, −지만, −는데}, 연주는 국수를 먹는다.

선택 관계 접속은 선행문과 후행문의 두 명제 중에서 하나를 사실 명제로 선택 함을 뜻하고, 선행문과 후행문이 연결 어미인 '−거나, −든지' 등으로 이어지는 것이다.

> (85) ㄱ. 내일 나는 수영을 하러 가거나, 등산을 갈 것이다.
> ㄴ. 내일 나는 독서를 하든지, 음악을 감상하든지 할 것이다.

　　종속 접속은 선행문이 후행문에 대하여 종속적인 관계로 이어지는 것이다. 이것은 선행문과 후행문 간의 의미 관계에 따라 인과 관계(因果關係), 조건 관계(條件關係), 의도 관계(意圖關係), 양보 관계(讓步關係), 순차 관계(順次關係), 설명 관계(說明關係), 전환 관계(轉換關係), 비례관계(比例關係), 비유 관계(比輸關係), 도급 관계(到及關係) 등으로 세분된다(4.5 참조).

　　인과 관계 접속(因果關係接續)은 선행문과 후행문이 '원인-결과'나 '이유-결과'의 관계를 맺어 접속되는 것이다. 인과 관계를 나타내는 연결 어미로는 '-느라고, -(으)니까, -(으)므로, -아서/-어서/-여서' 등이 있다.

> (86) ㄱ. <u>나는 옆 친구와 잡담을 하느라고</u> 선생님의 말씀을 못 들었다.
> 　　　ㄴ. <u>네가 아이들을 미워하니까</u> 아이들도 너를 미워한다.
> 　　　ㄷ. <u>인생은 유한하므로</u> 우리는 성실히 살아야 한다.
> 　　　ㄹ. <u>그는 너무 많이 먹어서</u> 배탈이 났다.

　　조건 관계 접속(條件關係接續)은 선행문과 후행문이 '조건-결과'의 관계를 맺고, 연결 어미인 '-(으)면, -거든, -아야/-어야/-여야' 등으로 이어지는 것이다. '-(으)면'은 가정된 조건을 뜻하고, '-거든'은 사실로서 예정되어 있는 조건을 나타내며, '-아야-/-어야/-여야'는 필수 조건을 뜻한다.

> (87) ㄱ. 봄이 오면, 진달래꽃이 핀다.
> 　　　ㄴ. 철수야, 고향에 가거든, 동네 어른들을 반드시 찾아뵈어라.
> 　　　ㄷ. 너는 매일 예습과 복습을 하여야 장학생이 될 수 있다.

　　의도 관계 접속(意圖關係接續)은 선행문에서 주체의 의도를 제시하고, 그 의도에 따른 수행을 후행문으로 나타내는 관계로, 선행문과 후행문이 연결 어미 '-(으)려고, -고자' 등으로 이어지는 것이다.

(88) ㄱ. 영준이는 책을 사려고 서점으로 갔다.

　　ㄴ. 철수는 견문을 넓히고자 외국 여행을 갔다.

　　ㄷ. 숙희는 공부하러 도서관에 갔다.

양보 관계 접속(讓步關係接續)은 선행문이 후행문에 대하여 양보의 의미를 나타
내며, 선행문과 후행문이 연결 어미인 '－더라도, －아도/－어도/－여도, －(으)ㄹ
지라도' 등으로 이어지는 것이다.

(89) ㄱ. 네가 나를 사랑하지 않더라도 나는 너를 사랑할 것이다.

　　ㄴ. 네가 아무리 졸라도 그는 허락하지 않을 것이다.

　　ㄷ. 비가 많이 내릴지라도 나는 떠나겠다.

순차 관계 접속(順次關係接續)은 앞뒤 행위가 시간적 순서로 이루어짐을 나타내
거나, 상태의 선후(先後)를 나타내는 관계로 선행문과 후행문이 연결 어미인 '－고
(서), －아서/－어서/－여서, －자, －자마자' 등으로 이어지는 것이다.

(90) ㄱ. 나는 일을 하고서 좀 쉬었다.

　　ㄴ. 철수는 연필을 깎아서 글을 썼다.

　　ㄷ. 그는 수영장에 가자마자 수영을 했다.

　　ㄹ. 까마귀가 날자 배가 떨어진다.

설명 관계 접속(說明關係接續)은 선행문에서 후행문의 사건이 일어나는 배경을
제시하면서 선행문과 후행문이 연결 어미인 '－(으)ㄴ데/－는데'로 이어지는 것이다.

(91) ㄱ. 오늘 날씨가 좋은데 등산을 함께 가자.

　　ㄴ. 어제 친구와 등산을 갔는데 기분이 매우 좋았다.

전환 관계 접속(轉換關係接續)은 선행문의 행위가 진행 중이거나 상태가 지속 중에 후행문에서 다른 행위나 상태로 바뀜을 나타내면서 선행문과 후행문이 연결 어미인 '-다가'로 이어지는 것이다.

    (92) ㄱ. 비가 오다가 눈이 온다.
         ㄴ. 철수는 처음에 용감히 행동하다가 나중에 비굴해졌다.

비례 관계 접속(比例關係接續)은 먼저 주어진 선행문의 명제에 대하여 후행문의 명제가 증가나 감소로 나타나면서 선행문과 후행문이 연결 어미인 '-(으)ㄹ수록'으로 이어지는 것이다.

    (93) ㄱ. 마음씨가 착한 사람일수록 말이 많다.
         ㄴ. 강물이 깊을수록 강물은 천천히 흐른다.
         ㄷ. 그는 착하게 대할수록 더욱 악하게 행동한다.

비유 관계 접속(比喻關係接續)은 선행문이 후행문의 내용을 비유함을 나타내면서 선행문과 후행문이 연결 어미인 '-듯이'로 이어지는 것이다.

    (94) ㄱ. 바람이 옷깃을 스쳐가듯이 그는 내 곁을 떠나갔다.
         ㄴ. 구름 사이로 달이 가듯이 그는 갔다.

도급 관계 접속(到及關係接續)은 후행문의 동작이나 상태의 미침을 선행문으로 나타내면서 선행문과 후행문이 연결 어미인 '-도록'으로 이어지는 것이다.

    (95) ㄱ. 용준이 대학에 입학할 수 있도록 영주는 그를 도와주었다.
         ㄴ. 밤이 다 가도록 그들은 대화를 나누었다.

# 제5장
# 한국어 의미론

## 5.1 의미와 의미론

### 5.1.1 언어와 의미

언어는 일정한 순서로 배열된 음성에 의미가 결합되어 의사소통 수단으로 이용되는 사회 관습적인 체계이다. 음성에 의미가 결합되어 있지 않다면 그저 물리적인 소리에 지나지 않으며, 언어라고 하지는 않는다.

따라서 음성을 대상으로 연구하는 음성학, 음성이 일정한 순서로 배열되어 이루어지는 단어에서 문장까지를 연구 대상으로 하는 문법론, 의미를 연구 대상으로 하는 의미론이 언어학의 주요한 분야가 된다.

의미론은 언어의 '의미'를 연구하는 학문이라고 할 수 있다. 즉, 의미론은 언어 표현의 의미, 그리고 언어 표현 사이의 의미 관계 등에 관한 연구이다. 언어 표현이란 의미의 표징(表徵)이 아니고 자의적인(약속된) 의미 기호이다. 그러므로 의미론은 이들 의미 기호를 해석하고 연구하는 한 분야인 것이다. 그러면 '의미'란 무엇인가?

## 5.1.2 의미의 의미

어떤 사람이 한 언어를 안다면 그 말을 할 수 있고, 또 알아들을 수 있다. 이는 한 언어를 아는 사람이라면 그 언어로 의미 있는 소리를 낼 수 있고 남이 내는 소리의 의미를 이해할 수 있다는 말이다. 말을 배운다는 것은 소리가 나타내는 의미를 배우는 것이고, 이 의미 단위를 더 큰 의미 단위로 확장시키는 방법을 배우는 것이다. 이 소리 또는 소리의 연속체가 지닌 의미는 사회적으로 약속된 것이므로 개인이 임의로 바꿀 수 없다. 만일, 개인이 그 의미를 바꾼다면 언어는 의사소통의 기능을 잃고 말 것이다. 그러므로 '의미'에 관한 연구가 언어학에서는 중요한 관심사가 된다. 의미를 연구하기 위해서는 '의미'의 의미를 구명하는 일이 필요하다. 수천 년 전부터 철학자들은 '의미'의 의미를 연구해 왔다. 그런데도 울만(Ullmann, 1967 : 54)의 말처럼 '의미'란 언어 연구에서 가장 다의적이고 가장 논쟁이 많은 용어 가운데 하나라고 하겠다.

오그던과 리처즈(Ogden, C.K. & Richards, I.A., 1923 : 186~189)는 '의미(meaning)'에 대한 정의가 학자들마다 다르다는 것을 지적하였고, 한국어에서도 '의미'는 '의미, 내용, 의의, 뜻, 개념, 정의, 가치' 등으로 쓰이고 있다.

지금까지 언어학자들이나 철학자들이 '의미'를 설명하기 위하여 시도한 방법은 대체로 세 가지로 나누어 볼 수 있다.

첫째, 단어 의미의 본질을 규정하는 방법, 둘째, 문장 의미의 본질을 규정하는 방법, 셋째, 의사소통 과정을 설명하는 방법 등이다. 첫째 방법에서는, 단어 의미는 문장 의미와 의사 소등 내용을 설명할 수 있는 기본 요소로 본다. 둘째 방법에서는 문장 의미를 기본적인 것으로 보고, 단어 의미란 문장 의미를 이루기 위해 기여하는 요소로 본다. 셋째 방법에서는 의사소통 행위를 기본적인 것으로 보고, 단어 의미나 문장 의미는 단어나 문장들이 의사소통 행위에 사용되는 방법으로 본다.

먼저, 단어와 대상 사이에는 분명히 관계가 있다. 단어는 대상과 행위를 나타내기 위하여 사용한다. '말', '집', '생각하다' 같은 단어와 이들이 지시하는 대상이나 행위는 관계가 있다. 이러한 관계를 설명하는 일이 의미론에서 할 일이다. 또, 문장들은 사건, 신념, 의견 등을 기술하기 위해 사용된다. 문장과 그 문장이 기술하는 제반 상태 사이의 관계를 설명하는 것 역시 의미론의 과제이다. 끝으로 언어는 의사소통 수단이므로 언어의 해석은 의사소통 역할로써 이루어져야 한다고 볼 수 있다. 그러므로 의미를 설명하는 데에는 단어 의미, 문장 의미, 의사소통 의미 등 세 가지 방법이 가능하다.

### 5.1.3 의미의 유형

의미를 특색 있게 유형화하면 그 유형들이 의사소통 과정에 얼마나 적합한가를 보여 줄 수 있고, 한 유형으로 적당한 연구 방법이 다른 유형으로는 어째서 적당하지 않기도 한가를 보여 줄 수도 있다. 이런 근거에서 리치(Leech, G.N., 1981 : 9~23)는 기본적인 중요성을 참작하여 일곱 개의 유형으로 의미를 분류하고 있다.

**개념적 의미**(conceptual meaning)  외연적 또는 인지적 의미(denotative or cognitive meaning)라고도 한다. 이는 언어적 의사소통에서 중심 요소가 된다. 리치는 언어 조직은 그 바탕에 '대조성(contrastiveness)의 원리'와 '성분 구조(constituent structure)의 원리'가 놓여 있다고 본다. 그래서 개념적 의미는 대부분 대조적 의미 자질로 조직되어 있어서 'woman'의 의미는 [+인간], [-남성], [+성숙]으로 규정할 수 있으며 [+인간], [-남성], [-성숙]으로 규정되는 'girl'과 뚜렷이 구별된다.

**내포적 의미**(connotative meaning)[1]  개념적 의미에 부가적으로 가지게 되는 표현

---

1) 리치(1981 : 23)는 "사회적, 정의적, 반영적, 배열적 의미는 개념적 의미보다는 내포적 의미와 공통성

이다. 즉, 단어 'woman'이 지시하는 대상으로부터 부여받은 신체적인 자질 [잉태할 수 있는], 심리적 자질 [모성 본능적인], 그리고 전형적인 부수적 자질 [치마를 입는], [부엌일을 많이 하는] 등이다. 내포적 의미는 개인, 집단, 또는 사회의 관점에서 낱말들이 지시하는 대상에 상상적인 특징을 첨가하여 나타나기도 한다.

**사회적 의미**(social meaning)  상황과 관계 있는 의사소통인데, 언어가 사용되는 사회 환경에 의해 전달되는 의미이다. 같은 언어권 안에서도 방언, 시대, 지위, 분야, 소통 매체와 방식 등에 따라 의미의 차이가 나타난다.

**정의적 의미**(affective meaning)  청자 및 화제에 대한 태도 등, 화자의 개인적 감정이 언어에 반영되는 것이 정의적 의미이다. 이는 개념적 또는 내포적 의미로 전달될 수도 있다. 정의적 의미는 개념적, 내포적, 문체적 의미로 표현하므로 의존적 범주이다.

**반영적 의미**(reflected meaning)  어떤 단어가 가진 여러 개의 개념적 의미의 하나가 우리에게 다른 의미로 반응하는 것을 반영적 의미라고 한다. 기독교에서 '성령(聖靈)'을 뜻하는 'The Comforter'와 'The Holy Ghost'는 동의적 표현인데, 비종교적인 의미로 반응하여 'The Comforter'는 온화하고 안락함을 주고, 'The Holy Ghost'는 두려움을 준다는 것이다.

**배열적 의미**(collocative meaning)  어떤 단어가 다른 단어와 배열된 환경에서 주위에 위치한 단어의 의미 때문에 얻는 연상적 의미이다. '아름답다'와 '예쁘다'는 유사한 동의적 형용사인데, 적당하게 배치한 명사들의 범위에 의해 구별될 수 있다.

---

을 가지는 것으로 보고, 이들을 '연합적 의미(associative meaning)'라는 표제 아래 묶을 수 있다."고 한다.

(1) ㄱ. 아름다운 {사랑, 이야기, 노래}
    ㄴ. 예쁜 {아기, 짓}

그 범위들은 '아름다운 꽃'과 '예쁜 꽃'에서처럼 중첩될 수 있다. 배열적 의미의 차이 때문에 다른 의미가 나타난다.

**주제적 의미**(thematic meaning)  화자나 필자가 의도하는 의미이다. 어순(ordering), 초점(focus), 강조(emphasis) 등에 의해 전달 내용을 조직하는 방법이다.[2]

## 5.2 단어의 의미

의미에 대한 연구에서 가장 전통적인 것은 단어와 그 단어가 지시하는 대상 사이에 작용하는 명명 관계(naming relation)이다. 이에 관한 몇 가지 중요한 견해를 살펴보기로 한다.

### 5.2.1 의미와 지시

단어의 의미는 단어가 지시하는 대상이라고 보는 생각이다. 한 단어와 그 대상 사이의 명명 관계는 고유 명사에서 잘 나타난다. 여기에서 명칭(naming)과 대상 (object) 사이에는 1 : 1의 대응 관계가 성립한다. '북한산'은 서울 북쪽에 인접하여 있는 산을 말하며, '정명훈'은 지휘자이며 피아니스트인 한 한국인을 가리킨다. 이러한 단어와 대상 사이의 관계가 지시 관계이다.

---

2) 이 밖에 나이다(Nida, E.A., 1975 : 25−30)는 의미를 '인지적(cognitive)−정의적(emotive)', '언어 외적(extralinguistic)−언어 내적(intralinguistic)'으로 교차되는 두 요소의 쌍에 따라 나누고, 크루즈 (Cruse, 1990 : 148−149)는 '기술적 의미(descriptive meaning), 표현적 의미(expressive meaning), 환기적 의미(evocative meaning)'의 세 유형으로 나눈다.

고유 명사가 고유한 개체를 지시하듯이 동사는 행위를, 형용사는 개체의 성질을, 부사는 행위나 성질의 한 면모를 지시한다. 말하자면, 자동사 '자다'는 자는 행위를 지시하고, 형용사 '아름답다'는 아름답다는 개체의 성질상의 특질을 지시한다.

그러나 개체 또는 행동이나 성질 등이 의미가 될 수 있는가?

의미는 낱말이 지시하는 대상이라고 할 수 없는 많은 예가 있다. '그리고', '또' 같은 접속어들은 어떤 대상을 지시하는 것이 아니다. '변증법', '전제', '추억' 같은 추상 개념어들도 지시하는 대상이 없다. 더욱 분명한 예로는, '용', '천사', '도깨비' 같은 단어들은 존재하지 않는 대상들이므로 의미가 없어야 한다. 물론, 상상으로 존재하여도 괜찮다면 지시 대상이 있다고 할 수도 있다. 그리고 '미국의 최초 여자 대통령'이라는 표현에서 보면 지시 대상이 없다. 의미는 지시 대상이라고 한다면 이 표현은 의미가 없는 말이다. 이런 점에서 의미의 지시론(referential theory)은 문제점을 지니고 있다.

## 5.2.2 의미와 영상

단어의 의미는 화자나 청자의 머리 속에 있는 영상(image)이라고 하는 견해이다. 문제는 영상이 눈에 보이지 않는 것이므로 그것의 형태가 어떠한가를 알아내는 일이다.

그런데 '삼각형'이라는 단어의 영상이 정삼각형일 수도 있고 이등변 삼각형, 또는 부등변 삼각형 등일 수도 있다. '개'에 대한 영상도 '진돗개' '삽사리', '셰퍼드' 등 사람에 따라 다를 수 있다. 하나의 표현에 대해 여러 개의 영상을 가질 수 있게 되므로, 의미는 영상이라는 정의에 따르면 모든 단어는 다의적이 된다.

그리고 두 가지 이상의 표현도 동일한 영상을 가질 수 있는 경우가 있는데, '졸린 아이', '성난 아이', '떼쓰는 아이', '배고픈 아이', '아픈 아이' 등에 대한 영상으로 '발을 동동 구르고 앙앙 우는 아이'를 떠올릴 수 있다. 그러나 이 표현들이 모두 동의어는 아니다. 이런 문제점 외에 접속어 '그리고', '또' 같은 단어에 대해서는 영상을 떠올리기가 불가능하다는 문제도 여전히 남아 있다.

### 5.2.3 의미와 개념

의미는 개념이라고 하는 관점에 대해서 생각해 보자. '집'이라는 단어는 단일한 지각 영역에 대한 상징이 아니며, 어떤 특정한 대상(집)에 대한 생각을 상징하는 것도 아니고, 모든 집들을 포괄하는 개념에 대한 상징이라고 하는 것이다. 즉, 사피어(Sapir, E., 1921 : 13)에 의하면, 단어 의미란 수많은 경험을 포용하고 있는 '편리한 사고의 캡슐(convenient capsule of thought)'이라고 한다. 그러나 이는 '의미'라는 용어를 별 차이없이 모호한 용어인 '개념'이라는 말로 대치시킨 데 지나지 않는다. 여기서도 여전히 '그리고', '또', '혹은' 같은 단어들이 개념에 의하여 분석할 수 있다고 말할 수 없기 때문이다. '그리고'의 의미가 '접속'의 개념이라고 한다면 '그리고'에 의해서 '연결되는 일' 이외에 '접속'이라는 것이 가지는 뜻이 무엇이겠는가라는 것이다. '접속'은 '그리고' 아닌, 다른 단어들로서도 가능하기 때문이다.

그래서 '의미'를 '개념'이라고 설명하고자 하면 '개념(concept)'이라는 용어에 대해서 엄격하게 정의를 내려야 할 것이다.

### 5.2.4 의미 특성

단어와 형태소는 의미를 가지고 있다. 언어를 안다면 단어와 그 의미를 아는 것이다. 단어 의미를 아는 것은 언어 지식의 한 부분이다. 그러므로 단어 의미는 문법의 일부이다. 단어 의미에 관한 지식이 있으면 단어를 문장으로 엮을 수 있고, 또 들어서 이해할 수 있다. 그러므로 단어의미를 안다는 것은 바로 문법을 아는 것이다.

다음 문장 (2)를 보자.

(2) 암살자가 철수를 죽였다.

여기서 '암살자'라는 단어를 알면 '철수'라는 이름을 가진, 어떤 중요한 사람을 누가 몰래 죽였다는 것을 알 수 있다. '암살자'라는 단어의 의미는 '사람을 죽이는 동물'이 아니고, 또 '철수가 힘이 없고 늙은 평범한 사람이 아닐 것'이라는 것을 말하여 준다. 즉, '암살자'는 '중요한 인물을 죽이는 사람'이라는 의미를 가지고 있음을 알 수 있다. 이런 정보의 조각들이 그 단어가 가진 의미의 특성이다. 이런 의미 특성으로 단어들을 설명할 수 있다.

동일한 의미 특성이 여러 단어들의 의미의 한 부분일 수도 있다. 다음 (3)은 "여성"이라는 의미 특성[3]을 의미의 한 부분으로 가지고 있는 단어들이다.

(3) 소녀, 과부, 처녀, 까투리, 암캐

이들 가운데 '소녀', '과부', '처녀'는 "인간"이라는 의미 특성을 가지고 있다. 의미 특성 "인간"은 '총각', '홀아비', '소년' 등의 단어에도 들어있다. '소녀', '과부', '처녀' 가운데 '과부'와 '처녀'는 "성숙"이라는 의미특성을 가지고 있다. '처녀'는 '총각'과 마찬가지로 "미혼"이라는 의미 특성이 있다. '까투리'와 '암캐'는 "동물"이라는 의미 특성을 가지고 있다.

이런 의미 특성은 명사 아닌 다른 문법 법주의 단어에서도 나타날 수 있다. 동사 '걷다', '뛰다'는 의미 특성 "동작"을, '때리다', '닿다'는 의미특성 "접촉"을 가지고 있다.

의미 특성을 사용하는 것은 단어 의미를 분명하게 구별하여 준다. '뛰다'와 '걷

---

3) 의미 특성은 " "로 표시한다.

다'는 "속도"라는 의미 특성으로 차이가 드러난다.

**의미 자질** 앞에서 말한 "여성", "미혼", "성숙" 같은 의미 특성(seman -tic property)
은 의미 자질(semantic feature)이라고 한다. 단어들은 의미적인 부류로 나누면
그 자질들이 서로 교차하므로 중복되기도 한다. 즉, '처녀'는 의미 자질 "여성"을
가진 부류이고, '신랑'은 의미 자질 "기혼"을 가진 부류이고, '부인'은 의미 자질
"여성"과 "기혼"을 가진 부류이다.

단어들 사이에는 의미 관계가 있어서 어떤 의미 자질들은 다른 의미자질들을
포함하기도 한다. 예를 들면, 의미 자질 "기혼"은 의미 자질 "인간"을 포함하고
있다. 결혼은 인간만이 하는 행위이므로 결혼한다고 하면 그 주체는 당연히 인간
이기 때문이다.

의미 자질은 단어 사이의 의미 관계를 나타낼 수 있다. 의미 자질은 이분 자질
체제(binary feature format)에 의하여 (4)와 같이 +, − 기호로 나타낸다.

> (4)　　부인　　　아버지　　　소녀　　　까투리　　　뛰다
> 　　　[+여성]　　[+남성]　　[+여성]　　[+여성]　[+동작]
> 　　　[+인간]　　[+인간]　　[+인간]　　[−인간]　[+빠른]
> 　　　[−어린]　　[+부모]　　[+어린]　　[−어린]　[+목적]

의미 자질 [+여성]은 [−남성]으로, [+기혼]은 [−미혼], [+빠른]은 [−느린]
처럼 바꾸어 나타낼 수도 있다. 의미 자질은 [+인간], [+여성], [−어린]처럼
[ ] 속에 넣어 표시한다.

[+인간]은 [+동물]의 의미를 포함하고 있다. 그러므로, 단어의 의미 자질은
다음의 (5)와 같다.

> (5) 남편 [+동물], [+사람], [+기혼], [+남성], …

여기에서 [+동물]은 [+사람]이라는 의미 자질 때문에 불필요한 자질이 된다. 이것은 잉여 규칙(redundancy rule)을 사용하여 다음의 (6)과 같이 표시할 수 있다.

(6) [+인간] → [+동물]

이 규칙은 어떤 단어가 자질 [+인간]을 가진다면 자동적으로 자질 [+동물]을 가진다는 것을 뜻한다.

잉여 규칙에 의하여 (남편)의 의미 자질을 기술하면, 다음의 (7)과 같다.

(7) 남편 [+기혼], [+남성], …

여기서 [+사람]의 의미 자질도 [+기혼]이 포함하고 있으므로 잉여적인 질이 된다.

잉여 규칙은 "부정"의 특성을 가진 것으로 나타나기도 한다. 즉, 어떤 단어가 의미 자질 "인간"을 가졌다면 인간은 구상적 존재이므로 그것은 의미 자질 "추상"을 가지지 못한 것이고, "느린"이라는 행위의 특성을 가졌다면 의미 자질 "빠른"을 가진 것이 아니다. 이것들은 다음의 (8)과 같이 나타낼 수 있다.

(8) ㄱ. [+인간] → [−추상]
    ㄴ. [+느린] → [−빠른]

이와 같이 단어의 의미를 의미 자질의 집합으로 보고 단어 의미에서 의미 자질을 분해해 내는 작업을 의미의 성분 분석(componential analysis)이라고 한다. 이 성분 분석은 음운론에서 음성 자질로 음성의 특성을 기술하는 이론에서 출발한 것이다.

**의미 공준(公準)**  우리는 단어, 단어의 특성, 그리고 단어 사이의 관련성에 대해 많은 언어적 지식을 가지고 있다. 단어에 관한 정보를 생각하여 보자.

> (9) ㄱ. 만일 어떤 것이 <u>쇠붙이</u>라면 그것은 구상물이다.
> ㄴ. 만일 어떤 것이 <u>헤엄치고</u> 있다면 그것은 액체 속에 있다.
> ㄷ. 만일 어떤 것이 <u>열려</u> 있다면 그것은 닫혀 있지 않다.

이 언명(statement)들은 밑줄 친 단어의 의미 때문에 진(眞)이 된다. 이런 어휘 지식은 의미 공준(meaning postulate)을 통하여 나타난다. 의미 공준이란 형식 규칙인데, 의미의 잉여 규칙과 유사하다.

(10)과 같은 의미 공준이 있다면 이는 '어떤 것이 쇠붙이라면 그것은 구상물이다.'라고 읽는다. 이 규칙은 '쇠붙이'와 '구상물' 사이의 의미 관계를 성립시켜 준다. 그래서 '쇠붙이'와 '구상물'은 의미 공준 관계에 있다.

> (10) $(\chi)$쇠붙이 → $(\chi)$구상물
> (11) $(\chi)$열리다 → $(\chi)$–닫히다

마찬가지로 (11)은 '열려 있다는 것은 닫혀 있지 않다'는 것을 의미한다.

이 의미 공준에 의한 성분 분석은 카르납(Carnap, R., 1947)이 말하고 있다. 의미 공준은 더욱 복합적인 지식까지도 나타낸다. 다음 예 (12)를 보자.

> (12) 만일 누가 어떤 것을 가졌다면, 그것은 그에게 속한 것이다. 반대로 어떤 것이 누구에게 속한 것이라면 그는 그것을 가지고 있는 것이다.

이 관계는 단어 의미로부터 나오는데, 다음 (13)과 같이 양 방향 화살표로 표시한 의미 공준으로 나타낸다.

(13)  (χ) 가지다(y) ↔ (y) 속하다(χ)

　　　 (χ가 y를 가졌다)　　(y가 χ에 속한다)

의미 공준과 잉여 규칙은 어휘 목록(lexicon)의 일부이다. 이 형식적 장치들은 화자가 지닌 단어 의미 지식을 나타낸다.

언어 지식은 단어와 형태소의 의미를 아는 것을 포함한 것이다. 의미는 더욱 일반적인 관계를 나타내는 잉여 규칙 및 의미 공준과 함께 일단의 의미적 특성으로, 어느 정도는 명시할 수 있다. 이런 체제는 화자가 단어를 사용하고 이해하며, 의미 있는 발화를 하기 위하여 단어를 결합하게 해 준다.


## 5.2.5 다의성

하나의 표현이 두 가지 이상으로 이해되거나 번역될 수 있으면 다의적이라고 한다. 동음 이의어(homonym)는 다의성(ambiguity)을 발생시킬 수 있다.

(14) 배가 많다.

예문 (14)는 '배(船)가 많다.'와 '배(梨)가 많다.'로 해석할 수 있다. 의미가 다른, '배'라는 단어가 둘이 있기 때문이다. 이런 경우에는 어떤 상황을 덧붙이면 다의성이 사라질 수 있다.

(15) ㄱ. 바다에 배가 많다.
　　　 ㄴ. 과일 가게에 배가 많다.

이처럼 문장 속에 다의어가 있을 때, 전체 의미가 다의적이 된다. 이를 어휘적 다의성(lexical ambiguity)이라고 한다. 그런데 어떤 경우에는 문장 속에 다의어가 없는데 전체 의미가 다의적이 되기도 한다.

(16) 내가 사랑하는 영이의 언니가 서울에 왔다.

이 문장은 단어 연결상 두 개의 구조를 가지고 있다. (17ㄱ)에서는 '내가 사랑하는' 대상은 '언니'이고, (17ㄴ)에서는 '내가 사랑하는' 대상은 '영이'이다. 이렇게 문장의 구조에 따라 다의적이 되기도 한다. 이를 구조적 다의성(structural ambiguity)이라고 한다.

(17) ㄱ.

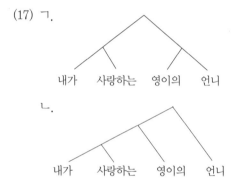

동음 이의어와 다의적인 문장들은 소리와 의미 사이는 1 : 1 관계로 성립하지 않는다는 것을 보여 준다. 그래서 사람들은 항상 소리만으로 정확한 의미를 결정할 수 없다. 동음 이의어와 다의적 문장들은 언어에서 소리와 의미는 자의적인 관계라는 것을 입증하는 예들이다. 그래서 사람들은 언어를 배울 때, 소리와 의미를 관련시키는 방법을 배워야 한다.

## 5.2.6 동의어

언어에는 소리는 다르나 의미가 같거나 유사한 단어들도 있다. 이런 단어를 동의어(synonym)라고 한다. 동의어는 여러 개의 단어를 포함하기도 한다.

>   (18) ㄱ.  패·단패·단짝·동아리·패거리·한동아리·한통·한통속·한편·한
>           짝·짝패·일당·도당·무리·집단
>        ㄴ.  말하다·말씀하다·뇌까리다·지껄이다·재잘거리다·재재거리다·재
>           깔이다·떠벌이다·씨부렁거리다·운운하다·언급하다

완전한 동의어는 없다고 한다. 즉, 의미가 정확하게 일치하는 두 단어는 없다는
말이다. 그런데도 다음의 문장쌍들은 매우 유사한 의미를 가지고 있다.

>   (19) ㄱ. 도와 주셔서 고맙습니다. ― 도와 주셔서 감사합니다.
>        ㄴ. 그는 이발소에 갔다. ― 그는 이용원에 갔다.

이들 문장에 나오는 '고맙습니다'와 '감사합니다', '이발소'와 '이용원'의 단어들
을 알면 이 문장들을 이해할 수 있고, 같은 의미로 번역할 것이다. 단어 사이의
의미 유사성의 정도는 단어들이 공유하는 의미 자질의 수에 의존한다. '이발소'와
'이용원'은 지시 대상이 같고 거의 같은 정도로 의미 자질을 공유하고 있다.

많은 의미 자질을 공유하면서 동의어 또는 유사어가 아닌 단어들이 있다. '총각'
과 '소년'은 의미 자질을 거의 공유하고, 다만 "성숙"에서 총각은 '+'이고 소년은
'−'이다. 그러므로 '이발소는 이용원이다.' 또는 그 역(逆)은 성립하나, '총각은
소년이다.' 또는 그 역은 성립하지 않는다.

흔히 여러 개의 의미를 가진 단어들이 있는데, 이를 다의적 단어(polysemous
word)라고 한다. 다의적 단어가 가진 여러 개의 의미 가운데 하나가 다른 단어에도
나타난다. '부친'과 '엄친'은 둘 다 '아버지'라는 의미에서 보면 동의어이지만, 내
가 남에게 아버지를 일컬을 경우에는 '엄친'만 적용된다. 또, '근사하다'는 '거의
같다'라는 뜻이지만 이 의미는 수학적 분야에서 주로 쓰이고 일반적 사용에서는

'그럴싸하고 괜찮다'라는 의미로 쓰인다. 이 말은 따라서 '멋있다'와 동의어로도 쓰인다. 이런 점에서 완전한 동의어는 존재하지 않는다고 볼 수 있다. 같은 의미를 가진 단어를 몇 개씩 만들어 사용하는 것은 비경제적이므로 대개 하나만 남겨 두고 나머지는 쓰지 않거나 의미 영역을 나누어 가진다. '즈믄'과 '천'이 같이 쓰이다가 '즈믄'이 쓰이지 않는 것과, '파티', '연회', '잔치'는 의미 영역을 달리하여 존속하는 것이 그런 예들이다. 그러나 현실적으로 같거나 유사한 지시 대상을 가리키는 단어라면 동의어라고 불러도 무방하다.

동의어가 똑같은 문장 속에 나타날 때, 사소한 강조의 차이만을 제외하고, 의미가 같으면 바꿔 말하기 또는 의역(paraphrase)이라고 한다. 동의어를 사용하여 어휘적 의역(lexical paraphrase)을 나타낼 수 있다. 문장도 본질적인 의미에 영향을 주지 않는 구조적 차이로 인해 의역을 할 수가 있다. 한국어에서는 문장의 성분 위치가 자유로우므로 의역의 출현이 많고 용이하다.

## 5.2.7 반의어

단어 의미는 '부정'을 사용하여 정의를 내릴 수 있다.

(20) ㄱ. '남자'는 여자가 아니다.
ㄴ. '없다'는 있지 않은 것을 의미한다.

이 때 '남자'는 '여자'와, '없다'는 '있다'와 반대 관계에 있다. 이들처럼 의미가 반대인 단어들을 반의어(antonym)라고 한다. 이상하게도 반의어인 두 단어는 기본적인 의미 자질이 모두 같고 하나의 자질만 다르다.

(21) ㄱ. 총각 : [+남성], [+성숙], [+미혼], …
ㄴ. 처녀 : [−남성], [+성숙], [+미혼], …

이 두 단어는 모든 자질이 같고, 다만 한 개의 자질만 다르므로 반의어이다. 반의어는 서로 반대하여 놓일 수 있는 많은 방법이 있다. '아버지'는 성별에 따라서는 '어머니'와, 세대(世代)에 따라서는 '아들'과 반대가 된다. 그러므로 켐슨(Kempson, R.M., 1977 : 84~85)은 반의어(antenym)보다는 양립 불능(incompatibility)이 유용한 용어라고 하면서 다음과 같이 네 유형으로 구분하고 있다.

① 이원 대립(binary opposition) : 중간 존재가 없는 모순 개념
   예) 죽다-살다, 미혼-기혼
② 다원 대립(multiple taxonomy) : 등급적인 선언(選言) 개념
   예) 금-은-동-철, 붉다-희다-푸르다-누르다
③ 등급 대립(gradable antonym) : 기준(norm)이 있고 평가적인 반대 개념
   예) 덥다-춥다, 크다-작다
④ 역 대립(converse pair) : 대조적 방향으로 의미 특질이 관련하는 상관 개념
   예) 사다-팔다, 위-아래, 아내-남편

라이온스(Lyons, J., 1968)에서는 반의어(antonym)를 '의미의 대립(opposition)'의 하위 개념으로 보고 다음과 같이 분류하고 있다.[4]

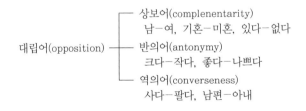

---

4) 이 밖에 리치(Leech, 1974)는 대립어(opposition)라는 용어를 사용하여 이원어binary taxonomy) (죽다-살다), 다원어(multiple taxonomy) (금-은-납-철), 양극어(polarity) (크다-작다), 상관어(relative opposition) (위-아래), 계층어(hierarchy) (푼-치-자), 위치 전환어(inverse opposition) (허락하다-강요하다)의 여섯 유형으로 나누었다.

반의어는 다른 단어와 의미의 대립을 나타내는 단어이다. 이들 반의어는 적용 범위가 같은, 즉 동일한 유개념에 속하는 동위 개념인데, 한 단어가 다른 단어의 모든 함축을 부정하거나 무효화한다. 반의어를 의미면에서 분류하는 데에 관련되는 논리학상의 몇 가지 개념들이 있다. 이 개념들은 개념 상호 관계에 의한 동위 개념들의 분류인데, 선언 개념(disjunctive concept), 상관 개념(correlative concept), 상대 개념(relative concept), 모순 개념(contradictory concept) 그리고 반대 개념(contrary concept) 등이다.

이러한 개념들은 모두 대립적이기는 하나 반의적이라고 할 수는 없다. 반의(antonymy)라고 하면 '부정(否定)하는 개념'이어야 한다. 따라서, 반의어는 '한 단어의 의미를 부정하는 단어'라고 하겠다. 부정 개념을 가진 단어의 쌍은 모순 개념어이다. 모순 개념과 부정 개념은 등가적이고, 상호 배제적이 아니기 때문이다.

| 단어 | 부정 | 모순 |
|---|---|---|
| 찬성<br>있다 | 찬성하지 않음.<br>있지 않다 | 반대<br>없다 |

이 경우 부정과 모순은 일치하므로 모순어는 반의어이다.

어떤 단어는 많은 단어를 부정 개념어로 가지고 있다. '희다'의 부정개념은 희지 않은 색깔 모두를 포함한다. 그러나 동일한 유개념에 속하는 반대(정면적 대립) 개념은 '희다'에 대립되는 극단에 위치한 개념인 '검다'이다.

단어들 가운데에는 함축의 성질, 행위, 상태 등이 역으로 부정되는 것들이 있다. '오다'와 '가다'는 함축의 행위에서, '가난하다'와 '부유하다'는 함축의 성질에서, '건설'과 '파괴'는 함축의 상태에서 각각 역으로 부정된다.

'묻다-캐다', '벌써-아직', '사다-팔다'도 역개념을 가진 예들이다. 또, '묶다-풀다', '얼다-녹다', '넣다-빼다' 같은 원상태로 회복되는 의미도 역개념을 가진 쌍들이다.

지금까지 말한 부정과 관련된 모순어, 반대어, 역의어 이외의 상관어, 다원어, 대응어들은 부정과 관련이 없으므로 반의어가 아니다. 대립어와 구별하여 반의어 는 다음과 같이 규정할 수 있다.

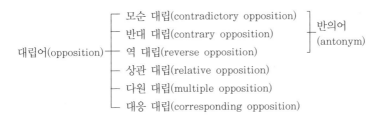

## 5.2.8 명칭

이름이라고 하면 보통은 고유 명사(proper name)인 사람이나 장소의 이름이 떠오른다. 오래 된 견해로는 모든 단어는 어떤 대상물－비록 그 대상물이 추상적 인 것이라 해도－의 명칭(name)이라고 한다. 그렇지만 ‘춥다’, ‘매우’, ‘그리고’, ‘어리석다’ 등으로 이름지어진 대상물을 확인할 수는 없다.

고유 명사는 대상물을 지칭할 수 있는데, 그 대상물은 ‘대한민국’, ‘백두산’, ‘경복궁’, ‘김연아’처럼 현존하는 것이 있고, ‘이순신’, ‘고구려’처럼 없어진 것도 있고, ‘홍길동’, ‘심청’, ‘흥부’처럼 가공적인 것도 있다. 고유 명사는 한정적이므로 화자와 청자 사이에서 특정한 대상물을 지칭한다. ‘나는 오늘 김정은의 집에 갔었 다’라고 어떤 사람이 말하였다면, 화자와 청자가 잘 알고 있는 김정은을 가리킨 것이지 북한의 김정은을 가리킨 것이 아님을 듣는 사람은 이해한다.

영어에서는 고유 명사 앞에 정관사 ‘the’가 오지 않는다. 의미가 한정적이기 때문이다. 그러나 강, 배, 건축물의 명칭에서는 예외적이다.

(22) the Mississippi, the Queen Mary, the Eiffel Tower

또, 고유 명사는 일반적으로 복수로 사용하지 않는다.

## 5.3 문장 의미

단어와 형태소는 언어에서 가장 작은 의미 단위이다. 의사소통은 대부분 구 (phrase)나 문장으로 이루어지는데, 이들 또한 의미를 가지고 있다. 구나 문장의 의미는 단어의 의미와 단어들이 결합한 구조 방식에 의해 나타난다. 단어에는 동의어가 있어서 문장을 같은 의미의 다른 문장으로 바꿀 수도 있고, 동음어는 문장을 다의적으로 만들기도 하며, 또 반의어는 문장을 부정문으로 나타내기도 한다. 단어는 명명(命名)하는 데에 사용될 수 있고 문장도 마찬가지로 사용될 수 있다.

단어와 문장은 대상을 지시하거나 언급하는 데에 사용할 수 있다. 그리고 단어 와 문장은 이것이 나타내고자 하는 것 이상의 의미를 가질 수 있다.

### 5.3.1 뜻[5]과 지시

지금은 거의 없어졌지만, 우리는 주위에서 '쌍례(双禮)', '또순이' 같은 이름을 볼 수 있다. 이들은 어떤 사람을 지시할 뿐만 아니라 '쌍둥이로 태어난 여자', '딸 다음에 태어난 여자'라는 그 이상의 의미를 가지고 있다. 이렇듯이 고유 명사 는 대상을 지시하는 일 이상의 의미를 가지기도 한다.

고유 명사 이외의 단어도 의미를 가지며, 대상을 지시하는 데에 사용될 수 있다. 구와 문장도 그럴 수 있다.

---

5) '뜻'은 'sense'를 말한다. 'meaning'이나 'sense'는 모두 '의미'라는 뜻을 가지는데, 'meaning'은 'sense'와 'reference'를 포함한 뜻으로 보아 'meaning'(의미)과 'sen se'(뜻)를 구분한다.

독일 철학자 프레게(Frege, G., 1892)는 "한 표현의 의미는 뜻이고, 그 표현이 어떤 것을 지시한다면 그것은 지시(reference)를 가진다."라는 견해를 제시하였다. 명사구도 뜻을 가지며 지시하기 위하여 사용될 수 있다.

(23) 내 아버지의 처남인 저 분

이 구는 어떤 사람을 지시하며 의미를 가지는데, 똑같은 사람을 지시하는 표현인 '내 어머니의 오빠'와는 다른 의미를 가진다. 그런데 구문은 뜻을 가지고 있으나 지시를 가지고 있지 않기도 한다. 다음의 예문 (24)를 보자.

(24) 미국의 대통령은 여자이다.

미국의 대통령은 남자이므로(과거에도 남자였다.) 여자 대통령이라는 지시 대상이 없다. 그러므로 이 문장은 지시가 없지만 내용을 이해할 수는 있다. 이 문장은 뜻을 지니고 있기 때문이다.

## 5.3.2 단어의 결합과 구문

언어를 배우기 위해서는 단지 그 언어의 단어와 단어 의미를 알면 된다고 생각한다. 그러나 외한국어를 배울 때에 흔히 경험하듯이 언어를 배우는 데에는 단순한 단어 지식 이상의 것이 필요하다. 우리는 단어 의미뿐만 아니라 그 단어가 지니는 의미를 결합하는 규칙을 알기 때문에 문장을 이해할 수 있다.

'푸르다'와 '하늘'이라는 단어 의미를 아는 것만으로 두 단어를 결합하지는 못한다. '하늘'의 자질에 '푸르다'의 자질을 첨가하여 '푸른 하늘'로 결합하는 의미 규칙을 알아야 한다. 물론, 이 때 명사를 꾸미는 어미 '(으)ㄴ'의 의미를 알아야 한다. 명사구 '푸른 하늘'에 '매우'를 결합하려면, '매우'는 동사나 형용사 앞에서 그 의미를 한정하므로 '푸른' 앞에 자리를 잡으며 '매우 푸른 하늘'로 결합한다. 물론, 이 때 '매우'를 해석하는 의미 규칙을 알아야 한다.

구문을 이루는 데에는 여러 의미 규칙들이 필요하다. 통사 구조가 구문의 의미 형성에 중요하다. '아버지 같은 선생님'은 '선생님 같은 아버지'와 다른 의미를 가진다.

의미는 언어 지식의 일부이다. 한 언어에서 단어들을 어떤 순서로 늘어놓는 것만으로는 문장이 되지는 않는다. 만일, 그런 방식으로 문장이 된다면 언어 지식 이란 단지 단어의 집합일 뿐이다. 언어 지식이란 그 언어의 단어를 알고 그것으로 문장을 형성하고, 형성된 문장이 바른가를 판단하는 규칙을 포함하고 있다. 문장 이 바르게 구성되어 있는지의 여부는 의미적인 결합이 제대로 이루어졌는가의 여부로 결정된다.

### 5.3.3 주제 관계

문장 속에 있는 성분들은 여러 의미 기능이 있다. 이 의미 기능을 나타내는 개념 체계를 주제 관계(thematic relation)라고 한다. 즉, 동사는 문장을 구성하는 성분들과 여러 방식으로 관계하고 있다. 이 관계는 특정한 동사의 의미에 의존한다.

    (25) 한 학생이 동전을 주웠다.

예문 (25)에서 '학생'은 줍는 행위의 주체로서 행위자(agent)라고 하고, '동전'은 행위의 주제(theme)이고 경우에 따라서는 피행위자(patient)라고도 한다. '줍다'의 의미 부분은 '줍는 주체는 행위자이고, 대상은 주제이다.'라고 할 수 있다. 이는 어휘 목록에서 '줍다'라는 항목에 반영되어 있다.

'동전을 주머니에 넣었다.'라는 구에서 '동전'은 주제(theme)이고 '주머니'는 처소(location)이다. 이 구는 "넣다'의 주제가 처소로 위치를 바꾼다.'라는 의미로 해석된다.

처소는 그 자체의 의미를 가지는데, 그 의미는 '넣다'의 의미 또는 '동전'의 의미와 결합된다. '넣다'의 주어는 '행위자'이므로 '그 학생은 동전을 주머니에 넣었다'에서 '학생'이 행위를 수행한다. 의미 규칙은 화자가 이런 문장의 의미에 대한 지식을 나타내는 이런 모든 작업을 한다.

주제, 행위자, 처소 등의 의미 관계는 동사의 주제 관계 속에 있다. 이 밖의 주제 관계로는 행위의 목표점인 착점(goal), 행위가 시발하는 기점(source), 행위를 수행할 때 사용하는 도구(instrument) 등이 있다.

(26) 그 운전수가 서울에서 부산까지 트럭을 몰았다.

에서 '운전수'가 행위자이고, '트럭'이 주제이고, '서울'이 기점이고, '부산'이 착점이다.

(27) 그 운전수가 이삿짐을 트럭으로 날랐다.

에서 '운전수'가 행위자이고, '이삿짐'이 주제이고, '트럭'이 도구이다. '트럭'의 예에서 보듯이 동일한 단어나 구가 문장에 따라서 주제적 역할이 다르게 기능할 수도 있다.

어휘 항목 '줍다'와 '넣다'는 다음 (28)과 같이 나타낼 수 있다.

(28) ㄱ. 줍다, V, __NP, (행위자, 주제)
ㄴ. 넣다, V, __NP PP, (행위자, 주제, 처소)

여기서 ( ) 속에 있는 것이 주제 관계인데, 처음 주제 관계는 논리상 주어가 행위자라는 것을 뜻하며, 나머지 주제 관계들은 동사를 하위 범주화한 성분들이다. '줍다'와 '넣다'의 논리상 목적어가 주제이고, '넣다'를 하위 범주화한 전치사가 처소이다.

동사에 관한 지식이라면 그것들의 통사 범주, 하위 범주화하는 방식, 그리고 주제 관계까지 포함한다. 그리고 이 지식은 어휘 목록 속에 분명하게 나타나게 된다. 주제 관계는 바꿔쓰기(paraphrase)를 한 문장에서도 마찬가지이다.

(29) ㄱ. 그 학생이 저 개를 때렸다.
ㄴ. 저 개가 그 학생에게 맞았다.

두 문장에서 '학생'이 행위자이고 '개'는 주제이다. 다음 (30)과 같은 문장에서도 주제 관계는 변함이 없다.

(30) ㄱ. 그 학생이 열쇠로 문을 열었다.
ㄴ. 문이 열렸다.

이 때에도 '문'이 주제이다.

대부분 언어에서 주제 관계는 명사가 가진 격(case)에 나타난다. 명사의 문법적인 격은 명사가 가진 특별한 형태론적 형태이다. 한국어는 광범위한 격을 가지고 있다. 한국어의 명사는 문장에서의 주제 관계, 즉 주제적 역할에 따라서 형태론적 형태를 가진다.

(31) 나는 서울에서 부산까지 왔다.

여기서 '서울에서'의 '에서'는 격 형태인데 기점을 의미한다. '부산까지'의 '까지'는 착점을 의미한다. 그러나 영어에는 이런 격 형태가 없다. 다만 명사의 소유 형태로 's'가 있다. 'the boy's red brick'에서 's'는 소유격이라고 한다.

한국어에서 격 형태로 전달되는 어떤 정보들은 영어에서는 전치사로 나타난다. 기점과 착점을 한국어에서는 격 형태인 '부터'와 '까지'로, 영어에서는 전치사인 'from'과 'to'로 나타내고, 도구와 처소는 한국어에서는 '(으)로'와 '에', 영어에서는 'with'와 'on'이나 'in'으로 표시한다. 한국어의 행위자는 주격 형태 '가/이'를, 주제는 목적격 형태 '을/를'을 가지고 있다. 그래서 주제 관계 또는 주제 역할은 때때로 격 이론으로 연구되어 왔다.

우리가 동사와 명사구 사이에 존재하는 의미 관계를 설명하는 방법과 상관없이 의미 관계는 화자의 언어 능력의 한 부분이고 언어 의미에 대해 많은 설명을 한다.

### 5.3.4 문장의 '진리'

몇몇 철학자와 언어학자는 문장의 의미는 문장의 진리를 결정하는 조건의 집합이라고 한다. '그 학생이 동전을 주웠다.'라는 문장은 "'그 학생'이라고 적절하게 표현된 어떤 사람이 '동전'이라고 적절하게 표현된 어떤 것과 더불어 '줍는다'는 관계를 가진다."라는 경우에 참(眞)이다. 이 문장의 의미는 " " 속에 있는 조건이나 또는 조건과 유사한 어떤 것의 집합이다.

문장 의미의 부분은 틀림없이 문장의 '진리 조건(truth condition)'에 대한 지식이다.

이 진리 조건들은 의미에 대한 많은 정보를 포함하고 있다. 우리가 알고 있는 세상에서, (32ㄱ)은 참이고, (32ㄴ)은 거짓이다.

> (32) ㄱ. 3·1 운동은 1919년에 일어났다.
>     ㄴ. 3·1 운동은 1991년에 일어났다.

우리는 (32ㄱ)과 (32ㄴ)의 의미를 다 잘 안다. 이 두 문장의 의미를 안다는 것은 두 문장의 진리 조건들을 안다는 것이다. 두 문장의 진리 조건을 사실 세계(real world) 또는 역사적 사실과 비교하면 한 문장은 참이고 다른 문장은 거짓이라고 말할 수 있다. 문장의 진리 값(truth value)을 알지 못하더라도 우리는 우리 언어로 잘 짜인 문장을 이해할 수 있다. 진리 조건을 안다는 것이 실제 사실을 안다는 것은 아니다. 오히려 진리 조건, 즉 의미는 세계를 조사하고 실제 사실을 배우게 해준다. 만일, 우리가 언어 의미를 알지 못한다면, 또 문장이 알지 못하는 언어로 되어 있다면 우리가 백과사전을 외우고 있다고 해도 결코 문장의 진리를 알아내지 못할 것이다. 우리는 다음의 (33) 문장의 진리를 알지 못한다. 그렇지만 만일 그 의미를 안다면 비록 그 의미를 아는 수단을 실제로는 가지고 있지 못하더라도 원칙적으로 그 진리를 발견해 내는 방법을 아는 것이다.

    (33) 평주 사건이 1870년에 일어났다.

  어떤 문장은 현실 세계와 역사에 관한 지식이 없이 언어 지식만으로도 참이라는 것을 드러낸다. 그런 문장을 분석적 문장(analytic sentence)이라고 한다.

    (34) ㄱ. 총각은 결혼하지 않은 젊은 남자이다.
        ㄴ. 소는 동물이다.
        ㄷ. 아버지는 남자이다.

  위의 예문 (34)와 같은 문장은 분석적이다. 모순인 문장이 있는데, 이들은 항상 거짓이다. 분석적인 문장을 부정문으로 만들면 모두 모순된 문장이 된다.
  다음 예문 (35)와 같은 문장도 모순이다.

    (35) 돌멩이가 걸어간다.

그런데 다음 예문 (36)과 같은 문장은 모순이 아닐 수 있다.

  (36) 영수는 돌멩이가 걸어간다고 믿는다.

(36)은 영수라는 사람이 이 진술을 믿으면 참이고, 믿지 않으면 거짓이다. 문장의 일부가 거짓인 것은 중요한 문제가 아니다. 문장에서 한두 군데가 거짓이라 해도 전체 문장은 참일 수가 있다. 반대로 문장에서 한두 군데가 참이라 해도 전체 문장은 거짓일 수가 있다.

진리는 의미 규칙에 의하여 결정되는데, 의미 규칙은 문장의 부분 부분들을 결합하게 하고 어떤 조건 아래에서 그 문장이 참이고 또는 거짓인지를 알게 해 준다.

한 언어를 안다는 것은 의미를 결합하는 의미 규칙과 문장이 참이 되거나 거짓이 되는 조건을 안다는 것을 뜻한다.


## 5.4 담화 의미

언어 지식은 음운을 형태소로, 형태소를 단어로, 단어를 문장으로 결합하는 화자의 능력을 설명한다. 또, 언어를 안다면 복합적인 사고와 관념을 표현하기 위하여 문장들을 결합할 수 있다. 이런 언어 능력은 언어를 의사 소통을 위한 훌륭한 매체로 만든다. 이렇게 의사소통에 사용하는 문장보다 더 큰 언어 단위를 담화(discourse)라고 한다.

담화에 대한 연구, 즉 담화 분석(discourse analysis)은 언어 능력(linguistic competence)과 마찬가지로 여러 면에서 언어 수행(linguistic performance)과 사회 언어학과 연관되어 있다. 담화 분석은 문체(style), 적절성(appropriateness), 응집성(cohesiveness), 수사적 효력(rhetorical force), 화제(topic)/소화제(subtopic) 구

조, 표기된 담화(written discourse)와 구두 담화(spoken discourse) 사이의 차이 등에 관한 문제들을 포함한다.

## 5.4.1 대화의 격률

화자들은 일련의 문장들의 전후 내용이 들어맞아 조리가 서 있는지 또는 서 있지 않은지를 안다. 다음 발화 (37)은 셰익스피어(Shakespeare)의 햄릿(Hamlet)에서 인용하였는데, 바른 것같이 보이지 않는다. 이치에 맞지 않는다.

> (37) 폴로니우스 : 무엇을 읽고 계십니까?
>    햄릿 : 말(word), 말, 말.
>    폴로니우스 : 어떤 내용이냐는 말씀입니다.
>    햄릿 : 누구와 누구 사이 일이냐고?
>    폴로니우스 : 제가 말씀드리는 것은요, 읽고 계시는 책의 내용이 무엇이냐
>       는 말씀입니다.
>    햄릿 : 욕설이지 뭐야. 이 친구는 풍자가인 모양인데 여기 뭐라고 했는고
>       하니 늙은이들은 수염이 희고 얼굴이 주름살투성이고 눈에서는 진
>       한 호박빛 살구나무 진 같은 눈곱이 흘러 나오고 노망해서 정신력이
>       아주 부족한 데다가 무르팍은 영 힘이 없고…… 일일이 아주 지당한
>       말이지. 그렇다고 이렇게 써내는 것은 좀 점잖지 못하군. 자네만
>       하더라도 이 햄릿 같은 나이가 될 것이 아닌가. 게처럼 뒷걸음쳐서
>       기어갈 수 있게 되는 날에는.
>
> (햄릿, 제2막 제2장)

정신병자인 체하는 햄릿은 '성의 있게' 폴로니우스의 질문에 대한 대답을 거부하고 있다. 햄릿은 대화 규정, 즉 대화의 격률(maxim of conversation)[6]을 위반하

---

6) 이 격률은 1967년 하버드(Havard) 대학교에서 그라이스(Grice P.)가 처음으로 말하였다.

였다. 그런 격률―협동 원칙(cooperative principle)―가운데 하나는 '발화에 대한 화자의 기여는 요구되는 정도의 정보를 많지도 않고 적지도 않게 제공하는 것이다.'이다. 햄릿은 두 군데에서 이 수칙을 위반하였다. 하나는, 무엇을 읽고 있느냐는 질문에 대한 대답에서 너무 적은 정보를 제공하고 있고, 또 하나는 햄릿의 마지막 대사에서는 요구되는 것보다 더 많은 정보를 제공하고 있다.

햄릿은 또 '적절성(relevance)'의 격률에 어긋나는 잘못을 범하고 있는데, 그가 읽고 있는 책의 '내용(matter)'에 대한 질문에 대하여 두 사람 사이의 '일(matter)'로 잘못 이해한 것이다. 햄릿의 마지막 대사도 조리에 맞지 않는다. 대사의 끝 문장에서 더 젊어지는 것을 뒷걸음쳐서 나이 먹는 것과 비교하는, 좀 이상한 구문을 사용하여 효과를 증대시키고 있다.

'적절성'에 대한 요구 같은 대화 규정(conversational convention)은 다양한 문장 의미를 발화 의미로 연결시키는데, 이는 문장의 문법 규칙이 단어 의미를 문장 의미로 연결시키는 것과 마찬가지이다.

구문에 관한 대부분의 문법 규칙은 담화에서 비언어적 지식과 상호 작용을 한다.


## 5.4.2 대용 표현

두 표현이 동일한 것을 지시한다면 그것들을 공통 지시(coreferen- tial)라고 한다. 발화는 이미 출현하였던 표현을 공통 지시하는 대명사로 바꾸는 것이다.

담화 규칙은 대명사가 더 긴 표현 대신 사용될 수 있거나 사용되어야 할 때를 결정한다. 대명사나 대용 형태(pro-form)에 의하여 더 긴 표현을 대치하는 과정을 대용 표현(대용 형태)을 사용한 세 예문이 있다.


(38) ㄱ. 철수는 영이를 좋아하고 복남이도 영이를 좋아한다.
　　　ㄴ. 철수는 영이를 좋아하고 복남이도 그를 좋아한다.

(39) ㄱ. 철수는 열심히 일했고 복남이도 열심히 일했다.

ㄴ. 철수는 열심히 일했고 복남이도 <u>그랬다</u>.

(40) ㄱ. 철수가 영이와 산다. 그런데 철수가 영이와 산다는 것은 매우 힘든 일이다.

ㄴ. 철수가 영이와 산다. 그런데 <u>그것은</u> 매우 힘든 일이다.

(38ㄴ)은 대명사를, (39ㄴ)은 대용 동사구를, (40ㄴ)은 대용 문장을 사용한 대용 표현의 보기이다.

수행 담화 규정은 정상적인 방식으로는 많은 문법 규칙을 위반한다. 예를 들면, 동사 규칙은 "내 아저씨도 했다."를 잘 짜인 문장으로 생성하지 않는다. 그러나 다음의 (41) 담화에서는 완벽하게 수용되는 문장이 된다.

(41) 화자 1 : 내 아주머니는 철저하게 음식 조절을 했다.

화자 2 : 내 아저씨도 했다.

화자 2의 발화는 "내 아저씨도 철저하게 음식 조절을 했다."는 것을 의미한다. 빠진 구절은 앞의 발화를 듣고 이해할 수 있다.

전체 문장도 이런 방식으로 다음의 예문 (42)와 같이 채워 넣을 수 있다.

(42) 화자 1 : 영이는 철저하게 음식 조절을 하여서 그 여자는 몸무게를 많이 줄였다.

화자 2 : 순이도 그랬다.

화자 2의 발화는 "순이는 철저하게 음식 조절을 하여서 그 여자는 몸무게를 많이 줄였다."라는 의미이다. 담화 규칙은 구문에서 빠진(생략된) 부분을 마련해 줄 뿐만 아니라 두 번째 문장 전체의 의미를 마련해 준다.

대부분의 담화는 전보문처럼 간략하다. 그래서, 특히 동사구는 언급되지 않고

절 전체는 생략되며, 대명사는 많이 쓰인다. 그런데도 서로 담화를 이해할 수 있는 이유는 문법 규칙과 담화 규칙이 담화에서 빠진 부분을 채우고 담화를 조리가 서게 하는 문맥 지식과 결합하기 때문이다.

## 5.5 화용론

지금까지 문장이나 담화의 문맥에 대하여 설명하였고 언어를 해석할 때에 문맥이 중요하다고 말하였다. 문장이 정보를 옮기는 방식에 문맥이 어떻게 영향을 끼치는가에 대한 일반적인 연구를 화용론(pragmatics)이라고 한다.

화용론은 통사론이나 의미론만큼 복합적인 주제이다. '화용론'이란 용어는 기호를 연구하는 기호학(semiotics) 분야에서 온 것이다. 언어 기호도 일종의 기호이다. 기호학에서 통사론이란 '기호를 배열하는 방식'을 말하고, 의미론이란 '기호가 의미하는 것'을 뜻하고, 화용론이란 '기호와 사용자 사이의 관계'를 의미한다.

화용론은 화맥(話脈)에서 사람들의 언어 사용을 처리하여야 한다. 그래서 화용론은 언어 수행(linguistic performance)이라고 불리는 부분이라고 할 수 있다.

### 5.5.1 화행(話行)

우리는 말로 약속, 내기, 경고, 명명(命名), 추천, 축하, 선서 등 여러 가지 일을 할 수 있다.

'나는 새벽에 일찍 올 것을 약속한다.'라는 말을 한다면, 화자는 어떤 사실을 말할 뿐만 아니라 어떤 사람에게 약속을 하는 것이다. 약속하다(promise), 경고하다(warn), 주장하다(assert), 요구하다(request) 같은 동사를 수행 동사(perfo-rmative verb)라고 한다. 문장에서 이런 동사를 사용할 때에는 언급하고 있는 것 이상의 어떤 특별한 일을 한다. 모든 언어에는 수많은 수행 동사가 있다. 다음 예문 (43)은 수행 동사를 사용한 문장이다.

> (43) ㄱ. 나는 내가 나았다는 것에 동의한다.
> ㄴ. 나는 홍길동을 서울 시장으로 추천한다.
> ㄷ. 나는 해태 타이거즈가 이긴다는 것에 오천 원을 건다.

이 문장들에서 화자는 제 1인칭인 주어인데, 이 문장을 말함으로써 어떤 부가적인 행위, 즉 동의하거나 추천하거나 내기하는 행위를 수행하고 있다. 또, 이 문장들은 긍정 서술문이고 현재 시제이다. 이런 것들이 전형적인 수행문(performative sentence)이다.

포더와 캐츠(Fodor, J.A. & Katz, J.J. 1964)에서는 어떤 문장이 수행 동사를 가지고 있다면 그 문장은 'I hereby …'로 시작한다고 한다.

실제로 모든 발화는 일종의 화행이다. 수행 동사가 없는데도 '비가 온다.'는 진술(stating)이 함축된 수행이고, '비가 오니?'는 질문(questioning)이라는 수행이며, '없어져 버려라!'는 명령이라는 수행이다. 이들 문장에는 수행 동사를 사용할 수 있다.

> (44) ㄱ. 비가 온다. → 나는 비가 온다고 말한다.
> ㄴ. 비가 오니? → 나는 비가 오느냐고 묻는다.
> ㄷ. 없어져 버려라! → 나는 너에게 없어져 버리라고 명령한다.

문장으로 일을 어떻게 하는가에 대한 연구가 화행(speech act)의 연구이다. 사람들은 발화에서 문맥의 중요성을 예리하게 알아차린다. '집안에 사나운 개가 있다.'라고 하면, 경우에 따라서 경고일 수도 있고 단순한 사실에 대한 진술일 수도 있다.

화행 이론에서는 질문을 하면서 실제는 명령을 하는 경우, 또는 비꼰다거나 하는 특별한 억양으로 말하여 반대 의미를 나타내는 경우를 파악하고자 한다. 예를 들어, '저 책 좀 집어 주겠니?'라는 말은 질문의 형태이지만 명령의 의미이다. '너 참 잘한다.'라고 하면 칭찬을 나타내는 말이다. 그러나 '잘'을 길게 뽑으면서 같은 높이로 '잘한다'를 발음하면 '잘 못한다'라는 의미를 나타낸다.

언어를 사용할 때, 한 문장을 경우에 따라 여러 가지 다른 의미로 나타낸다. 오스틴(Austin, J.L., 1962 : lecture Ⅷ)에서는 한 문장을 발화할 때, 화자는 일반적으로 상이한 세 행위를 포함한다고 한다. 그 세 행위는 다음과 같다.

첫째, 언표적 행위(locutionary act)가 있는데, 이것은 어떤 의미를 지닌 문장을 발화하는 행위이다.

둘째, 언표 내적인 행위(illocutionary act)가 있는데, 이것은 화자가 발화로써 언표적 행위 이외의 행위−칭찬, 비평, 동의 등을 이루려는 행위이다.

셋째, 언향적(言響的) 행위(perlocutionary act)가 있는데, 이것은 화자가 청자에게서 어떤 결과의 반응을 얻기 위하여 문장을 발화하는 행위이다.

예를 들면, '불을 꺼버리겠다.'라고 말하였다면 언표적 행위는 '불을 꺼버리겠다.'라는 문장의 발화이다. 그러나 이 발화를 청자가 위협으로 받아들이기를 의도하고 있을 수 있다. 잠을 안 자면 불을 끄겠다는 위협이 화자의 언표내적 행위이다. 화자가 발화를 통하여 청자에게서 어떤 결과를 얻으려고 하는 행동이 있는데, 아이가 두려워서 조용히 잠드는 것이다. 이것이 언향적 행위이다. 이 언향적 행위는 화자의 발화로부터 나오는 것이지만 의미에 대한 언어적 설명으로 적절한 것이라고 생각하지는 않는다.

## 5.5.2 전제

화자들은 종종 사실 세계에 대하여 함축적인 가정을 하는데, 발화 의미는 이 가정에 의존할 수도 있다. 이런 가정을 전제(presupposition)[7]라고 한다.

(45) ㄱ. 너는 장사를 그만 두었니?

ㄴ. 그는 비 오는 날에는 등산을 하지 않는다.

문장 (45ㄱ)에서 화자의 말은 청자가 과거 어느 시기부터 장사를 해왔다는 것을 전제로 하고 있고, 문장 (45ㄴ)에서는 그는 평소에 등산을 한다는 것을 전제로 하고 있다. '프랑스의 현재 왕은 대머리이다.'라는 문장이 있다면 현재 프랑스에는 왕이 있다는 전제가 있어야 한다. 그러나 현재 프랑스에는 왕이 없으므로 전제와 실제 세계가 다르다. 이런 발화는 이상하게 느껴진다.

'커피를 또 한 잔 마시겠니?'라는 문장은 커피를 이미 한 잔 또는 그 이상 마셨다는 사실을 전제하거나 함의하고 있다. '또'라는 단어 의미에는 그런 전제가 포함되어 있다. 캐롤(Carrel, L.)이 지은 '앨리스의 이상한 나라의 모험'(Alice's Adventures in wonderland)에 나오는 한 대목을 보자.

(46) "차를 좀 더 들어." 토끼가 앨리스에게 매우 진심으로 권했다.

"지금껏 아무것도 들지 않았어."

앨리스는 불쾌한 어조로 대답했다.

"그러니까 더 들라는 것은 말이 안돼."

"아무것도 안 먹었다면 덜 먹을 수는 없는 일이지. 더 먹는 일은 매우 쉬운 일이야."

이 글의 유머는 '더'의 의미를 알기 때문에 생기는 것이다. 이런 현상은 함의 (implication 또는 entailment)라고 할 수 있다. '더'의 의미는 이미 어떤 것이 있었다는 것을 함의한다.

전제는 간접적으로 정보를 전달하기 위하여 사용된다. 만일, 어떤 사람이 '나는 누나와 이야기하였다.'라고 한다면 분명하게 언급하지 않았다 해도 우리는 그 사

---

7) 전제를 함의(implication)라고 일컫기도 한다.

람에게 누나가 있다는 것을 가정할 수 있다. 대화나 발화에서 주고받는 대부분의 정보는 이런 것들이다. 대화가 끝난 후, 어떤 사실은 특별하게 언급되지 않았는데, 우리에게 전해진다는 것을 안다. 그런 사실이 전제이다.

법정에서 사용하는 언어는 제한을 받는데, 전제가 판사나 배심원에게 영향을 주면 안 된다. 법정에서는 '당신은 이제 아내를 구타하지 않습니까?'라는 질문 형태는 허용되지 않는다. 이 질문의 타당성을 인정한다는 것은 전제를 인정한다는 의미이기 때문이다.

### 5.5.3 직시

모든 언어에서 많은 단어와 표현은 그 내용이 전적으로 환경에 의존하며, 오직 이런 환경에 비추어서만 이해될 수 있다. 화용론의 이런 면을 직시(直示, deixis) 또는 직시 체제라고 한다. 대명사는 직증적(deictic) 또는 직접 지시적이므로 '나, 너, 우리, 그' 등은 화자와 청자가 밝혀져야 번역을 할 수 있다. 지시 관형사인 '이 (남자), 그 (여자), 저 (노인)'를 사용한 표현 이외에도 고유 명사는 직증적이므로 청자가 지시 관계를 알고 의미하는 것을 이해하기 위하여 화용적 정보가 필요하다. 필모어(Fillmore, 1966 : 220~222)에서는 직시에 인칭 직시(person deixis), 시간 직시(time deixis), 장소 직시(place deixis) 등이 있다고 한다. 인칭 직시는 앞에서 예를 들었다.

시간 직시는 '지금, 내일, 지난 주, 일 주일 전' 같은 것이다. 이들 표현이 지시하는 특정한 시간을 이해하기 위해서는 발화 시간을 아는 것이 필요하다. '일 주일 전'이라고 할 때 오늘 말할 경우와 한 달 뒤 말할 경우에 지시 내용이 다르다.

장소 직시는 '여기, 그 곳, 이 마을, 저 섬' 같은 것들이다. 이들 표현이 지시하는 특정한 장소를 이해하기 위해서는 발화 상황을 아는 것이 필요하다. 여기서 '여기'라고 말할 경우와 저기서 '여기'라고 말할 경우에 지시는 분명히 다르다.

방향에 관한 단어들인 '오른쪽/왼쪽, 앞/뒤, 위/아래, 안/밖'도 화자가 어느 위치에서 어느 쪽을 보면서 말하는가에 따라 달라지므로 직증적이다.

직시는 언어 사용에 많이 있는데, 의미론과 화용론의 한 경계를 나타낸다. 대명사 '나'는 분명히 문맥과 관계없이 의미를 가지고 있다. 그 의미론적 의미는 '화자'이다. 그러나 문맥에서는 화자가 누구인지 아는 것이 필요하다. 그런 까닭에 '나'가 무엇을 지시하는지에 대해서 알아야 한다.


## 5.6 언어 규칙 위반

언어의 규칙은 자연의 법칙이 아니다. 자연의 법칙은 기적에 의하여 깨지고 언어의 규칙은 날마다 모든 사람들에 의해 깨진다. 언어의 규칙이 깨지는 것은 인간이 불법성을 지녔기 때문에 그런 것이 아니고 인간이 언어를 사용하는 또다른 방법이기 때문이다. 언어 규칙 위반에는 세 가지가 있다. 의미 규칙을 위반하여 '무의미'를 만드는 변칙(anomaly), 비언어적 의미라고도 하는 은유(metaphor), 표현 의미가 구성 부분 의미와 관계가 없는 관용구(idiom) 등이다.


### 5.6.1 변칙

다음의 예문 (47)은 한국어의 모든 문법 규칙에는 맞지만, 모순된 의미가 나타나므로 변칙적(anomalous)이다. 아버지의 의미에는 적어도 하나 이상의 자식을 두고 있다는 사실을 포함하고 있기 때문이다.

    (47) 내 아버지는 자식이 없다.

다음의 예문 (48)도 변칙적이다.

(48) 그 총각은 임신했다.

'총각'은 의미 자질 [+남성]을 가지고 있고, '임신'은 의미 자질 [−남성]을 가지고 있다. 또, 의미 잉여 규칙에 따라 '임신'은 [−남성]으로 표시할 수 있다. 문장 속에서 동등한 것으로 나타나야 하는 두 단어가 [+남성]과 [−남성]으로 나타나므로 문장을 변칙으로 만든다.

단어의 의미 자질은 어떤 단어가 다른 단어와 결합할 수 있는가를 결정한다. 이런 사실을 설명하기 위하여 언어학자들이 사용하는 문장이 있다.

(49) Colorless green ideas sleep furiously.

앞의 예문 (49)는 촘스키(Chomsky, N., 1957)가 처음 사용하였다. 이 문장은 영어의 모든 통사 규칙에 벗어나지 않는 것 같아 보인다. 주어부는 'colorless green ideas'이고, 서술어부는 'sleep furiously'이다. 그러나 의미론적으로 잘못된 부분이 있다. 'colorless'의 의미는 '무색'이라는 의미 자질을 포함하고 있으면서 '녹색'이라는 의미 자질을 가진 'green'이라는 형용사와 결합하고 있다. 그래서 이 문장은 '무색'과 '녹색' 두 자질을 동시에 가지게 되므로 의미 규칙 위반이 나타난다. 이렇게 의미 있는 단어들로 문법에 맞게 결합되었더라도 의미 규칙 위반이 나타나는 문장은 황당무계하다. 황당무계한 의미를 가려낼 수 있는 능력은 언어의 의미 체계와 단어의 의미에 대한 지식에 달려 있다.

문장을 이룬 것처럼 보이지만 의미 없는 단어를 포함하고 있어서 의미를 이루지 못하는 문장이 있다. 그런 문장은 해독할 수 없다.

(50) 가시운 바람이 성들성들 분다.

예문 (50)은 한국어 문장인 것처럼 보인다. '가시운 바람이'는 주어부, '성들성들 분다'는 서술어부로 생각된다. 주어부에서 '가시운'은 명사를 수식하는 관형어, '성들성들'은 동사를 수식하는 부사어인 듯하다. 그러나 '가시운'과 '성들성들'은 의미 없는 단어이므로 예문 (50)과 같은 문장은 의미 없는 문장이다.

## 5.6.2 은유

발화에서는 때때로 특별한 의미를 전하기 위하여 의미 규칙을 깨기도 한다. '벽에도 귀가 있다.'라는 문장은 분명히 변칙적인 문장이다. 그러나 이 의미는 '아무도 듣지 않는다고 해도 누구든 듣는 사람이 있을 수 있다.'고 해석할 수 있다. 어떤 의미로는 이 문장은 다의적이다. 그러나 문자적 의미로는 있음직하지 않은 내용이므로 청자는 이 문장을 달리 해석하기 위하여 상상력을 이용한다. 이 때의 의미는 추론된 의미 자질 또는 유사성을 나타내는 의미 자질을 기초로 한다. 이러한 비문자적인 문장 해석을 은유(metaphor)라고 한다.

'내 차는 탱크이다.'라는 문장의 문자적 의미는 변칙적이다. 그러나 그럴듯한 문자적 해석을 할 수 있다. 즉, 탱크를 개인용 차로 사용하는 경우이다. 그래도 가장 일반적인 의미는 탱크처럼 튼튼함을 지시하는 은유적인 해석이다. 이 경우에는 탱크가 지닌 '튼튼함'이란 의미 자질과 관계된다.

'철수는 예쁜 강아지이다.'는 문자적인 의미로는 철수라는 이름을 가진 예쁜 어린 개를 가리킨다고 할 수 있다. 은유적으로는 실제 강아지와는 관련이 없고 강아지가 가진 속성과 관련이 있다.

은유를 해석하기 위해서는 문자적 의미와 세계에 대한 사실을 이해하는 것이 필요하다.

> (51) 시간은 금이다.

예문 (51)과 같은 은유를 이해하기 위해서는 사회에서 노동 시간이나 일수에 따라 급료를 지불한다는 사실을 아는 것이 필요하다.

언어를 은유적으로 사용한다는 것은 언어를 고도의 창조성을 가지고 사용한다는 것이다. 언어를 은유적으로 사용한다는 기반은 모든 화자들이 지닌 단어에 대한 통상적인 지식, 단어의 의미 자질 그리고 단어를 결합하는 힘 등이다.

### 5.6.3 관용구

한 언어를 안다는 것은 형태소, 단일어, 합성어 그리고 그들의 의미를 아는 것이고, 그밖에 두 개 이상의 단어로 구성되어 개별 단어 의미로는 추측할 수 없는 의미를 가진 구를 아는 것이다. 이 구에는 통상적인 의미 결합 규칙을 적용하지 못한다. 이러한 표현을 관용구(idiom)라고 한다. 모든 언어는 수많은 관용구를 가지고 있다.

한국어의 관용구에는 다음과 같은 유형이 있다.

> 가. 문장 형식
> 등잔 밑이 어둡다.
> 종로에서 뺨 맞고 한강에 가서 눈 흘긴다.
>
> 나. 구절 형식
> 식은 죽 먹기
> 새 발의 피
> 독 안에 든 쥐
> 수박 겉 핥기
> 소경 제 닭 잡아먹기
>
> 다. 단어 형식
> 감투쓰다
> 작은마누라
> 바람잡다

관용구는 고정된 형태로 되어 있어서 다른 말과 결합되지 않고 어순이 바뀌지 않는 것만 다를 뿐 구조는 일반적인 구와 유사하다.

관용구 '식은 죽 먹기'는 '매우 쉽다'는 의미이다. 여기에 '빨리'를 첨가하여 '식은 죽 빨리 먹기'라고 하면 관용적 의미는 없어지고 문자적 의미만 나타난다. 그러나 일반구 '익은 감자 먹기'는 관용구가 아니어서 문자적 의미만 지니고 있으므로 '빨리'를 첨가하여 '익은 감자 빨리 먹기'라고 하더라도 '빨리'의 의미만 더하여질 뿐 다른 변동은 없다.

관용구는 의미 자질 결합 규칙을 위반한다. '식은 죽 먹기'에서 각 단어들은 의미를 잃고 전체는 다른 의미로 쓰인다.

의미론적으로나 문법적으로나 관용구는 특수한 성격을 지닌다. 관용어는 의미가 명시된 항목으로 어휘 목록 속에 들어가야 하며, 관용어를 사용하는 화자는 문장 속에서 관용어를 사용할 때에 특별한 제약을 알고 있어야 한다.

많은 관용어는 언어 속에서 사용되어 형태와 의미가 고정된 은유적 표현처럼 출현한다고 볼 수 있다.

## 5.7 의미 변화

언어의 형태와 의미는 고정되어 있지 않고 시간과 장소에 따라 변화한다. 이 변화에는 원인과 결과가 있다. 언어를 시간에 따라 변화면에서 연구하는 것은 언어사(한국어사)이고, 장소에 따른 변화면에서 연구하는 것은 방언학이다. 언어 의미 변화의 성격, 원인과 결과 등을 연구하는 것이 의미론이다.

### 5.7.1 의미 변화의 성격

의미 변화란 중핵 의미(core meaning)를 편향되게 사용함으로써 생기는 변화를 말한다. 이래서 단어의 주의미(主意味)가 사라지고 새로운 주의미가 나타나거나, 주의미는 그대로 있고 부의미(副意味)가 드러나게 된다.

의미 변화를 촉진하는 요인으로 울만(Ullmann, S., 1962 : 193~210)에서는 다음과 같이 여섯 가지를 제시하고 있다.

① 언어는 한 세대에서 다음 세대로 불연속적(discontinous) 방법으로 전달된다.

언어를 배울 때, 잘못 받아들인 단어 의미를 정정하지 못하고 그대로 사용하게 되면 새 세대에는 의미 변화가 나타난다는 것이다. 한국어에서 '세수(洗手)'를 '얼굴을 씻음'이란 의미로 사용하고, 분명히 용법이 다른데도 '매우' 대신 '너무'를 사용하는 예가 여기에 해당한다고 보겠다. '세면(洗面)'이란 단어가 있는데 굳이 '세수'가 그 의미로 쓰이고, '매우'는 강조 의미로 긍정적으로 쓰이는 부사이고, '너무'는 강조의 의미가 있지만 부정적으로 쓰인다. 그래서 '매우 예쁘다'라고 하면 '예쁘다'가 강조된 것이지만 '너무 예쁘다'라고 하면 지나치게 예뻐서 오히려 나쁘다는 의미이다.

② 의미의 모호성(vagueness)이 의미 변화의 요인이 된다.

'쌀'에 관한 여러 구분된 말을 가진 한국어와 '쌀, (쌀)밥, 벼, 모' 등의 이런 구분이 없이 하나의 단어 'rice'를 가진 영어에서 이 단어들의 의미 속성은 다르므로 단어 사이는 경계가 모호하여 의미에 변동이 일어나서 변화를 한다. 이런 까닭으로 중세 한국어 '스랑'은 '생각[思], 그림[戀], 사랑[愛]'의 의미로 주로 사용한 결과, 오늘날에는 '사랑[愛]'의 의미만 지니게 되었다.

단어는 완전히 동질적으로 사용되지 않는다.

단어는 문맥과 장면, 화자에 따라 의미가 달라진다. 이것이 또 다른 모호성의 원인이 된다. 중세 한국어 'ᄆᆞᅀᆞᆷ'은 본래 의미가 '심장'이었는데, 다양하게 사용된 결과로 오늘날에는 '정신, 감정, 의지, 성의, ……' 등의 의미로 쓰인다.

비언어적 세계에서 경계가 불분명하여 모호성을 유발하기도 한다. '뺨'과 '볼'의 경계가 모호하여 오늘날에는 동의어처럼 쓰인다. 중세 한국어 '얼굴'은 형체를 의미했는데, 오늘날에는 '낯'을 가리키는 말이 되어 동의적으로 쓰인다.

단어가 지시하는 사물과의 친근성(familiarity)의 결핍이 모호성을 유발한다. 중세 한국어 '아즈미'는 친족 명칭이었으나 의미가 확대되어 오늘날에는 '아주머니'가 부인(婦人)의 뜻으로도 널리 쓰인다.

③ 유연성(有緣性, motivation)의 상실이 의미 변화의 요인이 된다. 특히 외래어가 한국어에 완전히 동화하면 그 어원이 외국이라는 생각을 잊으므로 외래어 특유의 표현성이 없어진다.

포르투갈 어에서 온 '고뿌'를 영어 '컵(cup)'에서 온 것으로 잘못 생각하는 것은 유연성을 잃었기 때문이다. 연로한 사람 가운데 영어 '토큰(token)'을 '토권'이라고 발음하는 경우가 있는데, 이것은 이 단어가 외래어라는 것을 잊고 '승차권'의 '권'과 발음이 비슷하므로 합성하여 사용한 오해의 결과라고 볼 수 있다.

④ 다의성(polysemy)의 존재가 언어의 유연성(柔軟性)을 준다. 다의성은 적용상의 전이(轉移), 사회 환경의 특수화, 비유적 표현 등에 의하여 발생하는데, '아버지'가 '생부(生父)'라는 의미 외에 '하느님, 어느 분야에서 처음으로 공헌을 세운 사람(전구 발명의 아버지 에디슨)'의 의미를 가지게 되는 것이 이런 현상의 결과이다.

⑤ 의미 변화는 다의적 문장(ambiguous context)에서 일어난다.

중세 한국어 '혜다'에서 파생한 명사 '혬'(또는 혜윰, 혬가림)이 송강의 '사미인곡'에 "혬가림도 하도 할샤"에서 '생각, 근심'의 의미로 쓰인 것을 볼 수 있다.

⑥ 의미 변화를 지배하는 일반적 요인 가운데 가장 중요한 것은 어휘 구조(structure of vacabulary)일 것이다.

어휘는 무한히 많은 단어로 이루어진 느슨한 집합체이다. 그러므로 어휘는 매우 유동적이고 가변적이다. 한 언어의 어휘는 개개의 단어가 매우 쉽게 의미를 획득하고 상실하는 불안정한 구조이다. 따라서, 의미 변화는 어쩔 수 없는 현상이다.

## 5.7.2 의미 변화의 원인

언어 변화의 원인으로는 언어적 원인, 역사적 원인, 사회적 원인, 심리적 원인 등이 있다. 이것들에 대해서 간략히 살펴보기로 한다.

### 5.7.2.1 언어적 원인

**전염**  습관적인 단어 결합에 의해 한쪽 의미가 다른 쪽에 전이, 감염되는 현상을 말한다. 긍정적인 의미를 지닌 단어가 부정사와 결합하여 빈번히 사용함으로 인해 부정적 가치를 지니게 되는 경우가 있다. 이러한 경향의 예는 프랑스 어에 나타나는데[라틴 어 persona(사람) : ne … personne(아무도 …않다)], 한국어 '전혀', '별로' 등도 같은 현상이다.

**생략**  통사적 구성에서 일부를 생략하되 생략된 부분의 의미가 나머지 부분에 보존되는 현상을 뜻한다.

> (52) 아침(朝飯) (〈아침밥), 머리(頭髮) (〈머리카락)
>      코(鼻液) (〈콧물), 아파트(apartment) (〈아파트먼트)

### 5.7.2.2 역사적 원인

**지시물의 실제 변화**  기술이나 습관이 달라짐에 따라 지시물이 실제적으로 변화하는 것이다. 이는 지시물이 변한 것[배 : (나무로 만든 배에서) 기선, 우주선], 지시물이 소멸된 것(옛 관직, 제도 명칭, 화랑, 판서), 지시물은 소멸하였으나 단어는 남아 있는 것(대감, 영감) 등 세 가지로 나눌 수 있다.

**지시물에 대한 지식의 변화**  지시물은 있으나 과학과 문화의 발달로 지시물에 대한 지식이 달라지기 때문에 그 의미가 변화한다. 평면으로 알고 있던 '땅'이 구면(球

面)이고, '해가 진다', '해가 뜬다'도 지구의 자전의 현상이라는 것을 알게 되어 지시물에 대한 지식이 변화하였다.

**지시물에 대한 태도의 변화**  지시물에 대한 정의적(情意的)인 태도의 변화로 지시물의 의미가 변한다. '효도, 민주주의, 해방' 등도 많은 정의적 변화를 겪었고, '형무소〉교도소, 운전수〉운전기사, 간호부〉간호원〉간호사' 등도 정의의 변화 때문에 지시물의 의미가 바뀐 것이다.

### 5.7.2.3 사회적 원인

메이예(Meilet, A., 1905~1906)는 "언어는 한 집단의 말이 다른 집단에 차용될 때에 단어 의미가 변한다."고 하였다. 이 때의 변화는 의미가 확장되는 일반화와 의미가 축소되는 특수화로 나타난다.

**의미의 일반화**  특수 집단의 말이 일반적인 용법으로 차용될 때 의미가 확대되어 일반어로 바뀌는 것을 말한다.

    (53) 왕   : 제1인자(가수왕), 큰(왕눈이, 왕거미)
          선생 : 일반적인 존칭

**의미의 특수화**  한 단어가 특수 집단의 언어로 차용될 때에 의미가 축소되어 특수어로 바뀌는 것을 말한다.

    (54) 아버지 : 天主(종교)
          출혈 : 손해(상업 집단)
          여물통 : 입(범죄 집단)

### 5.7.2.4 심리적 원인

울만(Ullmann, S., 1962)은 의미 변화의 원인은 종종 화자의 심리 상태나 심리 구조의 어떤 영속적인 특질에 있다고 한다. 이것으로는 감정적 요인과 금기어 두 가지를 들고 있다.

**감정적 요인**  우리가 어떤 문제에 많은 흥미를 가지면 자연히 그것에 대해 많은 이야기를 하게 되고, 전혀 관계없는 이야기를 할 때에도 그것을 언급하게 된다. 그와 같은 문제는 늘 우리 마음속에 있으며, 다른 경험을 이야기할 때, 직유(直喩) 나 은유(隱喩)를 암시해 주게 되는데, 이것이 확장의 중심(center of expansion)이 되고 동시에 견인(牽引)의 중심(center of attraction)도 된다. 이들은 어떤 사실의 기술을 정밀하고 참신하며 다채롭게 표현하기 위하여 다른 분야에서 유사한 것을 끌어내온다. 따라서 이들은 감정의 중심에서 나오는 것과 그곳을 향하여 들어가는 것의 두 가지 움직임의 은유를 빚어낸다.

확장의 중심 즉 감정의 중심에서 나오는 은유로는 '재건복, 재건 체조', 견인의 중심 즉 감정의 중심으로 들어가는 은유로는 '돼지다리(권총), 바가지(철모), 갈매기(계급장)' 등이 있다.

**금기어**  '타부(taboo)'는 폴리네시아 어로 18세기 영국 탐험가 쿡(Cook, J.) 선장이 영어에 소개하였고 그 후에 다른 나라에 퍼진 말이다. 이 말은 일반적으로 금지된 것을 뜻한다.

울만(Ullmann, S., 1967 : 204~208)에서는 금기어를 배후에서 작용하는 심리적 동기에 따라 세 가지로 나누고 있다.

그 하나는 공포감에 의한 금기어인데, 초자연적인 존재에 대한 경외감에서 그 명칭의 사용을 금하여 생기게 된 금기어이다. '호랑이'를 '산신령', '천연두'를 '마마'라고 한 것이 그런 예이다. 또 하나는 우아한 표현을 위한 금기어인데, 불쾌한 것을 직접 지시하는 것을 꺼려 완곡하게 표현한 것이다. '죽다'를 '숨지다, 돌아가다', '병신'을 '장애인'이라고 한 것이 그런 예이다. 마지막 하나는 예의에 의거한 금기어인데, 미풍양속을 해치지 않으려는 의도로 신체의 어느 한 부분, 성(性), 욕설 등에 관한 금기어가 이에 해당된다. '젖'은 '가슴', '강간'을 '폭행'이라고 한 것이 바로 그런 예이다.

## 5.7.3 의미 변화의 유형

의미 변화는 전통적으로 의미 영역의 변화에 따라 분류하였다. 이것은 의미 변화의 결과적인 면을 다룬 것이다.

### 5.7.3.1 확대

단어가 지닌 개념적 내포가 감소하고 적용 범위인 외연이 증가하는 현상을 확대 (broadening)라고 한다.

> (55) ㄱ. 짐 : 등에 지는 물건 → 화물
> ㄴ. 손 : 사람의 손가락과 손바닥이 있는 부분 → 사람
> ㄷ. 겨레 : 종친 → 민족
> ㄹ. 선생 : 교원 → 일반적 존칭

### 5.7.3.2 축소

확대와 반대로 내포가 증가되고 외연이 감소되는 경우를 의미의 축소(narrowing) 라고 하는데, 의미가 특수하게 됨을 이른다.

> (56) ㄱ. 쌀 : 곡식의 알맹이 → 입쌀
> ㄴ. 아침 : 오전 반나절 동안 → 조반

### 5.7.3.3 변이

단어의 의미가 바뀌어 다른 의미를 갖는 것을 의미의 변이(變移, shift)라고 한
다. 의미의 축소나 확대와 다른 점은 축소나 확대는 본래의 의미를 유지하고 있으
나, 변이는 본래 의미를 완전히 잃어버린다는 것이다.


(57) ㄱ. 예쁘다 : 불쌍하다 → 아름답고 귀엽다
     ㄴ. 어리다 : 어리석다 → 나이가 적다

# 제6장
# 한국어사

## 6.1 한국어사 서설

### 6.1.1 한국어사의 개념과 연구 방법

모든 언어가 그렇듯이 한국어도 시간이 흐름에 따라 음운, 어휘, 문법 등 언어의 모든 면에 변화가 나타난다. 이들 변화를 밝혀 체계적으로 기술한 한국어의 역사를 한국어사라고 일컫는다. 한국어의 역사는 선사 시대부터 현재에 이르기까지 겪어 온 변화의 과정이다. 그러므로 한국어사에서는 이런 변화의 과정과 결과를 연구함으로써 한국어의 계통을 밝히고 한국어가 어떤 언어에서부터 출발하여 형성되었나를 알아내고 한국어의 언어적 변천을 파악하는 것이 중요한 일이 된다.

언어의 변천을 연구하기 위해서는 문자로 기록된 자료, 방언, 유사한 언어와의 비교, 그리고 일반 언어 이론 등의 방법이 동원된다.

**문자로 기록된 자료** 한글로 기록된 자료는 훈민정음이 창제된 1443년 이후에 기록된 것들이다. 한자로 기록된 것들로는 '삼국사기(三國史記)', '삼국유사(三國遺事)', '계림유사(鷄林類事)', '조선관역어(朝鮮館譯語)' 등과 같은 문헌이 있다. 이들은 한자를 빌려 한국어를 기록하였으므로 당시의 정확한 언어 사실을 파악할 수 없다는 단점이 있다. 중국의 '삼국지 위지(三國志魏志)', 일본의 '일본 서기(日本書記)', '고사기(古事記)' 같은 문헌들도 한국어사 자료로 활용할 수 있다.

또한 삼국 시대 때에 기록된 금석문(金石文)들도 문자 자료로서 귀중한 가치를 지니고 있다.

**지역 방언**  일반적으로 한 언어 안에서 지역에 따라 차이가 나는 언어이다. 스위스의 질리에롱(Jules Gillieron)은 정치, 문화의 중심지에서 멀리 떨어진 지역의 방언에 고어의 형태가 남아 있다는 '방언 주권설(方言周圈說)'을 제창하여 언어사 연구에 중요한 도움을 주고 있다. 방언에 남아 있는 고어의 형태를 통하여 현대어와 비교하여 언어의 변천을 살펴볼 수 있다.

**유사한 언어와의 비교**  한국어와 친족 관계에 있는 언어들과 비교하여 연구하는 것을 말한다. 친족 관계 언어, 즉 동일한 조어(祖語)에서 분화된 동계의 언어들 사이에 나타나는 언어적 유사성을 비교 연구하는 것인데, 비교언어학(比較言語學)이라고 한다. 비교하는 언어들 사이에 나타나는 음운, 문법과 어휘의 대응 관계를 통하여 원시 형태를 재구(再構, reconstruction)하고 공통적인 조어(祖語)까지 추정할 수 있다. 비교 연구에서, 우연성이나 차용에 의해서도 대응 관계가 나타날 수 있으므로 이런 예들에 주의하여야 한다.

한국어의 비교 연구는 알타이 어족 비교 연구의 개척자민 람스테트(Ramstedt, G.J., 1873-1950)가 시작한 이래 많은 연구가 나오고 있다.

**일반 언어 이론**  한국어의 역사 변천은 대부분 일단 언어 이론에 근거하고 있다. 김형규(1975)에서 예를 들어 보면, 문헌 자료를 통해 'ᄀᆞ새 〉 ᄀᆞ애 〉 가위'의 변천 과정을 확인할 수 있다. 방언을 조사하여 보면 경상도·전라도·함경도 방언에 '가새, 가시개'가 나오고, 알타이 여러 언어와 비교하여 보면, 'hasaha, haza'

같은 형태가 있는 것을 볼 수 있다. 여기에 유성음 사이에서 'k, s' 등이 탈락하여 왔다는 서구 언어학자들의 이론을 적용하면, 이 단어는 '*ᄀ시개〉ᄀ새〉ᄀ새〉ᄀ애〉가위'로 변천하여 왔다는 결론을 내릴 수 있다.


## 6.1.2 한국어사의 시대 구분

한국어사를 기술하기 위해서는 먼저 시대 구분을 하여야 한다. 이 시대 구분의 기준은 언어의 독자적인 변천을 근거로 하여야 한다. 그러나 언어가 정치, 문화와 사회의 변동에 따라 영향을 받게 되므로 이런 변동을 시대 구분에서 도외시할 수는 없다. 이런 점을 감안하여 한국어사를 다음 (1)과 같이 시대 구분하고자 한다.


    (1)  ㄱ. 고대 한국어(~신라 ; ~10세기 중엽)
         ㄴ. 중세 한국어(고려~임진왜란 ; 10세기 중엽~16세기 말)
            ·전기 중세 한국어(고려; 10세기 중엽~14세기 말)
            ·후기 중세 한국어(조선 초~임진왜란 ; 15세기 초~16세기 말)
         ㄷ. 근대 한국어(임진왜란 이후~갑오경장 ; 17세기 초~19세기 말)
         ㄹ. 현대 한국어(갑오경장 이후~ ; 19세기 말~)


고대 한국어는 알타이 조어로부터 한국어가 하나의 독립된 언어로 형성된 선사 시대의 한국어에서 시작하여, 삼국 시대를 거쳐, 신라가 삼국을 통일하여 한반도 에 언어 통일이 이루어졌던 시기까지로 잡을 수 있는데, 대략 신라가 끝나는 시기 (934년 멸망)인 10세기 중엽까지의 언어이다.

이기문(1972 : 41)에 의거하면 고대 한국어 시기의 한반도와 대륙에는 부여·한 조어(扶餘·韓祖語)가 있었고, 이 언어를 공통 조어로 하는 원시 부여어와 원시 한어가 존재하였으며, 하위에 부여계어(扶餘系語)를 대표하는 고구려어와 한계어 (韓系語)를 대표하는 백제어, 신라어가 있었다고 생각된다. 이 중에서 신라어가

고대 한국어의 중심어라고 말하는데, 그것은 현대 한국어가 중세 한국어의 계속
이고, 중세 한국어는 신라어가 이어진 것이기 때문이다.

　중세 한국어는 10세기 고려의 건국에서부터 16세기 말의 임진왜란을 전후로
한 시기까지의 한국어를 이른다. 신라가 멸망하고 고려가 세워지자 도읍이 경주
에서 개성으로 옮겨졌다. 이것은 한국어가 경상도에서 경기도로 중심을 이동한
것이므로 신라와 고려의 언어 사이에 변동을 일으키게 되었다. 이후 중부 지방의
언어가 조선을 거쳐 지금까지 이어와 현대 한국어의 핵심을 이루고 있다. 이 중세
한국어는 고려가 멸망한 시기인 14세기 말엽을 획으로 하여 전기 중세 한국어와
후기 중세 한국어로 나눌 수 있다. 이 14세기에는 음운 체계에 변화가 일어나서
전후의 언어 특징에 차이를 드러낸다.

　14세기 이전, 즉 전기 중세 한국어 시기는 고려 시대이므로 고려어라고 일컫기
도 한다. 후기 중세 한국어는 조선의 건국에서부터 임진왜란이 일어난 16세기
말까지를 가리킨다. 한국어사에서 가장 중요한 이 시기에 훈민정음이 창제되어
한자가 아닌 우리의 문자인 한글로 간행된 문헌이 많이 전한다. 이 문헌들은 당시
한국어의 모습을 정확하게 보이어 주므로 한국어 연구에 결정적인 기여를 하고
있다.

　근대 한국어는 임진왜란이 끝난 뒤인 17세기 초부터 갑오경장이 일어난 19세기
말까지의 한국어이다. 이 시기에 임진왜란과 병자호란으로 사회가 커다란 변화를
겪었고, 18세기에는 실학 사상이 나타났다. 이런 가운데 국민들은 새로운 의식을
갖게 되었다. 한국어에도 많은 변화가 나타나고 있는데, 임진왜란 전·후기의 문
헌을 비교하여 보면 반치음(△), 옛이응(ㆁ), 방점 등이 사라졌고, 구개음화, 모음
변이, 격음화, 경음화 현상이 많이 보인다. 이것은 커다란 사회적인 변동이 언어
에도 영향을 끼치기 때문이라고 하겠다.

　현대 한국어는 갑오경장이 일어난 19세기 말부터 현재까지의 한국어를 가리킨
다. 현대 한국어 시기 가운데 1945년까지는 일제 식민지 아래에서 일본의 언어

영향을 많이 받았으나, 해방 이후에는 서구, 특히 미국으로부터 많은 새 단어를 차용하였다. 남북으로 갈라진 후 남한과 북한은 시간이 흐를수록 언어 규범 면에서 차이가 나고 있다.

## 6.2 한국어의 계통과 형성

### 6.2.1 한국어의 계통

인간의 언어는 출발점부터 변천하고 분화하여 오늘날에 이르렀다. 현재 존재하는 언어들 가운데 어떤 언어들은 매우 유사한 특성을 가지고 있다. 그래서 처음에는 동일한 언어를 사용하던 집단이 정치, 문화, 지리 등 여러 원인으로 말미암아 여럿으로 갈라진 후 개별 언어로 발전한 것이라는 추측을 할 수 있다.

개별 언어 사이에 있는 유사성들이 우연적인 일치가 아니고, 그 언어들이 갈라지기 전에 지니고 있던 공통적인 특성이라면 그 언어들은 친족 관계(親族關係)에 있다. 이 친족 관계에 있는 언어들의 기원이 되는 공통어를 공통 조어(共通祖語)라고 한다. 언어들 사이의 친족 관계와 공통 조어는 비교언어학적 방법으로 밝혀내는데, 이런 연구 부문을 언어 계통론(言語系統論)이라고 한다.

#### 6.2.1.1 세계의 언어

현재 세계에는 6,000개 이상의 언어가 존재한다고 한다. 많은 언어가 알려지지 않은 채로 있고, 어떤 언어들은 개별 언어인지 한 언어의 방언인지 분명하지 않은 경우도 있다. 아메리카 인디언 언어는 1,000개가 넘고, 아프리카에도 1,000개에 가까운 언어가 있고, 뉴기니아 섬 하나만 해도 700개 이상의 언어가 쓰이고 있다. 인도는 150개 이상, 중국도 수십 개의 언어를 가지고 있고, 미국만 하여도 50개가 넘는 인디언 언어가 쓰이고 있다.

수천 개가 넘는 언어 가운데 백 개도 안 되는 언어를 70억이 넘는 세계 인구의 95% 이상이 쓰고 있다. 1억 이상의 인구가 사용하는 언어는 중한국어, 영어, 힌두어, 에스파냐 어, 러시아 어, 일본어, 독일어, 아랍어 등이다. 이 가운데 중한국어, 일본어, 아랍 어를 제외한 나머지 5개 언어는 모두 인도·유럽 어족에 속한다.

어떤 언어는 현재 그 언어를 사용하는 사람이 사라지면 함께 사라질 처지에 놓여 있기도 하다. 큰 언어 집단 속에서 사용되는 작은 언어도 위축·소멸의 길을 걷는다. 미국의 대다수 인디언 언어가 운명의 마지막 날을 맞고 있는데, 한 예로 아파치 어는 현재 열 명 미만의 사용자가 있을 뿐이다. 아프리카에서는 영어, 프랑스 어, 스와힐리 어, 그리고 그 밖의 큰 언어가 강조되고 있으므로 수백 개의 작은 언어는 차츰 사라질 것으로 보인다.

모든 언어의 조어가 되는 단일한 원형 언어(原型言語)를 설정하는 것은 불가능하지만, 언어들의 단어와 문법 구조 속에 나타나는 기본적인 유사성에 의하여 언어들 사이의 관련성이 증명되듯이, 여러 현대어가 어떤 조어로부터 유래된 것이라는 사실은 분명하다. 이렇게 드러난 유사성에 의하여 언어들을 게르만 어군, 슬라브 어군, 발트 어군, 로맨스 어군, 터키 어군, 몽골 어군, 퉁구스 어군 같은 어군으로 묶는다. 이 어군들은 유사성에 의해 더 큰 어족으로 묶이게 되는데, 게르만 어군, 슬라브 어군, 발트 어군, 로맨스 어군들은 인도·유럽 어족으로, 터키 어군, 몽골 어군, 퉁구스 어군들은 알타이 어족으로 묶이게 된다. 어떤 어족들은 상호 관련성에 대한 의문으로 그 구분이 아직도 불분명한 것이 있다. 어족을 50개 정도로 보기도 하나 보통 중요한 어족으로는 20개 정도를 잡는다. 바스크 어[1]와 같이 어떤 언어와도 유사성을 가지지 않고 완전히 고립된 독립적인 언어는 언어학적인 분류가 불가능하다.

개별 언어와 방언 사이의 차이를 분명하게 규정하기는 어렵다. 중한국어는 5~

---

[1] 바스크 어(Basque)는 스페인 서북부, 프랑스 남부 피레네(Pyrenees) 산맥 지방에 사는 바스크 족들이 사용하는 언어이다.

8개의 큰 방언으로 분류할 수 있는데, 이것들은 서로 통하지 못한다. 그러므로 별개의 언어나 다름없다. 한편, 네덜란드 어(Dutch)와 플란더즈 어(Flemish)는 한 언어의 방언으로밖에 볼 수 없는 것들로, 합쳐서 네덜란드 어(Netherlandish)라고 불리는데 정치적인 고려에서 별개의 언어로 취급하고 있다. 스웨덴 어와 덴마크 어, 힌두 어와 우르두 어, 말레이 어와 인도네시아 어, 그리고 타이 어와 라오스 어들도 방언적인 차이만 있어서 상호 소통이 가능한데도 네덜란드 어와 플란더즈 어를 별개 언어로 잡은 것처럼 정치적 고려에서 분리시킨 언어들이다. 인도·유럽 어족에서 게르만 어군에 속하는 스웨덴 어, 덴마크 어, 독일어, 영어를 비교하여 보면 다음의 (2)와 같다.

> (2) 스웨덴 어  Giv oss i dag vört dagliga bröd
> 덴마크 어  Giv os i dag vort daglige brød
> 독일어    Giv uns heute unser tägliches Brot
> 영어     Give us this day our daily bread
>
> (신약, 마테오 6장 9~13)

이 문장들의 비교에서 네 언어는 분명히 관련이 있고, 특히 스웨덴 어와 덴마크 어는 방언적 차이 정도만 있다는 것을 알 수 있다.

주요한 어족으로는 다음과 같은 것들이 있다.

**인도·유럽 어족**  인도·유럽 어족(Indo-European Family)은 세계에서 가장 큰 어족인데, 유럽과 아메리카 언어의 대부분고 아시아에서도 여러 언어가 이에 속한다.

원시 인도 유럽 어족 문명은 기원전 3,000년경 동부 유럽에서 출발하였다고 본다. 그것이 후에 흩어져서 일부는 북해와 발트 해 양편에 존재하였는데, 이것은 게르만 어군(Germanic Languages)의 조상이다. 일부는 이탈리아로 길을 잡았는데, 이는 로맨스 어군(Romance Languages)의 조상이고, 또 다른 패는 중부 유럽을 지나서 영국섬에까지 이동했는데, 이는 켈트 어군(Celtic Languages)의 조상이다.
한 무리는 북쪽 러시아로 갔는데 이는 슬라브 어군(Slavic Languages)과 발트 어군
(Baltic Languages)의 조상이고 일부는 이란과 아프가니스탄을 지나서 인도에까지
도달하였는데, 이는 이란 어군(Iranian Languages)과 인도어군(Indian Languages)
의 조상이다.

**게르만 어군** : 영어, 독어, 네덜란드 어, 스웨덴 어, 덴마크 어, 노르웨이 어
**로맨스 어군**(라틴 어군) : 이탈리아 어, 프랑스 어, 에스파냐 어, 포르투갈 어,
　　루마니아 어
**켈트 어군** : 게일 어(아일랜드, 스코틀랜드), 웨일즈 어, 브리타니아 어(프랑스 북
　　서부)
**슬라브 어군** : 러시아 어, 우크라이나 어, 백러시아 어, 폴란드 어, 체코 어,
　　불가리아 어, 세르보크로아티아 어, 슬로베니아 어, 마케도니아 어
**발트 어군** : 리투아니아 어, 라트비아 어
**이란 어군** : 페르시아 어, 파시토 어(아프가니스탄, 파키스탄), 쿠르드 어(터키,
　　이란, 이라크), 타지크 어(구 소련), 발루치 어(파키스탄, 이란)
**인도어군** : 힌두 어, 우르두 어, 벵골 어, 펀자브 어, 신할레 어(스리랑카)

**우랄 어족**　우랄 어족(Uralic Family)은 대략 3,000만 명이 넘는다. 유럽에서는
인도·유럽 어족 다음으로 큰 어족이다. 약 6,000년 전에 중부 유럽과 러시아에
널리 퍼져 있었다. 기원전 3,000년경에 일부는 북서쪽으로 이동하였는데, 이것들
이 피노·우그릭 어군(Finno-Ugric group)의 조상이고, 일부는 서시베리아 북서
부로 이동하였는데, 이것들이 사모예드 어군(Samoyed Group)의 조상이다.

**피노·우그릭 어군** : 핀란드 어, 에스토니아 어, 헝가리 어, 몰다비아 어
**사모예드 어군** : 네네츠 어(구 소련 북부), 셀쿠프 어(서부 시베리아)

**알타이 어족**　알타이 어족(Altaic Family)은 약 1억 3천만 명이 넘는데, 이 알타이 제어는 한국어와의 관계에서 매우 중요한 언어이다. (이에 관해서는 6.2.1.2. 알타이 제어와 한국어에서 자세히 설명하기로 한다.)

**드라비다 어족**　드라비다 어족(Dravidian Family)은 남부 인도, 스리랑카와 파키스탄 일부에 2억 명 이상이 있다. 드라비다 어는 인도 중부·북부에서 널리 사용되다가 기원전 1,000년경 인도 유럽 족에 의해 남쪽으로 쫓겨 갔다. 현재 텔루구 어, 타밀 어(이상 동쪽 해안), 카나다(kannada) 어, 말라얄람 어(이상 서쪽 해안) 등이 쓰이고 있다. 타밀 어는 스리랑카 북동부에서도 쓰인다.

**중국·티베트 어족**　중국·티베트 어족(Sino-Tibetan Family)은 사용자가 15억이 훨씬 넘는데, 중국어, 타이 어, 미얀마 어, 라오스 어와 티베트 어가 여기에 속한다. 인도·유럽 어족의 경우와 달리 연구가 이루어지지 않았기 때문에 분명한 분류와 베트남 어와 같은 다른 아시아 언어들과의 관계 등을 설정하기 위한 연구의 여지가 있다.

**말레이·폴리네시아 어족**　말레이·폴리네시아 어족(Malayo-polynesian Family 또는 Austronesian Family)은 마다가스카르에서 인도네시아 군도와 필리핀을 지나 태평양 건너까지 지구의 반 바퀴에 걸쳐 있고 사용자가 2억이 넘는다. 약 100만 명을 제외하고는 모두 인도네시아 어군의 언어를 사용한다. 나머지 어군은 미크로네시아 어군, 멜라네시아 어군, 폴리네시아 어군이다. 인도네시아 어군에는 인도네시아 어, 말레이 어, 자바 어, 타갈로그 어(필리핀), 말라가시 어 등이 속해 있다. 이밖에 말레이·폴리네시아 어족의 언어는 마샬 어, 피지 어, 마오리 어, 사모아 어, 통가 어, 타히티 어, 하와이 어, 대만어 등이 있다.

**니제르·콩고 어족**　니제르·콩고 어족(Niger-Congo Family)은 아프리카에서 가장 큰 어족으로 서부 세네갈로부터 나이제리아를 지나 남아프리카까지, 대륙의 남부 중간 아래까지 퍼져 있는데, 사용자는 2억이 훨씬 넘는다.

이 어족 가운데 반투 어파(Bantu Branch)가 가장 크다. 반투 어는 주로 적도 남부에서 사용되는데, 서로는 카메룬에서 동으로는 케냐에까지 이르고 있다. 반투 어파에는 스와힐리 어, 루바 어, 콩고 어, 링갈라 어, 루안다 어, 룬디 어, 소토 어, 줄루 어 등 300개에 달하는 언어가 있는데, 1억 이상의 인구가 사용한다. 이 가운데 스와힐리 어(Swahili)가 중요한 언어로 동아프리카에서 가장 널리 쓰이고 있다. 반투 족의 기원지는 카메룬 지역으로 잡고 있는데, 약 2000년 전에 남동 아프리카로부터 남동부 우림(雨林) 지역으로 이주한 것으로 보인다.

**아프리카·아시아 어족**  아프리카·아시아 어족(Afro-Asiatic Family)은 햄·셈 어족(Hamito-Semitic Family)이라고도 불린다. 이 언어는 서로 다른 종족적, 종교적, 문화적 기원을 가진 민족들이 사용하는데, 사용자는 2억 명이 넘는다. 현재 일부 학자는 상관성을 의심하기도 한다. '셈 어'와 '햄 어'는 성경에 나오는 노아의 두 아들 이름, 햄(Ham)과 셈(Shem)에서 연유한 것이다. 햄 족의 기원지는 북아프리카, 셈 족은 남아라비아로 알려져 있다. 이 두 언어가 가지는 분명한 친족성을 보아 한때 한 민족이었던 것으로 추측한다.

셈 어군(Semitic Group)에는 아랍 어, 히브리 어, 시리아 어, 아시리아 어, 암하라 어(에티오피아) 등이 있다. 이 밖에 콥트 어(이집트), 하우사 어(차드), 소말리아 어 등 아프리카 북동부 언어들이 여기에 속한다.

**코카시아 어족**  코카시아 어족(Caucasian Family)은 러시아의 흑해와 카스피 해 사이인 코카서스 산맥 남쪽과 북쪽에 있는 코카시아 지역에서 사용하는 언어로, 약 40개가 있고 사용자는 500만 명 정도이다. 코카서스는 수 세기에 걸쳐 페르시아, 마케도니아, 로마, 아랍, 몽고, 그리고 터키의 침략을 받아 오다가 1865년

러시아 제국에 합병되었다. 큰 언어로는 그루지아 어가 있다.

**차리·나일 어족**  차리·나일 어족(Chari-Nile Family)은 수단, 우간다, 케냐, 차드에서 주로 쓰이고 탄자니아, 자이레와 중앙아프리카 공화국에서 일부 쓰이는데, 사용자는 약 2,000만 명 정도이다.

**몬·크메르 어족**  몬·크메르 어족(Mon-Chmer Family)은 동남 아시아에서 사용된다. 명칭은 이 어족의 주요한 두 언어인 캄보디아 한국어 '크메르'와 크메르보다 작지만 한때 이 지역에서 가장 컸던 언어 '몬'에서 유래하였다. 몬·크메르 어족에 속하는 다른 언어 6~10개가 미얀마, 베트남, 인도의 아삼 등지에서 쓰인다. 현재 이 어족은 천만 명 정도인데, 크메르 어 사용자가 900만 명에 이른다.

이 밖에, 파푸아 어족(Papuan Family)은 뉴브리튼 섬, 솔로몬 군도, 그리고 주로 뉴기니아에서 사용되는데, 500개가 넘고 200만 명 정도가 사용한다. 오스트레일리아 어족(Australian Family)은 오스트레일리아 원주민 언어로 수백 개가 있고 십만 명 정도가 사용한다. 구 아시아 어족(Paleo-Asiatic Family)은 시베리아 북부와 동부에서 사용하는 많은 작은 언어들인데, 서로 관련 있는 작은 어군과 어떤 어족과도 계통적으로 연결되지 않은 여러 언어를 가리킨다. 에스키모·알류트 어족(Eskimo-Aleut Family)은 에스키모 어와 알류트 어 둘이다. 이 어족을 구 아시아어족에 넣기도 한다. 코이산 어족(Khoisan Family)은 남서 아프리카의 호텐토트 어와 부시먼 어가 주요한 언어이다. '코이 (Khoi)'는 호텐토트를 가리키고, '산(San)'은 부시먼을 가리키는 호텐토트 어이다. 이 언어의 특징은 혀 차는 자음 소리(click consonant)가 있다는 것이다. 이 소리는 하우사 어와 소토 어에도 있는데, 코이산 어에서 차용한 것으로 알려져 있다.

미주 인디언 어족(American Indian Family)은 1,000개도 훨씬 넘는데, 큰 언어라고 하여도 몇 천 명 정도의 작은 종족에 의해 사용된다. 미국과 캐나다에 100개

정도, 멕시코와 중앙 아메리카에 300개 정도, 그리고 남아메리카에 1,000개 정도가 있는데, 서반구에서 약 2,000만 명이 사용한다. 인디언 어들은 몇 개의 대어족으로 묶는데, 이 분류는 가설에 지나지 않는다. 가장 큰 북미 인디언 어는 알곤키아 어인데, 몬타나 북쪽 중서부와 남부 중앙 캐나다에서 주로 쓰인다. 미국 주(州)이름의 반 정도가, 특히 중서부 주 이름은 모두가 인디언 어에서 왔다. '미시시피'는 '큰강', '미네소타'는 '하늘같이 푸른 강물', '오클라호마'는 '붉은 사람'이라는 뜻이다. 많은 도시 이름도 인디언 어에서 왔는데, '밀워키'는 '강가에 있는 집회장소', '위니페그'는 '흙탕물'의 의미이다.

또, 어느 특정 어족에도 속하지 않는 독립어족들이 있다. 바스크 어(프랑스와 스페인 국경), 아이누 어(일본 북해도) 같은 언어들이다. 한국어, 일본어, 베트남어를 독립어족으로 보기도 한다.

인공 언어는 여러 개가 만들어졌는데, 폴란드 자멘호프가 만든 에스페란토 어하나만 성공하였다. 이 명칭은 '희망인'이라는 뜻이다. 피진 어(Pidgin)와 크리올어(Creole)는 서로 의사소통을 할 수 없는 사람 사이를 잇고자 나타난 언어이다. '피진'의 어원은 'business'가 와전된 것이다. 피진 어는 700~1,500개의 단어로되어 있다. 이 언어는 모한국어로 쓰이지는 않고 항상 제2 언어로 쓰인다. 피진어가 일단 사람들의 모한국어가 되면 그 후 크리올 어로 불리게 되며, 사용자들의일상적 필요에 의해 어휘가 크게 증가한다.

## 6.2.1.2 알타이 제어와 한국어

알타이 어족(Altaic Family)은 한국어와의 관계에서 매우 중요하다. 한국어의계통에 대한 연구가 19세기 후반부터 전개되어 왔으나 쉽게 밝혀 내지 못하고몇 가지 계통설이 제기되었다. 알타이 어족과 동계라는 주장(북방계설, 北方系說), 드라비다 어와 동계라는 주장(남방계설), 일본어와 동계라는 주장(한·일어 동계설), 인도·유럽 어와 동계라는 주장(인도·유럽 어 동계설) 등이다.

이 중에 알타이 제어와 동계라는 계통설이 일반적으로 강하다.

알타이 어족에는 터키 어군(Turkic Group), 몽골 어군(Mongolian Group), 퉁구스 어군(Tungus Group) 등 셋이 있다. 알타이 어족은 전에는 피노·우그릭 어군과 사모예드 어군을 합하여 '우랄·알타이 어족'이라고 불리었다. 우랄 어족과 알타이 어족은 문법과 음운면에서 유사성을 갖고 있다. 예를 들면, 성(性)을 나타내는 형태가 없고, 문법적인 관계를 수많은 접미사의 첨가로 나타내며, 모음 조화 현상이 나타난다. 그러나 결정적인 문제가 어휘면에서 나타나는데, 최근에 차용된 어휘를 제외하고는 두 어족 사이에 대응되는 어휘가 거의 없다는 것이다. 이런 까닭에 우랄·알타이 어족은 단일 어족이 아닌 별개의 어족으로 분리하고 있다.

알타이 제어는 터키에서 소비에트, 중앙 아시아를 거쳐 몽골, 중국, 그리고 태평양 연안에 이르는 광대한 지역에서 사용된다. '알타이'라는 이름은 몽골 어로서, 'Al'은 '금(金)', 'tai'는 '산(山)'인데, '금산(金山)'의 뜻이다. 서부 몽골의 알타이 산맥에서 따온 이름인데, 그 곳에서 이 언어가 기원하였다고 믿었기 때문이다.

**터키 어군**   터키 어군은 구소련 남서부 지역, 중앙아시아, 중국 서부 지역에 걸쳐 널리 분포되어 있는데, 약 20개 언어로 이루어져 있다.

 **남서부 어파 :** 터키 어, 아제르바이잔 어, 투르크멘 어
 **북서부 어파 :** 카지흐 어, 키르키즈 어, 타타르 어, 바시키르 어, 카라·칼파크
      어, 카라차이 어, 쿠믹 어, 노가이 어
 **남동부 어파 :** 우즈베크 어, 위구르 어, 살라르 어
 **북동부 어파 :** 알타이 어, 카카스 어, 투비니아 어

이 밖에 츄바시 어(볼가강 중부 지역)와 야쿠트 어(시베리아 북동부)가 있다.

터키 어군에 속하는 가장 주요한 언어는 터키 어인데, 터키 어군 인구의 절반에 해당하는 3천만 명 이상이 사용하고 있다.

**몽골 어군**  몽골 어군은 북만주, 내·외 몽골, 중국 북서 지방, 아프가니스탄 일부 지역, 볼가강 하류 지역에 퍼져 있고, 약 800만 인구가 사용한다. 몽골 어군은 몽골 어가 중심을 이루며, 몽골 어군의 다른 언어는 몽골 어의 방언에 지나지 않는다.

  몽골 어
  부리야트 어(바이칼 호 부근)
  칼믹 어(볼가강 하류 서부 지역)

**퉁구스 어군**  퉁구스 어군은 알타이 어족의 0.1 %를 넘지 못한다. 이 어군은 시베리아와 중국 북부 지역에 퍼져 있다.

  **북부 어파** : 에벤키 어(퉁구스 어라고도 함.), 에벤 어(라무트 어라고도 함.), 네기달 어, 솔론 어
  **남부 어파**(만주어파) : 만주어, 골디 어(나나이 어라고도 함.), 시보어, 올차 어, 오로키 어, 우데헤 어, 오로치 어

  이것들 중에서 만주어는 20세기에 와서 사라진 것으로 보고 있다.
  한국어를 알타이 어족에 포함시킨 학자는 핀란드의 람스테트(Ramstedt, G.J., 1928)이다. 람스테트는 알타이 조어(Proto-Altai)의 근거지가 흥안산맥(興安山脈) 근처라고 추정하고, 일부가 흥안 산맥 동쪽으로 이동한 후 갈라져서 북쪽에는 퉁구스족, 남쪽에는 한족(韓族)이 자리잡았고, 흥안 산맥 서쪽으로 이동한 일부는 다시 갈라져서 북쪽에는 몽골족, 남쪽에는 터키 족이 자리잡았다고 보았다.

또, 알타이 제어 사이의 친근 관계를 다음과 같이 나타내고 있다.

그는 선으로 연결된 언어들 사이에는 밀접한 관계가 있다고 생각하였다.

후에 미국의 포페(Poppe, N., 1960)는 한국어가 알타이 어족 가운데 퉁구스 어군과 가장 친근하다고 보았다. 그리고 한국어와 알타이 제어의 음운, 단어 등을 비교하여 한국어가 알타이 공통 조어에서 가장 먼저 분리되었다고 보고, 알타이 제어들과 관계가 좀 멀다고 하며, 다음과 같이 알타이 어족의 친근 관계를 표시하였다.

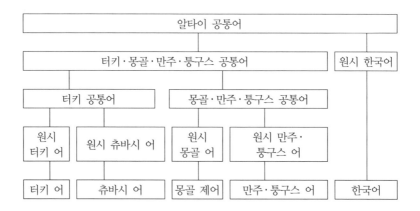

스트리트(Street, J., 1962)는 한국어가 원시 북아시아에서 분리되었다고 보고 다음과 같은 계통도를 제시하였다.

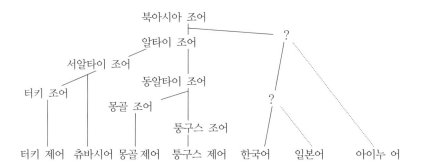

앞의 계통도에 따르면 한국어와 알타이 제어와의 관계는 포페보다도 더 먼 것으로 나타나 있다.

그런데 이런 알타이 어족설에 대해서 동의하지 않는 견해가 있으나[2] 한국어에는 알타이 어적인 요소가 분명히 존재하고 있다.

## 6.2.1.3 알타이 제어의 공통 특질

알타이 제어의 공통 특질로는 다음과 같은 것들을 들 수 있다.[3]

① 모음 조화 현상이 있다.
② 어두와 어말의 자음에 제약이 있다[어두에 유음(r)이나 자음군이 오지 않으며, 어말에도 자음군의 제약이 있다.].
③ 교착성(膠着說)이 뚜렷한 첨가어(添加語)이다.

---

2) 알타이 어족 설정에 대해 회의적인 의견이 있는데, 이는 터키 어, 몽골어, 퉁구스 어 세 언어만이 가지고 있는 체계상의 공통점을 찾아낼 수 없기 때문이다.
3) 알타이 제어와 한국어의 동계설은 19세기 후반 서양인들이 쓴 한국어에 관한 저서 '조선어론'(Rosny, 1864), '조선 교회사'(Ballet, 1874), '조선어론'(Ross, 1878)에 나타나는데, 이들 공통 특질에 기초를 둔 것이었다.

④ 모음 교체 및 자음 교체가 없다[첨가어이므로 접미사(어미나 토)에 의하여 단어가 파생되거나 문법적 기능을 나타내고 인구어처럼 모음이나 자음의 교체가 문법적 기능을 가지지 않는다.].

⑤ 관계 대명사 및 접속사가 없다.

⑥ 동사와 형용사의 어미가 다양하다(특히, 부사형 어미의 사용으로 접속사의 역할을 하고 있다. 인도·유럽 어에서 두 용언은 접속사로 연결되지만 한국어와 알타이 어에서는 선행 용언의 어간에 부사형 어미를 첨가시켜 연결한다.).

⑦ 주어가 서술어 앞에 오고, 수식어가 피수식어 앞에 오고, 목적어나 보어가 서술어 앞에 온다.

⑧ 명사에 성(性), 수(數) 표지가 없고 동사에도 성, 수가 나타나지 않는다. 성, 수는 접사나 단어의 첨가로 나타낸다.

한국어와 알타이 제어 사이에는 이런 뚜렷한 공통 특질이 있는 반면, 구조적인 특징에 차이가 있기도 하다. 한 예로, 알타이 제어에서는 명사 어간이 주격형으로 쓰이고 동사 어간은 명령형으로 쓰이는 것과는 달리, 한국어에서는 명사는 주격 조사에 의해 주어가 되고 동사는 어간에 반드시 어미가 첨가되어야 사용될 수 있다. 이런 차이는 공통적인 특질에 비해 사소한 것이다. 이런 차이들이 알타이 제어 사이들에서보다는 한국어와 알타이 제어 사이에서 현저하므로 한국어와 알타이 제어의 친족 관계가 소원한 것으로 생각하기도 한다.

## 6.2.1.4 알타이 제어와의 비교

한국어와 알타이 제어의 음운, 형태, 어휘 비교를 통하여 친족 관계를 살펴볼 수 있다. 알타이 제어와 한국어의 비교 연구는 충분히 이루어지지 않고 있으나 친족 관계에 있음을 나타내 줄 정도로 공통된 요소를 이기문(1967 : 39~53, 1972a : 15-24), 박은용(1985 : 321-359) 등에서 찾아볼 수 있다.

모음 조화  중세 한국어  ᄂᆞᄅ(津)－드르(野)(ᄋᆞ－으)

       터키 어   görün－dü(보이다) : dodur－du(채우다)

            (ö－o, ü－u)

       몽골 어   uxân－tan(지자) : erdem－ten(덕자)(a－e)

       퉁구스 어  amba－sa (대신들) : merge－se (현자들)(a－e)


모음 대응  한국어    kɨlk~ (긁다) ɨ

       터키 어   kürä~ (긁다) ü

       몽골 어   kürӡe(가래, 삽) ü


자음 대응  한국어    뿌리(根) p'uri p  골(谷) kol k

                  |        |

       만주어    뿌리(根) fulexe f 골(谷) holo h


두음 법칙  한국어    래일(來日) → 내일

             lamp → nampo

       터키 어   station → istasyon

             spirit → ispirito


격 표지(格標識)    알타이 제어    한국어

          여격(與格) ~ *a  ~애, ~에

          향격(向格) ~*ru  ~로


접미사       접미사 ~*i

       한국어    명사화 접미사 ~이

       터키 어   명사화 접미사 gonuš－i(이웃)

             [⟨gonuš ~ (함께 살다)]

       몽골 어   명사형 어미 ajisu－i(접근)

             [⟨ajis－(접근하다)]

       퉁구스 어  명사화 접미사 dag－i(새)

             [⟨dag~(날다)]

| 수사 | 한국어 | 온(百) | 즈믄(千) |
|---|---|---|---|
| | 터키 어 | on(十) | tümen(萬) |

| 명사 | 한국어 | 아래(*알) |
|---|---|---|
| | 고대 터키 어 | al(下面) |
| | 몽골 어 | ala(사타구니) |
| | 퉁구스 어 | alas(다리) |
| | (에벤키 어) | |

## 6.2.2 한국어의 형성

신라가 삼국을 통일한 후 신라의 언어가 한반도의 단일 언어가 되었다. 그 이후 한반도에 몇 차례의 정치적 변동이 있었으나 이것은 단일한 언어 집단 안에서의 변동이고, 다만 정치 중심지의 이동에 따른 지역 언어의 차이만 나타났을 뿐이다.

향가 해독을 통하여 볼 때, 현대 한국어가 신라어를 근간으로 하여 발전한 것임을 알 수 있다.

그럼 삼국 시대 이전에는 어떤 언어가 이곳에서 쓰였을까? 삼국 시대 이전 언어에 대한 기록은 물론 신라가 삼국을 통일하기 전의 백제나 고구려의 언어에 대한 기록은 거의 없다. 그러므로 고대 한국어의 모습을 알아보기 위해서는 단편적이고 불분명하지만 중국 고대 역사 기록을 통하여 살펴볼 수밖에 없다. 국내 서적으로는 고구려와 백제의 지명이 기록된 '삼국사기 지리지'가 중심이 된다.

근래 고대사 연구에서는 아시아 대륙에 살고 있던 고 아시아족이 남부시베리아에 퍼졌던 최고(最高)의 주민인데, 이들이 여러 종족과 혼합되어 퉁구스족을 이루었고, 만주, 한반도 지역에 들어와 자리잡은 것이 예·맥(濊貊) 퉁구스이며, 이 예맥이 남하하여 삼한의 한민족을 이루었다고 본다. 이렇게 자리잡은 한민족은 일찍이 퉁구스 족에서 떨어져 나와 그들과 단절된 상태에서 독립된 민족으로 살아왔다고 본다.

툰구스 어족에서 고대에 떨어져 나와 한반도 북부에 자리잡은 것이 부여어, 고구려어, 옥저어, 예어 등인데, 이들을 부여계 어군이라고 한다. 이 부여계 제어는 후에 고구려어로 이어졌다.

한반도 남부에 자리잡은 삼한의 언어, 즉 마한어, 진한어, 변한어 등을 한계(韓系) 어군이라고 한다. 삼한은 뒤에 백제, 신라, 가라로 나누어진다. 백제는 지배 계급은 고구려어를 사용하고 백성들은 한족의 언어를 사용하였을 것이라고 본다. '주서 이역전 백제조(周書異域傳百濟條)'(636년)의 "王姓夫餘氏號於羅瑕民呼爲 鞬吉支夏言並王也妻號於陸夏言妃也"(왕의 성은 夫餘氏인데, 於羅瑕라고 일컫고 백 성들은 이를 鞬吉支라고 부르며, 다 왕을 뜻하며, 왕의 처는 於陸인데, 왕비를 말한다.)[4]에 서 그런 사실을 추측할 수 있다.

가라는 남부에 자리잡고 있었고, 변한어(弁韓語)일 가능성은 있으나 기록으로 전하는 것은 없다.

신라는 동남부에 자리잡고 있었는데 삼국을 통일하여 한반도의 중심 언어를 신라어로 만들었다.

이러한 언어들의 관계를 이기문(1972a : 41)에서는 다음과 같은 형성도로 나타내고 있다. 이 그림의 '부여·한 공통어'는 포페의 '원시 한국어'에 해당하는 언어이다.

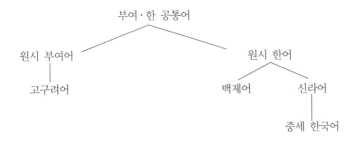

고대부터 현재에 이르는 한국어 형성 과정은 다음 (3)과 같다.

---

4) 이기문(1972a : 36)에서 '於羅瑕'는 '*eraha', '鞬古支'는 '*kenkilci'라고 풀이하고 있다.

(3) 알타이 조어 → 원시 한어(부여·한 공통어) → 신라어(고대 한국어)
　　 → 중세 한국어 → 근대 한국어 → 현대 한국어

## 6.3 한국어사 개관

### 6.3.1 고대 한국어

**개관**　고대 한국어는 한국어가 알타이 조어로부터 독립된 언어로 형성된 선사 시대 한국어에서 신라가 멸망한 10세기 중엽까지의 언어이다.

이 시기에 한만 지역에는 부여계 제어─부여어, 고구려어, 옥저어, 예어─가 고구려어로 이어지고, 한반도 남부에는 한계 제어─백제어, 신라어, 가라어─가 신라어로 계승되었다.

현대 한국어의 근원이 신라어와 연결되므로 고대 한국어 연구는 신라어 연구가 중심이 된다.

신라는 개국 초기에 한자를 받아들여 한국어를 표기하는 방법을 발전시켰다. 이것의 대표적인 예가 향찰(鄕札)이다. 향가는 향찰 표기 노래인데, 7세기부터 10세기까지 번성하였던 문학 양식이다. 통일 신라 시대에 와서 지명을 한자로 쓰고 후에 인명까지도 한자로 표기하였다.

고대 한국어 음운 체계는 자음은 평음과 격음의 대립이 있었고 경음은 존재하지 않았고, 폐쇄음 계열은 알타이 공통어와 유사하였으며, 모음은 7모음 체계이었던 것으로 보인다.

어휘는 자료 부족으로 파악하기가 어려우나 대체로 중세 한국어와 일치하고 고유어가 한자로 바뀌고 중국 어휘의 차용이 나타난다. 향찰 표기는 고대 한국어 후기(신라 말)에 와서 쇠퇴하나, 이두 표기는 중세 한국어에까지 이어진다.

**자료**  국내 자료로는 다음과 같은 것들이 있다.

· 광개토왕릉비문(廣開土王陵碑文, 414 ?)

· 임신서기석문(壬申誓記石文, 552 또는 612) : 한국어를 한자의 훈(訓)에 따라 한자로 적되 한국어의 어순을 따랐다.

· 남산신성비문(南山新城碑文, 591)

· 균여전(均如傳, 1075) : 혁련정(赫連挺)이 지은 균여 대사의 전기이다. 균여 대사 가 지은 보현십원가(普賢十願歌) 11수가 향찰로 수록되어 있다.

· 삼국사기(三國史記, 1145) : 권 35, 37에 나오는 고유 명사가 중요한 연구 자료 이다.

· 삼국유사(三國遺事, 1277) : 향가 14수가 향찰로 기록되어 있다.

중국의 자료로는 '사기(史記)', '한서(漢書)', '삼국지(三國志)', '후한서(後漢書)' 등, 일본의 자료로는 '고사기(古事記)', '만엽집(萬葉集)' 등이 있다.

## 6.3.2 전기 중세 한국어

**개관**  전기 중세 한국어는 10세기 중엽 고려가 건국된 시기부터 14세기 말엽 고려 가 멸망할 때까지의 한국어를 가리키는데, 고려어라고일컫기도 한다. 즉, 고려가 세워지고 경주에서 개성으로 정치, 문화의 중심이 옮겨오게 되어 한반도 중부 언어인 개성 지방의 방언이 새로운 중앙어가 되었다.

개성 지방도 통일 신라 이후 근 300년에 걸쳐 신라의 영토로 있었으므로 신라어 의 방언이 사용되었다고 본다. 그러나 전대에 고구려 지역이었으므로 고구려 언 어의 요소도 남아 있었을 것이다.

이기문(1972a : 84~87)에서는 전기 중세 한국어는 그 출발 시기인 10세기에는 고구려어의 잔존 요소를 가진 신라 서북 방언이었다고 보나 차츰 고구려의 요소는 사라지고 신라어로 대체하여 왔다고 본다.

**자료**

- ·계림유사(鷄林類事)(1103~1104) : 중국 송나라 손목(孫穆)이 고려 숙종 때 지은 책이다. 당시 한국어를 '天日漢捺(하늘), 花日骨(꽃)'처럼 한자(중국음)로 기록하였다.
- ·향약구급방(鄕藥救急方)(1236년경) : 초간본은 전하지 않고 조선 태종 17년의 중간본(重刊本)이 전한다. 향약에 관한 어휘를 실은 의약서로 한자 차용 표기가 되어 있어서 중요한 한국어 연구 자료이다.
- ·대명률직해(大明律直解)(1395) : 대명률을 해석한 책이다. 이두문(吏讀文)으로는 가장 큰 자료가 된다.
- ·조선관역어(朝鮮館譯語)(1408) : 중국인의 외한국어 교재인 '화이역어(華夷譯語)' 가운데 하나이다. 당시 한국어의 어휘를 한자로 표기한 책이다.

### 6.3.3 후기 중세 한국어

**개관** 후기 중세 한국어는 조선 시대 전기에 해당한다. 15세기에 훈민정음이 창제되어 한국어 표기 생활에 역사적인 전기를 이루게 되었다. 많은 중국 서적과 불경을 훈민정음으로 번역하여 한국어의 귀중한 자료로 이용된다. 한국어의 음을 정확하게 표기할 수 있었고 문법적인 면의 기록도 정확하므로 당시 한국어 모습뿐만 아니라 전기 중세 한국어, 나아가 고대 한국어 모습까지 추적하여 볼 수 있다.

**자료**

- ·향약집성방(鄕藥集成方, 1433) : 향약 이름을 기록한 의학서이다.

향약구급방(1236)                         향약집성방(1433)

　　兎絲子, 鳥伊麻(새삼)　　　　鳥麻(새삼)

　　吉梗, 道羅次, 刀羅次(도랏)　　都乙羅比(도랏)

·훈민정음(訓民正音, 1446) : '언해본(諺解本)'과 '해례본(解例本)'이 있다. 해례본은 본문(本文), 해례(解例), 정인지 서문(序文)으로 되어 있다.

·용비어천가(龍飛御天歌, 1447) : 세종 27년(1445)에 제진(製進)되었다가 그 뒤 보수(補修)를 거쳐 세종 29년(1447)에 간행되었다. 훈민정음으로 표기된 125장(章)의 가사(歌詞)와 인명, 지명 등의 표기가 중요한 연구 자료이다.

·석보상절(釋譜詳節, 1447) : 수양대군이 세종의 명에 따라 소헌 왕후(昭憲王后)의 명복을 빌기 위해 석가의 일대기를 짓고 언해(諺解)한 책이다. 초간본과 중간본 일부가 전한다.

·월인천강지곡(月印千江之曲, 1447) : 세종이 '석보상절'을 보고 지은 시이다. 상·중·하 세 권 가운데 상권만 전한다.

·동국정운(東國正韻, 1448) : 우리나라 한자음(東音)이 중국의 음과 차이가 많으므로 우리 한자음을 중국음에 맞추기 위해 만든 것이다. 23자모(字母), 91운(韻)으로 되어 있는데, 23자모는 훈민정음 초성 체계와 같다.

·홍무정운역훈(洪武正韻譯訓, 1455) : 중국 명나라(1375) 때의 운서(韻書)인 '홍무정운'을 훈민정음으로 역음(譯音)하여 놓은 책이다.

·월인석보(月印釋譜, 1459) : '월인천강지곡'과 '석보상절'을 합본하여 수정한 책이다.

·능엄경언해(楞嚴經諺解, 1462) : 세조 때 간경도감(刊經都監)에서 발간한 불경 언해서이다.

·구급방언해(救急方諺解, 1466) : 한국어로 최초 번역된 의학서이다.

·내훈(內訓, 1475) : 성종의 대비(大妃) 한(韓)씨 (소혜 왕후, 昭惠王后)가 부녀자를 계도하고자 펴낸 책이다.

·삼강행실도언해(三綱行實圖諺解, 1481) : 중국과 우리나라에서 모범이 될 충신,

효자, 열녀를 뽑아 덕행을 그림과 글로 적은 책이다.

· 분류두공부시언해(分類杜工部詩諺解, 1481) : 당나라 두보의 시를 번역하여 편찬한 책이다. 초간본은 그 일부가 전하는데 중간본(重刊本, 1632)은 전부 전한다.

· 구급간이방(救急簡易方, 1489) : 약방문

· 악학궤범(樂學軌範, 1493) : 성종의 명으로 성현(成俔)이 편찬한 책으로 정읍사(井邑詞), 동동(動動), 정과정(鄭瓜亭) 등 고려가요가 실려 있다.

· 속삼강행실도(續三鋼行實圖, 1514) : 세종 때 간행한 '삼강행실도'에 빠져 있는 '효(孝)' 36인, '충(忠)' 6인, '열(烈)' 28인의 행적(行蹟)을 우리말로 기록한 책이다.

· 번역소학(飜譯小學, 1518) : 송나라 유자징(劉子澄)이 엮은 '소학(小學)'을 중종 때 김전(金詮), 최숙생(崔淑生) 등이 번역한 책이다. 초간본은 전하지 않고, 중간본 권6~10이 영인본으로 전한다.

· 이륜행실도(二倫行實圖, 1518) : 장유(長幼)와 붕우(朋友)의 도리에 관한 일을 그림으로 그리고 한문과 한국어문으로 설명한 책이다.

· 훈몽자회(訓蒙字會, 1527) : 천문(天文), 지리(地理), 화품(花品) 등 33항목에 걸쳐 한자 3,360자를 음(音)과 훈(訓)으로 적은 책이다. 이 책의 앞쪽 '범례'(凡例)에 나오는 반절(反切) 27자에 관한 해설이 귀중한 한국어 연구 자료이다.

· 악장가사(樂章歌詞) (16세기) '국조악장(國朝樂章)'이라고도 하는데, 편자는 모른다. 한림별곡(翰林別曲), 처용가(處容歌), 쌍화점(雙花店), 서경별곡(西京別曲), 청산별곡(靑山別曲), 사모곡(思母曲), 가시리, 정석가(鄭石歌), 만전춘(滿殿春), 이상곡(履霜曲), 납씨가(納氏歌), 신도가(新道歌), 상대별곡(霜臺別曲), 화산별곡(華山別曲) 등이 실려 있다. 고려가요가 여러 편 실려 있으나 중종 때의 국문 표기이므로 후기 중세 한국어 자료로 귀중하다.

· 시용향악보(時用鄉樂譜)(16세기) : 국악의 악보와 가사를 실은 책이다. 조선과 고려의 가요 26수가 수록되어 있다.

· 신증유합(新增類合, 1576) : 한자 교습서로 3,000자의 한자를 한글로 그 음과

훈을 붙였다.

- 석봉천자문(石峰千字文, 1583) : 조선 선조 때 한호(韓濩)가 한문 학습의 입문서로 쓴 천자문. 한자에 한국어의 새김과 음을 달아 놓았다. 숙종 20년(1694), 영조 30년(1754)에 각각 중간되었다.
- 소학언해(小學諺解, 1587) : 송나라 유자징이 엮은 '소학(小學)'을 한글로 토를 달고 언해한 책이다. '번역소학(飜譯小學, 1518)'은 의역(意譯)한 것인데, 이것은 직역한 것이다.
- 사서언해(四書諺解) (1590) : 중국의 고전인 논어, 맹자, 대학, 중용 등을 언해한 것이다.

## 6.3.4 근대 한국어

**개관**  근대 한국어는 임진왜란 이후인 17세기 초부터 갑오경장을 전후한 19세기 말까지 약 300년 간의 한국어를 뜻한다. 임진왜란이 지나면서 후기 중세 한국어에 있던 반치음 '△'이 없어지고, 성조(聲調)도 소멸되고, 어두 폐쇄 평음(閉鎖平音)의 경음화 또는 격음화 현상이 강하게 일어난다. 이런 현상은 임진왜란 이전에도 있었으나 임진왜란 이후부터 뚜렷하게 나타났으므로 임진왜란을 시대 구분의 기준으로 삼는다.

임진왜란 이후 시조 문학이 발전하여 평민화하고 가사 문학이 양반층에 의해 흥성하였고 소설이 등장하였다. 이것들은 모두 한글로 표기되었는데, 훈민정음 창제 후 200년이 넘은 시기이다.

이 시기에 한국어에 나타난 변천 양상은, 경음과 격음이 나타나고, 이중모음의 단모음화 현상으로 '아이(ai), 어이(əi), 오이(oi)'가 '애(ɛ), 에(e), 외(ø)'로 되었고, ㅣ모음 동화, 구개음화, 원순모음화 등 발음을 쉽게 하고자 하는 방향으로 음운이 변하였다. 또, 음운의 약화, 탈락, 어휘의 장형화, 외래어 유입 등 17세기 한국어에는 커다란 변화가 보이나, 아직도 중세 한국어 자취가 강하게 남아 있고, 18세기에 와서 현대 한국어에 가까워지고, 19세기는 현대 한국어의 틀을 완전히 세운 시기이다(박병채, 1989 : 222).

## 자료

- 언해두창집요(諺解痘瘡集要, 1608) : 조선 선조 41년에 허준(許浚)이 엮은 행역(行役) 치료 방문서이다.
- 언해태산집요(諺解胎産集要, 1608) : 조선 선조 41년에 허준(許浚)이 엮은 태산(胎産)에 관한 약방문을 수록한 책이다.
- 연병지남(練兵指南, 1612) : 전술 훈련에 관한 책이다.
- 동의보감(東醫寶鑑, 1613) : 이 책의 '탕약편(湯藥編)'에 수백 종의 약물 이름을 한국어로 번역해 놓았다.
- 동국신속삼강행실도(東國新續三綱行實圖, 1617) : 1614년에 이성(李惺) 등이 편찬한 '삼강행실도'의 속편이다.
- 두시언해(중간본, 1632)
- 가례언해(家禮諺解, 1632) : 주자(朱子)의 가례를 언해한 책이다.
- 권념요록(勸念要錄, 1637) : 왕랑반혼전(王郎返魂傳)을 비롯한 윤회 사상을 다룬 불교 설화집이다.
- 벽온신방(壁瘟新方, 1653) : '간이벽온방'(1525)을 수정하여 다시 펴낸, 질병 치료 방법을 기록한 책이다.
- 경민편언해(警民編諺解, 1656) : 번역서로, 인륜과 법제에 관한 내용이 수록되어 있다.
- 노걸대언해(老乞大諺解, 1670) : 중한국어 학습서로, 중종 때 '번역노걸대'가 있었으나 이 책은 새로운 개역판이다.
- 첩해신어(捷解新語, 1676) : 강우성(康遇聖)이 지은 일본어 학습서이다.

· 박통사언해(朴通事諺解, 1677) : 변섬, 박세화 등이 중한국어 학습서인 '박통사 (朴通事)'를 언해한 책이다.

· 역어유해(譯語類解, 1690) : 중한국어 단어를 한글로 그 뜻과 음을 쓴 중한국어 사전이다.

· 왜어유해(倭語類解, 18세기 초?) : 홍순명이 엮은 일본어 학습서이다.

· 팔세아(入歲兒, 1703) : 만주어 학습서이다.

· 동문유해(同文類解, 1748) : 만주어 사전이다.

· 한청문감(漢淸文鑑, 18세기 후반) : 만주어를 한문과 한글로 뜻을 쓰고, 한글로 음을 표기한 만주어 사전이다.

· 고금석림(古今釋林, 1789) : 여러 책에서 동양 여러 나라의 단어 수만 개를 모아 풀이한 책이다.

· 윤음(綸音, 18세기 후반) : 임금이 백성에게 내리는 조칙(詔勅)이다. 정조 때에 많이 내렸고, 대부분 한국어로 번역되어 있다.

· 물명고(物名考, 1824) : 유희가 여러 분야의 물명(物名)을 한글로 기록한 책이다.

· 각종 번역 성서

　　성서누가복음(1882)

　　요한복음(1882)

　　마가복음(1884)

　　신약전서(1887)


이 밖에 한국어 연구 문헌이 많이 나왔다. '화동정음통석운고(華東正音通釋韻考)'(1743), '훈민정음도해(訓民正音圖解)'(1750), '삼운성휘(三韻聲彙)'(1751), '자모변(字母辨)'(18세기 후반), '아언각비(雅言覺非)'(1819), '언문지(諺文志)'(1824) 등이 있다.

문학 작품으로는 '구운몽(九雲夢)', '숙향전(淑香博)', '유충렬전(劉忠烈傳)' 등의 소설, '청구영언(靑丘永言, 1728)', '해동가요(海東歌謠, 1763)' 등의 시조집, '송강가사(松江歌詞,1747)', '일동장유가(日東壯遊歌, 1763)', '한중록(閑中錄, 19세기 전반)' 등의 일기, '고산유고(孤山遺稿, 1798)' 같은 단가집, '춘향가, 심청가, 흥부가, 적벽가, 수궁가'(18세기경) 등의 판소리가 있다.

## 6.3.5 현대 한국어

**개관**  현대 한국어는 20세기 초부터 오늘에 이르는 시기의 한국어를 말한다. 오늘에까지 이르면서 이루어진 근 100여 년 동안 급격한 사회와 의식의 변동은 언어에도 큰 영향을 끼쳤다.

개화기에 교육과 언론의 발전으로 한글과 한자 혼용 표기, 나아가 순 한글 표기로 된 책이나 신문이 나왔다. 일제 식민지 아래에서도 한글 표기의 비중은 늘어나서 소설이나 신문에서 중요한 자리를 확보하였다.

한국어 연구도 활발하여 20세기 초에 지석영(池錫永)의 '신정국문(新訂國文, 1905)'이 나오고, 이것이 1909년 학부(學部)에 국문연구소를 설치하는 계기가 되었다. 1933년 조선어학회에서 '한글 마춤법 통일안'이 만들어졌고, 1936년에는 '사정한 조선어 표준말 모음'이 나왔으며, 1947년에서 1957년에 걸쳐 '우리말 큰사전'이 발행되었다.

현대로 오면서 언론, 교육, 출판 등의 영향으로 표준어 보급이 확대되었으며 방언의 사용은 차츰 약화되었다. 국제 교류를 통하여 외한국어 사용이 빈번해졌고 문장 구조까지 영향을 받는 경우가 나타난다.

전 시대의 한국어와 다른 점은 한글 사용이 급격히 늘어나고 있으며, 한자어 이외의 차용어가 증가하고 있고, 피동문 사용이 빈번해지고 번역투의 문장을 사용하는 경우가 많아진 것 등이다. 언론, 교육, 지역 간의 교류 등으로 방언이 위축되고 표준어의 보급이 빠르게 확산되었다.

**자료**  이 시기에는 많은 자료가 나왔는데, 특히 개화기의 문헌이 중요하다. 신문으로는 '한성주보(漢城周報, 1886)', '독립신문(1886)', '믹일신문(1898)', '뎨국신문(1898)', '황성신문(皇城新聞, 1898)', '대한매일신보(大韓每日申報, 1904)', '만세보(萬歲報, 1906)' 등 국한문 또는 국문체 신문이 있었고, 교과서로는 '국민소학독본(國民小學讀本, 1894)', '소학독본(小學讀本, 1895)', '신정심상소학(新訂尋常小學, 1896)', 성경으로는 '예수성교누가복음젼서(1882)', '예수성교요안닉복음(1883)', '성경직희(1897)', '신약젼셔(1900)', 신소설로는 '혈의 루(1906)', '귀의 셩(1907)', '은세계(1908)', '치악산(1908)', '자유종(1910)', 현대 소설로는 '어린 회생(1910)', '무정(1917)', '약한 자의 슬픔(1919)', '표본실의 청개구리(1920)', '빈처(1921)', 현대시로는 '불놀이(1919)', '오뇌의 무도(1921)', '해파리의 노래(1923)', '진달래꽃(1925)', '국경의 밤(1925)', '백팔번뇌(1926)' 등이 있다. 이 밖에 잡지류, 한국어 연구서류, 사전류 등이 있다.


## 6.4 한국어의 변천

### 6.4.1 한국어 음운의 변천

#### 6.4.1.1 고대 한국어의 음운

**자음 체계**  고대 한국어, 즉 신라어의 음운 체계는 불충분한 자료와 자료 해석상의 문제, 특히 당시 한자음 파악에 대한 어려움 때문에 정확하게 밝혀 내지 못하고 있다. 제한된 자료를 통해서나마 자음 체계를 살펴보면, 폐쇄음은 무기음(평음)과 유기음(격음)에 의한 이지적 상관속(二肢的 相關束)을 이루고 있었다고 추측된다. '荒'의 뜻을 가진 '居柒'(삼국사기, 권 44)의 '柒'과, '厭'의 뜻을 가진 '異次'(삼국유사, 권 3)의 '次'는 유기음 'ㅊ', 중세 한국어 '부텨'에 해당하는 단어 '佛體'(균여전의 보현십원가 중 예경체불가)의 '體'는 'ㅌ', '새파란'의 차용 표기인 '沙是八陵隱'(찬기파랑가)의 '灬'은 'ㅍ'의 소리로 볼 수 있다.

그러나 고대 한국어에서 무기음과 유기음이 뚜렷이 대립하지 않았다. 또한, 후두 긴장음(경음)은 없었던 것으로 보인다.

고대 한국어에서는 중세 한국어에 있는 유성 마찰음 'ㅸ(β), △(z)' 등이 나타나지 않았던 것으로 보인다. '계림유사'에 '酒曰蘇孛'이 나오고, 경상도 방언에 중세 한국어 '사비'와 대응하는 '새비[sɛbi]'(鰕) 같은 형태가 있으므로, 고대 한국어에서는 모음 사이에 있는 'ㅂ'이 약화 탈락 현상이 나타나지 않고 '새비'(鰕), '말밤'(藻), '더버서'(署)처럼 쓰였던 것이다. 모음 사이 'ㅅ'도 마찬가지인데, 향가에도 '가을'(秋)을 '秋察'(제망매가), 강조사(强調辭) '사〉사〉아〉야'를 '沙'(처용가)로 표기한 것을 보면 'ㅅ'은 약화되지 않은 것으로 보인다.

또, 음절 말 자음이 제 음가대로 발음되었던 것으로 보인다. 향가에 나오는 '折叱可'(것거 : 헌화가)와 '임금'을 뜻하는 '尼斯今' 또는 '尼師今'으로 표기된 것에서 'ㅅ'이 음절 말에서 발음되었음을 알 수 있다.

'枝次'(갖 : 찬기파랑가), '異次'(잊 ; 삼국유사, 권 3)도 음절 말 'ㅈ, ㅊ'의 발음을 나타낸 것이다. 'ㅎ' 말음 체언(末音體言)의 자취가 중세 한국어 자료에서보다 더 많았던 것으로 추측된다.

**모음 체계**   고대 한국어 모음 체계는 7모음 체계로 보는 것이 일반적이다.

$$
\begin{array}{ccc}
\text{ㅣ(i)} & \text{ㅜ(ü)} & \text{ㅗ(u)} \\
\text{ㅡ(ö)} & \text{•(ɔ)} & \\
\text{ㅓ(ä)} & \text{ㅏ(a)} &
\end{array}
$$

고대 한국어 자료를 통해 모음 조화의 모습을 찾을 수는 없으나, 이기문(1972a : 72)에서는 중세 한국어나 근대 한국어에 나타나는 뚜렷한 모음 조화 현상으로 미루어 보면 고대 한국어에 엄격한 모음 조화가 있었다고 추측한다.

## 6.4.1.2 전기 중세 한국어의 음운

**자음 체계**  전기 중세 한국어 자음 체계에는 고대 한국어의 평음(무기음)과 격음(유기음)의 대립 체계에 경음(후두 긴장음)이 추가되어 삼지적 상관 대립(三肢的 相關對立)을 이루었던 것으로 보인다.

> (4) 평음 : ㄱ(k),　　ㄷ(t),　　ㅂ(p),　　ㅈ(č),　　ㅅ(s)
> 　　 격음 : ㅋ(kʰ),　　ㅌ(tʰ),　　ㅍ(pʰ),　　ㅊ(čʰ)
> 　　 경음 : ㄲ(k'),　　ㄸ(t'),　　ㅃ(p'),　　ㅉ(č'),　　ㅆ(s')

이외에 'ㅎ(h), ㅁ(m), ㄴ(n), ㆁ(ŋ), ㄹ(r, l), ㅸ(β), △(z)' 등이 더 있던 것으로 생각된다.

전기 중세 한국어 자음 체계에는 어두 자음군(語頭子音群)이 나타나지 않은 듯하다. '계림유사'(12세기 초)에 나오는 '菩薩'은 후기 중세 한국어 '뿔'(米)에, '寶妲'은 후기 중세 한국어 '똘'(女息)에 해당하는 단어이다. 이들은 '*ㅂ술', '*ㅂ둘'로 재구할 수 있는데, 전기 중세 한국어에서는 이음절어(二音節語)이었다.[5]

전기 중세 한국어에서 된소리가 출현하는 것은 이기문(1972a :93)에 따르면 속격(屬格) '叱'(ㅅ)이나 어미 '尸'(ㄹ) 다음에 오는 단어 두음 'ㅂ, ㄷ, ㅅ, ㅈ, ㄱ' 등이 된소리로 발음되다가 음운 체계 속에 확고히 자리를 잡게 된 것이다.

전기 중세 한국어의 반치음 '△'(z)은 '계림유사'에 나오는 "弟曰丫兒", "四十曰麻刃"의 '兒, 刃'이 후기 중세 한국어 '아ᅀᆞ'(월인석보 十·1), '마ᅀᆞᆫ'(용비어천가 88)과 동일한 것으로 보이므로 '△'이 존재하였다고 하겠다. '△'은 음절 말에도 있었다. '△'은 후기 중세 한국어 말기, 즉 임진왜란 시기까지 쓰이었으므로 'ㅅ'의 약화 탈락은 '계림유사'가 나온 12세기경에 시작하여 16세기 말 사이에 나타난

---

5) 김형규(1975 : 69)에서는 "후기 중세 한국어 초기부터 'ㅂ' 또는 'ㅄ'을 첨가한 어두 자음군의 형태가 수십 개 나오고 있으니 후기 중세 한국어 시기에 갑자기 형성되었다고 보기는 어려우므로 어두 자음군 현상은 전기 중세 한국어 말기, 즉 고려 후기부터 나온 것으로 본다."고 한다.

것이다.

순경음 '병'(β)도 이 시기에 나타난 것으로 보인다. '계림유사'에 나오는 "袴曰珂背"의 '珂背'는 후기 중세 한국어 'ᄀ외'에, "二曰途孛"의 '途孛'은 후기 중세 한국어의 '두을'에 해당하는 단어들이다. '조선관역어'에 나오는 "隣舍 以本直"은 '*이봇집' "熱酒 得貴數本"은 '*더본 수볼'로 후기 중세 한국어 '이웃, 더본 수을'에 해당한다.

전기 중세 한국어에는 음절 말 자음의 발음이 불파하지 않고 제 음가대로 발음되었다. 평음과 격음은 음절 말에서 중화된 것으로 보인다. 따라서 13세기 중엽의 음절 말 자음(종성)은 'ㄱ, ㄴ, ㄷ, ㄹ, ㅁ, ㅂ, ㅅ, △, ㅇ, ㅈ, ㅎ' 등 11개이다.

**모음 체계** 전기 중세 한국어는 '계림유사'와 몽골 어 차용어를 검토하여 추정할 수 있는데, 고대 한국어와 같은 7 모음 체계를 가지고 있었고, 다만 고대 한국어 모음 'ɔ'가 'ə'로, 'ä'가 'e'로 이동하였다.

ㅣ(i)    ㅜ(ü)    ㅡ(u)

ㅓ(e)    ㅡ(ə)    •(ɔ)

ㅏ(a)

## 6.4.1.3 후기 중세 한국어의 음운

**훈민정음의 음운 체계** '훈민정음' 초성 23자는 다음 [표 1]과 같다. 초성 가운데 'ㆆ'은 동국정운 한자음 표기에 사용하기 위한 글자이다. 훈민정음 표기로는 세종과 세조 때의 문헌에만 나타나는데, '홇 것', '건너싫제' 등에서 볼 수 있고, '용비어천가'에서 '先考ㆆ뜯', '훈민정음 언해'에서 '快ㆆ字'와 같이 사잇소리 대신 쓰이었다.

### [표 6-1] 훈민정음 초성 체계

|  | 牙音 | 舌音 | 脣音 | 齒音 | 喉音 | 半舌音 | 半齒音 |
|---|---|---|---|---|---|---|---|
| 全淸(平音) | ㄱ(君) | ㄷ(斗) | ㅂ(彆) | ㅈ(卽)<br>ㅅ(戌) | ㆆ(挹) |  |  |
| 次淸(激音) | ㅋ(快) | ㅌ(呑) | ㅍ(漂) | ㅊ(侵) | ㅎ(虛) |  |  |
| 全濁(硬音) | ㄲ(虯) | ㄸ(覃) | ㅃ(步) | ㅉ(慈)<br>ㅆ(邪) | ㆅ(洪) |  |  |
| 不淸不濁(有聲音) | ㆁ(業) | ㄴ(那) | ㅁ(彌) |  | ㅇ(欲) | ㄹ(閭) | ㅿ(穰) |

'ㆁ'은 15세기 중엽에는 초성으로 쓰였으나 이후에는 없어지고 종성으로만 사용되었다.

초성에는 병서(竝書)가 있어서, 글자를 좌에서 우로 결합하여 표기하였는데, 같은 글자로 결합하는 각자 병서(各自竝書)에는 'ㄲ, ㄸ, ㅃ, ㅉ, ㅆ, ㆅ' 등이 있는데, '동국정운' 한자음 표기에 사용하였다. 다른 글자를 결합한 합용 병서(合用竝書)에 'ㅺ, ㅼ, ㅽ, ㅳ, ㅄ, ㅶ, ㅷ, ㅴ' 등이 사용되었다.

병서 이외에 연서(連書)가 있어서, 글자를 위에서 아래로 결합하여 썼다. 'ㅱ, ㅸ, ㆄ, ㅃ' 등이 있는데, 중한국어의 음 표기에 사용하였고 한국어 표기에는 'ㅸ'만 사용하였다.

중성은 하늘(·), 땅(ㅡ), 사람(ㅣ)을 본떠서 기본 글자로 삼고, 이들을 합성하여 다른 글자들을 만들었다. 훈민정음의 중성 11자는 다음 (5)와 같다.

(5) ·, ㅡ, ㅣ, ㅗ, ㅏ, ㅜ, ㅓ, ㅛ, ㅑ, ㅠ, ㅕ

이 글자 중에서 'ㅗ, ㅏ'가 양성모음이고 'ㅜ, ㅓ'가 음성모음이므로 'ㅗ'와 'ㅜ', 'ㅏ'와 'ㅓ' 등은 서로 대립하는 모양을 나타낸 것으로, 모음 조화 체계를 보여 준다.

중성의 합용 병서는 'ㅘ, ㆇ, ㅝ, ㆊ, ㅢ, ㅚ, ㅟ, ㅐ, ㅔ, ㅒ, ㅖ, ㅙ, ㅞ, ㅙ, ㅞ' 등이 보이는데, 이것들 중에서 'ㆇ, ㆊ, ㅙ, ㅞ' 등은 사용한 예가 없다.

종성은 '終聲復用初聲(종성부용초성)', 곧 '종성은 다시 초성을 사용한다'고 본
문에 규정하였는데, '훈민정음해례 종성해(訓民正音解例終聲解)'에서 'ㄱ, ㆁ, ㄷ,
ㄴ, ㅂ, ㅁ, ㅅ, ㄹ 八字可足用也'라고 8종성 체계를 규정하였다. 종성 합용 병서는
사이시옷을 제외하면 'ㄳ, ㅄ, ㄺ, ㄻ, ㄼ, ㅀ' 등이 문헌에 보인다.

훈민정음 체계의 특징인 '初中終三聲合而成字'(초성, 중성, 종성의 삼성이 합하여
글자를 이룬다.)는 '훈민정음 해례 합자해'의 규정이다. 또, 성조(聲調)를 표시하기
위하여 방점(傍點)을 사용하였다. 이는 사성(四聲) 체계로 이루어져 있는데, 평성
은 점이 없고[활(弓)], 상성은 글자의 왼쪽에 두 점을 찍고[ :돌(石)], 거성은 글자
왼쪽에 한 점을 찍고[ ·갈(刀)], 입성은 평성과 비슷한 것[긷(柱)], 상성과 비슷한
것[ :낟(穀)], 거성과 비슷한 것[ ·몯(釘)] 등이 있는데, 점찍기는 평성, 상성, 거성의
경우와 같다.

'훈민정음 언해'에서는 사성에 대해 다음의 (6)과 같이 풀이하고 있다.

> (6) 平聲은 뭇눛가ᄫᆞᆫ 소리라
>   去聲은 뭇노폰 소리라
>   上聲은 처ᅥ미 눛갑고 乃終이 노폰 소리라
>   入聲은 ᄲᆞᆯ리 긋듣ᄂᆞᆫ 소리라

지금까지 훈민정음 음운 체계에 대해 알아보았다. 후기 중세 한국어 음운 체계
는 다음과 같다.

**자음 체계** 후기 중세 한국어의 초성에 오는 폐쇄음은 다음의 (7)과 같고, 파찰음은
(8)과 같다.

> (7) 평음 : ㄱ(k),   ㄷ(t),   ㅂ(p)
>   격음 : ㅋ(kʰ),   ㅌ(tʰ),   ㅍ(pʰ)
>   경음 : ㅺ(k'),   ㅼ(t'),   ㅽ(p')

(8) 평음 : ㅈ(č)
    격음 : ㅊ(čh)
    경음 : ㅉ(čʼ)


  이것들은 삼지적 상관속을 이루고 있다. 종성은 '훈민정음 제자해'에 '終聲復用
初聲'이라는 규정이 있으나 '종성해'에 있는 'ㄱ, ㆁ, ㄷ, ㄴ, ㅂ, ㅁ, ㅅ, ㄹ 八字可
足用'에 따르면 실제 폐쇄음은 'ㄱ, ㄷ, ㅂ'만 발음되었다고 본다.
  마찰음으로는 'ㅅ(s), ㅆ(sʼ), ㅎ(h), ㅸ(β), ㅿ(z)' 등이 있다. 'ㅎ'의 된소리 'ㆅ'(x)
은 매우 드물게 사용되었는데, '훈민정음 합자해'의 '혀爲舌而혀爲引'('혀'는 '舌'이
되고 '혀~'는 '引'이 된다.)에서 보듯이 'ㅎ'과 'ㆅ'은 변별적 기능이 있었는데, 'ㆅ'은
'원각경언해'(1465) 이후 'ㅎ'으로 변하였다.
  유성 마찰음인 'ㅸ'과 'ㅿ'은 모음 사이에서 나타난다. 'ㅸ'은 '순경음'(脣輕音)으
로 세종·세조 때의 문헌에 보이고, 그 이후에는 나타나지 않는다. 현대 한국어에
서는 영(零) 또는 'w'로 변하였는데, 이 소리의 변천 과정은 다음 (9)와 같이 추정
할 수 있다.


  (9) 수블(酒)〉수볼〉수을〉술


  'ㅿ'은 유성 치조 마찰음으로, 주로 유성음 사이에서 사용하였다. 'ㅿ'는 임진왜
란 이후에 없어졌다. 후기 중세 한국어에 나오는 공명 자음(共鳴子音)에는 통비음
(通鼻音) 'ㅁ(m), ㄴ(n), ㆁ(ŋ)'과 유음(流音) 'ㄹ'(l, r)이 있다. 'ㄴ'은 '니(齒), 녀름
(夏)'처럼 어두에서 'i' 또는 'j', 즉 'ㅑ, ㅕ, ㅛ, ㅠ' 등의 앞에 올 수 있었으나 'ㆁ,
ㄹ'은 어두에서 제약을 받았다.
  후기 중세 한국어에는 자음군(子音群)이 어두에 올 수 있었다. 이것들은 초성들
을 합용 병서한 것인데, ㅂ계 어두 자음군으로 'ㅳ, ㅄ, ㅶ, ㅷ' 등이 있고, ㅄ계
어두 자음군으로 'ㅴ, ㅵ' 등이 있으며, ㅅ계 어두 자음군으로 'ㅺ, ㅼ, ㅽ' 등이

있다. 이것들은 다음 (10)과 같이 발음되었다고 본다.

(10) ㅂ계 : ㅲ-[pt], ㅄ-[ps], ㅶ-[pč], ㅷ-[pt^h]
ㅄ계 : ㅴ-[pk'], ㅵ-[pt']
ㅅ계: ㅺ-[k'], ㅼ-[t'], ㅽ-[p']

ㅂ계 어두 자음군을 가졌던 'ᄡᆞᆯ'(米), 'ᄠᅳ-다'(浮, 開)가 현대 한국어 '찹쌀, 부릅뜨다'에서, ㅄ계 어두 자음군 단어 'ᄢᅢ'가 현대 한국어 '입때, 접때'에서 'ㅂ'음이 발음되고, ㅅ계 어두 자음군은 현대 한국어에서 된소리로 발음되므로 이런 추정을 할 수 있다.

또, 각자 병서 문자로 'ㄲ, ㄸ, ㅃ, ㅉ, ㅆ, ㆅ, ㆀ' 등이 있는데, 한자음 표기에 주로 사용하였다. 이것들은 중한국어 음에 있는 유성음을 나타내려고 만든 글자인데, 무성음 '君'의 초성은 'ㄱ'(k), 유성음 '虯'는 'ㄲ'(g)로 나타냈다. 한국어 표기에도 각자 병서가 쓰였는데, '아ᅀᆞᄫᆞᆯ까(용비어천가 43), 道에 들띠니라(소학 五 · 135), ᄆᆞᅀᆞᆷ쓸빼(논어 四 · 4), 치혀시니(용비어천가 87), 히ᅇᅧ(훈민정음)'처럼 불완전 명사, 어미 등에 쓰인 것들은 'ㄹ' 다음에 오는 'ㄱ, ㄷ, ㅂ' 등이 변화를 일으킨 특수한 음성을 표기한 것으로, 음운 표시라기보다 단지 음성 기호 역할을 할 뿐이다.

'ㆀ'은 이중 모음을 가진 피동이나 사동 어간 일부에만 쓰였다.

'훈민정음' 초성 체계를 중심으로 하여 이상에서 설명한 후기 중세 한국어 자음 체계를 재구성하면 다음의 [표 6-2-1]과 같다.

[표 6-2-1] 후기 중세 한국어의 자음 체계

| 성질(작용) \ 위치 | 순음 | 설음 | 아음 | 치음 | | 후음 |
|---|---|---|---|---|---|---|
| 평음 | ㅂ | ㄷ | ㄱ | ㅈ | ㅅ | ㆆ |
| 격음 | ㅍ | ㅌ | ㅋ | ㅊ | | |
| 경음 | ㅳ (ㅃ) | ㅼ (ㄸ) | ㅺ (ㄲ) | ㅉ | ㅆ | ㆅ |
| 통비음 | ㅁ | ㄴ | ㆁ | | | |
| 유음 | | ㄹ | | | | |
| 유성 마찰음 | ㅸ | | | | △ | ㅇ |

\* 'ㅇ'을 제외하기도 함.

이상의 [표 6-2-1]을 현대 음성학 체계에 맞추어 재구성하면 다음의 [표 6-2-2]와 같다.

[표 6-2-2] 후기 중세 한국어의 자음 체계

| 조음 방법 \ 조음 위치 | 양순음 | 치조음 | 경구개음 | 연구개음 | 후두음 |
|---|---|---|---|---|---|
| 폐쇄음 | ㅂ, ㅍ, ㅃ | ㄷ, ㅌ, ㄸ | | ㄱ, ㅋ, ㄲ | ㆆ |
| 마찰음 | ㅸ | | ㅅ, ㅆ, △ | | ㅎ, ㆅ |
| 파찰음 | | | ㅈ, ㅊ, ㅉ | | |
| 통비음 | ㅁ | ㄴ | | ㆁ | |
| 유음 | | ㄹ | | | |

\* 'ㆆ(?)'은 제외하기도 함.

이 시대에 사용한 자음들 가운데 뒤에 소실된 자모나 음운은 'ㆆ, △, ㆅ, ㅸ' 등이다. 'ㆁ'은 문자는 달라졌으나 음가는 현재 유지하고 있다. 'ㆆ(?)'은 한자음 표기를 위해 만든 글자인데, '홀배, 갏길히'처럼 관형사형 어미 'ㄹ'과 결합하여 쓰이거나, '快쾡ㆆ字ᄍᆼ, 先考ㆆ뜯'처럼 사잇소리로 쓰였는데, 중종 이후에는 사용하지 않았다. '△'은 유성 치조 마찰음인데, 'ㅅ'이 약화한 소리이며 주로 한국어 표기에 사용하였으며, 임진왜란 이후 문헌에는 사용하지 않았다. 15세기 이후

'ø'(zero)로 변하였다.

(11) ᄉᆞᅀᅵ(間) (용비어천가, 1445) 〉 ᄉᆞ이 (두시언해, 1481)
어버ᅀᅵ(親) (석보상절, 1447) 〉 어버이 (속삼강행실도, 1514)

'ㆅ'은 'ㅎ'의 된소리로 'ᅘᅧ다(引)' 어간에만 사용하였다[ᄡᅡᅘᅧ다(拔), 도라ᅘᅧ다(廻)]. '원각경언해'(1465) 이후 'ㅎ'으로 표기되었다.

'ㅸ'은 유성 양순 마찰음으로, 세종·세조 때의 문헌에 나타냈다. '셔ᄫᅳᆯ(京), 글ᄫᅡᆯ(文), 우ᇫᄫᅳ리(哂)'처럼 유성음 사이에서 나타나는데, 고유어표기에 많이 사용하였다. 'ㅸ'은 'ㅂ'에서 변화한 것인데, 13세기경 나타나서 15세기 중엽에 사라진 것으로 추정한다. 'ㅸ'은 후에 와서 'w, o, u, ø'로 변화했다.

(12) ㅸ(β) 〉 w 글ᄫᅡᆯ〉글월
ㅸ(β) 〉 o(u) 스ᄀᆞᄫᅳᆯ 〉스ᄀᆞ올, 어드ᄫᅳᆫ〉어드운
ㅸ(β) 〉 ø 갓가ᄫᅵ 〉갓가이

이 시기 음운 현상에 유성음 사이에서 'ㄱ'이 탈락하는 경우가 있다. '몰개〉몰애〉모래, 멀귀〉머루'가 그런 예들이다. 'ㄱ'이 약화하여 'ㅎ'을 거쳐 탈락하는 경우도 있는데, '*부러기 〉불휘 〉뿌리' 같은 예이다. 'ㄱ'음의 약화 탈락은 고려 후기부터 시작해서 후기 중세 한국어에 들어오면서 끝난 것으로 생각된다.

후기 중세 한국어에는 'ㅎ' 말음 체언(末音體言) 또는 'ㅎ' 곡용어(曲用語)라고 하는 '나라ㅎ(國), 내ㅎ(川), ᄯᅡㅎ(地), 안ㅎ(內), 암ㅎ(雌)' 같은 단어들이 100여 개 있다. 단어 속의 'ㅎ'은 고대에는 더 많았던 것으로 보나, 대부분 탈락하고 현재에는 '암(수)컷, 암(수)탉, 머리카락, 살코기' 등에 자취가 남아 있다.

이 시기에 자음 동화 현상도 나타나는데, 'ᄃᆞᆮ니노라〉ᄃᆞᆫ니노라, 걷니노라〉건니노라' 같은 비음 동화가 있었다. 이 밖에 경음화 현상은 '십다〉씹다, 긇다〉끓다', 격음화 현상은 '갈〉칼, ᄇᆞᆯ〉팔' 같은 과정을 겪었다.

**모음 체계**  이기문(1972a : 137)에서는 후기 중세 한국어의 모음 체계가 다음과 같은 7모음 체계이었다고 본다.

$$
\begin{array}{ccc}
ㅣ(i) & ㅡ(ɨ) & ㅜ(u) \\
 & ㅓ(ə) & ㅗ(o) \\
 & ㅏ(a) & ·(ʌ)
\end{array}
$$

이 시기에는 'ㅐ, ㅔ, ㅚ, ㅟ, ·ㅣ'가 이중 모음이었다. 당시의 이중 모음은 'ㅑ(ja), ㅕ(jə), ㅛ(jo), ㅠ(ju), ㅘ(wa), ㅝ(wə), ㅟ(wi), ·ㅣ(ʌj), ㅐ(aj), ㅔ(əj), ㅚ(oj), ㅟ(uj), ㅢ(ɨj)' 등이 있었다.

후기 중세 한국어 모음 가운데 '·'는 'ㅏ'와 'ㅗ'의 중간음이라고 볼 수 있다. '·'는 제1 단계로 16세기에 비어두(非語頭) 음절에서 소실되는데, 주로 'ㅡ'로 변하였다.

> (13) ᄀᆞᄅᆞ치다(敎) (용비어천가, 1445) 〉ᄀᆞ르치다(소학언해, 1587)
>      여ᇫ(孤) (내훈, 1475) 〉여스(훈몽자회, 1527)

제2 단계로는 18세기에 어두 음절에서 소실되는데, 주로 'ㅏ'나 'ㅗ'로 변하였다. 모음 조화(母音調和) 현상이 이 시기에 보이는데, 일정한 모음끼리만 연속하는 동화 과정이다.

양성 모음은 양성 모음끼리, 음성 모음은 음성 모음끼리, 중성 모음은 양성 모음이나 음성 모음 어느 것과도 어울린다.

> (14) 양성 모음  · ㅗ ㅏ  (ㅐ, ㅚ, ·ㅣ, ㅘ)
>      음성 모음  ㅡ ㅜ ㅓ  (ㅔ, ㅟ, ㅢ, ㅝ)
>      중성 모음  ㅣ

모음 조화는 단어 안에서 명사와 조사, 어간과 어미, 그리고 어기(語基)와 접미사 사이에서 엄격하게 지켜졌다.

> (15)  ・단어 안에서
>         가슴(胸), 스믈(二十), 그리다(戀)
>        ・명사와 조사 사이
>         남곤(木) (낡 + 온), 므른(水) (믈+은)
>        ・어간과 어미 사이
>         도봐(助) (돕+아), 더버(署) (덥+어)
>        ・어기와 접미사 사이
>         노픠(高) (높+익), 너븨(廣) (넙+의), 사룸(人) (살+ᄋ+ㅁ), 여름(實)
>         (열+으+ㅁ)

이 밖에 용언 어간과 어미 사이에 개입하는 '오/우'도 모음 조화 규칙을 벗어나지 않았다.

> (16) 안죰(앉+오+ㅁ), 업수미 (없+우+ㅁ+이),
>       ᄀᆞᄅᆞ쵸미(ᄀᆞᄅᆞ치+오+ㅁ+이)

의성어와 의태어에서도 모음 조화 현상이 나타나 있다.

모음 조화는 'ᆞ'가 소멸하면서 문란해지다가 현대에는 용언의 어미와 의성어・의태어에 남아 있다.


## 6.4.1.4 근대 한국어의 음운

**자음 체계**  17세기 근대 한국어에는 경음이 뚜렷이 자리를 잡았고 'ㅿ'은 이미 소멸되었다고 본다. 15세기 후기 중세 한국어와 비교하면 'ㆆ, ㅸ, ㅿ' 이외에는 변동이 없다.

(17) 평음 ㄱ ㄷ ㅂ ㅈ ㅅ
격음(유기음) ㅋ ㅌ ㅍ ㅊ
경음(된소리) ㄲ ㄸ ㅃ ㅉ ㅆ

이 자음 체계는 현대 한국어에 이어진다.

다음의 [표 6-3]은 근대 한국어 자음 체계이다.

**[표 6-3] 근대 한국어의 자음 체계**

| 조음 방법 \ 조음 부위 | 순음(양순음) | 설음(치조음) | 치음(경구개음) | 아음(연구개음) | 후음(성문음) |
|---|---|---|---|---|---|
| 파열음 | ㅂ ㅍ ㅽ | ㄷ ㅌ ㅼ(ㅳ) | | ㄱ ㅋ ㅺ(ㅲ) | |
| 마찰음 | | | ㅅ ㅄ | | ㅎ ㆅ |
| 파찰음 | | | ㅈ ㅊ ㅶ | | |
| 비음 | ㅁ | ㄴ | | ㅇ | |
| 유음 | | ㄹ | | | |

중세 한국어의 어두 자음군은 17세기에 된소리가 되었다. 근대 한국어에서 중세 한국어 어두 자음군 'ㅄ'계, 'ㅅ'계, 'ㅂ'계의 혼동이 나타나서 '빼뎌', '써디니라', '뻐디니라' 등과 같이 표기한 것은 이것들의 소리가 된소리로 되었기 때문이다.

구개음화 현상이 근대 한국어에 나타난다. 설단 치조 파열음 'ㄷ, ㅌ, ㄸ'이 구개음 'i'나 'j'(ㅣ, ㅑ, ㅕ, ㅛ, ㅠ) 앞에서 경구개 파찰음 'ㅈ, ㅊ, ㅉ'로 변하는 것인데, 임진왜란 이후 문헌에 빈번하게 나타나고 있다.

(18)

| 두시언해 제7권 초간본(1481) | 중간본(1632) |
|---|---|
| 업디(15) | 업지 |
| 디나가(20) | 지나가 |
| 이바디(25) | 이바지 |

| 노걸대언해 초간본(1667) | 중간본(1795) |
|---|---|
| 됴토다(상, 7) | 죠타 |
| 디나가면(상, 9) | 지나가면 |
| 다ᄃᆞᆺ디(상, 9) | 다ᄃᆞᆺ지 |

　이러한 자료를 통해 구개음화는 18세기말에 완료되었다고 본다. 이 결과로 한국어에서 'ㄷ, ㄸ'와 'ㅑ, ㅕ, ㅛ, ㅠ'의 결합은 사라졌다. 현재 쓰이는 '견디다, 디디다, 느티, 띠, 잔디' 등은 19세기 이전에는 '견듸다, 드듸다, 느틔, 띄, 잔듸' 등과 같이 이중 모음을 가진 단어이었다가 구개음화가 완료된 시기 이후인 19세기에 단모음화하였다.

　평음이 경음화 또는 격음화하였다. 이 현상은 후기 중세 한국어 이후 나타나기 시작하였는데, 근대 한국어 이후 더욱 심해졌다.

> (19) 구짓다(罵)〉꾸짖다 (동국신속삼강행실도 孝 1, 1617)
> 　　 듧다(鑽)〉뚧다 (박통사언해 上 14, 1677)
> 　　 닷(故)〉탓 (동문유해 下 49, 1748)
> 　　 불무(冶)〉풀무 (왜어유해 下 16, 17세기 말)

　근대 한국어에는 어두음에 특징적인 현상이 나타나고 있다.

　'ㄹ'음이 어두에 오지 않는 것은 알타이 어족의 공통 현상인데, 조선초기 문헌에 '라귀(驢)'(월인석보 二一·75), '란간(欄)'(훈몽자회 中·5), '련곳(芙)'(훈몽자회 上·7), '라온(一切 라온 거시······)'(법화경언해 五·202), '러울(獺)'(훈민정음 用字例) 같은 예가 나온다. 그러나 이런 몇 개의 예를 가지고 한국어에 어두음 ㄹ을 사용하였다고 보기는 어렵다.

　어두의 'ㄴ'음이 'i, j'음 앞에서 탈락하는 현상이 근대 후기에 나타난다. 앞의 시기에 '녀름(夏), 년그(他), 니르다(至, 說), 닙다(被), 닐다(起), 님(主)' 같은 'n' 두음을 가진 단어가 많이 나오고 있으나 19세기에 와서는 이러한 'ㄴ'음 탈락이 일반적으로 확산된다(이기문, 1972a: 198).

**모음 체계**　후기 중세 한국어의 모음 체계와 달리 근대 한국어의 모음 체계는 'ㆍ'음의 소멸과 이중 모음 'ㅐ, ㅔ'의 단모음화가 특징이다.

‘·’음은 16세기에 제1 단계 소멸이 일어나는데, 비어두 음절에서, 즉 제2 음절 이하에서 ‘ㅡ’로 되고 18세기 후반에 제2 단계 소멸이 일어나 어두 음절에서, 즉 제1 음절에서 ‘ㅏ’로 되었다. 18세기 후반에 나온 한청문감(漢淸文鑑)에 ‘둘팡이(蝸牛)〉달팡이’, 드래(椋)〉다리 등과 같은 예가 보인다. 이 ‘·’음은 소실되었으나 글자는 한국어 정서법(1933)에 의하여 폐지될 때까지 사용하였다.

또, 이중 모음 ‘ㅐ(ai)’가 ‘ㅐ(ɛ)’로, ‘ㅔ(əi)’가 ‘에(e)’로 바뀌어 19세기 초에는 8모음 체계를 가지게 되었다(이기문, 1972a 202).

ㅣ(i)    ㅡ(ï)    ㅜ(u)
ㅔ(e)    ㅓ(ə)    ㅗ(o)
ㅐ(ɛ)    ㅏ(a)

근대 한국어에 나타나는 모음 변화로는 원순 모음화 현상이 있어서, 순음 ‘ㅁ, ㅂ, ㅍ, ㅃ’ 아래의 모음 ‘ㅡ’가 ‘ㅜ’로 바뀌었다. 이로 인해 중세 한국어에 있던 순음 아래에서 ‘ㅡ’와 ‘ㅜ’의 변별성을 잃었다.

(19) 물(水) – 물(群)

근대 한국어에서는 ‘ㅅ, ㅈ, ㅊ’ 아래의 모음 ‘ㅡ’가 ‘ㅣ’로 바뀌는데, 이를 전설 모음화라고 한다.

(20) 아줌 〉아츰 〉아침
     스ᄀ볼 〉스골〉시골

모음 조화 현상은 ‘·’가 소멸되면서 크게 혼란을 일으켰다. ‘·’가 어두에서 ‘ㅏ’로 변하여 ‘ㅓ’와 대립을 하면서, ‘·’와 대립을 하였던 ‘ㅡ’와도 대립하게 되어 모음 조화는 질서가 흐트러졌다.

움라우트 현상이 나타나고 있는데, 이는 뒤에 오는 전설 모음 'ㅣ'의 영향으로
비전설 모음인 'ㅏ, ㅓ, ㅗ, ㅜ'가 'ㅣ'모음에 가까운 전설 모음 'ㅐ, ㅔ, ㅚ, ㅟ'
위치에서 조음되는 것이다. '삿기(子)'(월인석보 二·45), '사기다(刻)'(훈몽자회 下·
16), '굼벙이(蠐)'(훈몽자회 上·21) 등의 단어가 현대 한국어에서 '새끼, 새기다, 굼벵
이'로 되어 있는데, 이 현상은 근대 후기에 나타나기 시작한 것으로 보인다.

### 6.4.1.5 현대 한국어의 음운

**자음 체계**   현대 한국어의 자음 체계는 다음의 [표 6-4]와 같다. 이것은 근대
한국어의 자음 체계와 같다.

[표 6-4] 현대 한국어의 자음 체계

| 조음 방법＼조음 위치 | 양순음 | 치조음 | 경구개음 | 연구개음 | 성문음 |
|---|---|---|---|---|---|
| 파열음 | ㅂ ㅃ ㅍ | ㄷ ㄸ ㅌ | | ㄱ ㄲ ㅋ | |
| 마찰음 | | ㅅ ㅆ | | | ㅎ |
| 파찰음 | | | ㅈ ㅉ ㅊ | | |
| 비음 | ㅁ | ㄴ | | ㅇ(종성) | |
| 설측음 | | ㄹ | | | |

초성에는 'ㅇ(ŋ)'을 제외하고 모든 자음이 올 수 있다. 다만, 'ㄹ'음은 어두에서
'i, j'와 결합하면 'ø(zero)'으로 바뀌고, 나머지 모음과 결합하면 'ㄴ'으로 바뀐다.
또, 'ㄴ'은 어두에서 'i, j'와 결합하면 'ø'으로 바뀌는데, 이것들을 두음 법칙이라고
한다.

(21)  ·ㄹ→ㅇ/__ { i / j }   선량(善良) – 양민(良民),
                            불리(不利) – 이익(利益)

      ·ㄹ→ㄴ/__ { ㅏ / ㅓ / ㅗ / ㅜ }   종로(鍾路) – 노상(路上)

      ·ㄴ→ㅇ/__ { i / j }   소녀(少女) – 여자(女子)

'ㄹ'은 종성에서는 'l', 초성이나 모음 사이에서는 'ɾ'[6]로 발음된다.

(22) [l] – 달, 빨래, 갈라
     [ɾ] – 하루, 보람, 가르고

종성에는 'ㄱ, ㄴ, ㄷ, ㄹ, ㅁ, ㅂ, ㅇ'의 7개 자음만이 올 수 있다. 모든 자음은
어말 또는 자음 앞에서 불파음이 되므로 대립적인 특성을 잃고 중화한다.

(23) ㄱ, ㄲ, ㅋ → ㄱ(k)
     ㄷ, ㄸ, ㅌ, ㅅ, ㅆ, ㅈ, ㅊ, → ㄷ(t)
     ㅂ, ㅍ, ㅃ → ㅍ(p)

현대 한국어에는 어두와 어말에 자음군이 오지 못하므로 하나의 소리만 발음된다.

(24) 밟고→밥꼬, 넓고→널꼬, 여덟→여덜
     많다→만타, 부엌+앞→부엌+압(부어갑)

**모음 체계**  현대 한국어의 모음 체계는 근대 한국어의 모음 체계에 없는 단모음
'ㅚ'와 'ㅟ'가 늘어나 다음과 같이 10모음 체계로 되었다.

---

6) 한국어의 초성에 오는 'ㄹ'은 탄설음이기 때문에 국제 음성 기호로 표기할 적에는 'ɾ'로 적어야 한다.
   'r'은 전설음이다.

[표 6-5] 현대 한국어의 모음 체계

| 폐모음 | ㅣ(i) ㅟ(y) | —(i) | ㅜ(u) | 고모음 |
|---|---|---|---|---|
| 반폐모음 | ㅔ(e) ㅚ(ø) | | ㅗ(o) | 중모음 |
| 반개모음 | ㅐ(ɛ) | | ㅓ(ə) | |
| 개모음 | | ㅏ(a) | | 저모음 |
| | 전설 모음 | 중설 모음 | 후설 모음 | |

  현대 한국어의 모음 'ㅓ'는 짧은 소리일 때는 'ə' 또는 'ʌ'에 가깝고 긴소리일
때는 'ɤ'에 가깝다. 긴 'ㅓ' 소리는 '거지, 어른, 전기(電氣)'에서의 'ㅓ' 모음들이다.
  현대 한국어에는 발음상의 혼란이 매우 심한데, 전설 모음 'ㅐ(ɛ)'와 'ㅔ(e)'의
구별에 혼동이 나타나고 모음 조화에도 혼란이 나타난다. 이것은 용언의 어간과
어미 사이(막아→막어, 아름다와→아름다워), 의성·의태어(깡총깡총→깡충깡충, 오똑
→오뚝) 모두에서 찾아볼 수 있다. 이와 같이 음성모음화하고 있다.
  움라우트 현상은 일부 단어를 제외하고는 표준 발음으로 인정하지 않고 있으
나, 강하게 실현되고 있다.

  (25) 지팡이→지팽이, 먹히다→멕히다,
      속이다→쇡이다, 죽이다→쥑이다

  현대 한국어에는 음장(音長)이 있다. 이것은 다음의 (26)과 같이 의미 분화 구실
을 하기도 하지만 오늘날 극히 혼란한 상태에 있다.

  (26) 말(馬) — :말(言)
      산다(買) — : 산다(住)

## 6.4.2 한국어 어휘의 변천

### 6.4.2.1 고대 한국어의 어휘

**고구려어의 어휘**   고구려어는 '삼국사기 지리지'에서 찾아볼 수 있다. '橫'은 '於斯' (엇), '黑'은 '今勿'(검), '巖'은 '波衣, 巴衣'(바희), '牛'는 '首'(쇼)라고 한 기록에서 신라어와도 유사한 어휘를 볼 수 있다. 그러나, '山'을 '達'(tal), '根'을 '斬, 嶄'(cʰ am), '堤'를 '吐'(tʰu), '赤'을 '沙非斤'(sapikən) 또는 '沙伏'(sapuk)이라고 한 점에서 고구려어는 신라어나 중세 한국어에서 찾아볼 수 없는 많은 어휘를 가지고 있으므 로 이기문(1967 : 87)에서는 신라어나 중세 한국어와는 계통이 다른 언어라고 한다.

고구려어에는 고대 일본어와 일치되는 어휘가 여럿 있다. '水, 谷, 鉛, 三, 五, 七, 十'을 의미하는 어휘가 고구려어로는 '*mai 또는 *mie(買), *tan(旦, 吞, 頓), *namər(乃勿), *mir(密), *üc(于次), *nanən(難隱), *tək(德)'인데, 고대 일본어 로는 'mi, tani, namali, mi, itu, nana, töwö'이다. 제한된 자료 가운데 일치하 는 어휘가 여럿 나타난다는 것은 두 나라 언어 관계에 대한 연구에 많은 도움이 된다.

**백제어의 어휘**   백제어도 고구려어처럼 자료가 극히 적다. 주로 '삼국사기 지리지' 에 나오는 한정된 자료를 통해 추정할 수밖에 없다. '石, 新, 淸, 高'를 의미하는 백제어 '*turak(珍惡), *sa(沙), *murke(勿居), *muraŋ(毛良)'은 중세 한국어 '돌 ᅘ, 새, 묽~, ᄆᆞᄅᆞ(棟)'와 연결된다. 중세 한국어는 신라어를 근간으로 해서 이어 온 것이므로, 백제어와 신라어는 유사하였다고 볼 수 있다.

**신라어의 어휘**   신라어는 '삼국사기(三國史記)'와 '삼국유사(三國遺事)'에 주로 나온 다. 이 책에 나오는 고유 명사 표기가 매우 중요한 자료이지만 '삼국유사'에 실린 '향가'는 신라어 연구에 결정적인 역할을 한다. 향찰로 표기된 향가는 단어뿐만 아니라 문장 형식의 기록이기 때문에 당시 문법 형태를 파악하는 데에 소중한

자료가 된다. 다만, 한자 차용 표기(漢字借用表記)이므로 정확한 어휘 연구가 어려우나, 중세 한국어와 전반적으로 일치하므로 재구(再構)가 가능하다.

'삼국유사'에 나오는 향가를 통하여 당시 어휘 모습을 몇 개 찾아보면 다음과 같다.

| 단어 | 재구 | 중세 한국어 | 출전 |
|------|------|------------|------|
| 花 | 곶 | 곶 | 헌화가, 도솔가 |
| 月 | 둘 | 둘 | 원왕생가, 찬기파랑가 |
| 母史 | 엇, 어싀 | 어싀 | 안민가 |
| 心音 | ᄆᆞ슴 | ᄆᆞ슴 | 도솔가, 모죽지랑가 |
| 道 | 길 | 길 | 혜성가 |
| 城叱 | 잣 | 잣 | 혜성가 |
| 雪是 | 서리 | 서리 | 찬기파랑가 |
| 脚烏 | 가룰 | 가룰, 가룰 | 처용가 |
| 吾 | 나 | 나 | 헌화가, 제망매가 |
| 此 | 이 | 이 | 제망매가, 혜성가 |
| 二肹, 二尸 | 두블 | 둘ㅎ | 처용가, 도천수관음가 |
| 千隱 | 즈믄 | 즈믄 | 도천수관음가 |

한자어 사용으로 고대 한국어의 많은 어휘가 한자어로 바뀌었다. 신라는 시조 박혁거세(朴赫居世)부터 제22대 지증마립간(智證麻立干)까지는 '居西干, 次次雄, 尼師今, 麻立干' 등 고유어 명칭을 쓰다가, 6세기 초 지증왕 때부터 '王'으로 고쳐 썼다. 제35대 경덕왕 16년(757) 때에 와서는 지명(地名)을 중국식으로 고쳐 두 자로 된 한자로 썼다.

(27) 今勿奴→黑壤(郡)
　　　珍惡山→石山(縣)
　　　沙熱伊→清風(縣)

김형규(1975 : 46)에서는 한자 지명을 붙이었어도 대중은 잘 따르지 않고 고유 지명을 사용하였을 것이라고 본다. 이는 한밭[大田], 숲리[裡里] 같은 큰 도시 이름이나, 잇들[苔洞], 싣우물[楓井], 미리개[龍峴], 누리실[世谷里] 등과 같이 시골의 많은 마을 이름이 지금도 한자 지명과 함께 사용되고 있는 것에서 짐작할 수 있다.

고유 명사를 한자로 바꾸면서 이 시기 이후 한자 어휘가 증가하고 중한국어 차용어가 많이 나타나게 되었다.

## 6.4.2.2 전기 중세 한국어 어휘

이 시기의 어휘 자료로는 '계림유사'(1103~1104)와 '향약구급방'(13세기 중엽)이 중심이 된다. 고유어 '계림유사'와 '향약구급방'에는 15세기 후기 중세 한국어에서 볼 수 없는 어휘가 들어 있다.

· 계림유사 : 龍曰稱(珍)·女子曰漢吟·婦曰丫寸
· 향약구급방 : 枳實 只沙伊(*기사리)·蠐螬 夫背也只(*부비야기)

15세기에는 '龍'은 '미르', '女子'는 '겨집', '아ᅀᅳ누의', '婦'는 '지어미', '枳實'은 '텅ᄌ', '蠐螬'는 '굼벙이'로 나타나고 있다.

**한자어**  신라가 삼국을 통일한 후 중국과의 접촉이 활발해지고 경덕왕 때 한자 지명을 쓰기 시작한 이후 우리나라는 한자 사용이 심해졌다. 그래서 구어(口語)는 한국어를 사용하고 문어(文語)는 한자를 사용하는 언문 불일치의 언어 생활을 하게 되었다. 이런 과정에서 한자어의 세력은 확대되고 고유어는 위축되었다. '고려가요'에 사용한 어휘에서 이런 모습을 볼 수 있다.

| 고유어 | 한자어 |
|--------|--------|
| 뫼 | 山(처용가, 정과정곡) |
| 아ᄒ래 | 九日(동동) |
| 복셩곶 | 桃花(만전춘) |
| 미르 | 龍(쌍화점) |
| 밧긔 | 外예(처용가) |

이숭녕(1967: 285~286)에서는 전기 중세 한국어 시기에 우리말을 표기할 글자가 없었으므로 자연히 문자로 사용되던 한자의 세력이 우세해졌다고 본다.

**차용어**  북방 민족들의 영향으로 북방어 차용이 많았다.

몽골 어의 차용은 관직[達魯花赤(鎭守官名)], 말[아질게ᄆᆞᆯ(兒馬)], 매[보라매(秋鷹), 숑골(海靑)], 군사[바톨(勇士)], 음식[수라(水刺)] 등이 있고, 여진어 차용은 함경도 지방에 자취를 남기고 있는데, 지명[투먼(豆滿江)], 직업명[把指(바치, 工匠)] 등 몇 개가 남아 있다.

## 6.4.2.3 후기 중세 한국어

중국의 새로운 문물이 들어오면서 한자어의 증가는 계속되었다. 이로 인해 조선 때에는 한자어 사용이 일반화하고 고유어는 상대적으로 감소하였다. 고유어가 한자어로 대체되어 '슈룹'이 '우산'으로, '온'이 '빅(百)'으로 쓰이게 되었고, 일부 한자어는 고유어화하여 '샹네(常例)', '비치(白菜)' '가난(艱難)'으로 쓰이었고, 중한 국어가 고유어처럼 되어 '붇(筆)', '천량(錢糧)' 등이 나타났다.

일부 어휘는 음운 현상으로 설명할 수 없는 변화를 입어 'ᄒᆞ다가(萬一)'가 '만일에', '반ᄃᆞ기(必)'가 '반드시'로 바뀌는 것과 같은 어휘 교체가 일어났고 '남다(餘)'-'넘다(過)', '늙다(古)'-'늙다(老)', '덜다(減)'-'떨다(振)'-'털다(拂)'같이 음운 대립으로 단어가 분화되었고, 의미 변화도 나타나서 '가난'이 '艱難'에서 '貧困', '분별'이 '分別'에서 '걱정'으로 의미가 바뀌었다.

이기문(1972a: 184)에 따르면 중한국어에서 '투구[頭盔], 비가(比甲), 진딧(眞的), 야청(鴉靑)' 등 많은 어휘를 차용하였고, '보살(菩薩), 공양(供養)' 같은 불교 용어들이 중국을 통해 차용되었다. 불교에서 온 어휘인 '슈고(受苦)', '보시(布施)' 등은 일반화되었고, '보도[葡萄]', '호박(琥珀)', '스자(獅子)' 등과 같은 서역어도 중국을 통해 차용되었다.

## 6.4.2.4 근대 한국어의 어휘

이 시기의 어휘는 중세 한국어에 나타나는 특징과 같다. 따라서, 한자어의 침투로 고유어들은 계속 침식당하여 일부 고유어는 다음의 (28)과 같이 한자어로 바뀌었다.

(28)  고유어    한자어
      뫼        산(山)
      ㄱ롬      강(江)
      아슴      친척(親戚)
      오래      문(門)

새로운 단어가 많이 생겨났는데, 특히 기독교 어휘로는 '성신(聖神), 천국(天國), 세례(洗禮), 목자(牧者)' 등과 같은 것이 있다. 어떤 단어들은 없어지기도 하였는데, 중세 한국어 '입다[迷], 외ᄑ다[刻], 혁다[小]' 등이 없어지고 '업다, 사기다, 젹다' 등이 쓰이었다. 현대에 와서 의미가 변동된 한자어가 많이 있는데, 근대 한국어의 '原情, 人情, 放送, 發明'은 현대 한국어의 '陳情, 賂物, 釋放, 辯明' 등과 같은 의미로 쓰이었다.

어형 변화도 나타나는데 '마ᅀᆞᆫ'은 '셜흔'에 유추하여 '마흔'이 되고 '무스'는 관형형 어미 'ㄴ/은'에 유추하여 '무슨'이 되었다. 어형이 길어진 어휘가 있는데, '굴〉

구돌(堗), 노〉노끈(繩), 울〉울타리(籬), 앗다〉빼앗다(奪), 별〉벼랑(崖)' 등과 같이 대개 단음절어를 다음절어로 만들었다.

의미가 변화한 어휘로는 '어리다'(愚→幼少), '졈다'(幼少→靑少年), '어엿브다'(憐憫→美麗), '유무(有無)'(소식→있고 없다), '힘'(筋→力) 등이 있다.

차용어는 '무명(木綿), 토슈(套袖), 다홍(大紅)' 등과 같이 중한국어에서 차용한 어휘, '담비(煙草), 耶蘇(예수)' 등과 같이 중국을 통해 들어온 서구 어휘가 있다.

## 6.4.2.5 현대 한국어의 어휘

현대 한국어의 어휘는 한자어가 반이 넘고 기타 외래어도 상당수가 있으며 계속 증가하고 있다. 품사별로는 명사가 가장 많고 다음은 동사, 부사, 형용사의 순으로 되어 있다. 고유어를 구조면으로 보면, 단일어보다 합성어와 파생어가 상대적으로 큰 비중을 차지하고 있고, 또 증가하고 있다(박병채, 1989 : 326~342와 이기문, 1972a : 32~34).

현대 한국어의 어휘 사이에 나타나는 몇 가지 특징을 살펴보면 다음과 같다. 외래어의 증가로 외래어와 고유어가 같이 사용됨으로 인하여 동의어와 동음어가 생겨났다.

> (29) 동의어 : 아내-처(妻), 잔-컵(cup),
> 　　　　　　 잔치-연회(宴會)-파티(party)
> 　　동음어 : 시내(개울)-시내(市內), 볼(뺨)-볼(ball)

현대 한국어 시기에는 사회적인 격변과 국제적 교류로 새로운 어휘가 만들어지고 또 들어왔다.

> (30) 신조어 : 깡패, 어린이, 그녀(3인칭 여성)
> 　　차용어 : 버스, 안전벨트, 플레이하다

## 6.4.3 한국어 문법의 변천

### 6.4.3.1 명사·대명사·수사의 변천

**고대 한국어**　명사 가운데 'ㅎ' 말음 체언을 가진 단어(ㅎ 곡용어)를 향가에서 50여 개 정도 찾아볼 수 있다. '吾肹, 花肹, 地肹'에서 '肹'자가 'ㅎ'음을 표기한 것으로 보인다. 인칭 대명사 가운데 일인칭에 '吾(나)', 이인칭에 '汝(너)'가 쓰이었고, 의문 대명사에 '誰(누)'가, 지시 대명사에 '此(이)', '彼(뎌)'가 쓰이었다. 수사로 쓰인 '一等(*ㅎ돈)', '二肹(*두흘)'은 '계림유사'에 나오는 '一日河屯', '二日途孛'로 해독이 가능하나 음운, 형태적 면에서 많은 변화를 거쳐서야 현대 한국어와 연결된다.

**후기 중세 한국어**　전기 중세 한국어에서 체언의 형태적 특징은 자료의 부족으로 뚜렷이 확인하기가 어렵다. 반면, 후기 중세 한국어는 많은 자료와 기록이 정확하여 그 특징을 잘 알아볼 수 있다. 이 시기에 'ㅎ' 말음 체언은 계속 줄어들었으나, 문헌을 통해 찾아보면 '하놀히, 싸콰'같이 'ㅎ'말음을 가진 체언이 80개가 넘고 있다(이기문, 1972a : 153).

　'ㅎ' 말음은 대개 근대 한국어에 와서 사라지는데, 현대 한국어에 '암탉, 안팎' 등과 같이 일부는 자취를 남기고 있다.

　후기 중세 한국어 명사 가운데 어떤 것은 조사와 결합할 때 일어나는 형태 변화가 규칙에 따라 필연적으로 나타나는 자동적인 교체를 하지 않고 비자동적인 교체를 한다. 그래서 모음으로 시작하는 조사 앞에서는 자음으로 끝나고, 휴지나 자음으로 시작하는 조사 앞에서는 모음으로 끝난다.

| 휴지 또는 자음 앞 | 모음 앞 |
|---|---|
| 나모(木), 구무(穴), 녀느(他), 불무(冶) | 낡, 굵, 녀, 붊 |
| 노루(獐), 느르(津), 시르(甑), 쟈른(袋), 즈른(柄) | 놀, 눌, 실, 쟐, 줄 |
| ㅁ른(棟), ㅎ른(一日) | 몰ㄹ, 홀ㄹ |
| 아슥(弟), 여스(슥)(狐) | 앗, 엿 |

중세 한국어의 '새(新)', '눌(生)'은 명사로 쓰이어 조사와 결합하였다.

> (31) <u>새와</u> 눌ㄱ니와(두시언해 초 十五·23)
> <u>ㄴ롤</u> 머그면(능엄경언해 八·五)

　이것들은 현대 한국어에서는 관형사로만 쓰나, '새로, 새롭다, 날로' 등과 같은 구성형은 중세 한국어 때 명사와 조사가 결합한 형태의 자취이다. 대명사 중에서 인칭 대명사로는 일인칭 '나, 우리', 이인칭 '너, 그듸' 등이 쓰이었고, 삼인칭 '뎌, 누, 아모', 통칭 '녀느, 남, 저, ᄌᆞ갸' 등이 쓰이었다. 지시 대명사로는 '이, 그, 저' 등이 쓰이었고, 의문 대명사로는 '무스, 어느, 어듸' 등이 쓰이었다.
　수사에는 고유어 'ᄒᆞ나ㅎ, 둘ㅎ, 열ㅎ' 등과 한자어 '일, 이, 삼, 십' 등이 쓰이고, 서수사(序數詞)로 쓸 때는 양수사(量數詞)에 '-자히, -차히, -재' 등을 붙이었다.

**근대 한국어**　'ㅎ' 말음 체언이 18세기에 탈락하거나 '짱(<짜ㅎ), 지붕(<집우ㅎ)'처럼 변하였고, 18세기 말엽에 비자동적 교체 현상이 단일화하여 '나모, 낡' 등이 '나모' 하나로 되었다.
　대명사 주격형 '내가, 네가'가 사용되었는데, 이것들은 중세 한국어 주격형 '내, 네'에 주격 조사 '가'를 연결한 형태이다. 중세 한국어에서 '자기'의 높임으로 쓰이었던 'ᄌᆞ갸'는 근대 한국어에서 삼인칭 존칭으로 변하였다. 이인칭 '자네'가 쓰이었고, 전 시기의 '누'는 근대 한국어에 와서 의문사 '-고/구'와 결합하여 '누고/누구'로 바뀌었다.
　수사는 중세 한국어 형태를 유지하고 있으나, '온, 즈믄'은 한자어 '百, 千'의 영향으로 사라졌고, 서수사에 붙는 '-자히, -차히, -재'는 '-재'로 단일화하였다.

**현대 한국어**　근대 한국어 말엽의 한국어 현상이 그대로 이어지며 간편화 방향으로 가고 있다. 비자동 교체 현상도 근대 한국어에서 단일화 경향을 띠다가 현대 한국어에서 확립되고, 명사의 종성 'ㄷ, ㅌ, ㅈ, ㅊ' 등은 모음으로 시작하는 조사 앞에서 'ㅅ'으로 임의적인 교체를 하고 있다.

대명사는 근대 한국어에 나타난 형태가 이 시기에 자리잡는다. '내가, 네가'는 일반화하였고 '내, 네'가 관형사로 쓰이며 '자닉'가 '자네'의 형태로 되었으며, '즈갸'는 일부 지방에서만 쓰이거나 '당신'으로 대치하였다.

수사는 '흔나'에서 '하나'로 되고, 서수사 표지 '-재'는 '-째'로 표기하게 되었다. 이 밖에 변화한 어휘가 있으나 근대 한국어의 연속선상에서 크게 벗어나지 않았다.

## 6.4.3.2 조사의 변천

**고대 한국어**  이 시기의 주격 조사 모습은 '향가'에 나타나 있는데, 중세 한국어와 비슷하며, 현대 한국어에도 이어진다.

격조사(格助詞)를 보면 다음과 같은 것들이 있었다.

> 주 격-*이(伊, 是)
> 관형격-*이(矣), *의(衣), ㅅ(叱)
> 목적격-*을 또는 '~ㄹ(乙), *훌(肹)(체언 말음이 ㅎ일 때)
> 부사격-(처소) *이(中)
> (도구) *로(留)

보조사(補助詞)에는 '주제·대조'를 나타내는 '*ᄂᆞᆫ/는'(隱),' '*ᄋᆞᆫ/은'(焉), '양보'를 나타내는 '*두'(置), '*도'(都), '*균일'을 나타내는 '*마다'(馬落, 每如) 등이 쓰이었다.

**중세 한국어**  후기 중세 한국어의 조사는 앞 시대보다 더욱 많은 형태를 지니고 다양한 기능을 하게 된 것으로 본다. 격조사는 다음과 같다.

주격 조사 — '이'가 쓰이는데, 고대 한국어와는 달리 앞에 오는 체언의 끝소리에 따라 이형태(異形態)가 나타난다.

· 자음으로 끝나는 체언 뒤 – '이'(시미 기픈)
· 'ㅣ' 모음 이외의 모음으로 끝나는 체언 뒤 – 'ㅣ'(홇배 이셔도)
· 'ㅣ' 모음으로 끝나는 체언 뒤 – ø(영 형태) (불휘 기픈)

체언 말음이 모음이면서 평성일 때 거성인 주격 조사가 오면 상성으로 변동한다.

부텨(拂) + ·이 → 부:톄
무디(節) + ·이 → 무:디

현대 한국어에 있는 주격 조사 '가'는 보이지 않는다.

관형격 조사 — '이, 의'는 유정물(有情物)의 평칭(平稱), 'ㅅ'은 무정물(無情物)과 유정물의 존칭(尊稱)에 쓰이었다. 체언 말음이 모음일 때 'ㅣ'가 '내, 네, :뉘, 제'처럼 관형격으로 쓰이었다.

목적격 조사 — '를'이 대표 형태로 쓰이었으나 체언 말음의 형태에 따라 모두 다섯 가지가 사용되었다.

· 자음으로 끝나는 체언 뒤 – 올/을
· 모음으로 끝나는 체언 뒤 – 롤/를('ㄹ+올/을' 형태)

부사격 조사 — 처격 조사로는 '애/에, 예, 이/의' 등이 쓰이었다. 양성 모음 뒤에는 '애', 음성 모음 뒤에는 '에', 'ㅣ'모음 뒤에는 '예'가 왔다. '이/의'는 체언에 따라 선택되는 특수한 처소격 조사이다. 도구나 수단은 '로'가 쓰였는데, 'ㄹ'이나 모음 뒤에는 '로', 자음 뒤에는 조모음 'ㅇ/으'가 개입하여 양성 모음 체언에는 '으로', 음성 모음 체언에는 '으로'가 연결되었다. 여격 조사(與格助詞)로는 '이그에/이게, 의그에/의게, ㅅ그에/ㅅ긔' 등이 쓰이었는데, 이것들은 관형격 조사 '의/

의', 'ㅅ'과 '그에/게(그)'가 결합한 형태이다. '이/의'와 '그에/게(그)'가 결합한 형태는 평칭, 'ㅅ'과 '그에/게(그)'가 결합한 형태는 존칭이다. 비교격 조사로는 '두고', '(이)라와' 등이 쓰이었다. '두고'는 중세 말엽에 '도곤'으로 쓰이었고, '(이)라와'는 중세 한국어에서만 쓰이었다. 공동격 조사로는 '와, 과'가 쓰이었는데, 끝소리가 모음이면 '와', 자음이면 '과'가 쓰이었다.

독립격 조사 — '아, 하, 야, 여' 등이 쓰이었다. '아'는 아랫사람, '하'는 윗사람에게 사용하였고, '야, 여'는 감탄의 의미로 사용하였다.

보조사로는 '주제, 대조' 등을 뜻하는 'ㄴ, 온/은, 는/는', '역시, 양보' 등을 뜻하는 '도', '단독'을 의미하는 '만, 뿐', '시발(始發)'을 뜻하는 '브터', '도착'을 뜻하는 'ᄭᅵ장', '동작, 상태의 지속' 등을 뜻하는 '자히' 등이 쓰이었다. 이 밖에 '셔', '다비(如), 다히, 다이', '조차[隨], 조초, 조치, 조쳐' 등이 있었다.

**근대 한국어** 주격 조사 '가'는 16세기 정철의 자당 안씨(安氏)의 서간문에 처음 보이나, 문헌에는 '첩해신어'(1676)에 최초로 쓰이었다.

주격 조사 가운데 '존칭'으로 '겨셔, 계셔, 겨오셔, 계오셔, 끠셔, 께셔'가 쓰이었다.

관형격 조사는 '의'만 쓰이었고, 중세 한국어 관형격 'ㅅ'은 이 시대에 와서는 사이시옷 기능만 하게 되었다.

목적격 조사는 '올/을, 롤/를'이 혼용되었다.

부사격 조사 가운데 '처소격 조사'에는 '에, 의'가 주로 쓰이고, '비교격 조사'에는 '라와, 에서, 두고, 두곤/도곤' 등이 쓰이었다. '라와, 에서'는 쓰임이 줄어들고 '두곤/도곤'이 널리 쓰이게 되었다. '보다가, 마치, 만치, 마곰' 등이 새로 나타났는데, '보다가'가 차츰 일반화하다가 현대 한국어 '보다'로 이어진다. 공동격 조사로는 '와/과'가 쓰이었고, 여격 조사의 평칭에는 '의게', 존칭에는 '께'로 나타났다.

독립격 조사 가운데 존칭 '하'는 사라졌다.

보조사인 '온/은, 는/는'이 모음 조화가 깨짐에 따라 혼용되었다. '동작, 상태의 지속'에 쓰이던 '자히'는 '재'로 쓰이고 '선택'에는 '이나' 이외에 '든지, 던지'가 19세기 말에 나타났다.

**현대 한국어**  근대 한국어보다 분명하게 체계를 세워 조사를 사용하고 있다. 즉, 주격 조사 '이/가'는 앞의 체언 끝소리의 받침 유무에 따라 교체되고, 목적격 조사 '을/를', 보조사 '은/는', 접속 조사 '과/와'도 마찬가지이다. 이 시기에는 복합 조사가 많이 나타나서 '에의, 에서의, 으로부터, 조차도, 만이' 등의 형태도 찾아 볼 수 있다.

## 6.4.3.3 단어 형성법의 변천

**고대 한국어**  파생 명사는 주로 '-(으)ㅁ' 접미사를 첨가하여 만들었고, '-기' 접미 사는 드물게 사용하였으며, '-이' 접미사는 하나의 예만 발견된다. 향가에 보면 '음'은 '音'(岳音-오름), '기'는 '支'(逢烏支-맛보기), '이'는 '期'(明期→볼기)로 표기 하고 있다.

**전기 중세 한국어**  파생 명사는 '-(으)ㅁ' 접미사(書日乞林 : *그림, 行日欺臨 : *거름), '-이' 접미사(鴿日弼陀里 : *비두리, 雁日哭利弓畿 : *그려긔), '개' 접미사(剪刀日割子 蓋 : *ᄀᆞ개) 등이 보인다.

합성어는 '*블나모(柴日孛南木), *조ᄇᆞ술(粟日田菩薩), '겨슬사리(麥門冬冬乙沙 伊), *널삼(苦蔘板麻), *새삼(兎絲子鳥伊麻)' 등이 나타난다.

**후기 중세 한국어**  이 시기에는 파생어와 합성어가 매우 활발하게 나타나고 있다. 훈민정음에 나타나는 자료가 많아서 단어 형성법에 관한 특징들을 분명하게 파악할 수가 있다.

파생어 : 파생 명사는 동사에 '-(ᄋ/으)ㅁ'접미사를 첨가하는 방법이 주류를 이루는데, 동사의 명사형 어미는 선어말 어미 '오/우'를 동반하므로 구별이 된다.

(32) 됴ᄒᆞᆫ <u>여름</u> <u>여루미</u>(월인천강지곡 十·12)
　　　여름-열~(實)+음(파생 명사)
　　　여룸-열~+우+ㅁ(동사의 명사형)

'-이'와 '-기' 접미사는 전기보다 늘어나기는 하였으나 큰 비중을 차지하지는 못하고 있다.

이 밖에 '-암/엄', '-에, -개, 엉' 등의 접미사가 사용되었다.

형용사 어근에 '-이/의' 접미사가 첨가되어 '노ᄑᆡ, 너븨, 기픠, 킈' 같이 도량형(度量衡)의 명사를 이루기도 하였다.

명사 '부엉, 그력, 압(父), 털, 쇼' 등에 접미사 '-이, -억, -아지' 등을 첨가하여 '부엉이, 그려긔, 아비, 터럭, 숑아지'로 썼다.

복수 표지 '-둘ㅎ, -내, -희' 등은 명사나 대명사에 첨가하여 파생어를 만든다.

파생 동사는 접미사 없이 파생하는 것으로 '비(腹)→비다, 긋(劃)→긋다, 하(多)→하다, 브르(飽)→브르다' 같은 예와, 접미사가 첨가하는 것으로 '말(言)→말ᄒᆞ다, 잘(善)→잘ᄒᆞ다, 밧-(脫)→밧기-, 잡(逮)→자피-' 같은 예들이 있다. '밧기-'에서 '-기-'는 사동 접미사인데, 당시 '-이-, -히-, -기-, -ㅣ-, -오-/-우-, -호-/-후-, -ᄋᆞ-' 등의 사동 접미사가 사용되었고, '자피-'에서 '-히-'는 피동 접미사인데, 당시 '-이-, -히-, -기-' 등의 피동 접미사를 사용하였다.

파생 형용사에는 명사에 접미사 '-ᄃᆞᄫᅵ/ᄃᆞ외-, -ᄃᆞᄫᇰ-, -둡-, -ᄅᆞᄫᅵ/ᄅᆞ외-, -ᄅᆞᄫᇰ-, -롭-, -다ᄫᇰ-/-답-, -ᄃᆞ-' 등이 첨가된 형태와 동사 어근에 접미사

'-ᄫᅵ-, -아ᄫᅵ-/-어ᄫᅵ-, -가ᄫᅵ-' 등이 첨가된 형태가 있다.

    (33) 疑心ᄃᆞ빈, 受苦ᄅᆞ빙요미, 법답디, 香氣저ᅀᅳ니라, 즐거ᄫᅳᆯ, 낫가ᄫᅵ니

   파생 부사에는 명사에 '-오, -로'가 첨가된 형태, 동사와 형용사 어근에 '-이, -히, -오-/-우'가 첨가된 형태가 있다(이기문, 1972a : 151~152).

    (34) 몸소, 손소, 새로, 날로, 해(하+이), 슬히(슳+이), 너무(넘+우)

   합성 명사로 '암ᄐᆞᆰ(암ㅎ+ᄃᆞᆰ), 조ᄡᆞᆯ', 합성 동사로 '빌먹다(빌다+먹다), 듣보다(듣다+보다), 돌아가다[돌다(廻)+가다(去)]', 합성 수사로 '두ᅀᅥㅎ'(둘ㅎ+셓), 여닐굽(여슷+닐굽)', 합성 형용사로 'ᄀᆞᆽ없다(ᄀᆞᆽ+없다), 횩뎍다[횩(小)+뎍다(小)]' 등이 보인다. 이 가운데 합성 동사 '빌먹다'와 같은 단어 형성법은 중세 이후 사라지고 '빌어먹다' 같이 '-아/어'와 함께 결합하는 방식이 일반화되었다.

**근대 한국어**   이 시기에는 단어 형성법이 간소화 방향으로 되었다.

   파생 명사는 접미사 '-(으)ㅁ'이 전 시대와 마찬가지로 주류를 이루고 있고, 명사형 어미 '-오-'+'-ㅁ'이 '-(으)ㅁ'으로 되었다. 형용사 어근에 붙는 척도 명사 접미사 '-ᄋᆡ/-의'는 'ㅢ〉ㅣ'의 변천에 따라 근대 한국어 말엽에 '-이'로 바뀌어 '노픠, 너븨, 기픠'들이 '노피, 너비, 기피'가 되어 부사와 같은 형태가 되었다.

   파생 동사는 전 시기와 유사하다. 그런데 여러 이형태(異形態)가 쓰이던 사동 접미사는 '-히-, -우-' 등이 주로 쓰이었다. 중세 한국어에서 'ᄒᆞ(爲)-'에 사동 접미사가 첨가된 형태는 '히-'였는데, 근세 한국어에서는 'ᄒᆞ이-'로 쓰이다가 말엽에 없어진다. 피동 접미사에는 변동이 없으나, 어떤 파생 동사는 접미사 '-이'가 '-히'로 바뀌어 나타나고 있다(이기문, 1972a : 206).

(35) 넓이다　불인(踏)(〈불뷔~) (구급간이방 六·70)

　　넓히다　불피다 (역어유해 下·23)

파생 형용사는 중세 한국어 접미사 '-ᄅ봉-/-ᄅ뵈-, -ᄃ봉-/-ᄃ뵈-' 등이 '-로오-/-로우-, -되-'로 바뀌었고 '~스러오(〈스러ᄫ)-'가 나타났다.

(36) 해로오미, 그릇된, 어른스러온

**현대 한국어**　근대 한국어의 단어 형성법과 차이가 없다.

　　명사화 접미사에서 '-기'의 세력이 커졌고 사동 접미사는 근대 한국어의 '-히-, -우-'에 '-이-, -기-, -리-, -구-, -추-'가 추가하여 중세 한국어와 흡사하게 되었다.

　　현대 한국어에는 차용어를 사용한 합성어가 나타나 '풀장(pool+場), 전기 스탠드(電氣+stand)' 같은 예가 보이고, 여러 단어를 축약하여 만든 말을 쓰는 경향이 심해지고 있다.

(36) 연세대학교→연대　　임금 투쟁→임투

## 6.4.3.4 선어말 어미의 변천

**고대 한국어**　향가 해독으로 알아 낸 고대 한국어 선어말 어미는 현재 시제(時制) '-ᄂᆞ-(內)', 주체 높임 '-시-(賜)', 객체 높임 '-ᄉᆞᆲ-(白)', 상대 높임 '-이-(音)' 등이다. 그러나 이들 한자음의 해독은 분명하지가 않다.

**중세 한국어**　선어말 어미는 의도법(意圖法), 경어법(待遇法), 시제법(時制法), 감탄법(感歎法) 등에 쓰이었다.

　　의도법의 선어말 어미 '-오-/-우-'는 모음 조화 현상에 따라 교체하는데, 주관적 의도가 개입된 동작이나 상태를 나타낸다.

(37) 救호되(ㅎ+오+되) (용비어천가 104)
　　너부미(蜜) (넙+우+ㅁ+이) (석보상절 十九·37)

의도법은 16세기에 없어졌다.

경어법의 선어말 어미는 주체 높임에 '-시-', 객체 높임에 '-습-', 상대 높임에
'-이-'가 쓰이었다. 자세한 내용은 '경어법의 변천'에서 따로 살펴보기로 한다
(6.4.3.6 참조).

시제법의 선어말 어미로는, '현재'에 '-ᄂ-'가, '과거'에 '-거-, -아-/-어-,
-더-'가, '미래'에 '-리-'가 사용되었다.

(38) 현재 : 듣고져 ᄒᆞᄂ다 (월인석보 十八·75)
　　과거 : 뼈러디거이다 (법화경언해 二·50)
　　　　　太子ㅣ 구쳐 ᄑᆞ라놀 (석보상절 六·25)
　　　　　說法 ᄒᆞ더시다 (석보상절 六·1)
　　미래 : 아들ᄯᆞ롤 得ᄒᆞ리라 (석보상절 九·23)

'-리-'는 과거형 '-더-, -거-'와 결합하여 미래의 미완 동작을 추측할 때는
'-리러-', 미래의 완료 동작을 추측할 때는 '-리어-'로 쓰이었다.

(39) 부톄 ᄃᆞ외리러라 (석보상절 十九·34)
　　마조 보리어다 (월인석보 八·87)

감탄법의 선어말 어미에는 '-도-, -돗-' 등이 있었는데, 미래 시제 '-리-',
지정사 '이-'와 결합하면 '-로-, -롯-'으로도 쓰이었다. '-놋다, -닷다, -샷다'
등에 쓰인 'ㅅ'도 감탄법을 나타낸 것이다.

(40) 스로미 잇<u>도</u>다 (두시언해 초간 七·2)

　　 ᄒ시<u>돗</u>더이다 (월인석보 二三·74)

　　 보리<u>로</u>다 (능엄경언해 一·66)

　　 도망ᄒ여 나온 이<u>롯</u>더라 (노걸대언해 上·45)

　　 니티시<u>놋</u>다 (법화경언해 四·162)

　　 겨시<u>닷</u>다 (석보상절 十一·4)

　　 느지르<u>샷</u>다 (용비어천가 100)

선어말 어미들은 일정한 배열 순서를 가지고 있다. 그 배열 순서는 'ᄒ습더시니', 'ᄒᅀᄫ시니이다', 'ᄒᅀᄫ리이다', 'ᄒ리로소이다'에서 보듯이 다음과 같다.

과거와 미래의 어미는 '-리러-(리더), -리어-(리거)'와 같이 어울릴 수 있었고, 과거와 경어법 '-거시-, -더시-'가 '-시거-', '-시더-'로 순서가 바뀌었다 (이기문, 1972a : 60~64).

**근대 한국어**　선어말 어미가 이 시기에 많이 줄어들었다.

의도법의 선어말 어미는 근대 한국어에서 사라져 버렸다.

경어법의 선어말 어미는 객체 높임 '-습-'이 상대 높임으로 변하여 주체 높임과 상대 높임의 두 체계로 되었다. 선어말 어미 과거와 주체 높임이 결합한 '-거시-, -더시-'는 근대 한국어에서 '-시거-,' '-시더-'로 굳어졌다.

시제법의 선어말 어미는 이 시기에 커다란 변화를 보인다. 중세 한국어의 현재 시제 선어말 어미 '-ᄂ-'는 존속하였으나, '-ᄂ이다, -니이다, -닝'의 형태로 나타난다. 18세기에 이르러서는 '-ᄂ-'가 평서형 종결어미인 '-다'와 결합하여

'-는다/-는다'로 나타난다. 과거 시제 선어말 어미 '-거/어-'는 근대 한국어에서 '가상'을 의미하거나 뒤에 오는 어말 어미와 결합하여 버렸고, '-아/어-'는 없어져 버렸다. 대신 '-앗/엇-'이 나타나 과거를 나타내게 되었다. '-앗/엇-'은 연결 어미 '-아/어'와 동사 어간 '잇-(有)'이 결합한 형태인데, 이미 중세 한국어에 '-앳/엣-'이 있었고 여기서 'ㅣ'가 탈락한 형태인 '-앗/엇-'도 있었다. 과거 회상 시제 선어말 어미 '-더-'는 근대 한국어에도 그대로 쓰이었고, 지정사 '이-' 다음에 오는 과거형 '-러-'는 '-더-'로 쓰이었다.

감탄법의 선어말 어미는 단순화하여 '-도-'만 쓰이었다.

**현대 한국어**  경어법의 선어말 어미는 주체 높임에 '-시-', 상대 높임에 '-ㅂ-, -옵-' 등이 쓰인다. 시제법의 선어말 어미는 '-ㄴ/는-, -았/었-, -겠-, -더-' 등이 있고, 감탄법의 선어말 어미는 어말 어미의 한 부분으로 결합되어 '-도다'처럼 나타나므로 현대 한국어에서는 별도로 선어말 어미를 분석하지 않는다.

## 6.4.3.5 어미의 변천

### 연결 어미

**고대 한국어**  이 시기의 연결 어미는 다음과 같다.

대등적 연결 어미 — 나열 : -고(遣, 古) 抱遣去如(안고가다)

　　　　　　　　　　　　 -며(旀 : 彌의 약자) 古召旀(고조며)

종속적 연결 어미 — 원인 : -매(米) 有阿米(이샤매)

　　　　　　　　　 목적 : -라(良) 修叱如良來如(닷ㄱ라오다)

　　　　　　　　　 중단 : -다가(如可) 遊行如可(노니다가)

　　　　　　　　　 원인·순차 나열 : -아/어(良, 可) 唱良(블어)

　　　　　　　　　　　　　　　　　 折叱可(것가)

보조적 연결 어미 — ─어(良) 嫁良置古(얼어두고)

**후기 중세 한국어** 이 시기에 연결 어미는 수적으로 증가하고 용법이 복잡하게
바뀌었다.

대등적 연결 어미— 나열 : ─고(─곤, ─곡, ─곰), ─며(─며셔, ─명)

선택 : ─나, ─락

종속적 연결 어미— 원인 : ─매, ─니, ─늘/늘, ─ㄹ씨, ─관디

목적 : ─라

중단 : ─다가

이유·순차 나열 : ─아/어, ─악/억, ─암/엄,

─아셔/어셔

조건 : ─면, ─둔/든, ─ㄴ대, ─란디

양보 : ─나, ─디, ─ㄴ둘, ─거니와, ─건마른,

─ㄹ디언뎡, ─ㄹ쎈뎡, ─ㄹ션뎡

양보('몯ᄒ다, 아니ᄒ다'가 호응) : ─디비리,

─디위, ─디외, ─디웨

의도 : ─려, ─고져, ─아져, ─과뎌,

─과디여, ─고

도급(到及) : ─두록, ─도록

익심(益甚) : ─디옷, ─ㄹ스록

연발(連發) : ─락, ─ㄴ다마다

보조적 연결 어미— ─아/─어, ─기/긔, ─게, ─디, ─둘('아니ᄒ다, 몯ᄒ다'와 호응)

용언의 어간이 어미와 결합할 때 음성적 특질에 따라 어간의 교체가 일어나는

데, 이 현상은 일정한 음운 법칙에 따라 필연적으로 일어나는 자동적 교체와 그렇지 않은 비자동적 교체가 있다.

자동적 교체로는 첫째, 어간 말음 '△, ㅸ, ㅍ, ㅌ, ㅈ, ㅊ' 등이 자음으로 시작하는 어미 앞에서 각각 '△→ㅅ, ㅸ→ㅂ, ㅍ→ㅂ, ㅌ→ㄷ, ㅈ→ㅅ, ㅊ→ㅅ'으로 교체하는 현상이 있다.

> (41) 니ᅀᅡ도-닛ᄂᆞ니라(繼), 누ᄫᅥ며-눕기를(臥)
>  노ᄑᆞ-놉놋다(高), 브터-븓거뇨(附)
>  차자-ᄎᆞᆺ던(尋), ᄉᆞᄆᆞᄎᆞᆯ-ᄉᆞᄆᆺ디(通)

둘째, 어간 말음 'ㅺ, ㅄ, ㄵ' 같은 겹자음이 자음 어미 앞에서 하나가 탈락하는 현상이 있다.

> (42) ᄭᅥᆨ거-것디(折), 업스니-업거늘(無), 안즈니-안ᄂᆞᆫ(坐)

셋째, 어간말 모음이 모음 어미 앞에서 교체하는 현상이 있다.

> (43) ᄑᆞ+아→파, 가+아→가, 쓰+어→써, 너기+어→너겨

비자동적 교체로는 첫째, 어간 '르/르'가 자음 어미 앞에서는 변동이 없고 모음 어미 앞에서 'ᄋᆞ/으'가 탈락하는 현상이 있다.

> (44) 다ᄅᆞ-(異) : 다ᄅᆞ거늘-달아, 니르-(謂) : 니르샤-닐어
>  기르-(養) : 기르더니-길어, 두르-(圍) : 두르고-둘어

둘째, 어간 '르/르'가 모음 어미 앞에서 모음이 탈락하고 'ㄹ'이 하나 첨가하는 현상이 있다.

(45) 모ᄅ-(不知) : 모ᄅ거늘-몰라, 샌ᄅ-(速) : 샌ᄅ고-샐라

　　 흐르-(流) : 흐르게-흘러, 브르-(呼) : 브르며-블러도

셋째, 어간 '슇/스'가 모음 어미 앞에서 모음이 탈락하는 현상이 있다.

(46) ᄇ슇-(碎) : ᄇ슇디-븟아, 그스-(牽): 그스ᄂ고-긋어

이 밖에 어간 'ㄷ'이 모음 어미 앞에서 '걷고→걸으니'처럼 'ㄹ'로 교체되고, '잇 (有)' 어간이 유성음 앞에서 '잇고→이시어, 이시니'처럼 '이시-'로 교체되는 현상 이 있다.

**근대 한국어**　전반적으로 단순화하는 경향이 나타났다.

대등적 연결 어미 ─ 나열 : ㅡ고, ㅡ며셔(후기에 'ㅡ면서'로 바뀜.)
종속적 연결 어미 ─ 이유·순차 나열 : ㅡ아/ㅡ어

의도법 선어말 어미 'ㅡ오ㅡ/ㅡ우ㅡ'가 16세기에 없어지자 '양보'의 종속적 연결 어미 'ㅡ오/ㅡ우+디, ㅡ오/ㅡ우+려'는 'ㅡ되, ㅡ려'만 쓰이고 'ㆍ'가 없어지자 'ㅡ드록 /ㅡ도록'은 'ㅡ도록'이 일반적으로 쓰이었다. 보조적 연결어미 'ㅡ긱/긔, ㅡ게'는 '게' 만 쓰이고 'ㅡㄹ스록'은 'ㅡㄹ수록', 'ㅡ디'는 'ㅡ되', 'ㅡㄴ들'은 'ㅡㄴ들'로 바뀌어 쓰이 었다. 'ㅡ과뎌, ㅡㄹ션뎡'이 구개음화 현상으로 'ㅡ과쟈, ㅡㄹ션졍'으로 되고 익심형 (益甚形) 어미 'ㅡ디옷'은 'ㅡㄹ소록'으로 바뀌었고, 양보형 어미 'ㅡ디빙, ㅡ디위'는 없어졌다.

**현대 한국어**　근대 한국어의 연결 어미를 이어 받았으나 더욱 간소화하였다.

대등적 연결 어미 ─ 나열 : -고, -(으)며, -면서, -거니

양보 : -지만, -(으)나

반복 : -락

선택 : -거나, -든지

종속적 연결 어미 ─ 가정 : -(으)면, -거든

이유 : -(으)니, -(으)므로, -니까, -아서

설명 : -는데

방임 : -더라도

양보 : -(으)ㄹ망정, -(으)ㄹ지언정

추정 : -(으)려니와

중단 : -다가

첨가 : -(으)ㄹ뿐더러

익심 : -(으)ㄹ수록

의도 : -(으)려

목적 : -(으)러

도급 : -도록

연발 : -자

보조적 연결 어미 ─ -아/-어 -게, -지, -고

## 종결 어미

### 고대 한국어

평서형 어미 : -다(如), -라(羅)

의문형 어미 : -고(古)

명령형 어미 : -거라(去良)

원망형 어미 : -져(齋)

**후기 중세 한국어**

평서형 어미 : –다, –라

의문형 어미[7] : 극존칭 –잇가, –잇고

존칭-–ㅅ가

평칭 –가, –고, –녀, –뇨, –려, –료

명령형 어미 : 극존칭 –쇼셔, 존칭 –아쎠, 평칭 –라

감탄형 어미 : –도다, –고나, –애라/에라, –게라, –ㄴ뎌, ㄹ셔

청유형 어미 : –져(라), –사이라, –고라(고녀), –고이다, –지라, –지이다

**근대 한국어**

평서형 어미 : –다, –라, –뢰, –데, –ᄂᆡ, –뇌, –노ᄉᆡ, –도ᄉᆡ

의문형 어미[8] : –잇가, –잇고, –ㅅ가, –가, –고, –냐, –뇨, –랴, –료, –ㄴ다, –ㄹ다

명령형 어미 : –쇼셔, –소, –라

감탄형 어미 : –고나, –고야, –괴야, –ᄯᅩ다, –ㄹ쌰(샤)

청유형 어미 : –쟈, –ᄋᆞᆸ새

**현대 한국어**

평서형 어미 : –다, –니라, –노라, –네, –ㅁ세, –데, –오, –시오, –ㅂ니다, –나이다

의문형 어미 : –(느)냐, –는가, –는고, –지요, –ㅂ니까, –나이까, –오이까

명령형 어미 : –(아/어)라, –렴, –게, –소, –아/어, –소서

---

7) 이인칭 주어 문장에 '–ㄴ다, –ㄹ다'가 쓰이었다. 문장 의미를 반대로 만들 때는 "ᄒᆞ믈며 녀나ᄆᆞᆫ 천량이 ᄯᆞ녀"처럼 –이ᄯᆞᆫ, –이ᄯᆞ녀, –이ᄯᆞ니릿가'를 썼으나 근대 한국어에서는 없어졌다.

8) 중세 한국어와는 다르게 '–가'와 '–고'의 사용 구별이 없어지고 중세 한국어 '–녀, –려'가 '–냐, –랴'로 바뀌었다.

청유형 어미 : −자, −세, −ㅂ시다, −아/어, −지, −사이다

## 전성 어미

### 고대 한국어

명사형 어미 : −(으)ㅁ(音), −기(支)

관형사형 어미 : −ㄴ(隱), −ㄹ(尸)

### 후기 중세 한국어

명사형 어미[9] : −(오/우)ㅁ, −기

관형사형 어미 : −ㄴ/ㄴ(과거), −ㄴ/ᄂᆞᆫ(현재), −ㄹ/올(미래)

### 근대 한국어

명사형 어미 : −(으)ㅁ, −기

관형사형 어미 : −ㄴ, −ㄹ

### 현대 한국어

명사형 어미 : −(으)ㅁ, −기

관형사형 어미 : −(으)ㄴ, −는, −(으)ㄹ, 던

## 경어법의 변천

### 고대 한국어

선어말 어미 ─ 주체 높임 −시−(賜)

객체 높임 −ᄉᆞᆸ−(白)

---

9) 고대 한국어와 후기 중세 한국어에서 관형사형 어미 '−ㄴ, −ㄹ'이 본디 명사적 기능을 가졌던 자취를 '균여전'에 나오는 '迷火隱乙'(＊이본올)(항순중생가), '修叱賜乙隱'(＊닷ᄀᆞ샬은)(수회공덕가), '용비어천가'에 나오는 '質成ᄒᆞᄂᆞ로', '두시언해'(초간 二五·53) 나오는 '슬픐없시'에서 찾아볼 수 있다.

상대 높임 −이−(音)

명령형 종결 어미—극존칭 −쇼셔(賜立)

평칭 −거라(去良)

## 후기 중세 한국어

선어말 어미 —주체 높임  −시−(−샤)[10]

객체 높임[11] −ᄉᆞᆸ−(어간 말음, 'ㄱ, ㅂ, ㅅ, ㅎ' 다음)

−ᄌᆞᆸ−(어간 말음 'ㄷ, ㅈ, ㅊ' 다음)

−ᅀᆞᆸ−(어간 말음 'ㄴ, ㅁ, ㄹ', 모음 다음)

상대 높임  −이−

종결 어미 — 극존칭 −이다, −잇고, −잇가, −쇼셔

존칭 − ㅇ다, −ㅅ가, −야셔

평칭 −다/라, −ㄴ다, −고, −가, −과

중세 한국어의 경어법을 나타내는 데 쓰이는 높임 의미의 체언, 조사, 접미사 등은 경어법 선어말 어미와 호응 관계를 이루었다.

  (47) 文王이 두 번 뫼 자시며(소학언해 四·14)

   즈개 當ᄒᆞ시니라(소학언해 四·12)

   그딋 아바니미 잇ᄂᆞ닛가(석보상절 六·14)

   아자바님내ᄭᅴ 다 安否 ᄒᆞᄉᆞᆸ고(석보상절 六·11)

   文殊하 반ᄃᆞ기 아ᄅᆞ쇼셔(법화경언해 一·88)

---

10) '−샤'는 '−시'가 연결 어미 '−아', 의도법 선어말 어미 '−오−/−우−'와 연결할 때 나타나는 형태이다.

11) 모음 어미 앞에서 'ㅂ'은 'ㅸ'으로 바뀌어 'ᄂᆡᄫᅡ, 듣ᄌᄫᅡ, 기드리ᅀᆞᄫᅡ'처럼 된다. 세조 이후 'ㅸ'이 소멸하여 '그리ᅀᆞ와'처럼 '오/우'로 변한다.

## 근대 한국어

선어말 어미 — 주체 높임 −시−

상대 높임 −이−('−이다, −잇가'형으로 쓰임), −숩ᄂ이−,

−ᄌᆸ닝이−, −ᅌᆸ닝이−.

종결 어미 — −쇼셔, −소, −라

격조사 — 주격 : 께셔, 끠셔, 겨셔, 계셔, 겨오셔, 계오셔

동사 — 주무시다, 잡ᄉᆸ다, 잡ᄉᆞ시다

## 현대 한국어

선어말 어미 — 주체 높임 −(으)시−

상대 높임 — −습니다, −소/(으)오, −게, −아라/−어라/−여라

'−시−'는 주체와 관련된 사물과 결합하여 간접 높임에 쓰기도 한다.

(48) ㄱ. 아버님께서 눈이 어두우시다.

ㄴ. 일이 힘드시어서 병환이 나셨다.

## 6.4.3.7 문장 구조의 변천

**고대 한국어**  이기문(1972a: 67)에서는 한국어는 본디 체언문(體言文)이었다고 한다. 고대 한국어에 이런 모습이 남아 있다. 동사에 명사형 어미 '−음, −기, −ㄴ, −ㄹ' 등이 결합하여 동사를 명사와 같은 기능을 하게 하고 서술어를 이룰 때에는 첨사가 연결된다. 그러나 고대 한국어 시기에 동사문의 특성이 나타나서 명사형 어미 가운데 '−ㄴ, −ㄹ'이 관형사형 어미 기능을 하게 되었으며, 일부에서만 명사형 어미 기능을 유지하고 있었다. 이는 고대 한국어 시기 이전에는 체언문이었다가 고대 한국어에 와서 수식어적 용법이라는 동사문의 특징이 나타났다는 사실을 의미한다.

**중세 한국어**  의문문의 서술어는 명사나 명사형 어미(-ㄴ, -ㄹ)에 첨사가 연결되어
있다. 이는 고대 한국어 문장 구조의 특성을 지니고 있기 때문이다.

> (49) ㄱ. 이는 賞가 罰아(몽산화상법어약록언해 53)
> ㄴ. 趙州는 이 엇던 面目고(몽산화상법어약록언해 55)
> ㄷ. 이리드록 우느다(월인천강지곡 八·101)
> ㄹ. 무슴 놀애 브르느다(월인천강지곡 八·101)

접속문에는 선어말 어미 표시 방법이 현대와 다르게 나타난다. 과거 시제 선어
말 어미 '-옛-', 주체 높임 선어말 어미 '-시-'가 전·후 절에 다 나타난다.

> (50) ㄱ. 方丈山이 다 브레 니엣고 天台山이 다 구루메 비취옛도다  (두시언해
> 초간 十六·44)
> ㄴ. 菩薩이 든니시미 셔거시며 안즈시며 누브샤매(월인석보    二·26)

그런데 의도법 선어말 어미 '-오-/-우-'는 후행절에만 나타난다.

> (51) 내내 드르며 부르며 利호미(법화경언해 二·26)

내포문에 나타나는 문장 변형이 현대와 다르게 나타난다. 안기는 문장의 서술
어와 주어가 관형적인 형태로 바뀐다(이기문, 1972a : 176).

> (52) ㄱ. 이 東山은 須達의 산 거시오(석보상절 六·40)
> ㄴ. 내의 壽命長遠 닐오몰 듣고(법화경언해 五·197)

인용문에서는 상대 높임이 나타나지 않고, 인용격 조사 '고'가 발견되지 않는다.

> (53) 羅睺羅 드려다가 沙彌 사모려 흐느다 홀씨(석보상절 六·2)

이는 청의(靑衣)가 야수(耶輸)에게 보고하는 글인데, '부텨'가 라후라(羅睺羅)를 사미(沙彌)로 삼으려고 하는 내용이다. 이 글의 'ᄒᆞᄂᆞ다'에 상대 높임이 나타나지 않고 'ᄒᆞᄂᆞ다' 다음에 인용격 조사 '고'가 없다.

조사에서 '접속'을 나타내는 '과/와'는 마지막 명사에도 나타나고 여기에 다시 격조사를 연결하였다.

> (54) 입시울과 혀와 엄과 니왜 다 됴ᄒᆞ며

어떤 용언은 일정한 조사나 어미 아래에서만 결합된다.

> (55) 주격 조사+ᄊᆞ-(値) : 갑시 千萬ᄊᆞ니와
> 주격·공동격 조사+ᄀᆞᇀᄒᆞ-(如) : 비취요미 ᄀᆞᇀᄒᆞ니라, 世界와 ᄀᆞᇀᄒᆞ야
> 에·에서·와+다ᄅᆞ-(異) : 中國에 달아, 녜와 다ᄅᆞ샤
> 연결 어미 '~디'+어렵-(難) : 아디 어려본

**근대 한국어** 동사문의 경향이 강화하여 '-ㄴ, -ㄹ' 어미는 관형적 기능만으로 쓰이었고, 명사형 어미 '-기'가 많이 쓰이게 되었다.

대등적 연결문에서 선어말 어미가 전·후 절에 다 나타났다.

> (56) 된 밥도 지엇고 믈근 죽도 뿌엇다 (박통사언해 중간 中·30)

내포문에서 안기는 문장의 주어는 관형격이 아닌 주격으로 나타났고 인용격 조사 '고'도 아직 보이지 않는다.

> (57) 다ᄉᆞᆯ 거시 ᄀᆞ즌 후에야 能히 어버이를 셤김이라 (경민편언해 33)

어떤 용언은 중세 한국어에서처럼 일정한 조사나 어미 아래에서만 나타나는데, 다음과 같이 약간 변동이 나타났다.

(58) 비교격 조사＋쏙－
　　　공동격 조사＋곧ᄒᆞ－
　　　명사형 어미 '～기'＋어렵－

　그 나머지는 중세 한국어와 유사하다.

**현대 한국어**　근대 한국어와 차이가 크게 나타나고 있다. 접속문에서 시상·높임을 나타내는 선어말 어미가 후행절에서만 나타나고, 내포문에서 안기는 문장의 주어가 주격으로 나타나는 것이 현대 한국어에 와서 정착되었고, 인용문에서 인용격 조사 '고'가 나타났다.

## 6.4.4 한국어 표기법의 변천

### 6.4.4.1 고대 한국어 표기

**고유 명사 표기**　한자를 차용하여 기록하였는데, 한자의 표음적 기능을 취하여 '阿'를 '아', '己, 只'를 '기'라는 소리를 표시하는 데에 사용하는 음차 방식(音借方式)과 한자의 표의적 기능을 취하여 '밤'을 '夜', 'ᄆᆞᅀᆞᆷ'을 '心'으로 나타내는 훈차 방식(訓借方式) 두 가지가 있다.

　이들 기록에서, 음차 표기 해독에는 당시의 한자음을 정확하게 재구하는 데에 어려움이 있고, 훈차 표기 해독에는 당시의 한국어를 재구하는 데에 어려움이 있다.

**서기체 표기**　한자의 음과 훈을 빌려서 고유 명사를 기록하던 차자 표기(借字表記) 방식에서 더 나아가 문장을 표기하던 방식이 서기체 표기이다. 서기체라는 이름은 '임신서기석(壬申誓記石)(552 또는 612)'에서 따온 것이다. (6.3.1. 자료 참조) 이 글은 다음과 같다.

(59) 壬申年六月十六日二人幷誓記天前誓今自三年以後忠道執持過失无誓若
此事失天大罪得誓若國不安大亂世可容行誓之又別先辛未年七月卄二日大誓詩
尙書禮傳倫得誓三年

(임신년 6월 16일 두 사람이 함께 맹세하여 기록함. 하늘 앞에 맹세함. 지금부터
3년 이후 忠道를 執持하여 過失 없기를 맹세함. 만일 이 일을 어기면 하늘에 大罪
를 얻을 것을 맹세함. 만일 나라가 불안하고 大亂世이면 정녕 행하기로 맹세함.
또 따로 앞서 辛未年 7월 22일에 크게 맹세함. 詩, 尙書, 禮記, 左傳의 倫得을
맹세하여 삼년으로 함.)

이 글은 한자의 훈(訓)에 따라 적되 한국어의 어순에 따랐는데, 문법적 관계를
나타내는 형태 표시가 없다. 한자를 사용한 초기의 문장 표기 방법이다.

**이두 표기**  서기체 표기에 문법적 관계를 나타내는 조사나 어미들을 나타낸 표기
방법이다.

(60) · 二塔天寶十七年戊戌中(에) 立在之(서견이다)
　　　娚姊妹三人業以(으로) 成在之(이루견이다)
　　　娚者(는) 零妙寺言寂法師在於(견이며)
　　　姊者(는) 照文皇太后君嬭在於(견이며)
　　　妹者(는) 敬信大王嬭在也(견이다) [갈항사조탑기(葛項寺造塔記)(758)]
　　　[二塔 天寶 17年 戊戌에 서시다. 娚姊妹 三人業으로써 이루시다. 오라비
　　　(女男)는 零妙寺 言寂法師이시며, 姊는 照文皇太后 君嬭(王母)이시며,
　　　妹는 敬信大王(元聖王) 嬭(姨母)이시오]

이두는 7세기경 표기 체제가 갖추어져 있었던 것으로 생각된다. 이두는 19세기
말까지 계속 사용되었다. 이두는 '제왕운기(帝王韻記, 1295)'에 '吏書'라는 명칭이
처음 나타나며, '대명률직해(大明律直解)' 발문에 '吏道, 吏讀'가 보인다. '吏胥(낮
은 벼슬아치)'들이 쓰던 글이라는 의미로 생각된다.

**구결 표기**  구결은 한문을 그대로 두고 문법적 관계를 나타내는 조사와 어미들만을 끼워 넣는 표기 방법이다.

'동몽선습(童夢先習)'에서 구결을 단 예를 보면 다음과 같다.

> (61) ·天地之間萬物之中厓(애) 唯人伊(이) 最貴爲尼(ᄒ니) 所貴乎人者隱(는)
> 以其有五倫也羅(라)
> ·朋友隱(는) 同類之人是羅(이라) 益者伊(이) 三友五(오) 損者伊(이) 三友
> 尼(니) 友直爲於(ᄒ며) 友諒爲於(ᄒ며) 友多聞是面(이면) 益矣五(오) 友
> 便辟爲於(ᄒ며) 友善柔爲於(ᄒ며) 友便佞是面(이면) 損矣里羅(이라)

이 때 끼워 넣는 구결은 한자의 정자를 사용한 '정자 구결(正字口訣)'과 한자의 약체를 사용한 '약체 구결(略體口訣)'이 있다.

> (62) 阝('隱'의 왼쪽)－은, 는    亻('伊'의 왼쪽)－인
> 厂('厓'의 윗쪽)－애    ヒ('尼'의 아래쪽)－니

구결(口訣)이란 '입겿'의 한자 차용 표기인데, '토(吐)'라고도 한다. 오늘날 전해 오는 자료는 15세기 이후의 것들이지만 오랜 옛날부터 있었다고 보고 있다. 넓은 의미의 이두 속에 포함시키기도 한다.

**향찰 표기**  향찰은 한자의 음과 훈을 빌려 우리말을 온전히 표기하는 방법이다. 특이한 점은 실질적 의미 부분은 훈차(訓借) 표기, 문법적 관계어는 음차(音借) 표기를 하였다.

> (63) 처용가(處容歌) 원문    해독문 (양주동 역)
> 東京明期月良    東京 ᄇᆞᆯ기ᄃᆞ래
> 夜入伊遊行如可    밤드리 노니다가
> 入良沙寢矣見昆    드러ᅀᅡ 자리 보곤

| | |
|---|---|
| 脚烏伊四是良羅 | 가로리 네히러라 |
| 二肹隱吾下於叱古 | 두본른 내해엇고 |
| 二肹隱誰支下焉古 | 두본른 누기핸고 |
| 本矣吾下是如叱馬於隱 | 본딕 내해다마르는 |
| 奪叱良乙何如爲理古 | ᄋᅀᅳ늘 엇디ᄒᆞ릿고 |

향찰(鄕札)이라는 이름은 '균여전'(1075)의 '역가공덕분(譯歌功德分)'의 최행귀(崔行歸) 서문에 처음 나타난다.

## 6.4.4.2 전기 중세 한국어의 표기

전기 중세 한국어 시기인 고려는 한문 숭상 정책을 폈다. 따라서, 구어는 우리말을 쓰고 문어는 한문을 사용하게 되어 한자의 음과 훈을 사용하여 한국어를 적고자 하였던 고대 한국어의 차자(借字) 표기 방식은 발전을 하지 못하였다. 다만, '계림유사'(鷄林類事, 1103)와 '향약구급방'(鄕藥救急方, 13세기)에서 당시표기법을 살펴볼 수 있다. '계림유사'는 고려 말을 당시 중국 한자음으로 전사(轉寫)한 것이고 '향약구급방'은 전통적인 한자 차용 표기법을 따르고 있다. 다음은 '향약구급방' 표기이다.

(64) 黃芩 : 精朽草, 所邑朽斤草(*솝서근플)
　　　桔梗 : 道羅次(*도랒)

'精朽草'는 훈차 표기인데, '精'은 '솝', '朽'는 '서근'이 된다. '所邑朽斤草'는 혼합 표기인데, '所邑'은 '솝'의 음차, '朽'는 '斤'을 덧붙여 '서근'의 훈차, '道羅次'는 '도랒'의 음차이다.

### 6.4.4.3 후기 중세 한국어의 표기

후기 중세 한국어의 표기는 '훈민정음'으로 대표된다(자세한 내용은 앞의 '6.4.1.3. 후기 중세 한국어의 음운' 참조).

표음주의 표기를 원칙으로 삼고 '終聲復用初聲'이라고 규정하면서도 '八終聲可足用'으로 충실한 표음 표기를 하게 하였다. '初中終三聲合而成字'라고 하여 음절 단위로 표기하였고, 사잇소리로 'ㄱ, ㄷ, ㅂ, ㅅ, ㆆ'이 있었으나 뒤에 'ㅅ'으로만 쓰이었다.

16세기 와서 'ㅸ, ㆅ, ㆆ' 등이 쓰이지 않았고 'ㆁ'도 음가만 남고 글자는 사라졌다. 8종성법도 'ㄷ'과 'ㅅ'의 구별에 혼동이 일어나 7종성법으로 바뀌었다. 16세기의 특징적인 표기는 15세기에 연철되었던 종성이 '비출→빗출, 겨틔→곁틔' 등과 같이 중철(重綴) 표기를 하고 있는 것인데, 이는 분철(分綴) 표기가 나타나는 근대 한국어로 가는 과도기 현상이다.

### 6.4.4.4 근대 한국어의 표기

임진왜란 이후 17세기부터 갑오경장이 일어난 19세기 말까지 3세기 동안 중세 한국어 표기법과는 다른 현상이 일어났다.

문자 체계상의 변동이 있었는데, 방점, 'ㅿ', 'ㆁ'이 없어졌다. 어두 합용 병서 표기에 혼란이 일어나서 ㅄ계(ㅴ, ㅵ)는 'ㅲ, ㅳ'으로 바뀌어 'ㅅ'계의 'ㅺ, ㅼ'과 혼용되었다. 이 시기의 어두 합용 병서는 'ㅄ'계가 없어지면서 다음과 같이 'ㅂ'계와 'ㅅ'계가 혼용되었다.

(65) ㅲ ㅳ ㅃ ㅄ ㅶ
| | | | |
ㅺ ㅼ ㅽ ㅆ ㅾ

이것이 19세기에 와서 'ㅅ'계로 단일화하는 방향을 잡게 되었다(박병채, 1989

: 276~277).

종성 자음 'ㅅ'과 'ㄷ'이 15세기에는 구분되었으나, 16세기 후반부터 혼용하다가 17세기에는 임의적으로 쓰이었다.

(66) 間 : 묻고[권념요록(1637) 3]-뭇디[첩해신어(1676)一, 9]

이 표기는 18세기에 'ㅅ' 하나로 방향을 잡아갔다.

16세기인 후기 중세 말부터 등장한 중철 표기가 17세기에 심해지면서 분철 표기로 나타났다. 연철·중철·분철 표기가 혼용하면서 근대 후기에 분철 표기로 자리를 잡기 시작하였다. 이것은 어간에 대한 인식의 표출이라고 하겠다.

## 6.4.4.5 현대 한국어의 표기

20세기에 들어오면서 출판, 교육이 활발해지자 표기법에 관한 통일이 절실하게 필요하였다. 이에 국가적인 차원에서 맞춤법 통일에 대한 일을 담당하고자 1907년 학부(현재의 교육부)에 국문연구소를 설치하고 한국어 표기법을 정리하여 체계를 잡아 통일시키고자 하였다. 어윤적(魚允迪), 이능화(李能和), 주시경(周時經), 지석영(池錫永) 등을 포함하여 8인의 연구 위원이 1909년, 연구한 종합 보고서 '국문연구의정안(國文研究議定案)'을 마련하였다. 중요한 내용은 다음의 (65)와 같다.

(67) ㄱ. 된소리 표기에 'ㅺ, ㅼ, ㅽ, ㅾ' 등을 버리고 'ㄲ, ㄸ, ㅃ, ㅆ, ㅉ' 등을 쓴다.
ㄴ. 'ㆍ' 자를 계속 쓴다.
ㄷ. 받침에 'ㄷ, ㅈ, ㅊ, ㅋ, ㅌ, ㅍ, ㅎ'자를 쓴다.

된소리는 각자 병서로 쓰기로 하고 받침 규정은 주시경이 '한국어문법'(1898)에서 주장한 것으로, 지금까지의 전통을 깬, 새로운 체계를 받아들인 것이다. 된소리 표기, 받침 규칙 등은 현대 맞춤법에 반영되어 사용하고 있다는 점에서 역사적 의미가 매우 깊다. 그러나 일제 강점으로 이 안은 실시되지 못하였다.

1912년 조선 총독부는 새 교과서 편찬에 필요한 철자법을 마련하였다. 이것이 1912년 4월에 공포된 '보통학교용 언문 철자법(普通學校用諺文綴字法)'이다.

(68) ㄱ. 된소리 표기를 'ㅅㄱ, ㅅㄷ, ㅅㅂ, ㅅㅈ' 등 된시옷으로 표기한다.
　　　ㄴ. 'ㆍ'를 폐기한다.
　　　ㄷ. 받침은 'ㄱ, ㄴ, ㄷ, ㄹ, ㅁ, ㅂ, ㅅ, ㅇ, ㄺ, ㄻ, ㄼ'의 11개만 쓴다.
　　　ㄹ. 글자 왼쪽에 일점의 장음(長音) 표시를 한다.

이 안에서 된소리 표기와 받침 규정은 19세기 말까지 써 오던 전통적인 표기법을 따르고 있으나 'ㆍ'를 없애고 'ㅏ'를 쓰기로 한 것은 매우 새로운 규정이다. 1921년에 일부 수정하였으나 1930년 '언문 철자법'이 나올 때까지 공식적으로 사용하였다. '언문 철자법' 개정 내용을 보면 된소리 표기는 '된시옷'을 버리고 각자 병서로 하고 받침을 더욱 늘려서 국문연구소 안을 따르게 되었다. 또, 어간과 어미, 체언과 토는 구분하여 적고, 변칙 용언은 발음대로 쓰고 원말이 분명한 것은 되도록 밝혀 적되(웃음), 뜻이 변한 것은 발음대로 적는다(이름)고 규정하여 1933년의 '한글마춤법 통일안'에 가까워지게 되었다. 또한, '언문 철자법' 개정에 참여한 학자들 대부분이 '한글 마춤법 통일안'을 만드는 일에도 참여하여 한국어 정서법을 완성하게 되었다.

'한글 마춤법 통일안'은 1933년 '조선어학회'에서 제정하였다. '조선어학회'는 1921년 한국어 연구를 하기 위해 만든 '조선어연구회'를 1931년에 바꾼 명칭이다.

통일안은 총론, 각론 7장, 부록으로 구성되어 있는데, 총론에서는 맞춤법은 표준말을 소리대로 적되 어법에 맞도록 하고, 표준말은 대체로 현대 중류 사회에서 쓰는 서울말로 하고, 문장의 각 단어는 띄어 쓰되, 토는 그 윗말에 붙여 쓴다는 원칙을 내세웠다. 각론에서는 자모에 관한 것으로 자모의 수와 그 순서, 자모의 이름을 정하고 성음(聲音)에 관한 것으로 된소리, 설측음 'ㄹ', 구개음화, 'ㄷ' 받침 소리에 관해 규정하였고, 문법에 관한 것으로 체언과 토, 어간과 어미, 규칙 용언, 변격 용언, 받침, 어원 표시, 품사 합성, 원사(原詞)와 접두사에 관한 규정을 하고 한자어에 관해서는 홀소리, 닿소리, 속음의 표기 원칙을 세우고, 약어와 외래어에 관한 표기 원칙을 정하고 있다. 부록에서는 표준어 표기 원칙과 문장 부호를 규정 하고 있다.

이 '통일안'은 세부적인 부분까지 체계적으로 규정하고 있으며, 종래보다 더 충실한 형태적 표기를 하고 있다. 또, 띄어쓰기 규정을 훈민정음 이후 비로소 만들어 넣었다.

이 '통일안'은 이후 수 차례에 걸쳐 부분적인 개정을 하여 오다가 1988년 1월 문교부가 고시한 '한글 맞춤법'에 이르게 되었다.

1988년에 고시된 '한글 맞춤법'은 1933년 '한글마춤법 통일안'이 제정된 이래 근 반 세기가 지남에 따라 현대에 이르러 불필요한 조항이 생기고 잘 지켜지지 않거나 사용상 불편이 생기고 규정 미비로 인하여 표기상의 혼란을 가져오는 점 등 대폭적인 개정의 필요성 때문에 1970년부터 시작하여 1988년까지 18년에 걸쳐 연구한 끝에 나온 것이다.

이 '한글 맞춤법'은 본문 6장과 부록으로 되어 있는데, 본문은 '총칙, 자모, 소리 에 관한 것, 형태에 관한 것, 띄어쓰기, 그 밖의 것' 등으로 되어 있으며, 부록은 문장 부호에 관한 규정이다. 1988년 '표준어 규정'도 고시되었는데, 내용은 표준 어 사정 원칙과 표준 발음법에 관한 규정이다.

'한글 맞춤법'은 이전의 통일안과 비교하여 다음과 같은 내용들이 바뀌었다(박 병채, 1989 : 350~351).

형태주의 표기를 중시하였다.

(69) 아니요 → 아니오

~(으)ㄹ껄 → ~(으)ㄹ걸

일찌기 → 일찍이

더우기 → 더욱이

상대 대우 존칭 어미를 통일하였다.

(70) 읍니다 → 습니다

복수 표준어를 인정하였다.

(71) 우렁쉥이 / 멍게

만치 / 만큼

넝쿨 / 덩굴

'사이ㅎ'을 폐지하였다.

(72) 간편ㅎ게 → 간편케

가ㅎ다 → 가타

모음 조화 현상의 파괴를 인정하였다.

(73) 가까와 → 가까워

아름다와 → 아름다워

깡총깡총 → 깡충깡충

오똑이 → 오뚝이

한자 합성어의 경우, '사이시옷'의 사용을 제한하였다.

(74) '곳간(庫間), 셋방(貰房), 숫자(數字), 찻간(車間),
　　　툇간(退間), 횟수(回數)'만을 인정

　이 밖에 성과 이름을 붙여 쓰고, 표준어 규정의 일부를 바꾸었다. 개정된 '한글
맞춤법은' 형태를 중시하여, 주위의 음성적 환경에 따라 바뀌는 소리를 표기하지
않고 일정한 기본형으로 고정시켜 표기하는 방법이다. 총칙 제 1항 "한글 맞춤법
은 표준어를 소리대로 적되 어법에 맞도록 함을 원칙으로 한다."에서 '어법에 맞도
록 한다'는 뜻은 이런 정신을 나타낸 말이라고 하겠다. 한편, 형태 표기가 지나쳐
서 언중의 감각에 맞지 않거나 어원을 밝혀내기가 어려울 때에는 소리대로 적어
발음에 충실하게 표기하게 하고 있다. 따라서, '한글 맞춤법'은 표의주의(형태주
의) 표기법을 중시하면서도 표음주의(음소주의) 표기법도 고려한 표기법이라고 할
수 있다.

# 제7장
# 한국어 문자론

## 7.1 문자의 본질

### 7.1.1 문자의 정의

문자(文字)란 사람들 간의 의사소통을 위한 규약적, 인습적, 시각적 기호 체계이다. 즉 문자는 어떤 개념을 시각적 기호로 표상(表象)한 것이다. 한글·한자(漢字)·로마자 등이 문자에 해당한다.

음성 언어(音聲言語)는 시간적·공간적 제약을 받을 뿐만 아니라 기억(記憶)에 제약을 받는다. 또한 이것은 화자(話者)가 발음할 때에만 들을 수 있고, 오래 보존할 수는 없다.[1] 그리고 음성 언어는 음성이 들리지 않을 정도로 멀리 떨어져 있는 사람에게는 전달되지 않는다. 누구든지 귀를 통해 음성 언어로 들은 내용을 오래 기억하는 데는 한계가 있다. 이러한 여러 제약을 극복하기 위하여 사람은 문자를 만들어 쓰게 된 것이다.

문자에 관해 연구하는 언어학의 한 분야를 문자론(文字論)이라고 일컫는다. 문자론은 문자의 특성, 기능, 기원, 변천의 여러 법칙 등에 대하여 구명(究明)하고,

---

[1] 오늘날에는 과학 문명의 발달과 더불어 녹음기와 VTR 카메라와 무선 전화의 보급으로 말미암아 어느 정도 화자의 음성 언어를 멀리 전달하거나 오랫동안 보존할 수 있게 되었다.

문자 연구를 위하여 필요한 개념과 범주들을 설명하고 밝히는 것을 주요 과제로 삼는 분야이다.

## 7.1.2 문자의 특성

문자의 특성은 음성 언어보다 시간적, 공간적 제약을 덜 받는다는 것이다. 문자는 후대에까지도 보존되어 후대 사람이 이해할 수 있으며, 멀리 떨어져 있는 사람에게도 전달될 수 있는 것이다. 이로 말미암아 사람들은 찬란한 문화를 창조하고, 그것을 향유할 수 있게 된 것이다. 그리고 이것은 기억의 한계를 극복하는 보조 수단으로도 이용된다. 또한 사람들은 음성 언어보다 문자를 더욱 중시하는 경향이 있다. 대한민국의 법조계에서는 피고(被告)나 원고(原告)의 말보다 문자로 기록한 글을 더 신뢰한다. 인쇄될 책이나 기사를 쓰는 사람은 극소수이므로, 대부분의 사람은 인쇄된 글을 존중한다. 사람들은 글이라 하더라도 반드시 진실하고 훌륭하다는 보장이 없다는 사실을 잊어버리는 경향이 있다(Langacker, 1973 : 60).

음성 언어와 문자는 상호 보완적인 관계에 있다. 문자는 음성 언어에 영향을 끼치고, 음성 언어도 문자에 영향을 끼친다. 'ㆍ'는 음성 언어에서 17세기 말부터 소멸되기 시작하여 18세기 초에 완전히 소멸되었는데, 문헌에서는 20세기 초까지 사용되었다.[2] 이와 같은 현상은 문자가 음성 언어보다 더 오래 존속하는 것이며, 음성 언어가 문자에 영향을 끼친다는 사실을 뒷받침하는 것이다.

그런데 오늘날 대부분의 사람은 사석에서 '피어'를 [피여]로, '아지랑이'를 [아지랭이]로 발음하는 경향이 농후하지만, 표기할 적에는 '피어'와 '아지랑이'로 하기 때문에 공석에서는 이것들을 [피어]와 [아지랑이]로 발음한다. 이와 같은 것은 문자가 음성 언어의 변화를 막는 역할을 한다는 것을 입증하는 것이다.

---

2) 'ㆍ'는 1930년 총독부에서 '언문철자법개정안(諺文綴字法改正案)'을 발표한 이후 문헌에서 거의 자취를 감추게 된다.

### 7.1.3 문자의 종류

문자는 단어의 소리와 뜻 중에서 어느 것을 주로 나타내는 것인가에 따라 표의 문자(表意文字, ideogram)와 표음 문자(表音文字, phonogram)로 나뉜다.

표의 문자는 단어의 음과 뜻 중에서 뜻을 나타내는 기능이 강한 문자로서, 이것을 '뜻글자'라고 일컫기도 한다. 표의 문자에는 그림 문자(pictogram), 상형 문자(象形文字, hieroglyph), 단어 문자(單語文字, word writing) 등이 있다. 표의 문자의 장점은 의미를 파악하기가 쉽다는 것이고, 그 단점은 배우기가 힘들고 쓰기가 힘들다는 것이다.

표음 문자는 단어의 음소나 음절을 나타내는 문자로서, 이것을 '소리 글자'라고 일컫기도 한다. 표음 문자는 음절 문자(音節文字, syllabic writing)와 음소 문자(音素文字, phonemic writing)로 나뉜다. 표음 문자의 장점은 배우기가 용이하고 쓰기가 편리하다는 것이다. 그러나 그 단점은 뜻을 파악하기가 어렵다는 것이다. 문자들 중에서 역사가 가장 오래 된 것은 그림 문자이고, 가장 짧은 것은 음소 문자이다.

그림 문자는 현실 속에 존재하는 사물의 모양을 그려서 어떤 의미를 나타내는 문자이다. 이것을 '회화 문자(繪畵文字)'라고 일컫기도 한다. 발화(發話)를 시각적인 형태로 나타내는 첫 단계는 음성 언어가 지시하는 구체적인 대상을 그림으로 단순히 그리는 것이다. 문자는 일련의 의미 표현과 관계가 있기 때문에 그림 문자는 단순한 그림 그리기와는 근본적으로 다르다. 한 개의 단어가 구문(口文)의 흐름에서 다른 단어를 수반하는 것과 같은 순서로 하나의 그림은 다른 그림을 수반한다. 어떤 그림이 문자가 되려면 그 그림이 언어의 일정한 단위와 긴밀한 대응 관계를 가져야 한다. 일정한 언어 단위와 대응 관계를 갖지 않는 그림은 문자가 아니다. 그림 문자는 처음에 음성 언어와 직접적인 관계가 없었다. 왜냐하면 그림들은 사물을 나타낼 뿐 그 사물에 붙여진 말을 나타내지 않았기 때문이다. 그림 문자는 아프리카 인종, 아메리카 인디언, 알래스카 에스키모 인, 페루의 잉카 인, 시베리아

의 유카기리아 인, 오스트레일리아 인 등 전 세계 사람들 사이에서 쓰였음이 밝혀졌
다. 그림 문자의 보기를 들어 보면 다음의 [그림 7-1], [그림 7-2]와 같다.

**[그림 7-1] 고대 이집트의 그림 문자**

**[그림 7-2] 캐나다의 그림 문자**

[그림 7-1]은 고대 이집트의 문서에서 발견된 것이다. 하부 타원형은 토지를
가리킨다. 여기에 나 있는 파피루스(papyrus)는 나일강의 삼각주를 뜻한다. 사람
의 머리는 그 지상의 주민을, 수리는 왕을 가리킨다. 고삐는 왕이 그 주민을 정복
하고 지배함을 뜻한다.

[그림 7-2]는 캐나다의 스페리아호 부근의 벼랑에 그려진 그림 문자로서 추
장 마이엔간의 공적을 표현한 것이다. 다섯 척의 배에는 원정에 참가한 군사의
수가 선으로 표시되어 있다. 첫 번째 배에는 16명, 두 번째 배에는 9명, 세 번째
배에는 10명, 네 번째와 다섯 번째 배에는 각각 8명씩 타고 있다. 배 위의 물촉
새와 맨 밑의 동물 두 마리는 그들의 토템(totem)을 표시하고 있다. 하늘과 세
개의 태양은 3일 동안 원정하였다는 것을 나타낸다. 말을 타고 있는 마법사는

그들의 원정을 돕는다는 것을 뜻한다. 육지에 있는 거북은 그들이 무사히 상륙
하였다는 것을 나타낸다. 왼쪽에 있는 독수리는 그들의 용감성을 상징한다.

문자로서의 원시 그림은 정보 전달에 목적이 있는 것이기 때문에 상투적인 것이
자주 등장하고, 통보에 필요하지 않은 것은 생략된다는 점이 예술로서의 원시
그림과 다르다. 그림 문자는 각 그림이 하나의 단어를 표기하게 되면서 상형 문자
(象形文字, hieroglyph)로 발전하게 되었다.

상형 문자는 물체의 모양을 본떠서 만든 글자이다. 이것은 그림 문자 다음 단계
의 문자이다. 수메르 문자(Summerian writing), 고대 이집트 문자, 한자(漢字),
히타이트(Hittite) 문자 등이 상형 문자에 해당한다. 수메르 문자는 기원전 3500년
메소포타미아 지방에서 만들어진 것으로, 설형 문자(楔形文字, cuneiform writing)
라고 일컫는다. 이것은 수메르 사람들이 진흙에 끝이 세모꼴로 뾰족한 필구(筆具)
로써 꾹꾹 찔러서 쓴 결과 그 모양이 쐐기 모양과 비슷하게 된 데서 연유한 것이다.
수메르 문자는 애초의 상형 문자의 모습을 그대로 유지하기가 어려워서 다음 [그
림 7-3]과 같이 획으로써 구성된 글자의 모습으로 바뀌게 되었다.

| 쟁기 | | | | |
|---|---|---|---|---|
| 부메랑 | | | | |
| 밭 | | | | |

[그림 7-3] 수메르 문자의 변천

이집트 문자는 나일강을 중심으로 기원전 3,000년에 만들어진 것이다. 고대
이집트의 문자를 신성 문자(神聖文字)라고 한다(그림 7-4 참조). 이것은 문자는
지혜의 신이 만든 것으로서 어떤 신성한 일에나 쓰는 것으로 생각한 데서 연유
한다.

| 입 | ⬯ | 어린아이 | 🕺 |
|---|---|---|---|
| 도시 | ⊗ | 손(팔) | ↙ |
| 집 | ▢ | 손 | ◣ |
| 산 | ⛰ | 손가락 | ⎜ |
| 물 | 〰 | 다리 | ⎧ |

[그림 7-4] 고대 이집트의 문자

　상형 문자(象形文字)는 어떤 물체를 구별하여 그림으로 나타내어야 하므로 만들어 쓰는 데 많은 제약을 받는다. 이러한 제약을 극복하기 위하여 표기 방식이 일정한 기호로 간소화되었다. 한자(漢字) 제자 방식인 육서(六書) 중에서 상형을 제외한 지사(指事), 회의(會意), 형성(形聲), 전주(轉注), 가차(假借) 등이 그 보기에 해당한다. 육서(六書) 중에서 처음에는 상형(象形)·지사(指事)가 만들어지고, 이것을 바탕으로 회의(會意)·형성자(形聲字)가 이루어지고, 한층 발전하여 전주(轉注)·가차(假借) 등이 널리 쓰이게 되었다.(다음의 그림 7-5 참조)

　단어 문자(單語文字, word writing)는 한 글자가 한 단어에 해당하는 문자이다. 한자(漢字)가 그 보기에 해당한다. "我愛汝"라는 중국어 문장은 '我', '愛', '汝' 등 세 개의 단어로 이루어져 있다. 이 문장에서 '我'는 주어이고, '愛'는 서술어이며, '汝'는 목적어이다. 표의 문자도 일정한 음가(音價)를 지니고 있다. '我'는 [wǒ], '愛'는 [ai], '汝'는 [nǐ]라는 음가를 지니고 있다. 그런데 근대에 이르러서는 중국에서도 한자(漢字) 한 글자에 반드시 한 단어가 대응하지 않게 되었다. 둘 혹은 그 이상의 문자가 결합하여 많은 복합어를 만들어 냈기 때문이다. 한자(漢字) 하나가 조어 성분상의 한 의미 단위를 나타내고 있는 점 외에는 본래의 표의 문자적 기능을 상실할 정도가 된 것이다.

　음절 문자(音節文字)는 하나의 문자가 하나의 음절에 대응하는 것이다. 일본의

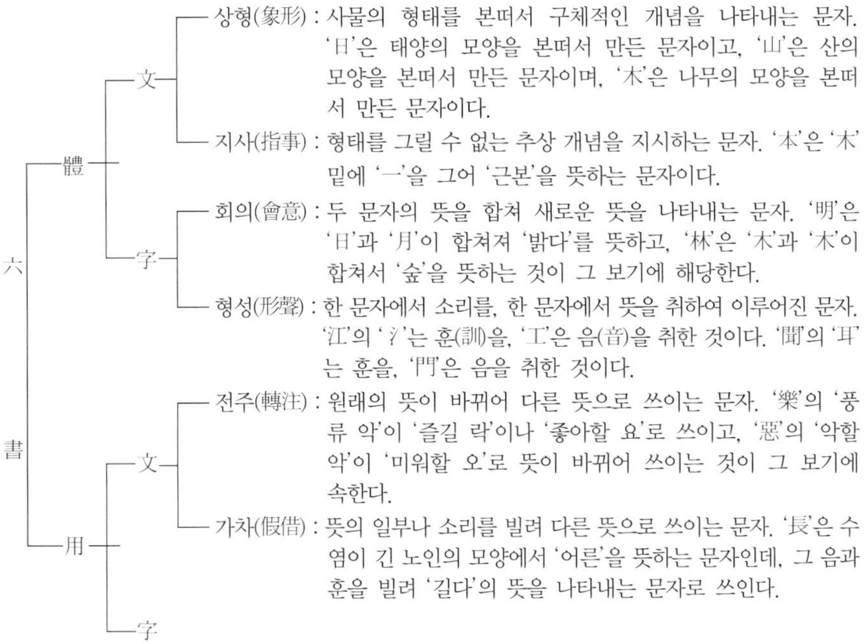
六
書
體
用
文
字
文
字
상형(象形) : 사물의 형태를 본떠서 구체적인 개념을 나타내는 문자. '日'은 태양의 모양을 본떠서 만든 문자이고, '山'은 산의 모양을 본떠서 만든 문자이며, '木'은 나무의 모양을 본떠서 만든 문자이다.
지사(指事) : 형태를 그릴 수 없는 추상 개념을 지시하는 문자. '本'은 '木' 밑에 '一'을 그어 '근본'을 뜻하는 문자이다.
회의(會意) : 두 문자의 뜻을 합쳐 새로운 뜻을 나타내는 문자. '明'은 '日'과 '月'이 합쳐져 '밝다'를 뜻하고, '林'은 '木'과 '木'이 합쳐서 '숲'을 뜻하는 것이 그 보기에 해당한다.
형성(形聲) : 한 문자에서 소리를, 한 문자에서 뜻을 취하여 이루어진 문자. '江'의 '氵'는 훈(訓)을, '工'은 음(音)을 취한 것이다. '聞'의 '耳'는 훈을, '門'은 음을 취한 것이다.
전주(轉注) : 원래의 뜻이 바뀌어 다른 뜻으로 쓰이는 문자. '樂'의 '풍류 악'이 '즐길 락'이나 '좋아할 요'로 쓰이고, '惡'의 '악할 악'이 '미워할 오'로 뜻이 바뀌어 쓰이는 것이 그 보기에 속한다.
가차(假借) : 뜻의 일부나 소리를 빌려 다른 뜻으로 쓰이는 문자. '長'은 수염이 긴 노인의 모양에서 '어른'을 뜻하는 문자인데, 그 음과 훈을 빌려 '길다'의 뜻을 나타내는 문자로 쓰인다.

**[그림 7-5] 육서(六書)**

'가나(假名)'와 사이프러스(Cyprus) 문자가 음절 문자에 해당한다. 음절 문자는 단어 문자가 변하여 된 것이다. 일본의 '가나(假名)는 9세기에 한자(漢字)를 가지고 만든 것이다(다음의 그림 7-6 참조).

음소 문자(音素文字)는 하나의 글자가 하나의 음소에 대응하는 것이다. 이것을 자모 문자(子母文字, alphabet writing) 혹은 단음 문자(單音文字) 또는 음운 문자(音韻文字)라고 일컫기도 한다.

음소 문자는 문자들 중에서 가장 작은 언어 단위를 나타내는 문자이다. 한글, 그리스 문자, 로마자, 몽골·만주 문자, 키릴·러시아 문자 등이 음소 문자에 해당한다. 음절 문자는 모음 문자와 자음 문자로 분리되어 있지 않으나, 음소 문자는 모음 문자와 자음 문자로 분리되어 있다.

기원전 900년경에 만들어진 그리스 문자는 셈 족(Sem族)의 음절 문자에 그 기

| 漢字 | 가타카나 | 히라가나 | 音價 | 漢字 | 가타카나 | 히라가나 | 音價 |
|---|---|---|---|---|---|---|---|
| 阿 | ア | あ | a | 乃 | ノ | の | no |
| 伊 | イ | い | i | 八 | ハ | は | fa |
| 宇 | ウ | う | u | 比 | ヒ | ひ | fi |
| 江 | エ | え | e | 不 | フ | ふ | fu |
| 於 | オ | お | o | 血邊 | ヘ | へ | fe |
| 加 | カ | か | ka | 保 | ホ | ほ | fo |
| 畿 | キ | き | ki | 末 | マ | ま | ma |
| 久 | ク | く | ku | 三美 | ミ | み | mi |
| 介計 | ケ | け | ke | 牟 | ム | む | mu |
| 己 | コ | こ | ko | 女 | メ | め | me |
| 草散左 | サ | さ | sa | 毛 | モ | も | mo |
| 之 | シ | し | si | 也 | ヤ | や | ya |
| 須 | ス | す | su | 勇油 | ユ | ゆ | yu |
| 世 | セ | せ | se | 與 | ヨ | よ | yo |
| 曾 | ソ | そ | so | 良 | ラ | ら | ra |
| 多 | タ | た | ta | 利 | リ | り | ri |
| 千 | チ | ち | chi | 流 | ル | る | ru |
| 津 | ツ | つ | tsu | 札 | レ | れ | re |
| 天 | テ | て | te | 呂 | ロ | ろ | ro |
| 土 | ト | と | to | 日 | ワ | わ | wa |
| 奈 | ナ | な | na | 慧 | エ | ゑ | wa |
| 仁二 | ニ | に | ni | 伊 | ヰ | ゐ | wi |
| 奴 | ヌ | ぬ | nu | 乎 | ヲ | を | wo |
| 子 | ネ | ね | ne | | | | |

[그림 7-6] 일본의 '가나(假名)'

원을 두고 있다. 그리고 로마자는 그 기원을 그리스 문자에 두고 있다. 몽골 문자
는 갈리카(Galica) 또는 칼리카(Kalika)라고 일컫기도 한다. 이것은 13세기경 위구
르 문자를 모체로 하여 형성된 문자로서, 단모음 7개, 이중 모음 2개, 자음 17개
등 모두 26자이다. 자형(字形)이 어두·어중·어말 등 그 위치에 따라 달라지며,
위에서 아래로 내리쓴다.

만주 문자는 1632년 달해(達海)가 청나라 태종(太宗)의 명을 받아 만든 문자이다. 이것은 몽골 문자에 〈ㅇ〉〈,〉을 붙여서 만주어의 음을 정확하게 표기할 수 있도록 고친 것이다(다음의 그림 7-7 참조). 이것도 몽골 문자와 같이, 동일음을 표기하는 문자라도 어두·어중·어말에서 그 자형을 달리하는 경우가 있다. 세로로 쓰며, 행은 좌로부터 우로 옮긴다.

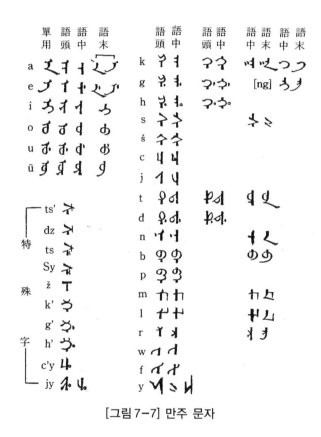

[그림 7-7] 만주 문자

러시아 문자(Russian alphabet)는 러시아 어·불가리아 어·세르비아 어 등을 표기하는 데 쓰이는 문자이다. 오늘날 쓰이는 러시아 문자의 자형(字形)은 1708년 표트르 대제(大帝)의 문자 개혁에 의하여 정비된 것이다(다음의 그림 7-8 참조).

| 문자 | 음가(音價) | 문자 | 음가(音價) |
|---|---|---|---|
| A a | a | P p | r |
| Б б | b | C c | s |
| В в | v | T т | t |
| Г г | g | У y | u |
| Д д | d | Ф ф | f |
| E e | ye(e) | X x | kh |
| Ё ё | yo(io) | Ц ц | ts |
| Ж ж | zh | Ч ч | ch |
| З з | z | Ш ш | sh |
| И и | i | Щ щ | shch |
| Й й | y | Ъ ъ | 경음부(硬音符) |
| К к | k | Ы ы | y |
| Л л | l | Ь ь | 연음부(連音符) |
| М м | m | Э э | e |
| Н н | n | Ю ю | yu(iu) |
| O o | o | Я я | ya(ia) |
| П п | p | | |

[그림 7-8] 러시아 문자

아랍어는 이슬람의 성서인 코란(Koran)의 언어로서 전 세계적으로 약 18억의 무슬림들이 사용하고 있다. 이것은 국제연합(UN)의 6개 공용어 중 하나로 모든 국제회의에서 사용되고 있다. 아랍어 문자는 페니키아어, 히브리어, 아람어 문자들과 함께 서부 셈어족 문자에 속한다. 현대 아랍어 문자는 페니키아어 문자 → 아람어 문자 → 나바트어 문자 → 고대 북부 아랍어 초기 문자(나마라, 자바드, 호란 비문의 문자)의 변천 과정을 거쳐 형성된 것이다. 그것을 보이면 다음의 [그림 7-9]와 같다(오명근, 1996 : 232).

| ① | ② | ③ | ④ | ⑤ |
|---|---|---|---|---|

[그림 7-9] 아랍어 문자의 형성 과정

페니키아 문자는 기원전 1000년과 기원후 100년 사이로 추정되는 비문(碑文)에서 다수 발견되었다. 이것은 사물의 형태를 나타내는 그림 문자 또는 단어 문자와는 달리 자음과 모음을 구별하는 알파벳 식 문자이다. 페니키아 문자는 모두 22개이다. 이것이 표음 문자가 된 것은 원래의 그림 문자가 표시하는 단어의 첫 음이 그 문자의 음가가 되게 하는 어두음 분리 원리 즉 두음 원리(acrophony) 때문이다. 예를 들면 페니키아 문자의 첫 문자의 음은 /a/인데 이 음은 '소'를 나타내는 그림 문자 'alef'의 첫 음에서 차용한 것이다. 두 번째 문자의 음 /b/는 '집'을 뜻하는 그림 문자 'bet'의 첫 음에서 따온 것이다. 이 문자의 명칭이 그리스 사람에게

전해져서 'alpha', 'beta'라는 문자의 명칭이 되어 오늘날 '알파벳'이라는 명칭이
되었다. 아람어 문자는 아람족이 인접해 있던 가나 인들에게서 페니키아어 문자의
형태를 차용하여 아람어 문자를 만들었다. 나바트어 문자는 아람어 문자에서 유래
되었다. 이것은 기원전 1세기경에서 기원후 3세기경까지 사용되었다.

대부분의 문자는 다른 문자를 모방하여 만들었으나, '한글'은 독창적으로 만든
것이다(7.3 참조). 오늘날 남한과 북한의 한글 자음에 대한 명칭 가운데는 서로
다른 것이 있다(그림 7-10 참조).

| 한글 자모 | 명칭 | | 한글 자모 | 명칭 | | 한글 자모 | 명칭 | |
|---|---|---|---|---|---|---|---|---|
| | 남한 | 북한 | | 남한 | 북한 | | 남한 | 북한 |
| ㄱ | 기역 | 기윽 | ㅃ | 쌍비읍 | 된비읍 | ㅖ | 예 | 예 |
| ㄴ | 니은 | 니은 | ㅆ | 쌍시옷 | 된시옷 | ㅘ | 와 | 와 |
| ㄷ | 디귿 | 디읃 | ㅉ | 쌍지읒 | 된지읒 | ㅙ | 왜 | 왜 |
| ㄹ | 리을 | 리을 | ㅏ | 아 | 아 | ㅚ | 외 | 외 |
| ㅁ | 미음 | 미음 | ㅑ | 야 | 야 | ㅝ | 워 | 워 |
| ㅂ | 비읍 | 비읍 | ㅓ | 어 | 어 | ㅞ | 웨 | 웨 |
| ㅅ | 시옷 | 시읏 | ㅕ | 여 | 여 | ㅟ | 위 | 위 |
| ㅇ | 이응 | 이응 | ㅗ | 오 | 오 | ㅢ | 의 | 의 |
| ㅈ | 지읒 | 지읒 | ㅛ | 요 | 요 | | | |
| ㅊ | 치읓 | 치읓 | ㅜ | 우 | 우 | | | |
| ㅋ | 키읔 | 키읔 | ㅠ | 유 | 유 | | | |
| ㅌ | 티읕 | 티읕 | ㅡ | 으 | 으 | | | |
| ㅍ | 피읖 | 피읖 | ㅣ | 이 | 이 | | | |
| ㅎ | 히읗 | 히읗 | ㅐ | 애 | 애 | | | |
| ㄲ | 쌍기역 | 된기윽 | ㅒ | 얘 | 얘 | | | |
| ㄸ | 쌍디귿 | 된디읃 | ㅔ | 에 | 에 | | | |

[그림 7-10] 한글

키릴 문자(Cyrillic alphabet)는 9세기에 그리스의 전도사인 키릴(Cyrill)이 고안한
것이라고 전해지는 문자로서, 오늘날의 러시아 문자의 모체가 되었다(다음의 그림
7-11 참조).

| 자모 | ᴧ Б В Г Д Е Ж Ʒ(Ѕ) З Н І К Λ М N О П Р С Т ОУ(Ѵ) ф |
|---|---|
| 음가 | a b v g d e ž  dz z i i k l m n o p r s t u   f |
| 자모 | Ѳ Х ѡ Ц Ч Ш Ъ Ы Ь Ѣ Ю Ꙗ Ѥ Ѧ(Ѫ) Ж Ѩ Ѭ Ѯ Ѱ Ѷ(Ѵ) |
| 음가 | th cho št c č š b y b ě ju ja je ę  ǫ ję jǫ ks ps ű |

[그림 7-11] 키릴 문자

## 7.2 차자 표기

차자 표기(借字表記)란 다른 나라의 글자를 빌려서 음성 언어를 표기하는 것이다. 대한민국은 훈민정음(訓民正音) 창제 이전에는 중국의 글자인 한자(漢字)의 음(音)과 훈(訓)을 빌려서 우리말을 표기하였다.

차자 표기법에는 향찰(鄕札) 표기법, 이두(吏讀) 표기법, 구결식(口訣式) 표기법 등이 있다.

### 7.2.1 향찰 표기법

향찰 표기법(鄕札表記法)은 향가(鄕歌)를 표기하는 데 사용된 차자 표기법이다. 이것은 한국어의 어순(語順)에 따라 어휘적 의미를 나타내는 실사(實辭)—체언, 용언의 어간, 부사, 감탄사—는 주로 한자의 훈(訓)을 빌려서 표기하고, 문법적 기능을 하는 허사(虛事)—조사, 어미—는 주로 한자의 음(音)을 빌려서 표기하는 것이다. 이것은 한국어의 구조를 그대로 놓아두고 한자의 훈(訓)과 음(音)을 빌려서 한국어의 음성 언어를 표기하는 것이다. 그런데 한국어의 음절 구조가 복잡하고 그 수가 많아서, 향찰 표기법은 한국어를 효과적으로 표기하는 데 부적절한 표기법이다. 이 표기법에 따라 표기된 보기를 들어 보면 다음의 (1)과 같다.

(1) ㄱ. 東京明期月良
夜入伊遊行如可
入良沙寢矣見昆
脚烏伊四是良羅
二肹隱吾下於叱古
二肹隱誰支下焉古
本矣吾下是如叱馬於隱
奪叱良乙何如爲理古

ㄴ. 東京 ᄇᆞᆯ기ᄃᆞ래
밤드리 노니다가
드러ᅀᅡ 자ᄅᆡ 보곤
가ᄅᆞ리 네히러라
두본른 내해엇고
두본른 누기핸고
본ᄃᆡ 내해다마ᄅᆞᄂᆞᆫ
ᄋᆞᅀᅡ늘 엇더ᄒᆞ릿고

위의 (1ㄱ)은 향찰식 표기법에 따라 표기한 '처용가(處容歌)'라는 향가이다. (1ㄴ)은 (1ㄱ)을 그 당시의 언어로 해독한 것이다. (1ㄱ)과 (1ㄴ)을 대비하여 보면, 첫째 구(句)의 '東京, 明, 月' 등과 둘째 구의 '夜, 入, 遊, 行, 如', 셋째 구의 '入, 寢, 見', 넷째 구의 '脚, 四, 是', 다섯째 구의 '二, 吾', 여섯째 구의 '二, 誰', 일곱째 구의 '本, 吾, 是, 如', 여덟째 구의 '奪, 何, 如, 爲' 등은 한자의 훈(訓)을 빌려 표기한 것임을 알 수 있다. 그런데 첫째 구의 '期, 良', 둘째 구의 '伊, 可', 셋째 구의 '良, 沙, 矣, 昆', 넷째 구의 '烏, 伊, 是, 羅', 다섯째 구의 '肹, 隱, 下, 於, 叱, 古', 여섯째 구의 '肹, 隱, 支, 下, 焉, 古', 일곱째 구의 '美, 下, 馬, 於, 隱', 여덟째 구의 '叱, 良, 乙, 理, 古' 등은 한자의 음(音)을 빌려서 표기한 것이다. 일곱째 구의 '如'는 어미 '-다'를 훈차 표기한 것이다. 이와 같이 일부

허사(虛辭)를 한자의 훈을 빌려서 표기하기도 한 반면에 일부 실사(實辭)를 한자의 음을 빌려서 표기한 것도 있다.

(2) ㄱ. 毛如云遣去內尼叱古 〈祭亡妹歌, 第4句〉
    ㄴ. 毛冬去叱沙哭屋尸以憂音 〈慕竹旨郎歌, 第2句〉

(2ㄱ)의 '毛如'는 부정 부사인 '못'의 고어 '모다'를 표기한 것이고, (2ㄴ)의 '毛冬'도 부정 부사인 '못'의 고어인 '모돌'을 표기한 것이다.

## 7.2.2 이두 표기법

이두 표기법(吏讀表記法)은 한국어의 어순에 따라 실사(實辭)는 한문으로 적고, 허사(虛辭)인 어미와 조사만 한자(漢字)의 훈(訓)과 음(音)을 빌려서 표기하는 것이다. 이두문(吏讀文)은 실용문이면서 창작문의 성격을 띤 문장이다.[3] 이두(吏讀)는 '이서(吏書), 이도(吏道), 이토(吏吐)' 등으로 일컬어지기도 한다. '이서(吏書)'는 '제왕운기(帝王韻記, 1287년경)[4]에, '이도(吏道)'는 '대명률직해(大明律直解, 1395)[5]에 보인다. 이두(吏讀)는 신라 때부터 쓰이기 시작하여 19세기말까지 사용되었다. 이처럼 이두가 오랫동안 사용된 것은 다음과 같은 이유가 있었기 때문이다(안병희·이광호, 1990 : 21).

---

3) 향찰문(鄕札文)은 실용문이 아니고 문예문이다. 이 점이 향찰문과 이두문이 다른 것이다.

4) 제왕운기(帝王韻記) : 고려 고종 때 이승휴(李承休, 1224~1300)가 지은 역사책. 상하 2권. 상권은 중국의 역대 사적(歷代 史蹟)을 칠언시(七言詩)로 노래한 것이다. 하권은 2부로 구성되어 있다. 제1부는 단군으로부터 삼국 발해까지의 역사를 칠언시(七言詩)로 노래하고 있으며, 제2부는 고려 태조부터 충렬왕까지의 역사를 오언시(五言詩)로 노래하고 있다.

5) 대명률직해(大明律直解)는 조선 태조 4년(1395)에 명나라의 법률을 이두문으로 대역한 책이다.

(ㄱ) 실용상으로 보아 이두는 이서(吏胥)들과 깊은 관계가 있었다.

(ㄴ) 우리나라의 문자 생활에서 가장 핵심적인 표기 수단이었던 한문의 후광을 입었다.

(ㄷ) 갑오경장(甲午更張)까지 한글로 된 문서는 법적인 효력이 없었다.

이두(吏讀)의 보기를 들어 보면 다음과 같다.

(3) ㄱ. 凡男女定婚之初良中 萬一殘疾老弱及妾妻子息收養子息等乙 兩邊弋
　　　 只仔細相知爲良只 各從所願以婚相送 依禮結族爲乎矣女家亦婚書乙
　　　 曾只通報爲於 私音丁定約爲遺 臨時爲去沙卽時聽對不冬爲在乙良 笞
　　　 五十爲乎矣 婚書乙使內不冬爲良置聘在乙受爲在乙良罪同齋

〈大明律直解, 6 : 2〉

　　ㄴ. 凡男女定婚之初 若者殘疾老幼庶出過房乞養子務要兩家明白通知 各
　　　 從所願寫立婚書依禮娉嫁 若許嫁女已報婚書及有私約謂先已知夫身
　　　 疾殘老幼庶養之類 而輒悔者笞五十 雖無婚書但曾受聘財者亦是

〈大明律直解, 6 : 1〉

　　ㄷ. 무릇 남녀가 처음 정혼할 때 만약 잔질(殘疾)이 있거나 노유(老幼), 서자
　　　 녀(庶子女), 양자(養女), 수양자(收養子)인 사람은 양가(兩家)가 서로
　　　 명백히 알리고 각각 원하는 바에 따라 혼서(婚書)를 쓰고 예(禮)에 좇아
　　　 장가들고 시집가야 한다. 만약 여자 집에서 이미 출가를 허락하는 혼서
　　　 를 통보하였거나 직접 서로 혼약을 정하여 놓고(먼저 남편이 될 사람에
　　　 대한 잔질의 유무, 노유, 서자, 양자 및 수양자란 것을 이미 알고 있었던
　　　 경우를 말한다.), 곧 후회하여 변개하는 사람은 50의 태형에 처한다.
　　　 비록 혼서는 없다고 할지라도 일찍이 예물을 받은 자는 죄가 또한 같다.

(4) ㄱ. 凡奕碁以錢物乙賭取爲在乙良 枕八十齋, 排置錢物乙沒官齋, 主人以
　　　 開場爲在乙良 罪同齊 唯知現捉爲在乙用良 坐罪爲乎矣, 職官是去等
　　　 加一等齊, 飮食乙賭取爲在隱勿論爲乎事　　〈大明律直解, 26 : 1〉

　　ㄴ. 凡賭博財物者皆杖八十, 攤場錢物入官, 其開場賭坊之人同罪, 止擧見

發爲坐, 職官加一等 若膽飲食者物論　　　　〈大明律直解, 26 : 1〉.
ㄷ. 무릇 재물을 걸고 도박한 사람은 모두 80번의 장형(枚刑)에 처하고,
노름판의 돈과 물품은 관에 몰수한다. 노름판을 개설한 자도 죄가 같다.
다만 도박 현장을 발견한 경우에 한한다. 관직이 있는 자는 죄 1등을
가중한다. 만약 음식내기를 한 자는 불문에 붙인다.

위의 예문 (3ㄱ)과 (4ㄱ)은 이두의 원문이며, (3ㄴ)과 (4ㄴ)은 한문의 원문이고,
(3ㄷ)과 (4ㄷ)은 (3ㄴ)과 (4ㄴ)을 현대어로 번역한 것이다. (3ㄱ)과 (4ㄱ)에서 보듯
이, 이두는 한자를 차용하여 중국어와 구조가 다른 한국어를 표기하게 되어 기형
적인 문어(文語)라고 할 수 있다. (3ㄱ)과 (4ㄱ)에 쓰인 이두가 뜻하는 바는 다음
(3ㄱ)′, (4ㄱ)′과 같다.

(3ㄱ)′ 良中→에(아히), 等乙→들을, 弋只→가이, 爲良只→하기(ㅎ아기), 以→(으)
로, 爲乎矣→하오되(ㅎ오디), 亦→이, 乙→을/를, 曾只→일찍이(일즉이),
爲於→하며(ㅎ며), 私音丁→사사로이, 爲遺→하고(ㅎ고), 爲去沙→하여서
(ㅎ거사), 不冬爲在乙良→아니하거들랑(안들ㅎ견을안), 使內不冬爲良置
→시키지 아니하여도(ㅂ리안들ㅎ야두), 爲在乙良→한 것을랑(ㅎ견을랑),
齋→-다/-라
(4ㄱ)′ 以→(으)로, 乙→을/를(을/올, 를/롤), 爲在乙良→한 것을랑(ㅎ견을안), 齋
→-다/-라, 爲在用良→한 것으로써(ㅎ견을쓰아), 爲乎矣→하오되(ㅎ
오디), 是去等→이거든, 爲在隱→한 것은(ㅎ견은), 爲乎事→한 일(ㅎ온 일)

## 7.2.3 구결식 표기

구결(口訣)은 '입겿'의 차자 표기이다. 이것은 한문(漢文)을 쉽게 이해할 수 있도
록 통사 구조상 한문의 구절(句節) 사이에 들어가서 문맥을 밝혀 주는 한국어의
문법 형태소이다. 구결은 한문을 그대로 두고 독해(讀解)를 쉽게 하기 위하여 적절
한 곳에 한국어의 조사와 어미만을 한글로 적거나 한자를 빌려서 표기한 것이다.

이것은 조선조(朝鮮朝)에 들어와 사서삼경(四書三經)과 그 외의 한문을 해독할 때 생긴 것이다. 한자 차용 표기로서의 구결은 한자의 전자(全字)와 약자(略字)로 표기하였다.

(5) ㄱ. 天地之間萬物之中厓 唯人伊 最貴爲尼 所貴乎人者隱 以其有五倫也羅 〈童蒙先習〉

ㄴ. 伊川程先生이 曰敎人호딕 未見意趣면 必不樂學이니 且敎之歌舞ㅣ니라. 〈飜譯小學, 6 : 6b〉

위의 (5ㄱ)에서 밑줄 친 '厓, 伊, 爲尼, 隱, 羅' 등은 한국어의 문법 형태소인 '애, 이, -ᄒᆞ니, ᄂᆞᆫ, -라' 등을 나타내는 구결이다. (5ㄱ)에서 이것들을 제외하면 그 나머지는 그대로 한문이 된다. (5ㄴ)에서는 한글로 표기된 형태가 바로 구결에 해당한다.

구결에서는 이두와 달리 한자의 전자(全字)보다 약자가 더 많이 사용되었다. '厓'는 '厂'로, '伊'는 '亻'로, '爲尼'는 'ソ匕'로 '隱'은 '阝'로, '羅'는 '亽'로 표기하였다. 구결의 약자 가운데 '夕(多)', '七(也)' 등은 일본의 문자인 '가타카나'와 같아서 구결과 '가타카나' 사이에 어떤 연관성이 있을 것으로 추측된다. 그러나 그것들 간의 구체적인 관련성을 입증하기는 어렵다.

## 7.3 훈민정음

### 7.3.1 훈민정음의 창제 의의와 목적

훈민정음(訓民正音)은 세종이 1443년에 창제한 우리 고유 문자의 이름이다. '훈민정음 해례(訓民正音解例)' 서문에서 정인지(鄭麟趾)가 "正音之作 無所祖述而成

於自然(정음은 어떤 계통을 이어받아서 만든 것이 아니라 저절로 이루어진 것이다.)"라고 말한 바와 같이 훈민정음은 다른 문자에서 직접적인 영향을 받지 않고 독창적으로 만들어진 문자이다. 한민족은 훈민정음이 창제되기 이전에는 사상과 감정을 한자(漢字)를 차용해서 표현하였기 때문에 문자 언어 생활에 제약을 많이 받았다. 그러나 훈민정음이 창제됨으로써 한민족은 사상과 감정을 자유자재로 표기할 수 있게 되었다.

훈민정음의 창제 목적은 무엇보다도 백성들로 하여금 문자 언어 생활을 용이하게 할 수 있도록 하는 데 있었다. 이것은 '훈민정음'의 서문(序文)에 명시되어 있다. 다음의 (6ㄱ)은 '훈민정음' 서문의 원문이고, (6ㄴ)은 (6ㄱ)을 현대 한국어로 번역한 것이다.

(6) ㄱ. 國之語音 異乎中國 與文字不相流通 故愚民 有所欲言而終不得伸其情者多矣 予 爲此憫然 新制二十八字 欲使人人易習 便於日用耳

ㄴ. 우리나라 말소리가 중국과 달라서 한자와는 서로 통하지 않으므로 일반 백성들은 말하고자 하는 바가 있어도 마침내 제 뜻을 펼 수 없는 사람이 많다. 그래서 내가 이를 딱하게 여기어 새로 스물 여덟 글자를 만들었는데, 이것은 사람들로 하여금 쉽게 익혀 나날이 쓰기에 편하게 하고자 할 따름인 것이다.

## 7.3.2 훈민정음의 제자 원리

훈민정음의 제자(制字) 원리에 대하여는 '훈민정음 해례(訓民正音解例)'의 제자해(制字解)에 다음의 (7)과 같이 기술되어 있다.

(7) 正音二十八字 各象其形而制之(정음 28자는 각각 그 모양을 본떠서 만들었다.)

앞의 (7)을 통해 볼 때 훈민정음의 제자 원리가 '상형(象形)'의 원리임을 알 수 있다. 자음의 기본자인 'ㄱ, ㄴ, ㅁ, ㅅ, ㅇ' 등은 발음 기관의 형상을 본떠서 만들고, 모음의 기본자인 'ㆍ, ㅡ, ㅣ' 등은 하늘[天]·땅[地]·사람[人] 등 삼재(三才)의 모양을 본떠서 만들었다.

기본 자음과 기본 모음의 제자 원리에 대하여 구체적으로 설명한 부분만을 '훈민정음 해례' 제자해(制字解)에서 발췌하여 적어 보면 다음의 (8), (9)와 같다.

(8) 牙音 ㄱ 象舌根閉喉之形(어금닛소리 ㄱ은 혀뿌리가 목구멍을 닫는 모양을 본뜨고) 舌音 ㄴ 象舌附上腭之形(혓소리 ㄴ은 혀가 윗잇몸에 붙는 모양을 본뜨고) 脣音 ㅁ 象口形(입술소리 ㅁ은 입모양을 본뜨고) 齒音 ㅅ 象齒形(잇소리 ㅅ은 이의 모양을 본뜨고) 喉音 ㅇ 象喉形(목구멍소리 ㅇ은 목구멍의 모양을 본뜬 것이다.)

(9) ㆍ舌縮而聲深 天開於子也 形之圓 象乎天也(ㆍ는 혀가 옴츠러들고 소리는 깊으니, 하늘이 자시에 열린 것과 마찬가지로 ㆍ자가 맨 먼저 생겨났다. 모양의 둥글음은 하늘을 본뜬 것이다.) ㅡ舌小縮而聲不深不淺 地闢於子也 形之平 象乎地也(ㅡ는 혀가 옴츠러들고 소리는 깊지도 얕지도 않으니, 땅이 축시에 열린 것과 마찬가지로 ㅡ자가 두 번째로 생겨났다. 모양이 평평함은 땅을 본뜬 것이다.) ㅣ舌不縮而聲淺 人生於寅也 形之立 象乎人也(ㅣ는 혀가 옴츠러들지 않고 소리가 얕으니 사람이 인시에 생겨남과 마찬가지로 ㅣ자가 세 번째로 생겨났다. 그 모양이 서 있는 꼴은 사람을 본뜬 것이다.)

위의 (8)은 기본 자음의 제자 원리에 대하여 설명한 것이고, 위의 (9)는 기본 모음의 제자 원리에 대하여 설명한 것이다. 기본 자음자는 발음 기관 또는 자음을 발음할 때 발음 기관의 모양을 본떠서 만들었다. 아음(牙音), 설음(舌音), 순음(脣音), 치음(齒音), 후음(喉音) 등의 순서로 기본 글자 'ㄱ, ㄴ, ㅁ, ㅅ, ㅇ'을 만들었다. 그 다음에 기본 글자를 바탕으로 하여 발음이 센 음(音)의 순서대로 획을 더하여 다른 자음자를 만들었다.

[표 7-1] 자음의 제자

| 五音 | 基本字 | 象形 內容 | 加劃字 | 異體字 |
|---|---|---|---|---|
| 牙音 | ㄱ | 舌根閉喉之形 | ㅋ | ㆁ |
| 舌音 | ㄴ | 舌附上齶之形 | ㄷ ㅌ | ㄹ |
| 脣音 | ㅁ | 口 形 | ㅂ ㅍ | |
| 齒音 | ㅅ | 齒 形 | ㅈ ㅊ | △ |
| 喉音 | ㅇ | 喉 形 | ㆆ ㅎ | |

모음 기본자 '·, ㅡ, ㅣ'는 하늘[天]·땅[地]·사람[人] 등 삼재(三才)의 모양을 각각 본떠서 만들고, 이 세 글자를 결합하여 초출자(初出字) 'ㅗ, ㅏ, ㅜ, ㅓ'와 재출자(再出字) 'ㅛ, ㅑ, ㅠ, ㅕ'를 만들었다.

## 7.3.3 훈민정음의 체계

**초성 체계** 훈민정음의 초성 체계는 'ㄱ, ㅋ, ㆁ, ㄴ, ㄷ, ㅌ, ㅁ, ㅂ, ㅍ, ㅅ, ㅈ, ㅊ, ㅇ, ㆆ, ㅎ, ㄹ, △' 등 17자와 각자 병서(各自竝書)[6]의 전탁자(全濁字)인 'ㄲ, ㄸ, ㅃ, ㅉ, ㅆ, ㆅ' 등 6자를 포함하여 23자모 체계를 이룬다.

[표 7-2] 초성 체계

| | 牙音 | 舌音 | 脣音 | 齒音 | | 喉音 | 半舌音 | 半齒音 |
|---|---|---|---|---|---|---|---|---|
| 全淸 | ㄱ 君 | ㄷ 斗 | ㅂ 彆 | ㅈ 卽 | ㅅ 戌 | ㆆ 挹 | | |
| 次淸 | ㅋ 快 | ㅌ 呑 | ㅍ 漂 | ㅊ 侵 | | ㅎ 虛 | | |
| 全濁 | ㄲ 虯 | ㄸ 覃 | ㅃ 步 | ㅉ 慈 | ㅆ 邪 | ㆅ 洪 | | |
| 不淸<br>不濁 | ㆁ 業 | ㄴ 那 | ㅁ 彌 | | | ㅇ 欲 | ㄹ 閭 | △ 穰 |

'ㆆ'은 동국정운(東國正韻)의 한자음(漢字音)을 표기하는 데 주로 쓰이거나, 한국

---

6) 각자 병서(各自竝書) : 같은 자음 두 글자를 가로로 나란히 붙여 쓰는 것.

어의 경우에는 사이시옷 대신에 쓰이었다. 그 보기를 들어 보면 다음의 (10)과 같다.

(10) ㄱ. ᄒᆞᇙ 것, 건너시ᇙ 제, 先考ㆆᄠᅳᆮ 〈龍飛御天歌〉
ㄴ. 快ㆆ 字, 那ㆆ 字 〈訓民正音諺解〉
ㄷ. 音ᅙᅳᆷ, 安한
ㄹ. 八바ᇙ, 戌 ᄉᆔᇙ

앞의 (10ㄱ)과 (10ㄴ)의 'ㆆ'은 일종의 된소리 부호로 쓰이었으며, (10ㄷ)의 'ㆆ'은 동국정운식 한자음 표기로 영모(影母)에 해당하고, (10ㄹ)의 'ㆆ'은 입성의 효과를 주기 위한 '이영보래(以影補來)'[7]의 표기이다.

각자 병서(各自竝書) 중에서 'ㄲ, ㄸ, ㅃ, ㅉ' 등은 주로 한자음 표기에 사용되고, 'ㅆ, ㆅ' 등은 주로 한국어의 어두 경음(語頭硬音) 표기에 사용되었다.

(11) ㄱ. 꾹(鞠), 뚱(蟲), 빵(傍), 짱(藏)
ㄴ. 쓰다, 쏘다, ᅘᅧ다

각자 병서로는 앞에서 든 것 이외에 'ᅇ, ᄔ' 등이 있었다. 이것들은 어중음(語中音) 표기에 사용되었다. 각자 병서는 원각경언해(圓覺經諺解, 1465)에서 폐지되었다가 16세기에 다시 사용되었다.

(12) ㄱ. 괴ᅇᅧ 〈訓民正音 解例, 合字解〉
ㄴ. 다ᄔᆞ니라 〈訓民正音諺解〉

합용 병서(合用竝書)[8] 'ᄭ, ᄮ, ᄯ, ᄲ, ᄠ, ᄡ, ᄧ, ᄩ, ᄢ, ᄣ' 등은 초성에 쓰이었다.

---

7) 이영보래(以影補來) : 영(影)으로써 ㄹ(來)의 발음을 보완하는 것. 즉 한자음 중에서 받침이 'ㄹ'로 끝나는 말 다음에는 'ㆆ'을 넣어 'ㄹ'의 발음을 보완하는 것. [보기] 戌 ᄉᆔᆯ + ㆆ → ᄉᆔᇙ

(13) 싸히소리 〈釋譜詳節, 19 : 14〉  닌쒜시 〈龍飛御天歌〉

연서(連書)를 한 순경음(脣輕音) 'ㅸ, ㆄ, ㅹ, ㅱ' 중에서 'ㅸ'만이 순수한 한국어의
단어를 표기하는 데 사용되고, 그 나머지는 중국음(中國音) 표기에 사용되었다.

**중성 체계**  훈민정음 중성 체계는 'ㆍ, ㅡ, ㅣ, ㅗ, ㅏ, ㅜ, ㅓ, ㅛ, ㅑ, ㅠ, ㅕ' 등
11자로 이루어진다. 여기서 상향 이중 모음(上向二重母音) 'ㅛ, ㅑ, ㅠ, ㅕ' 등 넉
자를 제외한 일곱 글자가 당시의 단모음 체계를 이룬다. 7개의 단모음 체계는
다음의 [표 7-3]과 같이 세 계열로 구분된다.

[표 7-3] 중성 체계

| 양성 모음 | ㆍ 오 아 |
|---|---|
| 음성 모음 | ㅡ 우 어 |
| 중성 모음 | 이 |

중성자에는 11자 이외에 이자 합용자(二字合用字)로 'ㅘ, ㅝ, ㆇ, ㆊ' 등과 ㅣ 상합
자(相合字)로 'ㆍㅣ, ㅢ, ㅚ, ㅐ, ㅟ, ㅔ, ㅚ, ㅒ, ㆌ, ㅖ, ㅙ, ㅞ, ㆉ, ㆋ' 등 18자가
있다. 이것들 가운데 'ㆇ, ㅚ, ㆌ, ㅙ, ㅞ' 등은 그 당시에 사용된 적이 없는 글자들
이다.

**종성 체계**  훈민정음의 '종성'은 다음의 세 가지 규정에 따라서 표기되었다.

(ㄱ) 終聲復用初聲(종성은 다시 초성을 쓴다.)  　　　　　[訓民正音 例義]
(ㄴ) ㄱㆁㄷㄴㅂㅁㅅㄹ 八字可足用也 如빗곶爲梨花 영의 갗 爲狐皮而ㅅ字
可以通用 故只用ㅅ字(ㄱ ㆁ ㄷ ㄴ ㅂ ㅁ ㅅ ㄹ 여덟 자만으로 쓰기에 족하다.
예를 들면 이화가 빗곶이 되고 호피가 영의 갗이 되건만 ㅅ자로 통용할 수
있기 때문에 오직 ㅅ자를 쓰는 것과 같다.)  　　　　　[訓民正音 終聲解]

---

8) 합용 병서(合用並書) : 다른 글자를 둘이나 셋 이상을 합쳐 쓰는 것.

(ㄷ) 終聲二字三字合用 如諺語흙爲土 낛爲釣 둛뻬爲酉時之類(종성을 두 글
자, 세 글자로 아울러 쓰는 것은 가령 우리말의 흙이 토(土)를 표기하고,
낛이 조(釣)를 표기하며, 둛뻬로 유시(酉時)를 표기함과 같다.)

[訓民正音 合字解]

위의 (ㄱ)은 훈민정음 본문 예의편에서 규정하고 있는데, 이 규정은 그 당시
'용비어천가(龍飛御天歌)'와 '월인천강지곡(月印千江之曲)'에만 적용되었다. 위의
(ㄴ)은 '훈민정음 해례' '종성해'의 규정이다. 이것은 그 당시 중화 현상(中和現象,
neutralization)을 인정하여 'ㄱ, ㆁ, ㄷ, ㄴ, ㅂ, ㅁ, ㅅ, ㄹ' 등의 8자로 종성을
표기하도록 한 것이다. 중화 현상이란 음절 말에 오는 자음이 자음으로 시작되는
음절과 연결되거나 그 음절이 단독으로 발음될 경우에 대립되던 음소들이 그 대립
을 상실하게 되는 현상이다. 위의 (ㄷ)은 '훈민정음 해례' '합자해'의 규정이다.
초성에서 합용 병서(合用竝書) 'ㅳ, ㅄ, ㅴ, ㅵ' 등이 사용된 것과 같이 종성에도
합용 병서 'ㄳ, ㄴㅅ, ㄹㄱ, ㄻ, ㄼ, ㅀ, ㄽ' 등이 쓰이었다.

**성조 체계** 훈민정음(訓民正音)의 창제자는 분절 음소(分節音素, segmental phoneme)
인 자음과 모음을 표기하기 위한 자모(字母) 이외에 초분절 음소(超分節音素,
suprasegmental)인 성조(聲調)를 표기하기 위하여 방점(傍點)을 만들었다. 성조는
평성(平聲), 상성(上聲), 거성(去聲), 입성(入聲) 등으로 나뉜다. '훈민정음 해례(訓民
正音 解例)' 합자해(合字解)에서는 이 사성(四聲)에 대하여 다음의 (14)와 같이 설명하
고 있다.

(14) 平聲安而和 春也 萬物舒泰. 上聲和而舉 夏也 萬物漸盛. 去聲舉而壯 秋也
萬物成熟. 入聲促而塞 冬也 萬物閉藏 [평성(平聲)은 편안하고 부드러워서
봄에 해당되어 만물이 천천히 피어나고, 상성(上聲)은 부드럽고 높으니 여
름에 해당되어 만물이 점점 무성해지고, 거성(去聲)은 높고 씩씩하니 가을
에 해당되어 만물이 무르익고, 입성(入聲)은 빠르고 막히니 겨울에 해당되
어 만물이 숨고 감추어짐과 같다.]

'훈민정음' 본문에서 "左加一點則去聲 二則上聲 無則平聲 入聲加點同而促急(왼쪽에 한 점을 더하면 거성, 둘이면 상성, 없으면 평성인데, 입성은 점 더하기는 같으나 촉급하다.)"라고 한 바와 같이 성조는 방점(傍點)으로 나타냈다.

거성은 한 점으로, 상성은 두 점으로, 평성은 무점(無點)으로 표시하였다. 평성은 저조(低調)를, 거성은 고조(高調)를, 상성은 저조와 고조를 나타낸다. 그리고, 상성은 평성과 거성이 병치된 것이다. 입성은 한국어에서 단어에 따라 평성, 상성, 거성 등이 될 수 있는데, 한자음에서는 거성이 된다.

입성 '긷(柱=기둥), 녑(脅=옆구리)' 등은 평성과 같고, 입성 ':낟(穀=곡식), 깁(繒=비단)' 등은 상성과 같고, 입성 '·몯(釘=못), ·입(口)' 등은 거성과 같다.


## 7.4 한글 맞춤법의 원리

'한글 맞춤법'은 한국어를 한글로 표기할 때에 지켜야 할 규칙이다. '맞춤법'을 정서법(正書法)' 혹은 '철자법(綴字接)'이라고도 한다.

맞춤법의 원리에는 표음주의적(表音主義的) 원리와 표의주의적(表意主義的) 원리가 있다.

표음주의적 원리란 단어를 발음되는 대로 표기하는 것이다. 즉 이것은 단어의 각 음소(音素)를 충실히 표기하는 것이다. 그리하여 이것을 음소적(音素的) 원리라고 일컫기도 한다. '흙이'는 [흘기]로, '흙도'는 [흑또]로, '흙만'은 [흥만]으로 발음되는데, 이것들을 그 발음에 따라 '흘기, 흑또, 흥만' 등으로 표기하는 것이 표음주의적 원리에 의거한 표기인 것이다. 표음주의적 원리에 의한 표기법은 글을 쓰는 사람들이 발음되는 대로 표기하기만 하면 되므로 쓰는 이들에게 편리한 것인데, 사람에 따라 발음이 다르면 일정한 형태소의 표기가 다를 뿐만 아니라 형태소의 경계가 불분명하기 때문에 독자가 그것을 이해하는 데 어려움을 겪게 되는 단점이 있다.

표의주의적 원리란 형태소의 꼴을 고정시켜 표기하는 것이다. 이것을 형태소적 (形態素的) 원리라고 일컫기도 한다. '값이'는 [갑씨]로, '값도'는 [갑또]로 '값만'은 [감만]으로 발음되는데, 이것들을 발음되는 대로 표기하면 '값'이라는 형태소가 그 음운 환경에 따라 '값, 갑, 감' 등으로 달리 표기되기 때문에 어떤 독자는 이것들을 별개의 형태소로 인식할 우려가 있을 뿐만 아니라 그 형태소의 의미를 파악하기가 어렵다. 그런데 '값이, 값도, 값만' 등과 같이 각 형태소의 꼴을 고정시켜 표기하게 되면 독자가 그 의미를 쉽게 파악할 수 있다.

표의주의적 원리는 이와 같은 장점을 지니고 있지만, 한국어 음운론과 형태론에 대한 기본적인 지식이 없는 사람은 그 원리로 되어 있는 맞춤법을 이해하여 응용하기가 어려운 점이 있다.

1988년 1월 19일에 교육부에서 개정하여 공포한 '한글 맞춤법'의 원리는 제1장 총칙 제1항에 다음의 (15)와 같이 명시되어 있다.

(15) 한글 맞춤법은 표준어를 소리대로 적되, 어법에 맞도록 함을 원칙으로 한다.

위의 (15)의 '소리대로 적되'라는 말은 표음주의적(表音主義的) 원리에 따라 표기하여야 함을 뜻하고, '어법에 맞도록 함'이라는 말은 표의주의적(表意主義的) 원리에 따라 표기하여야 함을 뜻한다.

'한글마춤법 통일안(1933)'의 맞춤법 원리도 총론 제 1항에 다음의 (16)과 같이 명시되어 있다.

(16) 한글마춤법은 표준말을 그 소리대로 적되 語法(어법)에 맞도록 함으로써 原則(원칙)을 삼는다.

위의 (15)와 (16)을 통해 볼 때 '한글 맞춤법'과 '한글 마춤법 통일안'의 맞춤법 원리가 같음을 알 수 있다.

　‘한글 맞춤법’은 ‘한글 마춤법 통일안’과 같이 표음주의적 원리와 표의주의적 원리를 모두 고려하여 여러 규정을 만들되, 표의주의적 원리를 더 중시하여 만든 것이다. 이와 같은 ‘한글 맞춤법’의 원리는 15세기 ‘훈민정음(訓民正音)’의 창제 당시부터 한국어 표기법의 원리로 채택되어 온 것이다.

　북한에서도 8·15 광복 이후 오늘날에 이르기까지 세 번에 걸쳐 맞춤법을 개정하였으나, 그 원리는 남한과 같다. 따라서 남한과 북한이 통일된 후 맞춤법의 통일 작업을 할 경우에 별 어려움이 없을 것이다.

　1988년에 개정하여 1989년 3월 1일부터 글쓰기에 적용하고 있는 ‘한글 맞춤법’의 특징은 다음과 같다.

　(ㄱ) ‘한글 맞춤법 통일안’의 규정을 근간으로 전체 체제를 합리적으로 조정하고,

　(ㄴ) 불필요하게 된 규정을 정비하며,

　(ㄷ) ‘한글 맞춤법 통일안’의 미비점을 보완하고,

　(ㄹ) 실용상 준수되지 않는 규정을 현실화하며,

　(ㅁ) 문장 부호의 종별과 사용법을 체계화한 데 있다.

　‘한글 맞춤법’의 개요를 ‘한글 맞춤법 통일안’과 대비하여 살펴보면 다음의 [표 7-4]와 같다.

[표 7-4] 한글 맞춤법의 개요

| 구분 | 한글 맞춤법 | 한글마춤법 통일안 |
|---|---|---|
| 체제 | 본문 : 6장 57항<br>부록 : 문장 부호 | 본문 : 총론, 각론 7장 63항<br>부록 : 표준말, 부호 |
| 원리 | 표음주의적 원리와 표의주의적 원리 | 표음주의적 원리와 표의주의적 원리 |
| 불필요한<br>규정의<br>정비 | 불필요한 규정 삭제 | · 빨내→빨래<br>· 놀앟다→노랗다<br>· ᄋ동(兒童)→아동 |

| | | · 북방(北方)→북방<br>· 긔차(汽車)→기차 |
|---|---|---|
| 규정의<br>미비점 보완 | (ㄱ) 사전에 올릴 적의 자모 순서 규정<br>(ㄴ) 한자음의 두음 법칙에 관한 세부 규정<br>신설<br>· 가정란(家庭欄)<br>· 동구릉(東九陵)<br>· 백분율(百分率)<br>(ㄷ) 된소리로 나는 접미사의 표기 규정 신설<br>· 일꾼<br>· 빛깔<br>· 겸연쩍다<br>(ㄹ) 한 단어 안에서 같은 음절이나 비슷한<br>음절이 겹쳐 나는 부분은 같은 글자를 적도<br>록 함.<br>· 딱딱<br>· 쌕쌕<br>· 연연불망(戀戀不忘)<br>· 유유상종(類類相從)<br>· 밋밋하다<br>· 싹싹하다<br>· 쌉쌀하다<br>· 짭짤하다<br>(ㅁ) 문장 부호 규정의 보완 정비.<br>· 문장 부호의 이름과 용법을 예문과 함께<br>체계적으로 정비 : 19개항<br>· 불필요한 부호 삭제 : 낱값표 ⓐ, 거침표<br>∨, 홀이름표 ― 등을 삭제함. | (ㄱ) 규정 없음.<br><br>(ㄴ) 일반 규정은 있으나 세부 규정은 없음.<br>· 가정란, 가정난<br>· 동구릉, 동구능<br>· 백분율, 백분율<br>(ㄷ) 규정 없음.<br><br><br>· 일꾼, 일군<br>· 빛깔, 빛갈<br>· 겸연쩍다, 겸연적다<br>(ㄹ) 규정 없음.<br><br><br>· 딱딱, 똑똑<br>· 쌕쌕, 쌕색<br>· 연연불망, 연련불망<br>· 유유상종, 유류상종<br>· 밋밋하다, 민밋하다<br>· 싹싹하다, 싹삭하다<br>· 쌉쌀하다, 쌉슬하다<br>· 짭짤하다, 짭잘하다<br>(ㅁ) 문장 부호의 이름과 사용법을 개략적<br>으로 나열 : 39개항<br><br><br>ⓐ 2,400원<br><br>∨ 점검하였음을 표시함.<br>나는 <u>한라산</u>에 올랐다. |
| 실용상<br>준수되지<br>않는<br>규정의<br>현실화 | **어간과 어미**<br>(ㄱ) 불규칙 용언 중 어간의 끝 'ㅂ'이 '우'로<br>되는 것은 소리대로 적음.<br>· 가까워<br>· 괴로워<br>· 고마워<br>* 다만, '도와', '고와'는 종전과 같이 '도<br>와', '고와'로 표기함.<br>(ㄴ) 종결 어미 '―오'는 '―요'로 발음되는 | <br><br><br>· 가까와<br>· 괴로와<br>· 고마와<br>*고와, 도와<br><br>(ㄴ) 종결 어미 '―오'를 '―요'로 표기함. |

| | |
|---|---|
| 일이 있더라도 '-오'로 적음.<br>·이것은 책이오.<br>·이리로 오시오.<br>·저것은 펜이 아니오.<br>*다만, 연결형에서의 '-이요'는 '-이요'로 적음.<br>·이것은 펜이요, 저것은 붓이오. | ·이것은 책이요.<br>·이리로 오시요.<br>·저것은 펜이 아니요. |
| **접미사가 붙은 말**<br>(ㄷ) 부사에 접미사 '-이'가 붙어서 뜻을 더하는 경우에는 그 부사의 원형을 밝혀 적음.<br>·더욱이(더욱+이)<br>·일찍이(일찍+이) | ·더우기<br>·일찌기 |
| **사이시옷**<br>(ㄹ) 한자어에서는 사이시옷을 적지 않음을 원칙을 함.<br>·총무과(總務課)<br>·대기권(大氣圈)<br>·대구(對句)<br>*다만, 두 음절로 된 다음 한자어에서는 사이시옷을 적음.<br>·곳간(庫間)　　　　　·셋방(貰房)<br>·숫자(數字)　　　　　·찻간(車間)<br>·툇간(退間)　　　　　·횟수(回數) | (ㄹ) 한자어의 경우에도 사이시옷을 적음을 원칙으로 함.<br>·총뭇과<br>·대깃권<br>·댓구 |
| **준말**<br>(ㅁ) '-지 않다'의 준말은 '-잖다'로, '-하지 않다'의 준말은 '-찮다'로 적음.<br>·그렇지 않다→그렇잖다<br>·적지 않은→적잖은<br>·만만하지 않다→만만찮다<br>·변변하지 않다→변변찮다<br>(ㅂ) '하'의 'ㅏ'가 줄고 'ㅎ'이 다음 음절의 첫소리와 어울려 거센소리로 될 적에는 거센소리로 적음.<br>·간편하게→간편케<br>·가하다→가타<br>·연구하도록→연구토록<br>·다정하다→다정타<br>·정결하다→정결타 | (ㅁ) '-지 않다'의 준말은 '-잖다'로, '-하지 않다'의 준말은 '-찮다'로 적음<br>·그렇잖다<br>·적잖은<br>·만만찮다<br>·변변찮다<br>(ㅂ) 사이ㅎ을 적음.<br><br>·간편ㅎ게/간평게<br>·가ㅎ다/갖다<br>·연구ㅎ도록<br>·다정ㅎ다<br>·정결ㅎ다<br>·혼ㅎ다/홉다 |

| | | |
|---|---|---|
| | · 흔하다→흔타 | |
| | **한가지로 통일하여 적기** | |
| | (ㄱ) (입을) 맞추다, (양복을) 마추다→맞추다 | (입을) 맞추다<br>(양복을) 마추다 |
| | (ㄴ) (다리를) 뻗치다, (멀리) 뼈치다→뻗치다 | (다리를) 뻗치다<br>(멀리) 뼈치다 |
| 띄어쓰기<br>규정의<br>현실화 | (ㄱ) 문장의 각 단어는 띄어 씀을 원칙으로 하되 조사는 앞 말에 붙여 씀. | (ㄱ) '한글 맞춤법'과 같음. |
| | (ㄴ) 보조 용언은 띄어 씀을 원칙으로 하되, 붙여 씀을 허용함. | (ㄴ) 보조 용언은 띄어 씀. |
| | · 읽어 본다, 읽어본다 | · 읽어 본다 |
| | · 밝아 온다, 밝아온다 | · 밝아 온다 |
| | · 올 듯하다, 올듯하다 | · 올 듯하다 |
| | (ㄷ) 성과 이름은 붙여 씀. | (ㄷ) 성과 이름은 띄어 씀. |
| | · 김철수, 최치원 | · 김 철수, 최 치원 |
| | *다만, 성명을 구분할 필요가 있을 경우에는 띄어 쓸 수 있음. | |
| | · 남궁억/남궁 억(南宮億) | · 남궁 억 |
| | · 황보지봉/황보 지봉(皇甫芝峰) | · 황보 지봉 |
| | (ㄹ) 성명 이외의 고유 명사는 단위별로 띄어 쓸 수 있음. | (ㄹ) 단어별로 띄어 씀. |
| | · 대한 중학교/대한중학교 | · 대한 중학교 |
| | · 한국 대학교 사범 대학/한국대학교 사범대학 | · 한국 대학교 사범 대학 |
| | (ㅁ) 전문 용어는 붙여 쓸 수 있음. | (ㅁ) 단어별로 띄어 씀. |
| | · 중거리 탄도 유도탄/중거리탄도유도탄 | · 중거리 탄도 유도탄 |
| | · 국제 음성 기호/국제음성기호 | · 국제 음성 기호 |
| | · 만성 골수성 백혈병/만성골수성백혈병 | · 만성 골수성 백혈병 |
| | (ㅂ) 수를 적을 때는 만 단위로 띄어 씀. | |
| | · 십육만 칠천팔백구십팔 | (ㅂ) 수를 적을 때는 십진법에 따라 띄어 씀.<br>· 십 육만 칠천 팔백 구십 팔 |

앞에서 언급한 바와 같이 문자 언어(文字言語)는 음성 언어(音聲言語)에 비해 보수적인 성격을 띠고 있는 것이다. 음성 언어와 문자 언어가 불일치하더라도 그 어원(語源)을 알기 어려울 정도로 그 형태가 변화하지 않았을 경우에는 먼 옛날

선조와 후손 간 혹은 같은 시대의 사람들 간에 원활한 의사소통을 위해서 맞춤법은 가급적 개정하지 않는 것이 바람직하다. 변화 속도가 문어(文語)보다 빠른 구어(口語)에 맞추어 변한 구어를 표기하기 위하여 맞춤법을 자주 개정하면, 후손이 선조의 기록물을 이해하는 데 어려움을 겪게 되고, 동시대의 사람들 간에 의사소통을 하는 데 불편을 겪게 된다.

# 제8장
# 한국어 방언론

## 8.1 방언의 본질

### 8.1.1 방언의 개념

방언(方言, dialect)이란 기본 문법이 동일하면서 체계적인 차이를 지니고 있지만, 서로 이해할 수 있는 언어의 형태이다. 언어는 상호 의사소통이 가능한 방언들의 집합이다. 모든 방언은 지역적이면서 사회적인 것이다. 한국어는 대한민국의 모든 지역 방언(地域方言, regional dialect)과 사회 방언(社會方言, social dialect)의 집합을 뜻하는 것이다. 한국어는 서울 방언·경기도 방언·충청도 방언·강원도 방언·전라도 방언·경상도 방언·제주도 방언 등 모든 지역 방언의 집합인 동시에 상류 계층·중류 계층·하류 계층 등 모든 사회 계층 방언의 집합인 것이다. 따라서 방언은 특정 언어를 그 분화 요인[1]에 따라 세분화한 것이라고 할 수 있다.

방언과 방언들 사이에는 우열(愚劣)이 없다. 방언에 대한 우열의 판단은 언어학적인 판단이 아니라 사회학적인 판단이다. 그런데 일부 사람들은 방언이란 고립된 지역에서 사용되는 말이라고 인식한다. 혹은 초등학교밖에 다니지 못하였거나

---

[1] 언어의 분화 요인으로는 지역적인 요인과 사회적인 요인을 들 수 있다. 이것에 대해서는 8.1.2에서 구체적으로 논의할 것이다.

전혀 학교 교육을 받지 못하여 일반 지식이 없는 농민이나 육체노동자가 구사(驅使)하는 말이라고 한다. 또한 사회적으로 우월성이 결여된 여러 집단과 관계가 있는, 세련되지 않은 어형(語形)이라고 한다. 어떤 이는 방언은 지위가 낮은 언어로서, 표준에서 이탈한 말이라고도 한다. 이와 같은 방언에 대한 인식은 언어학적인 측면에서 볼 때 잘못된 것이다. 무식한 사람과 유식한 사람이 동일한 언어 사회의 구성원인 경우 각자의 사상과 감정을 자신의 말로써 효과적으로 표현할 수 있고, 상호 의사소통이 가능하기 때문이다.

## 8.1.2 방언의 분류

방언은 방언의 분화 요인에 따라 지역 방언(regional dialect)과 사회 방언(social dialect 혹은 sociolect)으로 양분된다.

지역 방언(地域方言)은 지역의 다름으로 말미암아 형성된 방언이다. 지역과 지역 사이에 큰 산맥, 숲, 바다, 강, 늪 등의 지리적 장애물이 있거나, 생활권이 다른 경우에는 양 지역의 주민들이 접촉할 기회가 거의 없거나 적기 때문에 양 지역의 언어가 독자적으로 변천하여 별개의 방언이 되는 것이다. 이와 같이 처음에는 동일하였던 언어가 지역적 장애로 인하여 음운, 어휘, 문법, 의미, 화용 등의 차이를 지니게 된 방언을 지역 방언이라고 한다. 서울 방언, 경기도 방언, 충청도 방언, 강원도 방언, 경상도 방언, 전라도 방언, 제주도 방언, 황해도 방언, 평안도 방언, 함경도 방언, 육진 방언[2] 등이 지역 방언의 보기에 해당한다.

한 언어가 지역에 따라 달리 나타나는 것은 몇 가지 사회언어학적 요인 때문이다. 마르크바르트(Marckwardt, A.H., 1962)에서는 그것을 네 가지로 보고 있다.

---

2) 육진(六鎭)은 조선조 세종 때 북변에 설치한 여섯 진이다. 즉, 이것은 경원(慶源)·경흥(慶興)·부령(富寧)·온성(穩城)·종성(鐘城)·회령(會寧) 등 6개 군을 일컫던 말이다. 오늘날의 '부령·회령·온성·새별·은덕·선봉'의 6개 군과 '나진시'가 그것에 속한다. 육진 방언에 대해서는 8.6에서 상세히 논의할 것이다.

첫째는 주민의 이동이다. 한국어에서도 한반도에 먼저 들어온 일파가 남부 지역 방언을 이루었고, 나중에 들어온 일파가 북부 지역 방언을 이루었을 것이다. 북부 지역은 대륙계 방언으로서 북방계 부여어 또는 고구려어이고, 남부 지역은 반도계 방언으로서 남방계 한어(韓語)이다.

또한 대량 이민이라는 사회적 특징으로 중세인 조선 초기에 경상도 주민의 함경도 이주와 황해도 주민의 평안도 이주는 다른 문화적 기반을 가진 방언에 크건 작건 영향을 주었다.

둘째는 환경적 요인이다. 산이나 강, 또는 바다가 인접 지역과의 교통을 방해하는 지리적 장벽이 된다. 이것이 방언을 발생하게 한다. 한국어에서는 낭림산맥이 평안도 방언과 함경도 방언으로 갈라놓고, 소백 산맥이 경상도 방언과 전라도 방언으로 갈라놓았다.

셋째는 문화 유형(culture pattern)의 변화이다. 개신적인 도시 문화로 인하여 '서울말'이 방언으로 형성되고 확산하며, 중부 방언이 광역 방언으로 확산하여 경기도 방언·충청도 방언·강원도 방언·황해도 방언 등을 포함하며, 함경도 남부 일부도 침식하고 있다. 보수적인 농촌 문화로 상호 간섭은 있으나, 함경도 방언·평안도 방언·경상도 방언·전라도 방언 등 각개의 방언을 형성하였으며, 제주 방언도 좁은 지역이지만 도서(島嶼) 방언을 이루고 있다. 이것들은 특수한 지역 문화가 뒷받침하고 있다. 반상 문화(班常文化)의 잔재 형태를 지닌 농촌 방언은 5일에 한 차례씩 열리는 시장의 영향을 받는 시장성 문화이다(천시권, 1965). 농촌 방언의 언어 현상은 오일장(五日場)이 서는 날에 관청 용무·거래·상담·친목 등이 이루어지며 더욱이 배타적인 폐쇄성과 신용의 존중으로 그 지역의 결집이 강화되는 것이다. 이렇게 지역 권내(圈內)에서의 밀착된 교류가 방언을 형성하게 한다.

사회 방언은 사회적 요인─사회 계층, 연령, 성, 종교, 인종 ─으로 인하여 형성된 방언이다. 상류 계층어, 중류 계층어, 하류 계층어, 남성어, 여성어, 아동어,

청년어, 장년어, 노인어, 궁중어, 군대어, 정치가어, 교육자어, 법조인어, 의사어, 흑인어, 백인어 등이 사회 방언의 보기에 해당한다. 스트레스를 많이 받으며 육체적으로 힘든 일을 많이 하는 직업에 종사하는 사람들은, 스트레스를 덜 받고 덜 힘든 일을 하는 직업에 종사하는 사람들보다 비어(卑語)나 속어(俗語)를 더 많이 사용한다.

언어와 인종(人種) 사이에는 원천적이고 필연적인 관계가 있다. 그런데 서로 다른 인종이 동일한 언어를 사용할 경우 상대적인 차이가 있다. 이것은 같은 지역 내에서 서로 다른 인종들이 독자적인 집단을 형성하려는 데서 기인한다. 인종 간의 언어 차이는 어휘뿐만 아니라 음운, 문법, 의미, 화용, 담화 등에도 나타난다.

종교(宗敎)도 언어 분화를 일으키는 사회적 요인 중의 하나이다. 인도의 힌두교도와 회교도 간의 언어 차이는 매우 큰 것으로 알려져 있다. 대한민국에서는 그와 같은 현상을 찾아보기가 어렵다. 다만, 신부와 승려의 말을 유심히 관찰하여 보면 어휘와 음운상 약간의 차이가 있음을 알 수 있다.

## 8.1.3 표준어와 방언

표준어(標準語)[3]란 한 나라의 표준이 되는 말이다. 표준어는 방언의 차이로 말미암아 나타나는 의사소통의 장벽을 허물기 위하여 제정한 공통어(共通語)이면서 공용어(公用語)이다. 어느 나라든지 그 나라의 정치, 경제, 문화, 교육의 중심지의 방언을 표준어로 삼는다. 대한민국도 다음의 (1)과 같이 여러 지역 방언 중에서 서울말을 표준어로 삼고 있다.

---

3) 북한에서는 표준어를 '문화어'라고 일컫는다. 조선말대사전(1992)에서는 '문화어란 사회주의 건설 시기 주권을 잡은 로동계급의 당의 령도 밑에 혁명의 수도를 중심지로 하고 수도의 말을 기본으로 하여 이루어지는, 로동계급의 지향과 생활감정에 맞게 혁명적으로 세련되고 아름답게 꾸며진 언어'라고 정의하고 있다. 북한에서는 오래 전부터 말다듬기 운동을 전개하는 바람에 어휘의 결핍상을 초래하였다. 그래서 그것을 메꾸기 위하여 종전에 비표준어이던 것을 문화어에 많이 포함시켰다. 특히, 평안도 방언과 함경도 방언이 문화어로 많이 설정되었다.

(1) 표준어는 교양 있는 사람들이 두루 쓰는 현대 서울말로 정함을 원칙으로 한다. (표준어 사정 원칙, 제1항)

앞의 (1)은 조선어학회가 1933년 '한글 맞춤법 통일안' 총론 제2항에서 다음의 (2)와 같이 정한 것을 바꾼 것이다.

(2) 표준말은 대체로 현재 중류 사회에서 쓰는 서울말로 한다.

'표준말'을 '표준어'로 바꾼 것은 비표준어와의 대비에서 '표준말−비표준말'이 말결에 맞지 않기 때문이다. '중류 사회'도 그 기준이 모호하여 세계 여러 나라의 경향을 감안하여 '교양 있는 사람들'로 바꾼 것이다. 이 구절이 뜻하는 또 하나의 의도는 앞으로 표준어를 몰라서 쓸 줄 모르면 교양이 없는 사람이 된다는 점을 강조함으로써 온 국민이 표준어를 익혀 사용할 수 있게 하려는 데 있다.

표준어는 모든 국민이 공통적으로 쓸 수 있도록 마련한 공용어이므로, 공적(公的)인 활동을 하는 사람들이 표준어를 익혀서 올바르게 사용하는 것은 필수적인 교양인 것이다. 영국 런던에는 표준어 훈련 기관이 많이 있는데, 이곳들에서는 국회의원이나 정부 관리 등 공적인 활동을 하는 사람들에게 표준어와 표준 발음을 가르친다고 한다. 지역적인 갈등이 심한 나라인 경우 표준어 사용이 지역 간 갈등 해소의 한 방안이 될 수 있다. 특히 표준 발음은 초등학교 1~2학년 이전에 익혀야 한다. 표준어 교육은 학교 교육에서 그 기본이 닦여야 한다. 그러므로 모든 교육자는 반드시 정확한 표준어와 표준 발음을 구사할 수 있어야 한다.

또한 역사의 흐름에서의 구획을 인식해서 '현재'를 '현대'로 바꾼 것이다. 그런데 '현재'가 '현대'로 바뀌고, '중류 사회'가 '교양 있는 사람들'로 바뀐 것이 이번 개정에 영향을 준 것은 없다. 제1항의 개정은 내용보다는 표현의 개정이라고 봄이 옳을 것이다. 이번 개정의 실제적인 대상은 다음의 (3)과 같은 것들이다.

(3) ㄱ. 그동안 자연스러운 언어 변화로 1933년에 표준어로 규정하였던 형태가
　　　고형(古形)이 된 것.
　　ㄴ. 그때 사정(査定)의 대상이 되지 않아 표준어로 설정되지 않은 것.
　　ㄷ. 각 사전에서 달리 처리하여 정리가 필요한 것.
　　ㄹ. 방언, 신조어 등이 세력을 얻어 표준어 자리를 굳혀 가던 것.

　표준어를 설정할 때는 능률성(efficiency), 적절성(adequacy), 수용성(accept-ability) 등을 고려하여야 한다. 능률성은 모든 국민이 배우기 쉽고, 사용하기 쉬운 것을 표준어로 정하여야 함을 뜻한다. 적절성은 의사소통을 하는 데 적절한 것을 표준어로 정하여야 함을 뜻한다. 수용성은 여러 사람이 좋아하고 따르는 것을 표준어로 정하여야 함을 뜻한다. 대한민국의 표준어도 이러한 준거에 따라 설정되었다.

　대한민국의 여러 지역 방언 중에서 서울말이 표준어의 주류를 이루고 있다. 그런데 대한민국 표준어의 근간을 이루는 서울말에 비하여 그 밖의 다른 지역 방언이 열등한 것은 아니다. 서울말이 표준어의 자격을 얻게 된 것은 서울이 정치, 경제, 사회, 문화 등의 중심지이어서 영향력이 크고 보급이 쉽기 때문이다.

## 8.2 한국어 방언론의 개념과 연구 방법

### 8.2.1 한국어 방언론의 정의와 분류

**정의**  한국어 방언론(韓國語方言論)이란 한국어의 방언-지역 방언과 사회 방언-을 연구 대상으로 하는 한국어학의 한 분야이다. 방언에 대하여 연구하려면, 음운론(音韻論)·형태론(形態論)·통사론(統辭論)·의미론(意味論)·화용론(話用論) 등 순수언어학과, 역사언어학·사회언어학·심리언어학·문화인류학·전산언어학 등 응용

언어학을 비롯하여 역사학·사회학·심리학·지리학 등 인접 학문에 관한 깊은 지식이 있어야 한다.

**분류** 방언론은 그 연구 대상에 따라 방언 음운론(方言音韻論), 방언 어휘론(方言語彙論), 방언 문법론(方言文法論), 방언 의미론(方言意味論)등으로 나뉜다. 방언 음운론(方言音韻論)은 방언의 음운 체계, 음운 규칙, 음운 체계와 음운 현상 사이의 관련성, 방언 분화의 요인 등에 대하여 연구하는 방언론의 한 분야이다. 방언 어휘론(方言語彙論)은 방언의 어휘 체계와 그 분화 요인에 관하여 연구하는 방언론의 한 분야이다. 방언 문법론(方言文法論)은 방언의 문법적 특징과 그 분화 요인에 대하여 연구하는 방언론의 한 분야이다. 방언 의미론(方言意味論)은 방언의 의미 체계와 그 분화 요인에 대해서 연구하는 방언론의 한 분야이다.

## 8.2.2 한국어 방언론의 연구 목표와 연구 방법론

**연구 목표** 한국어 방언론의 연구 목표는 지역 방언과 사회 방언의 특성을 밝히고, 고어(古語)를 재구하여 한국어사(韓國語史) 연구에 기여하며, 지역·세대·사회 계층·성별 간 의사소통이 효과적으로 이루어질 수 있는 방안을 탐구하는 데 있다.

현대 문명의 혜택을 가장 덜 받고 고립되어 있는 지역일수록 고어가 잔존하여 있을 가능성이 높다. 왜냐하면 학교 교육을 받지 않고 다른 지역의 사람과 접촉이 거의 없는 60대 이상의 사람일수록 앞 세대에게서 습득한 말을 구사하기 때문이다. 경상도 방언에 "호붓 하나가 열 하나가? (홑 하나냐 열 하나냐?)"라는 말이 있다. 이 말에 쓰인 '호붓'은 '홑'의 고어(古語)이다. 이와 같이 지역 방언에는 고어가 남아 있다. 대한민국에는 고대 한국어와 전기 중세 한국어를 반영하는 자료가 매우 적기 때문에 고대 한국어와 전기 중세 한국어를 연구하는 데 많은 제약을 받고 있는 실정이다. 지역 방언에 남아 있는 고어의 편린(片鱗)들은 한국어사의 연구에 이바지하는 바가 크다.

공자(孔子)가 일찍이 "不知言 無以知人也(언어를 모르면 남을 알지 못한다.)[論語, 堯曰篇]"라고 말한 바와 같이 한 개인의 말, 한 지역의 말을 모르면 그 개인이나 그 지역에 대하여 정확히 알 수가 없는 법이다. 표준어를 몰라서 출생 지역의 말만을 구사하는 사람을 만나 대화를 나눌 경우에 그 사람의 지역 방언으로 말을 하게 되면 각기 다른 방언으로 할 때보다 더 효과적이다. 또한 유식한 사람이 무식한 사람과 대화를 할 때에는 무식한 사람이 충분히 이해할 수 있는 언어를 구사하여야 두 사람 간의 의사소통이 원만히 이루어진다. 마찬가지로 일상 대화에 고사성어(古事成語)를 많이 섞어 사용하는 노인과 대화를 나눌 적에는 사전에 그러한 노인의 언어를 알고 대화에 임하여야 한다. 이렇듯 지역 방언과 사회 방언에 대해 알아야 모든 사람과 의사소통을 효과적으로 할 수 있는 것이다.

그런데 대한민국은 일제 때부터 오늘날에 이르기까지 방언 연구가 행해져 오고는 있으나 아직도 지역 방언과 사회 방언에 대한 연구가 미흡한 실정이다. 통일을 앞둔 현시점에서 볼 때 남한과 북한 방언의 비교 연구는 매우 중요한 과제이다. 남한 방언학자들의 북한 방언에 대한 연구는 북한 방언 자료 수집의 제약으로 말미암아 남한 방언 연구에 비하여 더욱 미미한 실정이다. 북한 방언학자들의 남한 방언에 대한 연구도 남한과 같은 실정이다. 남북통일 이후에 남한 사람과 북한 사람이 만나서 의사소통을 원활히 할 수 있게 하려면, 남북통일 이전에 남북의 방언학자들이 협동하여 한반도 방언을 대상으로 한 연구를 하여 남북 방언을 모두 수록한 '방언 사전(方言辭典)'을 발간하여야 한다.

**연구 방법론**  방언 연구 방법론에는 전통방언학적 방법론, 구조방언학적 방법론, 생성방언학적 방법론 등이 있다.

전통방언학적 방법론은 언어의 지리적 분포 상태를 파악하여 단어의 역사적 단계를 재구하고, 지리·역사·사회·문화·심리적인 면의 정보에 힘입어 언어 변화의 내면에 존재하는 규칙과 원인을 규명하기 위하여 다음과 같은 절차를 밟아 연구하는 것이다.

(ㄱ) 방언 연구 목적 설정
(ㄴ) 조사 항목 설정
(ㄷ) 질문지(質問紙) 작성
(ㄹ) 조사 지점 선정(選定)
(ㅁ) 제보자 선정(選定), 면담
(ㅂ) 자료 수집 및 정리
(ㅅ) 방언 자료집(方言資料集)과 언어 지도(言語地圖) 간행

구조방언학적 방법론은 언어 형식―방언의 변종(變種)―을 체계나 구조의 일부분으로 간주하고, 방언의 차이에 대하여 구조적으로 접근하는 것이다. 즉 이것은 방언 체계 간의 유사점과 차이점, 그리고 그러한 유사점과 차이점을 가지게 된 구조적인 변화의 요인, 결과를 구명하는 것이다(김방한, 1968 : 8).

관련 변종들의 부분적인 차이점과 유사점을 밝히고, 그것들 간에 존재하는 대응의 체계적인 특성을 나타내기 위하여 이중 체계(diasystem)를 구축한다. '이중 체계'를 '통합 체계'라고도 한다. 음소 목록(phoneme inventory)의 차이는 이중 체계로 나타낼 수 있지만, 음소 분포(phoneme distribution)나 음소 발생 빈도 (phoneme incidence) 등은 이중 체계로 나타낼 수 없다. 서울 방언과 경상도 방언의 단모음(單母音) 체계의 차이를 이중 체계로 나타내면 다음의 (1)과 같다.

$$(1)\quad ㅅ, ㄱ // i \approx \frac{ㅅe}{ㄱE} \approx \frac{\varepsilon}{E} \approx \frac{ü}{i} \approx \frac{ö}{E} \approx \frac{i}{ㄱ\sim i} \approx \frac{\partial}{E} \approx a \approx u \approx o //$$

(ㅅ=서울, ㄱ=경상도)

생성방언학적 방법론은 친근 관계에 있는 방언들의 기저형(基底形, underlying form)을 설정하고, 그 기저형에 적용되는 음운 규칙 그리고 그 규칙이 적용되는

순서 등에 대하여 연구하는 것이다. 기저형을 설정할 때에는 예언력(predic-tability), 경제성(economy), 동형성(pattern), 수긍 가능성(plausibility) 등에 유의하여야 한다.

예언력이란 어떤 음(音)을 기저음으로 잡으면 그에 따라 다른 이음(異音)들을 음운 규칙으로 예측할 수 있어야 함을 뜻한다. 경제성은 음소나 음운 규칙이 적을수록 좋음을 뜻하고, 동형성은 음운 체계가 대칭적이거나 빈 칸이 없는 도형이 되도록 하여야 함을 뜻한다. 또한 수긍 가능성은 해결이 가능한 여러 방법 중에서 더 자연스럽고 발음하기 쉬운 것을 선택하여야 함을 뜻한다.

> (2) /pha+ato/ 기저형
>     ph ato 동음 탈락 규칙
>     ph ado 유성음화
>     [phado] 음성형

전통방언학이나 구조방언학에서는 공통적으로 상이한 방언 자료에 주로 관심을 보인다. 그런데 생성방언학에서는 방언 자료보다 변종을 생성하는 규칙에 더 많은 관심을 기울인다.


## 8.3 방언 조사 방법

방언 조사(方言調査)는 방언 연구를 위하여 방언 자료를 수집하는 일을 뜻한다. 방언 조사 방법에는 직접 방법(直接方法)과 간접 방법(間接方法)이 있다.

직접 방법이란 조사자가 현지에 가서 방언 자료를 직접 수집하는 방법이다. 이것을 '현지 조사(fieldwork) 방법'이라고 일컫기도 한다. 이 방법을 처음으로 사용한 사람은 스위스의 방언학자인 질리에롱(Gilliéron, 1854~1926)이다. 그는 1897년부터 1901년까지 4년 동안 프랑스 전국을 639지점으로 나누어 청과물 장수인

에드몽(Edmont)으로 하여금 각 지점에 가서 그곳의 방언을 수집하도록 하였다.

간접 방법은 현지에 가지 않고 우편으로 방언 자료를 모으는 방법이다. 이것을 '통신 조사 방법'이라고 일컫기도 한다. 이 방법을 처음으로 사용한 사람은 독일의 벤커(Wenker)이다. 그는 1877년부터 1887년까지 10년 동안 40개의 표준 독일어 문장으로 된 질문지를 북부 독일 지역의 초등 학교 교사 5만 명에게 우편으로 보내어 그것을 그 지방의 방언으로 번역하여 회송하도록 하였다. 간접 방법은 직접 방법에 비하여 경제적이지만 자료의 신뢰성이 덜하기 때문에 방언학자들은 주로 직접 방법으로 방언을 조사한다.

## 8.3.1 조사 항목의 설정

방언 조사를 하려면 우선 조사 목적을 설정하고, 그 목적에 따라 조사할 구체적인 항목을 정하여야 한다. 방언 조사 항목의 내용과 수는 방언 조사의 목적에 따라 달리 설정된다. 각 방언의 특성을 잘 드러내는 분화형(分化形)을 조사 항목으로 설정하여야 한다.

언어를 구성하는 음운, 어휘, 문법, 의미 등의 여러 요소 중에서 어휘에 관한 조사 항목이 가장 많은 분량을 차지한다. 그것은 방언 간의 언어 분화가 어휘에서 가장 쉽게 일어나기 때문이다. 벤커(Wenker)의 질문지 조사 항목의 수는 40개이고, 질리에롱(Gilliéron)의 조사 항목 수는 1,920개이다. 1980년 한국정신문화연구원(한국학중앙연구원의 옛 이름)에서 남한 전 지역의 어휘, 문법, 음운을 조사하기 위하여 만든 질문지의 조사 항목 수는 1,796개인데, 그 중 음운에서 주항목의 이름만 설정되었을 뿐 주항목이 없고, 부수 항목만 나열한 것이 14개이므로 총 항목 수는 1782개이다. 한국정신문화연구원의 조사 항목 수는 다음의 [표 8-1]과 같다. ( ) 속의 숫자는 조사 항목의 수를 나타낸다.

[표 8-1] 한국정신문화연구원의 방언 조사 항목

| | | 주항목 | 부수 항목 | 보충 항목 | 총 항목 | 총 질문 횟수 |
|---|---|---|---|---|---|---|
| 어휘 | 농사 | 64 | 22 | 37 | 123 | 194 |
| | 음식 | 52 | 22 | 30 | 104 | 121 |
| | 가옥 | 50 | 7 | 37 | 94 | 177 |
| | 의복 | 31 | 18 | 12 | 61 | 65 |
| | 인체 | 78 | 34 | 86 | 198 | 223 |
| | 육아 | 39 | 14 | 17 | 70 | 80 |
| | 인륜 | 24 | 20 | 15 | 59 | 60 |
| | 경제 | 64 | 19 | 31 | 114 | 146 |
| | 동물 | 88 | 40 | 44 | 172 | 182 |
| | 식물 | 42 | 9 | 30 | 81 | 86 |
| | 자연 | 49 | 16 | 14 | 79 | 97 |
| | 상태 | 44 | 5 | 39 | 88 | 168 |
| | 동작 | 95 | 41 | 91 | 227 | 406 |
| | 계 | 720 | 267 | 483 | 1470 | 2005 |
| 문법 | 대명사 | 4 | 2 | 3 | 9 | 29 |
| | 조사 | 6 | 0 | 5 | 11 | 23 |
| | 경어법 | 24 | 0 | 13 | 37 | 40 |
| | 시제 | 7 | 3 | 12 | 22 | 31 |
| | 피동·사동 | 10 | 0 | 0 | 10 | 13 |
| | 연결 어미 | 7 | 0 | 5 | 12 | 17 |
| | 보조 용언 | 5 | 0 | 3 | 8 | 20 |
| | 부사 | 22 | 0 | 18 | 40 | 55 |
| | 계 | 85 | 5 | 59 | 149 | 228 |
| 음운 | 단모음 | 2 | 3 | 1 | 6 | 23 |
| | 이중모음 | 1 | 10 | 5 | 16 | 31 |
| | 음장·성조 | 6 | 22 | 8 | 36 | 127 |
| | 억양 | 1 | 3 | 0 | 4 | 4 |
| | 자음 탈락 | 2 | 7 | 1 | 10 | 29 |
| | 불규칙 활용 | 1 | 7 | 2 | 10 | 47 |
| | 자음 축약 | 1 | 4 | 0 | 5 | 12 |
| | 경음화 | 1 | 3 | 0 | 4 | 26 |
| | 비음절화 | 1 | 3 | 17 | 21 | 69 |
| | 모음 조화 | 1 | 8 | 0 | 9 | 41 |
| | 움라우트 | 3 | 15 | 24 | 42 | 98 |
| | 외래어 | 2 | 9 | 3 | 14 | 34 |
| | 계 | 22 | 94 | 61 | 177 | 533 |
| | 총계 | 827 | 356 | 603 | 1796－14=1782 | 2766 |

## 8.3.2 질문지

질문지(質問紙, questionnaire)란 조사 항목을 질문할 순서대로 배열한 것이다. 질문지의 기본적인 구성은 일반적으로 방언의 변이형을 드러낼 것으로 예상되는 어휘 항목과 문법 범주에 따라 이루어진다. 어휘에 관한 질문지는 의미론적 영역에 따라 구성된다. 즉 어휘는 의미론적으로 유사한 것끼리 묶어 배열한다.

대한민국에서는 오쿠라 신페이(小倉進平)의 "朝鮮方言の硏究"(1944) 이후 대개 다음 (3)과 같은 부문으로 나누어 조사 항목들을 묶어 왔다.

> (3) 천문, 지리, 시후(時候), 방위, 인류, 신체, 가옥, 복식, 음식, 농경, 목축, 화과(花果), 채소

1931년 미국과 1947년 영국에서 현지 조사를 위하여 만든 질문지는 농업 기술, 식물군, 동물군, 날씨, 사회 활동, 친족 관계 등과 같은 의미 영역으로 구성되어 있다.

질문지에는 형식 질문지(formal questionnaire)와 비형식 질문지(informal questionnaire)가 있다.

형식 질문지(形式質問紙)는 다음의 (4)와 같이 조사자가 현지에서 제보자(informant)에게 물을 경우에 사용할 질문문(質問文)을 미리 밝혀 적은 질문지이다. 이것을 '격식 질문지'라고 일컫기도 한다. 이 질문지는 동일한 조건에서 조사될 수 있는 여건을 마련하여 준다. 한국, 영국, 일본 등지의 질문지는 형식 질문지에 해당한다.

> (4) (벼를 가리키면서) 이것을 여기에서는 무엇이라고 일컫습니까?

비형식 질문지(非形式質問紙)는 다음의 (5)와 같이 조사 항목의 이름만을 표준어로 적어 놓은 질문지이다. 이것을 '약식 질문지(略式質問紙)'라고 일컫기도 한다.

이것은 조사자가 개인 연구를 위하여 사용하거나, 소수의 훈련된 조사자들이 사용할 경우에 유용한 것이다.

(5) ① 벼, ② 못자리, ③ 호미, ④ 쇠스랑, ⑤ 삽

### 8.3.3 질문법

사람들은 공식적인 자리에서보다 사사로운 자리에서 더 일상적인 말투(casual style)로 말을 한다. 일상적인 말투는 대개 지역적인 말씨와 소박한 어휘로 이루어진다.

조사자가 제보자에게서 일상적인 말투를 유도해 내기 위해서는 친밀감과 신뢰감을 주어야 한다. 제보자가 잘 알고 있는 내용을 길게 말할 수 있게 하려면 면담이 자연스럽고 자유로워야 한다. 자연스럽고 자유로운 면담이 되게 하려면, 조사자는 매우 자연스러운 질문 형식에 따라 부드러운 어조로 예의 바르게 말하여야 한다.

조사자가 제보자에게 조사 항목에 대하여 질문하는 방식은 조사 항목과 상황에 따라 달라진다. 질문법에는 직접 질문법(直接質問法)과 간접 질문법(間接質問法)이 있다. 직접 질문법은 조사자가 제보자에게 표준어로서의 어떤 형태를 주고서 그것에 해당하는 방언형을 말하게 하는 방법이다. 이것을 ‘번역식 질문법(飜譯式質問法)’이라고 일컫기도 한다. 예를 들면 조사자가 “‘부추’를 여기서는 무엇이라고 합니까?”라고 묻는 것이다. 독일의 벤커(Wenker)가 이 방법을 처음으로 사용하였다. 이것은 제보자가 표준어와 해당 방언형을 모두 알고 있어야 사용할 수 있는 것이기 때문에 잘 사용되지 않는다. 표준어에 대하여 잘 아는 사람은 순수한 방언형을 알지 못할 가능성이 있다. 또한 조사자가 제보자에게 표준어를 먼저 제시하면, 방언을 잘 알고 있는 제보자도 표준어에 이끌려 그것과 유사한 방언형으로 응답할 우려가 있다.

간접 질문법은 일정한 어형(語形)을 제시하지 않고 조사자가 원하는 방언형에 대한 응답을 이끌어 내는 방법이다. 1921년 야베르크(Jaberg)와 유트(Jud)가 간접 질문법[4]을 처음으로 이탈리아 방언을 조사할 때에 사용하였다. 이것은 명명식 질문법(命名式質問法, narning questions)과 완결식 질문법(完決式質問法, completing questions)으로 나뉜다.

명명식 질문법[5]은 제보자들에게 퀴즈로써 응답을 이끌어 내는 방법이다. 조사자가 제보자에게 사물의 이름을 가르쳐 달라는 식으로 묻는 것이다. 방언 조사를 할 때 이 방법이 가장 많이 사용된다. 이것은 대담식 질문법(對談式質問法, talking questions)과 역질문법(逆質問法, reverse questions)으로 세분된다. 대담식 질문법은 조사자가 제보자로 하여금 관련되는 방언형들을 한꺼번에 둘 이상 이야기하게 하여 그 중에서 필요한 것을 취하는 질문법이다.

　　(6) ㄱ. 우유로 무엇을 만들 수 있습니까? (버터, 치즈)
　　　　ㄴ. 밭에서는 어떤 곡식들이 납니까? (보리, 콩, 팥, 녹두, 깨, 밀, ……)
　　　　ㄷ. 감자나 콩은 어디에 심습니까? (밭)

대담식 질문법의 장점은 동시에 많은 자료를 얻을 수 있고, 대화로써 조사를 하므로 지루함을 덜 수 있으며, 자연스러운 방언 본연의 모습을 드러내는 데 유리하고, 시간을 절약할 수 있다는 것 등이다. 그러나 이것의 단점은 조사자가 원하는 방언형을 구하기 어렵고, 방언 조사에 익숙한 사람만이 사용할 수 있으며, 한

---

4) Orton의 "Survey of English Dialects"(1962)에서는 간접 질문법을 명명식 질문법(naming questions), 완결식 질문법(completing questions), 치환식 질문법(conversion questions), 대담식 질문법(talking questions), 역질문법(reverse questions) 등으로 하위 분류하고 있다.

5) 이익섭(1984 : 53)에서는 명명식 질문법을 다음과 같이 세 가지로 하위 분류하고 있다.
　ㄱ 진술식(陳述式) : 어떤 사물의 특징을 말로 진술함으로써 묻는 방식, [보기] 아내의 여동생을 무엇이라고 합니까?
　ㄴ 지시식(指示式) : 그림이나 사진을 보이면서 "이것을 여기에서 무엇이라고 합니까?"라고 묻는 방식
　ㄷ 시능식 : 시능을 해 보이면서 묻는 방식

번에 나열할 수 있는 동류 항목(同類項目)이 적다는 것이다.

역질문법은 조사자가 제보자로 하여금 질문에 대하여 매우 길게 응답하게 함으로써 특정한 방언형을 이끌어 내는 방식이다. 즉 대담식 질문법은 형태를 알아보기 위한 것인데, 이것은 그와 반대로 형태를 제시하고 의미를 알아보기 위한 방법이라고 할 수 있다.

    (7) ㄱ. 쟁기는 무엇을 보고 쟁기라고 합니까?
        ㄴ. 곳간은 어떤 곳입니까?

완결식 질문법은 일정한 문장의 끝에 빈 칸을 남겨 두고 그 빈 칸을 제보자로 하여금 채워 넣게 하는 방법이다.

    (8) ㄱ. 커피에 설탕을 많이 넣어 너무 (  ).
        ㄴ. 갓 결혼한 여자는 신부이고, 갓 결혼한 남자는 (  )이다.

완결식 질문법의 하위 유형으로는 치환식 질문법(置換式質問法)이 있다. 이것은 대립되는 형태를 빈 칸에 적어 넣게 하는 방식이다. 이것은 용언의 불규칙 활용형이나 청자 경어법의 활용형을 유도하는 데 적절한 것이다.

    (9) ㄱ. (화자보다 나이가 배 이상 많은 사람에게 차를 타라고 말할 경우)
        어서 차를 (  ).
        ㄴ. (화자와 나이가 같은 친구에게 차를 타라고 말할 경우)
        어서 차를 (  ).
        ㄷ. (화자보다 나이가 배 이상 적은 사람에게 차를 타라고 말할 경우)
        어서 차를 (  ).

조사자는 조사 항목과 상황을 고려하여 이상의 여러 질문법 중에서 가장 적절한 것을 선택해서 질문하여야 한다. 조사자는 제보자가 불쾌하게 생각하거나 지루하게 여기지 않도록 유의하면서 정확한 방언형을 수집하기 위하여 힘써야 한다.

### 8.3.4 조사 지점

방언의 조사 지점(調査地點)을 선정할 때에는 지리적 조건, 역사적·사회적 배경 등을 고려하여야 한다. 두 지점이 거리상으로 가깝더라도 그 사이에 큰 장애물－산, 강, 늪－이 있을 경우에는 두 곳을 별개의 조사 지점으로 설정한다. 또한 두 지점이 가깝더라도 역사적으로 두 지점에 살아 온 주민들이 수백 년 전에 각각 다른 곳에서 이주하여 온 사람들인 경우에도 두 곳을 별개의 조사 지점으로 설정하여야 한다. 한 곳은 농업에 종사하는데, 다른 곳은 어업에 종사할 경우에도 별개의 조사 지점으로 설정하여야 한다. 좋은 조사 지점은 제보자의 조건을 갖춘 제보자가 있는 곳이며, 토속성이 짙은 곳이고, 10여 대(代) 한 마을에서 살아 온 집성촌(集成村)이다.

조사 지점의 수효(數爻)는 방언 조사의 목적에 따라 달라진다. 이상적인 조사 지점의 수는 방언 차이가 있는 곳마다 한 지점씩 선정되는 것이다. 방언 차이가 있는 곳은 예비 조사－현지 조사, 방언 자료집－를 통해 알 수 있다. 조사 지점은 일반적으로 핵 방언권(核方言圈) 중에서 한 지점씩 선정한다. 대한민국은 대개 방언의 차이가 군(郡) 단위로 나타난다. 조사 지점은 사전에 혹은 현지에 가서 군청이나 읍 사무소와 면 사무소에 있는 직원들과 상의하여 선정한다.

### 8.3.5 제보자

제보자(提報者, informant)란 조사자에게 조사를 받으면서 방언 자료를 제공하여 주는 사람을 뜻한다. 제보자를 피조사자(被調査者)라고 일컫기도 한다. 제보자의 말은 그 지역의 언어를 대표하는 것이어야 하기 때문에 방언 조사에서 제보자

를 선정하는 일은 매우 중요한 것이다. 제보자를 선정하는 것은 방언 조사의 목적
에 따라 달라진다. 그런데 일반적으로 ㉠ 3대 이상 한곳에 정착하여 살아 온 사람,
㉡ 60세 이상의 노인, ㉢ 시골에서 살아 온 사람, ㉣ 남자 등 네 가지 조건[6]을
갖춘 사람을 제보자로 선정하는 것을 원칙으로 한다. 대한민국에서는 제보자를
선정할 때 60세 이상의 남자, 3대 이상 거주하여 온 농부, 초등 교육 이하의 학력
소지자, 치아가 건강하고 청각이 정상인 사람, 사교적이고 이타적이며 솔직한
사람, 말하기를 좋아하는 사람 등을 제보자의 요건으로 간주한다. 제보자는 한
명보다 2~3명이 더 좋다. 동일한 방언을 사용하는 제보자를 복수로 선정하여
방언 자료를 수집하게 되면, 자료의 결점을 상호 보완할 수 있고, 자료의 신빙성을
제고할 수 있어서 한 명의 제보자를 상대로 하여 조사하는 것보다 더욱 좋다.

## 8.3.6 현지 조사자

현지 조사자(現地調査者)란 조사 지점인 현지에 가서 방언 자료를 수집하는 사람
이다. 능력이 있는 조사자이어야 방언 조사를 효과적으로 할 수 있다.

조사자는 다음과 같은 자질을 갖춘 사람이어야 한다.

(ㄱ) 조사자는 언어학에 대한 기본 지식을 갖춘 사람이어야 한다. 그는 음성학,
음운론, 어휘론, 문법론, 의미론, 화용론 등의 기본 지식을 체계적으로 갖
추고 있는 사람이어야 한다.
(ㄴ) 조사자는 청각이 발달한 사람이어야 한다. 즉 그는 미세한 음성의 특성을
식별할 수 있는 청취력을 지니고 있는 사람이어야 한다.
(ㄷ) 조사자는 사교성이 있으면서 예의가 바른 사람이어야 한다.
(ㄹ) 조사자는 인내심과 끈기를 지닌 사람이어야 한다.
(ㅁ) 조사자는 여러 가지 사물에 대한 지식이 풍부한 사람이어야 한다. 특히

---

6) Chambers and Trudgill(1980)에서는 제보자의 선정 기준으로 NORMs를 들고 있다. 'N'은 'nonmobile
(정착성의)'을 'O'는 'older(나이가 많은)'를, 'R'는 'rural(시골의)'을, 'Ms'는 'males(남자)'를 뜻한다.

그는 질문지 내용과 관련되는 여러 가지 사물에 대한 넓고 깊은 지식을
지니고 있는 사람이어야 한다.


### 8.3.7 면담

방언 조사에서 면담이 차지하는 비중은 매우 크다. 조사자가 제보자와 면담(面
談)할 때에 유의할 점은 다음과 같다.

(ㄱ) 조사자는 예의 바른 언동을 하여 자신과 제보자 간에 신뢰를 조성하여야
한다. 먼저 정중히 인사를 하고 방문한 목적을 간단히 설명한다. 그리고
농사의 어려움, 마을의 크기와 경치 등을 화제로 삼아 이야기를 나눈다.

(ㄴ) 질문을 할 때에는 질문지의 순서에 따라 일관성 있고 간결하게 정중히 질문
한다. 부드럽고 즐거운 분위기를 조성한다. 60분마다 휴식을 취한다. 조사
자는 휴식 시간에 제보자에게 음료수, 과일, 과자, 사탕 등을 권함으로써
제보자와 친숙해지도록 힘써야 한다.

(ㄷ) 제보자의 집이나 일터, 정자 등지를 면담 장소로 한다. 이러한 곳은 제보자
의 생활 중심지이기 때문에 제보자가 편안히 이야기할 수 있는 곳이다.

(ㄹ) 조사자는 면담을 통한 자료 수집을 끝내면 제보자에게 정성이 담긴 선물을
준다.


### 8.3.8 전사

전사(轉寫, transcription)란 제보자의 입을 통해 제공되는 방언 자료를 음성 기
호로 기록하는 것이다. 대개 국제 음성 기호 (international phonetic alphabet)로
방언형을 기록한다. 그러나 사람에 따라 다른 것을 사용하기도 한다. 대한민국의
한국정신문화연구원에서는 다음의 (10)~(12)와 같은 음성 기호로 방언형을 전사
하였다.

(10) 단모음

> i(ㅣ) ü(ㅟ) ɨ(ㅡ) u(ㅜ)
>
> e(ㅔ) ö(ㅚ) ʒ(ㅓ) o(ㅗ)
>
> E(ㅔ) öə(ㅓ)
>
> ɛ(ㅐ) öɜ(ㅓ)
>
> a(ㅏ)

(11) 이중 모음

[w계 이중 모음]

> wi(ㅟ), we(ㅞ), wE(ㅞ), wɛ(ㅙ), wə(ㅝ), wa(ㅘ)

[y계 이중 모음]

> ye(ㅖ), yE(ㅖ), yɛ(ㅒ), yə(ㅕ), yɜ(ㅕ), ya(ㅑ), yu(ㅠ), yo(ㅛ)

(12) 자음

> p, b(ㅂ) t, d(ㄷ) č(ㅈ) k, g(ㄱ)
>
> p'(ㅃ) t'(ㄸ) č'(ㅉ) k'(ㄲ)
>
> pʰ(ㅍ) tʰ(ㅌ) čʰ(ㅊ) kʰ(ㅋ)
>
> s(ㅅ)
>
> s'(ㅆ)          h, x(ㅎ)
>
> m(ㅁ) n(ㄴ)          ŋ(ㅇ)
>
> l, r(ㄹ)

전사(轉寫)는 그 정밀도에 따라 약식 전사(略式轉寫, broad transcription)와 정밀 전사(精密轉寫, narrow transcription)로 나뉜다.

약식 전사(略式轉寫)는 다양한 변이음을 무시하고 음소(音素)만 전사하는 것이다. 이것을 '간이 전사(簡易轉寫)' 혹은 '규범 전사(規範轉寫)'라고 일컫기도 한다. 이것은 방언 연구의 목적이 어휘적인 것이나 문법적인 것에 있을 경우에 쓰인다.

정밀 전사(精密轉寫)는 음소 단위 이하의 음성적 특징을 구별하여 전사하는 것이다. 이것의 궁극적인 목적은 방언의 차이를 음소 단위보다 작은 음성 단위에서 찾아보려는 데 있다. 정밀 전사를 제대로 하려면 조사자가 음성학에 대한 지식을 체계적으로 갖추고 있어야 하고, 전문적 훈련을 받아서 미세한 음성 차이까지도 식별하여 낼 수 있는 청해력을 지니고 있어야 한다. 그래서 정밀 전사를 '인상주의 전사(印象主義轉寫, impressionistic transcription)'라도 일컫는다.

방언을 조사할 때 고성능 녹음기로 제보자의 말을 채록하여 두면, 그것은 전사한 것을 정정하고 보충하는 데 매우 많은 도움을 준다. 해당 방언의 음장(音長), 고저(高低), 억양(抑揚), 발음 등을 조사할 때 녹음기는 반드시 필요하다. 제보자가 긴장을 풀 때까지 녹음기가 제보자의 눈에 띄지 않도록 한다. 마이크는 제보자의 입에서 약 20cm, 아래로 10~15cm의 거리에 놓는 것이 좋다.

## 8.3.9 자료의 정리

방언 자료를 수집하고 난 뒤에는 자료를 정리하게 된다. 자료를 정리할 때에는 다음과 같이 두 단계를 밟는다.

**첫째 단계** : 이 단계에서는 먼저 방언 조사 노트에 기록한 방언형의 정확성을 검토하고 확인한다. 이 때 기억을 재생하거나 녹음하여 둔 것을 재생하여 들어 본다. 자료의 정확성 검토와 확인이 끝난 다음에는 자료의 동질성 여부를 검토한다. 이 때 발음 부호·보조 기호의 일관성 있는 사용 여부, 전사(轉寫)의 정밀도 유지 여부, 의미 차이를 밝히는 정도가 비슷한 수준으로 되어 있는지 등을 주로 검토한다.

**둘째 단계** : 이 단계에서는 방언 조사 노트에 기록된 자료를 카드에 옮겨 적는다. 이 때 조사 노트에 있는 정보 가운데 유익한 것은 가능한 한 충실히 옮기도록 하여야 한다. 방언의 자료 정리가 끝나면, 방언 자료집(方言資料集)이나 언어 지도(言語地圖)를 간행한다. 자료집에는 ㉠ 조사된 항목의 표준어형을 가나다순으로 배열하고 거기에 해당하는 방언형을 기입하여 놓거나, ㉡ 방언형을 가나다순으로 배열하고 그 뜻을 적어 놓거나, ㉢ 조사 항목 하나하나에 조사 지점을 고유 번호

순으로 배열하고 그 지점의 해당 방언형을 기입하여 넣은 것 등이 있다. 한국정신문화연구원의 '한국 방언 자료집'은 ㉠에 속하고, 김이협(金履狹)의 '평북 방언 사전'은 ㉡에 속한다. 그리고 영국의 방언 자료집인 'Survey of English Dialects, The Basic Material'은 ㉢에 속한다.

## 8.4 언어 지도

### 8.4.1 언어 지도의 정의

언어 지도란 언어의 발음, 음운, 어휘, 문법 등의 현상이 각 지점에서 어떤 방언형으로 나타나는지를 보여 주는 지도이다. 즉 이것은 여러 방언형의 지리적 분포를 보여 주는 지도이다.

낱장으로 이루어진 언어 지도를 묶은 책을 언어 지도첩(言語地圖帖, linguistic atlas)이라고 한다.

대한민국에는 도(道)나 군(郡)을 대상으로 한 언어 지도와 더불어, 전국을 대상으로 한 언어 지도가 있다.

### 8.4.2 언어 지도의 종류

언어 지도는 방언 자료를 기입하여 넣는 방식에 따라 진열 지도(陳列地圖, display maps)와 해석 지도(解釋地圖, interpretive maps)의 두 가지로 나뉜다.

#### 8.4.2.1 진열 지도

진열 지도는 각 지점에 해당 방언형을 변별적인 기호—음성 기호(音聲記號)나 도안적(圖案的)인 기호—로 나타내어 만든 지도이다.

질리에롱(Gilliéron)의 'Atlas Linguistique de la France(프랑스 언어 지도)', 쿠라스(Kurath)의 'Linguistic Atlas of New England(뉴잉글랜드 언어 지도)', 콜브(Kolb)의 'Phonological Atlas of the Northern Region(북부 지역의 음운론적 지도)' 등이 진열 지도에 속한다.

진열 지도는 어떤 변별 기호로 제작된 것이냐에 따라 음성 기호 지도(音聲記號地圖), 도안형 지도(圖案形地圖), 천연색 지도(天然色地圖), 분포도(分布圖) 등으로 나뉜다.

**음성 기호 지도(音聲記號地圖)** 음성 기호 지도란 각 지점에 해당 방언형(方言形)을 음성 기호로 기입하여 넣어 만든 진열 지도의 일종이다(그림 8–1 참조). 이것은 어느 지점의 방언형이 무엇인지를 알려면 지도를 보아 이내 알 수 있는 장점이 있지만, 방언 분포를 한 번 보고서 환히 알 수 없는 단점을 지니고 있다. 질리에롱의 'Atlas Linguistique de la France(프랑스 언어 지도)'가 음성 기호 지도의 보기에 속한다.

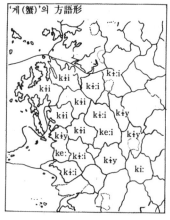

[그림 8–1] 충청남도 언어 지도

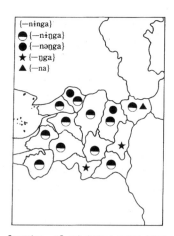

[그림 8–2] 전라북도 언어 지도

[그림 8-3] 미국 동부 지역 언어 지도(Kurath, 1949)

**도안형 지도**(圖案形地圖)  도안형 지도는 각 지점의 방언형을 별 모양, 삼각형, 사각형, 동그라미, 화살표 등의 도안 기호로 바꾸어 기입하여 넣어 만든 진열 지도의 일종이다. 처음에는 도안 기호를 방언형을 나타내는 데 임의적으로 사용하였는데, 오늘날에는 언어적으로 서로 비슷하고 관련이 깊은 방언형들은 서로 유사한 도안 기호로 나타낸다(그림 8-2 참조). 방언형에 따라 다른 도안 기호를 사용하는 것 외에 도안 기호의 크기를 달리하여 방언형을 표시하기도 한다(그림 8-3 참조).

**천연색 지도**(天然色地圖)  천연색 지도는 각 지점의 해당 방언형을 천연색으로 나타내는 진열 지도의 일종이다. 1966년부터 1974년까지 일본의 국립국어연구소에서 발간한 '일본 언어 지도'와 1993년 대한민국의 학술원에서 간행한 '한국 언어 지도집'이 천연색 지도에 해당한다.

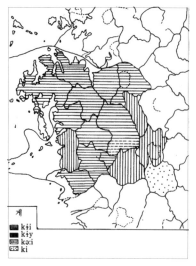

[그림 8-4] 충청남도 언어 지도

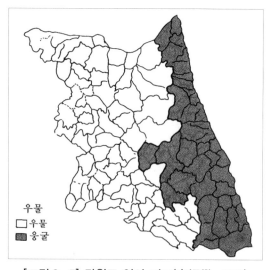

[그림 8-5] 강원도 언어 지도(李翊燮, 1981)

**분포도(分布圖)** 분포도는 일정한 방언형이 쓰이는 지역 전부를 수직선, 횡선, 사선(斜線) 등으로 그어 방언 분포 상태를 보이는 진열 지도의 일종이다(그림 8-4, 8-5 참조). 이것은 방언형의 분포 상태를 한꺼번에 환히 알아볼 수 있는 장점이 있다. 그러나 덜 중요한 방언형을 무시하고, 일정한 지점의 해당 방언형을 분명히 알기 어려운 단점이 있다.

## 8.4.2.2 해석 지도

해석 지도(解釋地圖)는 일정한 방언형이 쓰이는 지역에 수직선, 사선, 횡선 등의 선을 긋거나, 음성 기호를 써 넣어 방언 구획을 보이는 지도이다. 이것은 지역 간에 우세한 방언 변종의 분포를 보여 줌으로써 더욱 일반적인 설명을 하려는 언어 지도이다. 이것을 작성할 때 드물게 나타나는 변종은 무시하여 버린다. 해석 지도는 해석의 정도에 따라 단순한 해석 지도와 복잡한 해석 지도로 나뉜다. 또한 단순한 해석 지도는 구획 지도(區劃地圖)와 혼합형 지도(混合形地圖)로 나누어진다.

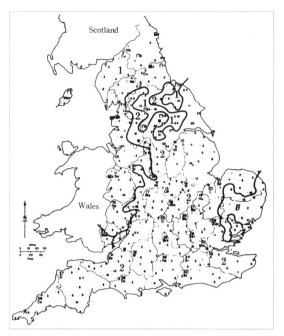

[그림 8-6] 영국 언어 지도(Orton and Wright, 1974)

**구획 지도(區劃地圖)**　구획 지도는 방언 변종이 두서너 가지밖에 없을 때 경계선을 찾아서 구획을 짓는, 단순한 해석 지도의 일종이다(그림 8-5 참조). 이 구획 지도는 동일한 변종을 사용하는 지점들 사이에 있는 미조사 지점(未調査地點)도 동일한 변종을 사용할 것이라는 해석을 전제로 제작된다.

**혼합형 지도(混合形地圖)**　혼합형 지도는 전체적으로 방언 구획을 한 뒤에 상대 지역의 방언형도 기입하는, 단순한 해석 지도의 일종이다.

**복잡한 해석 지도(解釋地圖)**　사소한 방언의 차이를 무시하고, 큰 것을 가지고 더욱 광대한 방언권으로 구획하는 언어 지도이다(그림 8-6 참조). 이것은 여러 방언 차이를 종합하여 단순화한 것으로서 방언 구획을 짓는 지도이다.
　대부분의 언어학적 목적을 위해서 언어 지도가 전적으로 충분한 것은 아니다.

진열 지도(陳列地圖)는 너무 많은 정보를 나타내고, 해석 지도(解釋地圖)는 너무 적은 정보를 나타낸다. 진열 지도와 해석 지도는 방언 연구에 지대한 기여를 하므로 비용이 많이 들더라도 두 지도를 모두 간행하여야 한다.

## 8.5 등어선과 방언 구획

### 8.5.1 등어선

#### 8.5.1.1 등어선의 개념

등어선(等語線, isogloss)이란 어떤 언어 특징이 차이를 일으키는 두 지역을 가르는 분계선(分界線)이다. 이 용어는 1892년 라트비아(Latvian)의 방언학자인 빌렌슈타인(Bielenstein)이 '등온선(等溫線, isotherm)'이라고 하는 단어의 형성 구조를 본떠서 만든 것이다.

전통방언학(傳統方言學)이나 방언지리학(方言地理學)의 주요 관심사는 어떤 언어 특질이 서로 다른 두 지역의 경계를 나타내는 등어선을 찾아내는 것이다. 하나의 등어선은 오직 단일한 언어적 특질의 경계만을 나타낸다.

#### 8.5.1.2 등어선의 종류

등어선은 그 수에 따라 단선 등어선(單線等語線)과 복선 등어선(複線等語線)으로, 그 모양에 따라 부채형 등어선·교차형 등어선·특이한 등어선 등으로 나뉜다.

**단선 등어선(單線等語線)** 단선 등어선은 두 가지 변종이 나타나는 두 지역 사이를 통과하는 하나의 등어선이다(그림 8-8 참조). 이것은 두 조사 지점 사이의 임의의 지점이나 조사된 적이 없는 지점을 통과한다. 단선 등어선은 복선 등어선보다 더 간명하여 더 널리 사용된다. 다음 [그림 8-7]의 선 A는 특성 △이 발견되는 지역과 그 대립 짝인 특성 ○이 발견되는 지역을 분리시킨다. 선 A가 단선 등어선이다.

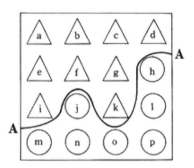

[그림 8-7] 단선 등어선(Chambers and Trudgil, 1980 : 104)

**복선 등어선**(複線等語線) 복선 등어선은 서로 마주하고 있는 두 지점이 대립적인 변종을 사용하고 있을 경우, 동일한 변종을 사용하는 지점을 이은 두 개의 등어선이다(그림 8-8 참조). 이것은 조사 지점 위를 통과한다. 복선 등어선은 단선등어선보다 더 정밀하다. 다음의 [그림 8-8]에서 B와 C 두 선은 특성 △과 ○이 발견되는 지역을 분리시킨다. 선 B는 △ 특성을 가진 화자를 연결하고, 선 C는 ○특성을 가진 화자를 연결한다. B와 C 두 개의 선은 복선 등어선이다.

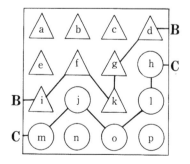

[그림 8-8] 복선 등어선(Chambers and Trudgil, 1980 : 104)

**부채형 등어선** 부채형 등어선은 부채의 살과 같이 생긴 등어선이다.(그림 8-10
참조). 다음의 [그림 8-9]에서 저지 독일어권(低地獨逸語圈)과 고지 독일어권(高地
獨逸語圈)을 분리시키고 있는 특성들이 그 연장선의 대부분에 있어서 거의 일치하
는 등어선을 형성한다. 그러나 이 등어선들이 라인 계곡에서는 분기된다. 이 극단
적인 분기를 '라인강의 부채(Rhenish Fan)'라고 한다. 부채 지역과 다른 지역 간의
근본적인 차이는 등어선이 부채 지역에서 더 넓게 분기된다는 것이다.

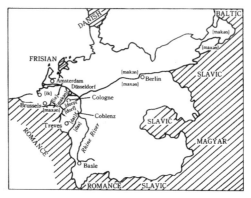

[그림 8-9] 부채형 등어선(Chambers and Trudgil, 1980 : 106)

**교차형 등어선**(交叉形等語線) 교차형 등어선은 가로와 세로로 엇갈린 등어선이다(그림
8-10 참조). 이 유형은 오랜 정착의 역사를 지닌 지역에서 찾아볼 수 있는, 전형적인
것으로 인식되고 있다. 등어선의 엉킴은 최초의 거주지나 고향에 가까워질수록
언어적 다양성이 증가한다는 사피어(Sapir)의 원리를 입증하는 것이다. 다음의
[그림 8-10]의 버버샤임 (Bubsheim), 뎅킨겐(Denkingen), 뵈팅겐(Böttingen)은 독
일의 지명으로, 이 마을들은 서로 인접하여 있고, 몇 킬로미터밖에 안 떨어져
있는 마을들이다. A 등어선의 북부에서는 'end'가 [ɛːnt]로, 남부에서는 [aynt]로
실현된다. B 등어선의 북부에서는 'bean'이 [bawn]으로, 남부에서는 [bɔːn]으로
실현된다. C 등어선의 서부에서는 'colour'가 [faːrb]로, 동에서는 [farb]로 실현된
다. D 등어선의 서부에서는 'old'가 [aːlt]로, 동부에서는 [alt]로 실현된다. E 등어선

의 서부에서는 'to mow'가 [mɛ:yə]로, 동부에서는 [mayə]로 실현된다.

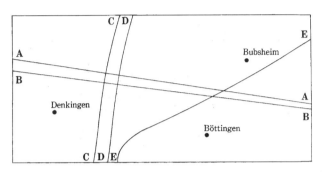

[그림 8-10] 교차형 등어선(Chamber and Trudgill, 1980 : 108)

**특이한 등어선**　앞에서 살펴본 부채형 등어선이나 교차형 등어선과 달리 서로 연결되어 있지 않으면서 조사 지역을 한 지역 이상으로 구분시키는 등어선이 있다. 한 언어 특성이 둘 이상의 일부 지역에 존재하지만, 일부 지역에서는 다르거나 반대되는 특성이 나타나서 이러한 등어선이 형성된다. 다음의 [그림 8-11]이 그 보기에 속한다. 이 지도에서 검은 점이 찍혀 있는 곳은 모음 뒤에 오는 r가 발음되는 지역이고, 그 나머지 지역은 r가 발음되지 않는 곳이다.

[그림 8-11] 영국의 언어 지도
(Chamber and Trudgill, 1980 : 110)

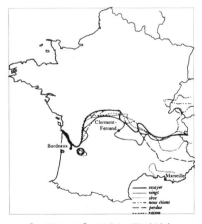

[그림 8-12] 프랑스 등어선속
(Chamber and Trudgill, 1980 : 111)

## 8.5.2 등어선속

등어선속(等語線束, bundles of isogloss)이란 등어선의 다발을 뜻한다. 이것은 등어선들의 동소공재(同所共在), 즉 일련의 등어선들이 같은 곳에 공존하는 것으로서, 방언 구획을 할 적에 중요한 기능을 한다. 질리에롱의 프랑스 방언 자료에서 추출된 9개의 등어선속 중에서, 함께 등어선속을 형성하는 일련의 등어선들과 그것들이 차지하고 있는 전체 지역에서의 긴밀성이라는 두 가지 면에서, 하나의 등어선속은 특별한 우세를 보인다. 이 등어선속은 앞의 [그림 8-12]에서 보는 바와 같이 프랑스를 가로질러 동서로 뻗어 있다. 이것은 프랑스 언어를 남부 방언과 북부 방언으로 구분을 짓는 기능을 한다.

## 8.5.3 등어선의 등급화

등어선속(等語線束)을 형성하는 등어선들은 지역 간의 방언 차이를 나타낼 때 동일한 가치를 지니지 않는다. 방언 구획을 할 때 통사적 등어선(統辭等語線)은 어휘적 등어선(語彙等語線)에 비하여 더 중요한 기능을 한다. 이러한 등어선들을 일정한 척도에 따라 등급을 매기는 것을 등어선의 등급화(等級化)라고 한다. 이것에는 해당 등어선이 언어 구조의 여러 층위—발음, 음성, 음소, 형태, 어휘, 통사, 의미—중에서 어느 것에 관련되는 것이냐에 따라 등급을 매기는 것이 있고, 어휘 등어선을 방언형들의 분포 등급을 매기는 것이 있다.

### 8.5.3.1 언어 구조상의 등급화

언어 구조상의 등급화란 해당 등어선이 언어 구조의 여러 층위 중에서 어느 것에 관련되는 것이냐에 따라 각 등어선을 어휘적 등어선(語彙的等語線, lexical isogloss), 발음 등어선(發音等語線, pronunciation isogloss), 음성적 등어선(音聲的 等語線, phonetic isogloss), 음소적 등어선(音素的等語線, phonemic isogloss), 형태적 등어선(形態的等語線, morphological isogloss), 통사적 등어선(統辭的等語線, syntactic isogloss), 의미적 등어선(意味的等語線, semantic isogloss) 등으로 범주화하고, 언어 구조상 표층적인 것에는 낮은 점수를 주고 심층적인 것에는 높은 점수를 주는 것이다.

어휘적 등어선에는 1점, 발음 등어선에는 2점, 음성적 등어선에는 3점, 음소적 등어선에는 4점, 형태적 등어선에는 5점, 통사적 등어선에는 6점, 의미적 등어선에는 7점을 준다.

5개의 어휘적 등어선들로 이루어진 등어선속은 5점(1×5=5)이며, 또 2개의 통사적 등어선으로 이루어진 등어선속은 12점(6×2=12)이다. 따라서, 방언 구획을 할 때에는 통사적 등어선으로 이루어진 등어선속이 어휘적 등어선으로 이루어진 등어선속보다 더 중요한 기능을 하게 되는 것이다.

**어휘적 등어선(語彙的等語線)**   어원(語源)을 달리하는 단어들을 구분하는 등어선이다. 일부 지역에서는 '처마'라고 하는데, 일부 지역에서는 '강령'이라고 할 경우 이와 같은 차이를 보이는 등어선을 어휘적 등어선이라고 한다. 이것은 같은 사물이나 행동을 나타내는 데 서로 다른 화자들이 사용하는 어휘의 대립을 기술하여 준다.

**발음 등어선(發音等語線)**   단어 내에서의 음소의 차이를 보이는 등어선이다. 즉 이것은 '길'과 '질', '형'과 '성' 등과 같은 음소적 차이를 나타내는 등어선이다. 어휘 차이가 발음 차이보다 화자에 의해 의식적으로 조절되거나 변화되기가 훨씬 쉽기 때문에 어휘 차이를 발음 차이보다 더 비중이 작은 것으로 등급화를 하는 것이다.

**음성적 등어선(音聲的等語線)**   음성의 차이를 보이는 등어선이다. 이것은 어떤 지역이 다른 지역에 비하여 더 일반적이거나 부가적인 음운 규칙을 가지고 있어서 두 지역 간에 음성적 도출형의 차이를 보이는 등어선이다. 예를 들면 음소 층위에서는 다 같이 'ㅈ, ㅊ'이지만, 서북 방언과 육진 방언에서는 이 음소들이 [ts], [tsʰ]와 같은 치음(齒音)으로 실현되는데, 그 밖의 지역 방언에서는 [tʃ], [tʃʰ]와 같은 경구개음으로 실현되는 차이를 보이는 등어선이 음성적 등어선이다.

**음소적 등어선(音素的等語線)**　음소 목록이 다른 두 지역을 구분하는 등어선이다. 동남 방언, 서남 방언의 남부 지역, 육진 방언에는 /ㅔ/와 /ㅐ/의 대립이 없다. 그리고 단모음 /ㅡ/가 동남 방언에는 없는데, 그 밖의 지역 방언에는 존재한다. 단모음 /ㅟ/가 동남 방언과 서북·동북방언에는 없는데, 그 밖의 지역 방언에는 있다. 단모음 /ㅚ/는 경기·충청·강원 방언, 황해도의 남부 지역 방언, 일부 서남 방언 등에는 있으나, 그 밖의 지역 방언에는 없다. 이와 같이 지역들 간에 음소 목록상의 차이를 보이는 등어선을 음소적 등어선이라고 한다.

**형태적 등어선(形態的等語線)**　단어의 활용과 파생상의 차이를 보이는 등어선이다. '닫다'의 피동형이 남한어에서는 '닫히다'로 실현되고, 북한어에서는 '닫기다'로 실현된다. '닫히다'와 '닫기다'는 '닫다'에서 각각 달리 파생된 것이다. '해체'의 명령형 종결 어미 '-아/-어'가 전라북도의 고창과 임실에서는 '-ㅇ거'로, 순창에서는 '-ㅇ제'로 실현되는데, 그 밖의 지역에서는 '-아/-어'로 실현된다. 이와 같은 파생과 활용의 차이를 나타내는 등어선을 형태적 등어선이라고 한다.

**통사적 등어선(統辭的等語線)**　문장 구조상의 차이를 보이는 등어선이다. 동북 방언과 육진 방언에서는 부정소 '안'과 '못'이 서술어로 기능을 하는 복합 용언 사이에 와서 단형 부정문이 형성되는데, 그 밖의 지역 방언에서는 '안'과 '못'이 서술어 바로 앞에 놓여 단형 부정문이 이루어진다. 동북 방언의 부정소로는 '아이', '애이', '안', '못' 등이 있다.

(13) ㄱ. 나지오 소리 커 안 지구 해서리 바깟수다(라디오 소리가 안 커서 바꾸었
　　　　습니다.).
　　ㄴ. 우리사 그렁거 먹어 못 밧슴메(우리야 그런 것 못 먹어 보았습니다.).
　　ㄷ. 처막 엔서르 하이까데 부끄럽어서 말이 잘 나앵이갑네(처음에 연설을
　　　　하니까 부끄러워서 말이 잘 안 나갑니다.).
　　ㄹ. 산이 높아 술기느 넘어 못 가오(산이 높아서 수레는 못 넘어가오.).
　　ㅁ. 모다기가 빠앤지오(못이 안 빠지오.).
　　ㅂ. 그 앞으느 나 아이 갓슴네(그 앞은 나가지 않았어요.).

앞의 예문 (13)과 같이 문장 구조상의 차이를 나타내는 등어선을 통사적 등어선
이라고 한다. 이것은 좀처럼 찾아보기 어려운 등어선이다. 형태적 등어선과 통사적
등어선을 묶어서 문법적 등어선(文法的等語線, grammatical isogloss)이라고 한다.

**의미적 등어선(意味的等語線)**　단어의 형태는 같으나 그 의미가 다름을 보이는 등어
선이다. '소행(所行)'을 남한에서는 '이미 하여 놓은 나쁜 짓'이라는 의미를 나타내
는데, 북한에서는 '하여 놓은 좋은 일이나 행동'이라는 의미를 나타낸다. 이러한
단어의 의미 차이를 가르는 등어선을 의미적 등어선이라고 한다. 이것을 어휘적
등어선에 포함시켜 논의하기도 한다.

## 8.5.3.2 분포 유형상의 등급

방언 경계에서 어휘 항목의 분포에 기초를 두어 등급화하는 것을 분포 유형상의
등급화라고 한다. 즉 이것은 어휘적 등어선을 방언형의 분포 양상에 따라 등급을
매기는 것이다. 한쪽 지역에서만 나타나는 어휘 항목이 양쪽 지역에서 같이 나타
나는 항목보다 더 강력한 방언의 지표(指標)가 된다.

**제1 유형 등어선**　제1 유형 등어선은 양쪽이 상보적 분포(相補的分布)를 이루는

등어선이다. 이것은 경계의 양쪽에서 서로 다른 지역적 어휘를 가지고 있거나, 양쪽 지역 중 한쪽에 표준어가 존재하거나, 한쪽 지역에는 표준어와 변종이 함께 존재하고 있어서 상보적 분포를 이룸을 나타내는 등어선이다. 방언 구획을 할 적에 강한 분리자(indicator)의 기능을 한다.

**제2 유형 등어선**  제2 유형 등어선은 경계의 양쪽 지역에서 같이 사용되는 것이 있으며 한쪽 지역에서는 다른 쪽에서 전혀 사용되지 않는 약간의 어휘 항목이 쓰임을 나타내는 등어선이다. 한쪽 지역에서는 '토방'만이 사용되는데, 다른 지역에서는 '토방'과 '심방'이 함께 쓰일 경우, 이와 같은 차이를 나타내는 등어선이 이 유형에 속한다.

**제3 유형 등어선**  제3 유형 등어선은 양쪽에서 서로 다른 어휘 항목이 적어도 한 개가 있을 뿐만 아니라 같은 어휘 항목이 적어도 한 개 이상이 있음을 나타내는 등어선이다. 한쪽 지역에서는 '어머니'와 '어무이'가 공존하는데, 다른 쪽에서는 '어머니'와 '엄니'가 공존할 경우 이 등어선으로 두 지역을 구분한다.

**제4 유형 등어선**  제4 유형 등어선은 한쪽 지역에 있는 어휘 항목과 대응하는 것이 다른 쪽에 없음을 나타내는 등어선이다. 남한에서는 디스카운트라는 단어가 사용되는데, 북한에서는 이러한 단어가 사용되지 않는다. 이와 반대로 북한에서는 '밥공장'이라는 단어가 쓰이는데, 남한에서는 이러한 단어가 사용되지 않는다. 이러한 어휘의 차이를 보이는 등어선이 제4 유형 등어선이다.

제1 유형 등어선과 제3 유형 등어선은 적어도 2개의 복선 등어선(複線等語線)이 필요하다는 점에서 유사한 것이지만, 제2 유형 등어선과 제4 유형 등어선은 1개의 복선 등어선만을 가질 수 있다는 점에서 유사한 것이다. 제1 유형 등어선과 제4 유형 등어선은 분화된 어휘 항목만을 포함하고 있기 때문에 분화되지 않은 어휘 항목을 포함하고 있는 제2 유형 등어선과 제3 유형 등어선보다 더 강한 분리자가 된다. 즉 방언 구획에서 제1 유형 등어선과 제4 유형 등어선이 제2 유형 등어선과 제3 유형등어선보다 더 중요한 기능을 한다.

### 8.5.4 방언 구획

#### 8.5.4.1 방언 구획의 개념

방언 구획(方言區劃)이란 어떤 지역을 방언의 발음, 음성, 음소, 어서, 문법, 의미, 화용(話用) 등의 차이에 따라 몇 개의 방언권(方言圈)으로 정하는 것이다. 방언권은 방언 구획으로 나눈 각 영역을 일컫는 용어이며, 방언 경계(方言境界)는 방언권들 사이의 경계를 뜻하는 용어이다.

#### 8.5.4.2 방언 구획의 방법

방언 구획의 방법에는 등어선의 두께로 하는 방법과 등어선을 등급화해서 하는 방법이 있다.

등어선의 두께로 하는 방법은 음소적 등어선, 어휘적 등어선, 문법적 등어선 등에 차등을 두지 않고 등어선이 가장 많이 지나가는 곳을 방언 경계로 삼는 방법이다. 예를 들면 어떤 지역에 10개의 등어선으로 이루어진 등어선속(等語線束), 20개의 등어선으로 이루어진 등어선속, 30개의 등어선으로 형성된 등어선속이 있다면, 그 중에서 30개의 등어선으로 이루어진 등어선속에 따라 방언권을 나누는 것이다.

등어선을 등급화해서 방언을 구획하는 방법은 음소적 등어선, 어휘적 등어선, 문법적 등어선 등에 차등을 두어 각 등어선에 값을 매겨 가장 점수가 많은 등어선속으로 방언권을 나누는 것이다. 1점짜리인 어휘적 등어선 10개와 4점짜리인 음소적 등어선 5개로 이루어진 등어선속보다 5점짜리인 형태적 등어선 2개와 6점짜

리 통사적 등어선 5개로 이루어진 등어선속의 총점이 더 많기 때문에 두 등어선속
중에서 후자에 따라 방언 구획을 하는 것이다.

### 8.5.4.3 방언 구획의 실제

한반도(韓半島)의 방언 구획은 오쿠라 신페이(小倉進平, 1944) 이후 오늘날에 이
르기까지 주로 행정 구역에 따라 행하여져 왔다. 그리하여 한반도를 2 또는 10개
의 방언권으로 크게 나눈 것이다. 그런데 1980년대 이후에는 그 중 한 방언권을
방언적인 특성에 따라 여러 개의 방언권으로 다시 세분하는 경향이 농후하다.
이익섭(1981)에서는 강원도 방언권을 영동 방언권(嶺東方言圈)과 영서 방언권(嶺西
方言圈)으로 나눈 뒤에 다시 영동 방언권을 북단 영동 방언권건(北端嶺東方言圈) ·
강릉 방언권(江陵方言圈) · 삼척 방언권(三陟方言圈) · 서남 영동 방언권(西南嶺東方
言圈) 등 네 개의 방언권으로 세분하고 있다. 이기갑(1986)에서는 전남 방언권을
모음 체계의 차이에 따라 중 · 서부 전남 방언권과 동부 전남 방언권으로 양분하고
있다. 중 · 서부 전남 방언권에서는 e와 ε가 E로 합류하였으나 동부 전남 방언권에
서는 e와 ε가 E로 합류하지 않고 각각 독립된 음소로 기능을 한다. 오쿠라 신페이
(小倉進平, 1944), 가와노 로쿠로(河野六郎, 1945), 최학근(崔鶴根, 1956), 김병제
(1959), 김형규(金亨奎, 1962), 한영순(1967), 김영황(1982) 등에서 방언 구획을 한
것은 다음과 같다.

   (ㄱ) 오쿠라 신페이(1944) : 경상도 방언, 전라도 방언, 함경도 방언, 평안도
       방언, 경기도 방언, 제주도 방언

   (ㄴ) 가와노 로쿠로(1945) : 중선 방언(中鮮方言), 서선 방언(西鮮方言 ; 평안도
       방언), 북선 방언(北鮮方言 ; 함경도 방언), 남선 방언(南鮮方言 ; 경상도 방언과
       전라도 방언), 제주 방언(濟州方言)

   (ㄷ) 최학근(1956) : 고려어계－경기도 방언, 강원도 방언, 황해도 방언, 충청도

방언, 평안도 방언

신라어계-경상도 방언, 전라도 방언, 함경도 방언

원시 한국어계-제주도 방언

(ㄹ) 최학근(1971) : 북부 방언군-경기도 방언, 강원도 방언, 황해도방언, 충청
도 북부 방언, 평안도 방언

남부 방언군-경상도 방언, 전라도 방언, 함경도 방언, 충청도 남부 방언,
제주도 방언

(ㅁ) 김병제(1959) : 중부 방언(경기도, 강원도, 충청도 등지의 방언), 동북 방언(함경
도 방언), 서북 방언(평안도, 황해도 등지의 방언), 동남 방언(경상도 방언),
서남 방언(전라도 방언), 제주도 방언

(ㅂ) 김형규(1962) : 함경도 방언, 평안도 방언, 중부 방언, 충청도 방언, 경상도
방언, 전라도 방언, 제주도 방언

(ㅅ) 한영순(1967) : 평안도 사투리, 황해도 사투리, 중부 조선 사투리, 전라도
사투리, 제주도 사투리, 경상도 사투리, 함경도 사투리, 륙진 사투리

(ㅇ) 김영황(1982) : 서북 방언(평안도, 자강도 등지의 방언), 동북 방언(함경도,
량강도 등지의 방언), 륙진 방언, 중부 방언(경기도, 강원도, 황해도, 충청도
등지의 방언), 서남 방언(전라도 방언), 동남 방언(경상도 방언), 제주 방언

앞의 여러 방언 구획을 살펴보면 최학근(1956)을 제외한 나머지는 대동소이함
을 알 수 있다. 최학근(1956)에서는 방언권을 원시 한국어계, 고려어계, 신라어계
로 삼분한 뒤에 고려어계는 경기도 방언, 강원도 방언, 황해도 방언, 충청도 방언,
평안도 방언 등 5개의 방언권으로, 신라어계는 경상도 방언, 전라도 방언, 함경도
방언 등 3개의 방언권으로 세분하고 있으며, 원시 한국어계로 제주도 방언을 들고
있다. 그런데 최학근(1971)에서는 한반도의 방언권을 북부 방언권과 남부 방언권
으로 크게 두 방언권으로 나누고 이것들을 각각 5개의 방언권으로 세분한 점과

충청도 방언을 남부와 북부 방언권으로 나눈 점이 특이하다. 그리고 한영순(1967)과 김영황(1982)에서는 '육진 방언'을 동북 방언과 구별하여 별개의 방언권으로 설정한 것도 주목할 만한 사실이다.

남한과 북한이 분단된 이후 오늘날에 이르기까지 서로 다른 정치 체제·경제 제도·문화 속에서 양 국민이 자유로운 왕래와 접촉이 금지된 채 현시점에 이르렀기 때문에 오늘날 남한과 북한의 언어는 음운·어휘·문법·의미·화용 등 여러 부문에 걸쳐 상이점을 지니게 되었다. 따라서 현시점에 한반도(韓半島)를 크게 둘로 방언 구획을 한다면, 남한 방언권과 북한 방언권으로 양분되고, 또다시 서부 방언권과 동부 방언권으로 나뉠 것이다.

기존 방언 구획은 행정 구역에 따라 편의상 한 것이기 때문에 일반 언중이 공감하지 못하는 것이다. 아직 한반도 전역을 대상으로 한 등어선의 등급화가 이루어져 있지 않은 실정이다. 소방언권별로 등어선의 등급화를 정밀히 한 뒤에 이것들을 종합하면, 일반 언중의 의식과 일치하는 방언 구획이 될 것이다.


## 8.6 한국어 방언의 특성

### 8.6.1 한국어 지역 방언의 특성

앞에서 살펴본 바와 같이 한반도의 방언 구획은 주로 행정 구역에 따라 행하여지고 있다. 등어선의 등급화에 따른 방언 구획은 후일로 미루고 이 글에서도 편의상 한반도의 방언권을 주로 행정 구역에 따라 서울 방언, 경기도 방언, 충청도 방언, 강원도 방언, 전라도 방언, 경상도 방언, 제주도 방언, 평안도 방언, 황해도 방언, 함경도 방언 등으로 나누고, 여기에 함경도 방언과 상이점이 많은 육진 방언을 하나 더 설정하여 각 방언의 음운적, 어휘적, 문법적 특성에 대하여 간단히 살펴보고자 한다.

## 8.6.1.1 서울 방언

서울 방언은 한반도의 여러 방언 중에서 경기도 방언과 공통점이 가장 많은 방언이기 때문에 따로 독립된 방언권으로 설정하지 않고 경기도 방언권에 포함시켜 기술하는 경향이 농후하다. 이로 말미암아 표준어의 근간을 이루는 서울 방언에 대한 정밀하고 심층적인 연구가 이루어져 있지 않은 실정이다. 서울 방언은 경기도 방언과 같은 점도 있으나 다른 점도 있다. 그 특성을 적어 보면 다음과 같다.

(ㄱ) 모음 체계는 'ㅣ, ㅔ, ㅐ, ㅟ, ㅚ, ㅡ, ㅓ, ㅏ, ㅜ, ㅗ' 등 10개의 모음으로 이루어져 있다. 그런데 오늘날 30대 이하 젊은 세대는 'ㅔ'와 'ㅐ'를 [E]로 발음하는 경향이 농후하다.

(ㄴ) 성조(聲調)는 없으나, 음장(音長)은 있다.

(ㄷ) 음성 모음화 현상이 있다. '가도'를 [가두]로, '들어도'를 [드러두]로 발음한다.

(ㄹ) 유성음 사이에 있는 [ㄱ], [ㅂ], [ㅅ] 등이 약화, 탈락하였다.

(ㅁ) 구개음화 현상과 두음 법칙이 있다. 그리고 어두 자음의 경음화 현상이 있다.

(ㅂ) 자음으로 끝난 어간 말음에 어미 '-고'나 '-다'가 오면 그 사이에 조음소 '으'를 개입시켜 발음한다. '같다'를 [가트다]로, '같고'를 [가트고]로 발음하는 것이 그 보기에 해당한다.

(ㅅ) 청자 경어법의 구형 체계인 '해라체, 하게체, 하오체, 하십시오체[7]' 등과 신형 체계인 '해체, 해요체, 하세요체[8]' 등의 화계가 실현된다. 노인들 중에는 구형 체계에 따라 청자 경어법을 구사하는 사람이 있는데, 청소년 중에는 주로 신형 체계에 따라 청자 경어법을 구사한다. 그런데 노인과

---

7) 어떤 이는 '하십시오체'를 '합쇼체'라고 일컫기도 한다.

8) '하세요체'를 화계로 인정하지 않는 이도 있다.

청소년 중에는 상황과 대상에 따라 구형 체계와 신형 체계를 섞어 사용하는
이도 있다.

(ㅇ) 단형 부정법과 장형 부정법이 공존한다. '안 간다, 가지 않는다, 못 논다,
놀지 못한다' 등이 모두 쓰인다.

(ㅈ) 평서형 종결 어미 '-소/-오' 대신에 '-수/-우'가 쓰인다.

(ㅊ) 극존칭 종결 어미로 '-ㅂ쇼, -ㅂ죠' 등이 쓰인다.

(ㅋ) 어간과 종결 어미, 선어말 어미와 어말 어미 사이에 /ㅔ/를 첨가하여 발음하
는 경향이 있다. '아니오'를 [아니에요]로 '하시오'를 [하세요]로 발음하는
것이 그 보기에 해당한다.

(ㅌ) 특수한 어휘로 '움물(우물), 꽁(살아 있는 꿩), 생치(죽은 꿩), 뺌(뺨), 네(예)'
등이 있다.

## 8.6.1.2 경기도 방언

경기도 방언의 여러 현상 가운데는 경기도와 인접하고 있는 충청도, 강원도,
황해도 방언의 영향을 받아 이러한 인접 지역 방언과 공통된 것도 많다. 경기도
방언의 특성은 다음과 같다.

(ㄱ) 10개의 단모음 목록을 가지고 있다. 즉 모음 체계는 'ㅣ, ㅔ, ㅐ, ㅟ, ㅚ,
ㅡ, ㅓ, ㅏ, ㅜ, ㅗ' 등 10개의 모음으로 이루어져 있다.

(ㄴ) 'ㅅ, ㅊ'이 치조음 [tʃ], [tʃʰ]로 실현된다.

(ㄷ) 유성음 사이에 있는 [ㄱ]과 [ㅅ] 음들이 탈락하지 않고 보존되어 있다. '개굴
(개울), 실겅(시렁), 멀구(머루), 뿌레기(뿌리)' 등은 [ㄱ] 음이 유성음 사이에
서 탈락하지 않고 보존되어 있는 보기에 해당한다. [ㅅ] 음이 유성음 사이에
서 보존되어 있는 예로는 '마실(마을), 구수(구유), 모시(모이), 거시(거위),
나생이(냉이)' 등을 들 수 있다. 유성음 사이에 있는 [ㅂ]은 안성과 이천에서

보존되고 있으나 경기도의 나머지 지역들에서는 탈락되었다. 안성과 이천 에는 '새뱅이(새우)'가 남아 있다.

(ㄹ) 성조(聲調)는 없는데, 음장(音長)은 있다.

(ㅁ) 두음 법칙(頭音法則)이 있다. 두음(頭音)에 'ㄴ'이나 'ㄹ'이 오는 것을 꺼린다. '녀자'를 '여자'로, '리발소'를 '이발소'로 발음한다.

(ㅂ) 구개음화 현상이 있다. 구개모음 앞에 오는 'ㄷ'이 'ㅈ'으로, 'ㅌ'이 'ㅊ'으로, 'ㄱ'이 'ㅈ'으로, 'ㅋ'이 'ㅊ'으로, 'ㅎ'이 'ㅅ'으로 바뀌어 발음된다. '해돋이 → [해도지], 같이 → [가치], 기름 →[지름], 형→ [성]' 등이 그 보기에 해당 한다. 'ㅎ'의 구개음화 현상은 'ㄱ'과 'ㅋ'의 구개음화 현상보다 더 많은 지역 에서 나타나고 있다. 따라서 'ㅎ'의 구개음화가 'ㄱ'과 'ㅋ'의 구개음화보다 먼저 발생하였다고 볼 수 있다.

(ㅅ) 두음(頭音)의 평음이 된소리로 발음되는 것이 있다. '사립문'을 [싸립문]으로, '고추'를 [꼬추]로, '수세미'를 [쑤세미]로 발음하는 것이 그 보기에 속한다.

(ㅇ) 전설고모음화(前舌高母音化) 현상이 있다. '참외'가 [차미]로, '며느리'가 [메 누리]로, '사슴'이 [사심]으로 발음된다. 그리고 [ㄴ] 음의 첨가 현상이 있 다. '이제'를 [인제]로, '고치다'를 [고친다]로 발음하는 것이 그 보기에 해 당한다. 또한 용언 어간 말음 'ㄹ'이 'ㄹㄹ'로 발음된다. '게으르다'를 [게을 르다]로, '다르다'를 [달르다]로 발음하는 것이 그 보기에 속한다. 그러나 'ㄼ' 받침 뒤에 자음이 연결되면 'ㅂ'이 묵음되고 'ㄹ'만이 발음된다. '넓다' 가 [널따]로, '밟다'가 [발따]로 발음되는 것이 그 예에 해당한다.

(ㅈ) 장음화(長音化) 현상이 있다. '덥다'를 [더웁따]로, '맵다'를 [매웁따]로, '깊 다'를 [기프다]로, '괸다'를 [괴인다]로 발음한다.

(ㅊ) 주격 조사로는 '이/가', 목적격 조사로는 '/ㄹ/을/를', 관형격 조사로는 '의', 조격 조사로는 '(으)로/(으)루', 공동격 조사로는 '와/과'와 '하구' 등이 쓰인다.

(ㅌ) 청자 경어법의 구형 체계인 '해라체, 하게체, 하오체, 해요체, 하십시오체'

등과 신형 체계인 '해체, 해요체, 하세요체' 등의 화계(話階)가 실현된다.

(ㅍ) 단형 부정법과 장형 부정법이 공존한다. '안 먹는다, 먹지 않는다, 못 먹는다, 먹지 못한다' 등이 모두 쓰인다.

(ㅍ) 특수 어휘로는 '하늬바람(북풍, 혹은 서풍), 샛바람(동풍), 밧바람(남풍), 북새(놀), 샘(우물), 허벅다리(넙적다리), 고뿔(감기), 하루거리(학질), 나락(벼), 방아깨비(사마귀), 싸게(빨리), 가찹다(가깝다), 동상(동생), 허챙이(언챙이)' 등이 있다.

### 8.6.1.3 충청도 방언

충청도 방언은 경기도 방언·강원도 방언과 공통점을 많이 지니고 있다. 충청도 방언의 특성은 다음과 같다.

(ㄱ) 모음 체계는, 'ㅣ, ㅔ, ㅐ, ㅟ, ㅚ, ㅡ, ㅓ, ㅏ, ㅜ, ㅗ' 등 10개로 이루어져 있다.

(ㄴ) 'ㅈ, ㅊ'이 치조음 [tʃ], [tʃʰ]로 실현된다. 그리고 성조는 없으나 음장은 있다.

(ㄷ) 유성음 사이에 있는 [ㄱ], [ㅂ], [ㅅ] 음들이 약화 탈락하지 않고 보존되어 있다. 그런데 경상도 방언에 비하여 매우 미약하다. '몰개(모래), 매굴다(맵다), 멀구(머루), 실겅(시렁), 낭구(나무), 뿌러구(뿌리), 벌거지(벌레)' 등은 [ㄱ] 음이 보존되고 있는 보기이다. 이러한 현상은 충청남도에서보다 충청북도에서 더 널리 나타나고 있다. [ㅂ] 음의 보존 현상도 충청남도보다 충청북도에서 더 널리 나타난다. '입수벌(입술), 자부름(졸음), 새뱅이(새우)' 등이 그 보기에 해당한다. '마실(마을), 가실(가을), 아시(아우), 모시(모이), 무수(무), 여수(여우)' 등에서 볼 수 있는 [ㅅ] 음의 보존 현상은 충청북도에서보다 충청남도에서 더 강하게 나타난다.

(ㄹ) 전설고모음화 현상이 있다. '괴기(고기), 퇴끼(토끼), 차미(참외)' 등이 그 보기에 해당한다.

(ㅁ) 구개음화 현상이 있다. 충청북도에서보다 충청남도에서 더 많이 나타난다. '길→[질], 흉년→[숭년], 해돋이→[해도지], 같이→[가치]' 등이 그 보기에 속한다.

(ㅂ) 두음 법칙이 있다. 그리고 두음의 경음화 현상이 있다. '도랑'을 [또랑]으로, '곰보'를 [꼼보]로 발음하는 것이 그 보기에 해당한다. 두음의 경음화 현상은 전라도, 경상도 방언에 비하여 훨씬 미약하게 나타난다.

(ㅅ) 이중 모음화 현상이 있다. '뫼(墓)'를 '모이'로, '회(膾)'를 '호이'로 발음하는 것이 그 예에 속한다.

(ㅇ) 겹받침 'ㄼ' 뒤에 자음이 이어지면 'ㄹ'만이 발음된다.

(ㅈ) 움라우트 현상이 있다. '먹이다→[메기다], 잡히다→[재피다]' 등이 그 보기에 해당한다.

(ㅊ) 주격 조사로는 '이/가', 목적격 조사로는 'ㄹ/을/얼/를, 관형격 조사로는 '의', 여격 조사로는 '에게/게'와 '한티/헌티', 조격 조사로는 '(으)루', 공동격 조사로는 '와/과'와 '하구/허구', 처격 조사로는 '에/이' 등이 쓰인다.

(ㅋ) 추측법 선어말 어미로는 '-겠-, -겄-, -겼-' 등이 쓰이고, 회상법 선어말 어미로는 '-더-'와 '-드-'가 쓰인다. 완료상을 나타내는 선어말 어미로는 '-았-/-었-'이 있다.

(ㅌ) 일부 지역을 제외하고 청자 경어법의 구형 체계인 '해라체, 하게체, 하오체, 하십시오체' 등과 '해체, 해요체, 하세요체' 등의 화계가 실현된다. '하오체'가 쓰이는 지역은 25개 군(郡) 가운데 충청남도의 '예산·연기·보령·서천' 등 4개 군(郡)과 충청북도의 '진천·단양·제원' 등 3개 군에 지나지 않는다.

(ㅍ) 단형 부정법과 장형 부정법이 공존한다.

(ㅎ) '줏다'가 서울말 '줍다'와 대응한다. '사다'와 '팔다'가 서울말과 상대적인

의미를 나타낸다. '사다'가 '값을 받고 물건을 주다'라는 뜻을 나타내고, '팔다'가 '남의 물건을 돈을 주고 제 것으로 만들다'라는 뜻을 나타낸다.

(ㄲ) 특수한 어휘로는 '옥수깽이(옥수수), 새뱅이/나무새뱅이 /새옹개/새옹개/새옹지(새우), 똥아리/또아뱅이/또뱅이(또아리), 자마리/나마리(잠자리), 건거니/겅거니(반찬), 여깽이/야깽이/여수/여시 /야시/야:시/여호(여우)' 등이 있다. '똥아리'는 전라도 방언과 같고 '또뱅이'는 경상도 방언과 같다. '자마리'는 전라도 방언과 같고, '나마리'는 경상북도 방언과 공통된다.

(ㄸ) 현존하는 고어(古語)로는 '누리(우박), 지랑(간장), 부루(상추), 잔납이/잔넵이(원숭이), 도치(도끼), 여수(여우), 하마(벌써), 두텁다(두껍다)' 등이 있다.

### 8.6.1.4 강원도 방언

강원도 방언은 태백 산맥을 중심으로 영동 방언(嶺東方言)과 영서 방언(嶺西方言)으로 양분된다. 영동 방언은 함경도와 경상도 두 방언의 교량 역할을 하고 있으며, 경상도보다 함경도 남부 방언에 더 가까운 것이다(김형규, 1974 : 369).[9] 강원도 방언의 특성은 다음과 같다.

(ㄱ) 단모음 체계는 'ㅣ, ㅔ, ㅐ, ㅟ, ㅚ, ㅡ, ㅓ, ㅏ, ㅜ, ㅗ' 등 10개의 모음으로 이루어져 있다.

(ㄴ) 강릉(명주), 삼척, 영월 방언에 성조가 있다. 강원도의 회양, 이천, 양구, 화천 등지는 무성조와 무음장 지역이다. 기타 지역에는 음장이 존재한다.

(ㄷ) 유성음 사이에 [ㄱ] 음이 보존되는 현상은 경상도와 함경도 다음으로 많이 나타난다. '가랑비'가 '갈강비'로, '개울'이 '개굴'로, '시렁'이 '실겅'으로 '가

---

9) 이익섭(1981)에서는 강원도 방언권을 영동 방언권과 영서 방언권으로 양분한 뒤에 영동 방언권을 다시 북단 영동 방언권(고성, 양양), 강릉 방언권, 삼척 방언권, 서부영동 방언권(평창, 정선, 영월) 등 네 개의 하위 방언권으로 나누고 있다.

루'가 '갈구'로 발음되는 것이 그 보기에 속한다. '입수불(입술), 버버리(벙어리), 또바리(또아리)' 등과 같은 어례들에서 볼 수 있는, [ㅂ] 음의 보존 현상은 드물게 나타난다. 유성음 사이 [ㅅ] 음의 보존 현상도 드물게 나타난다. '가실(가을), 가새(가위), 마실(마을), 아시(여우), 나생이(냉이)' 등이 그 보기에 해당한다.

(ㄹ) 구개음화 현상이 강하게 나타난다. 어두 평음의 경음화 현상도 경상도, 전라도, 함경도, 충청도 방언 다음으로 강하게 나타나고 있다. '또깨비(도깨비), 쏘주(소주), 씨래기(시래기), 뚜꺼비(두꺼비)' 등이 그 예에 해당한다.

(ㅁ) 두음 법칙이 있다.

(ㅂ) 어간 말 겹받침 'ㄺ, ㄿ, ㄼ' 등에 자음이 이어지면 'ㄹ'만이 발음된다. '닭(가을) → [갈], 흙 → [흘], 그릇 → [글]' 등이 그 보기에 속한다.

(ㅅ) 부분적으로 움라우트(ㅣ모음 역행 동화) 현상이 나타난다. '먹이다 → [메기다], 잡히다 → [재피다], 녹이다 → [뇌기다], 신랑이 → [신랭이], 영감이 → [영개미]' 등으로 발음되는 것이 그 보기에 해당한다.

(ㅇ) 모음 조화가 활용상에 강하게 나타나지 않는다. 양성 모음계 어미 '−아서, −아라, −았−' 등을 취하는 일이 드물다.

(ㅈ) 영동 방언권에서 서부 영동 방언권을 제외한 나머지 세 방언권에서는 'ㅅ' 불규칙, '러' 불규칙 용언이 없다. 그런데 '씻다'가 '쎄라, 쎄야지, 씨문' 등과 같이 'ㅅ' 불규칙 활용을 한다. 연결 어미 '−민'이 동시적 상태나 행위를 가리키는 '−면서'의 뜻을 나타내는 '며'에 대당하는 어미로 쓰인다. 연결 어미 '−문'이 조건과 가정의 뜻을 나타내는 '−면'에 대당하는 어미로 쓰인다.

(ㅊ) 주격 조사로는 '이/가'가 널리 쓰이지만, 강릉에서는 '가' 대신에 '거'가 사용된다. 또한 "모이 잘 좋거든.(모가 잘 자라거든.)"이라는 예문에서 볼 수 있듯이 모음으로 끝나는 명사 뒤에 주격 조사 '이'가 연결되기도 한다. 주격

조사 '이' 다음에 '가'가 다시 결합되는 주격 조사 중복 현상이 삼척에서
높은 빈도를 나타낸다. 관형격 조사로는 '의'와 '아/어' 등이 쓰인다. 목적
격 조사로는 '을/를', 'ㄹ', '으/르' 등이 쓰인다. 처격 조사로는 '에/애', '애
더/애더거', '에다/에다가' 등이 사용된다.

(ㅋ) 청자 경어법의 구형 체계인 '해라체, 하게체, 하오체, 하십시오체' 등과
신형 체계인 '해체, 해요체, 하세요체' 등의 화계가 실현된다. 영동 방언의
'하오체' 종결 어미로는 '-소/-오'가 쓰인다.

(ㅌ) 단형 부정법과 장형 부정법이 있다.

(ㅍ) 특수 어휘로는 노리(놀), 구세기(구석), 베레기/베루기(벼룩), 들바람(동풍),
버덩(돌), 웅굴(우물), 고뿔(감기), 망(맷돌), 강냉이(옥수수), 멘두(볏), 정낭
(변소), 개구락지(개구리), 건추(시래기), 소쨍이/소꼴기/소디끼/소데끼(누
룽지), 질쨍이/뱀짱우/뺍짱우/빼장우/빼짱구(질경이), 소금쟁이(잠자리),
불기/부루(상추), 돌개바람(회오리바람), 새우(생우), 무둥/동고리(목말), 고
무총/느르배기/빠꾸총(새총), 여깽이/야깽이(여우), 장개장개/징기징기/
송구송구/송고송고/재깡재깡(곤지곤지), 거시/거우/꺼꾸(거위), 호들기/호
데기/회뜨기/주레/줄레(호드기), 호리/혹쟁이/보구래/가데기/후치/훌치
기/연장/보섭/버섭/소부(극젱이), 검불/솔검불/갈비/소갈비/솔깔비/솔까
리(솔가리) 등이 있다. 이것들의 대부분이 영동 방언에 있으며, 함경도 방언
과 공통되는 것이 많다. 고어(古語)로는 '유리/누리(우박), 부에(허파), 정지
(부엌), 지렁(간장), 불기(상추), 하마(벌써)' 등이 있다. 이것들의 대부분도
영동 방언에 있다.

## 8.6.1.5 전라도 방언

전라도 방언 중에서 전라남도의 동남부 방언은 경상도 방언과 공통점이 많고,
전라북도의 북부 방언은 충청남도 방언과 공통점이 많다. 그런데 음운적, 어휘적,

문법적인 현상들을 종합하여 보면, 전라도 방언은 경상도 방언과 공통적인 점이 많은 방언이다.[10] 전라도 방언의 특성은 다음과 같다.

(ㄱ) 전라남도의 중서부 지역에서는 'ㅔ'와 'ㅐ'가 변별되지 않지만 그 밖의 지역에서는 변별되므로, 전라도 방언의 모음 체계는 9모음 체계와 10모음 체계로 이루어져 있다. 이중 모음 'ㅢ'를 'ㅡ, ㅏ' 'ㅣ'로 발음한다.

(ㄴ) 성조(聲調)는 없으나, 음장(音長)은 있다.

(ㄷ) 유성음 사이의 [ㄱ] 음 보존 현상이 매우 미약하다. '멀구(머루), 지르금(엿기름), 얼게빗/얼기빗(얼레빗), 실겅(시렁), 돌가지(도라지)' 등이 그 보기에 해당한다. 유성음 사이의 [ㅂ] 음 보존 현상도 일부 지역에만 나타난다. 동부는 원래의 'ㅂ'음을 유지하고 있지만, 서부는 [b]〉[w]의 변화가 일어나고 있다. '버버리(벙어리), 다리비(다리미), 애비다(여위다), 갈비(솔가리), 달비(다리), 더분(더운)' 등이 그 보기에 해당한다. 경상남도와 인접해 있는 '구례, 광양, 여천, 여수' 등지에서 중부 방언의 'ㅂ' 불규칙 용언이 규칙 용언으로 활용함으로써 [ㅂ] 음이 유지되고 있다. [ㅅ] 음은 널리 유지되고 있다. '가시개/까시개/개새(가위), 마실/모실/모시리(마을), 무수/무시(무), 가실(가을), 모시(모이)' 등이 그 보기에 해당한다.

(ㄹ) 'ㆍ'음이 'ㅗ'로 바뀌어 발음된다. '놈(←ᄂᆞᆷ), 모실(←ᄆᆞ슬), 몰(←ᄆᆞᆯ), 볿다(←ᄇᆞᆲ다), 포리(←ᄑᆞ리), 폴(←ᄑᆞᆯ)' 등이 그 보기에 속한다. 이러한 어례는 전라북도 지역에서보다 전라남도 지역에서 더 많이 발견된다.

(ㅁ) 구개음화 현상이 강하게 나타난다. '세(혀), 심(힘), 숭(흉), 지름(기름), 질(길), 지르다(기르다)' 등이 그 보기에 해당한다.

(ㅂ) 두음 법칙과 전설모음화 현상이 있다.

(ㅅ) 어두음의 경음화 현상이 강하게 나타난다. 이것은 전라북도보다 전라남도에

---

10) 河野六郎(1945)에서는 전라도 방언을 경상도 방언과 묶어 '남선 방언(南鮮方言)'이라고 하였다.

서 더 널리 나타난다. '까지(가지), 깡냉이(옥수수), 뚜부(두부), 삐들기(비둘기), 뻥아리(병아리), 깨미(개미), 긁다(긁다)' 등이 그 보기에 해당한다.

(ㅇ) 움라우트(ㅣ모음 역행 동화) 현상이 널리 나타난다.

(ㅈ) 모음 조화 규칙이 철저하게 지켜지지 않는다.

(ㅊ) 청자 경어법의 구형 체계인 '해라체, 하게체[11], 하십시오체[12]' 등과 신형 체계인 '해체, 해요체, 하세요체' 등의 화계가 실현된다. 그런데 오늘날 전라도 대부분의 지역에서 '하오체'가 쓰이지 않는다. 표준어 '해요체'에 쓰이는 존칭 보조사 '요'에 대당하는 어미로 '-라우', '-라오' 등이 있다.

(ㅋ) 추측법을 나타내는 선어말 어미 '-겠-'에 해당하는 '-것-'이 쓰인다. 주체 존대 선어말 어미로는 '-시-'와 '-게-/-겨-' 등이 쓰인다. 용언이 서술어 기능을 할 경우에는 '-게-/-겨-'가 쓰이는데, 체언이 지정사와 결합하여 서술어 기능을 할 경우에는 '-시-'가 쓰인다.

(14) ㄱ. 은제 와겻소? (언제 오시었소?)
     ㄴ. 저분이 교감이시지라오. (저분이 교감이십니다.)

(ㅌ) 완료 보조 동사인 '버리다'에 대당하는 '베리다'의 사용 빈도수가 높다.

(ㅍ) 단형 부정법과 장형 부정법이 공존한다.

(ㅎ) 특수 어휘로는 '홀타리(울타리), 호리개(소리개), 야닯/야듧(여덟), 야분다/야빈다(여위다), 골맹이(골무), 괴대기(고양이), 시안(겨울), 괴비(호주머니),

---

11) 전라도 방언을 연구하는 이들 중에는 '하게체'를 '허소체'라고 일컫는 이가 있다.
    [보기] 내가 헌단 마시.(내가 한단 말일세.)
         집이 있는가?(집에 있는가?)
         내비 두소.(내버려 두게.)
12) 전라도 방언을 연구하는 이들 중에는 '하십시오체'를 '허씨요체'라고 일컫는 이가 있다(이기갑, 2003 : 232).
    [보기] 언능 오씨요.(얼른 오십시오.)
         쪼께만 더 살으시씨오.(조금만 더 사십시오.)

깜밥(누룽지), 건거니(반찬), 감자(고구마), 자마리(잠자리), 바꿈사리(소꿉장난), 땅구(메뚜기), 지천(꾸지람)' 등이 있다. 고어(古語)로는 '누리(우박), 저자(시장), 산모랭이(산봉우리), 여수/여시/야:시/야시(여우), 아레/아리께(그저께), 성냥깐(대장간), 배뽕(배꼽), 정지(부엌), 달비/다루/다래(다리), 잔납이/잔냅이(원숭이), 도치(도끼), 두텁다(두껍다)' 등이 있다.

## 8.6.1.6 경상도 방언

경상도 방언은 전라도 방언이나 함경도 방언과 부분적인 공통점을 지니고 있다. 이것과 상이점을 가장 많이 가지고 있는 방언은 평안도 방언이다.

(ㄱ) 모음 체계는 'ㅣ, ㅔ(E), ㅓ(ㅌ), ㅏ, ㅜ, ㅗ' 등 6개의 모음으로 이루어져 있다. E는 'ㅔ'와 'ㅐ'가 합류된 것으로 'ㅔ'와 'ㅐ' 사이에서 발음되는 모음이다. 이것은 'ㅔ'와 비슷하게 들린다. ㅌ는 'ㅡ'와 'ㅓ'가 합류된 것으로, 'ㅡ'와 'ㅓ' 사이에서 발음되는 모음이다. 이것은 'ㅓ'와 비슷한 모음으로 들린다. 이 방언에는 단모음 'ㅟ'와 'ㅚ'가 없고, 이중 모음 'ㅢ, ㅙ, ㅞ'도 없다. '시(←쉬)'와 같이 'ㅟ'는 'ㅣ'로 발음한다.

(ㄴ) 성조(聲調)는 있는데, 음장(音長)은 없다.

(ㄷ) 경음 [ㅆ]을 경음으로 발음하지 못하고 평음 [ㅅ]으로 발음한다. '사리나무(←싸리나무), 사암(←싸움), 사우다(←싸우다)' 등이 그 보기에 해당한다.

(ㄹ) 용언 어간 말에 오는 겹받침 'ㄺ' 뒤에 자음이 이어질 경우, 'ㄹ'만이 발음된다.

(ㅁ) 어두의 평음이 경음화하는 현상도 두드러지게 많이 나타난다. '뻔개(번개), 빠닥(바둑), 싸위(사위), 꼬등어(고등어), 까지(가지)' 등이 그 보기에 속한다.

(ㅂ) 유성음 사이에 있는 'ㄱ, ㅂ, ㅅ' 등이 약화 탈락하지 않고 보존되는 현상이 강하게 나타난다. [ㄱ] 음이 보존되는 예로는 '멀구(머루), 몰개(모래), 바구(바위), 가시개(가위)' 등이 있다. [ㅂ] 음이 보존되는 예로는 '호부래비(홀아

비), 호부레미(홀어미), 입수불(입술), 가려버(가려워), 새비(새우), 누비(누이), 누베/누비(누에)’ 등이 있다. [ㅅ] 음이 보존되는 예로는 ‘가실(가을), 마실(마을), 모시(모이), 가새(가위)’ 등이 있다. 이 방언에서는 유성음 사이 [ㅂ] 음과 [ㅅ] 음의 보존 현상으로 말미암아 표준어의 ‘ㅂ’ 불규칙 용언과 ‘ㅅ’ 불규칙 용언이 규칙적으로 활용된다.

(ㅅ) 두음 법칙과 구개음화 현상이 있다.

(ㅇ) 단어 내에서 ‘ㄹ’ 받침 뒤에 ‘ㅑ, ㅕ, ㅛ, ㅠ’ 등이 올 경우 연음하지 않고 분음한다. ‘필요’를 [피료]로 발음하지 않고 [필요]로 발음하는 것이 그 보기에 속한다. 그리고 “뭐라카노?(뭐라고 하느냐?)”와 같이 ‘-라고 하-’를 ‘-카’로, “갈락칸다.(가려고 한다.)”와 같이 ‘-려고 하-’를 -락카’로 줄여 발음한다.

(ㅈ) “밥 먹나?”, “니가 사람이가?”, “그기 나무 아이가?” 등과 같은 판정 의문문에는 의문형 종결 어미 ‘-가’와 ‘-나’가 쓰이고 “뭐라카노?”, “우엔노?”, “이게 누 책이꼬?” 등과 같은 설명 의문문에는 의문형 종결 어미 ‘-고/-꼬’와 ‘-노’가 쓰인다.

(ㅊ) “떡을 늬캉 나캉 농가 묵자.(떡을 너와 나와 나누어 먹자.)”, “소캉 개캉 사우는 거 본이까네 개가 시드라.(소와 개와 싸우는 것을 보니까 개가 세더라.)” 등에서 보는 바와 같이 이 방언에서는 부사격 조사 ‘와/과’에 대당하는 것으로 ‘캉’이 쓰인다.

(ㅋ) 주로 단형 부정법이 쓰인다.

(ㅌ) 일부 지역을 제외하고 청자 경어법의 구형 체계인 ‘해라체, 하게체, 하오체[13], 하십시오체[14]’와 신형 체계인 ‘해체, 해요체, 하세요체’ 등이 실현된다. ‘하오체’는 경상남도 방언에 실현되는데, 경상북도 방언에는 실현되지 않는다.

---

13) 경상도 방언을 연구하는 이들 중에는 ‘하오체’를 ‘하소체’라고 일컫는 이가 있다.
14) 경상도 방언을 연구하는 이들 중에는 ‘하십시오체’를 ‘하소서체’라고 일컫는 이가 있다.

(ㅍ) 특수 어휘로는 '저모래/저모리(글피), 여수/야수/예수/여시/야시/여깽이/
야깽이(여우), 아베/아방이(아버지), 오메/어망이/어뭉이(어머니), 할베(할
아버지), 돌미/돌삐(돌), 보듬다(껴안다), 이붓(이웃), 중우/주우(바지), 초뚜
뻬(정강이), 개대가리(감기), 초포(두부), 공이(거위), 항글레비(메뚜기), 쓸다
(쓰다), 짭다(짜다), 찹다(차다)' 등이 있다. 고어로는 '아래/아리/저아래/저
아리(그저께), 멀구(머루), 새비(새우), 그러매/그르매(그림자), 진뒤(진드
기), 하마/하매(벌써), 더버(더위), 고룹다/고릅다(괴롭다)' 등이 있다.

### 8.6.1.7 제주도 방언

제주도 방언은 전라도, 경상도, 충청도 방언과 비교적 가깝지만 육진 방언과
상이점이 가장 많다. 이 방언에는 고어가 가장 많이 남아 있다. 또한 제주도 방언
은 몽골어와 일본어의 영향을 많이 받은 것으로 알려져 있다. 제주도 방언의 구체
적인 특성은 다음과 같다.

(ㄱ) 모음 체계는 'ㅣ, ㅔ, E, ㅐ, ㅡ, ㅓ, ·, ㅜ, ㅗ' 9개의 모음으로 이루어져
있다. 특이한 것은 '·'가 현존한다는 것이다.

(ㄴ) 성조(聲調)와 음장(音長)이 없다.

(ㄷ) 유성음 사이 [ㄱ] 음 약화 탈락 현상이 많이 나타난다. 유성음 간 [ㄱ] 음이
보존되는 예는 '궁기(구멍), 입술기(입술), 맹긴다(만든다), 심근다(심는다)'
등으로 매우 드물게 나타난다. 유성음 사이의 [ㅂ] 음의 약화 탈락 현상이
강하게 나타난다. [ㅂ] 음이 보존되는 것으로는 '우방지(우엉)' 하나밖에 없
다. 그리고 유성음 사이 [ㅅ] 음의 약화 탈락 현상이 나타나지 않는다. 고어
에 'ㅿ'으로 기록된 단어는 대개 [ㅅ] 음으로 나타난다. 'ᄆᆞ슴(마음), ᄆᆞ슬(마
을), ᄀᆞ슬(가을), 저슬(겨울), ᄀᆞ새/ᄀᆞ세(가위)' 등이 그 보기에 해당한다.

(ㄹ) 두음 법칙이 있다. 구개음화 현상이 강하게 나타난다. 'ㄷ, ㅌ, ㄱ, ㅋ, ㅎ'

등이 구개음화한다. '성(형), 숭년(흉년), 소자(효자), 세(혀), 심(힘)' 등이
그 보기에 속한다.

(ㅁ) 어두 평음의 경음화 현상이 약하게 나타난다. 그러나 격음화 현상이 많이
나타난다. '대들포(대들보), 펀개(번개), 포제기(보자기), 푸체(부채), 펭(병),
탈(딸기), 태(때, 垢), 착(짝)' 등이 격음화한 보기에 해당한다.

(ㅂ) 전설모음화 현상이 실현된다. ' 실피(슬피), 실:게(쓸게)' 등이 그 보기에
속한다. 또한 움라우트 현상이 실현된다. '궤기(고기), 퇴끼(토끼), 멕이다
(먹이다)' 등이 그 보기에 해당한다.

(ㅅ) 진행상(進行相)을 나타내는 선어말 어미로는 '-암-/-엄-/-염-'이 있다.

(15) ㄱ. 그디서 궤기 잡암서(거기서 고기 잡고 있어요.).
　　　ㄴ. 밧테레 감저(밭에 가고 있다.).

완료상을 나타내는 선어말 어미로는 '-앗-/-엇-/-엿-', '-안-/-언-/-
연-', '-시-' 등이 있다. 선어말 어미 '-시-'는 '-이시->-잇->-ㅅ-'
의 변화 과정을 거친 것이다.

(16) ㄱ. 아시가 다 먹어 버렸저.(아우가 다 먹어 버렸다.)
　　　ㄴ. 느도 밥 먹언디?(너도 밥 먹었니?)
　　　ㄷ. 자네 무시거 ㅎ연디아?(자네 무엇 하였는가?)
　　　ㄹ. 무시기엔 ㄱ라시냐?(무엇이라고 말했느냐?)

예정상을 나타내는 선어말 어미로는 '-겠-', '-커-', '-쿠-' 등이 쓰인
다. '-쿠-'는 청자 존대의 의미도 나타낸다.

(17) ㄱ. 일ㅎ당 가커다.(일하다가 가겠다.)
　　　ㄴ. 나도 가쿠다.(나도 가겠습니다.)

(ㅇ) 표준어 연결 어미 '-아서/-어서'에 대당하는 어미로 '-앙/-엉'이 쓰인다.

(18) 가당 물엉 가쿠다.(가다가 물어서 가겠습니다.)

표준어 종결 어미 '-오이다'에 대당하는 어미로 '-우다'가 쓰이고, '-소이다'에 대당하는 어미로 '-수다'가 쓰인다.

(19) ㄱ. 달이 안 뜨언 어둡수다.(달이 안 떠서 어둡소이다.)
　　　ㄴ. 이디가 우리 집이우다.(여기가 우리 집이오이다.)

(ㅈ) 주격 조사로는 '이'와 '래(리)'가 쓰인다. 자음 뒤에 '이'가 쓰이고 모음 뒤에 '래(리)/가'가 쓰인다. '테레'가 조격 조사 '(으)로'의 대당형으로 쓰인다. 공동격 조사에는 '과'만이 있다.

(20) ㄱ. ᄀᆞ루리 빗이 거멍ᄒ다. (가루가 빛이 거멓다.)
　　　ㄴ. 비가 오키여.(비가 오겠다.)

(ㅊ) 청자 경어법의 구형 체계인 '해라체, 하게체[15], 하십시오체[16]' 등과 신형 체계인 '해체, 해요체[17], 하세요체' 등의 화계가 실현된다.

---

15) 제주도 방언을 연구하는 이들 중에는 '하게체'를 'ᄒᆞ여체'라고 일컫는 이가 있다. 'ᄒᆞ여체'는 중앙어의 '하게체'와 부분적으로 일치할 뿐 기능상 완전히 동일한 것이 아니며 오히려 중앙어 '해체'와 같다(이기갑, 2003 : 317)
　　[보기] 집을 짓엄서?(집을 짓고 있어?)(박용후, 1988 : 30)
　　날이 저무는데 어서 집의 돌아가.(날이 저무는데 어서 집에 돌아가/돌아가게.) (박용후, 1988 : 37)
16) 제주도 방언을 연구하는 이들 중에는 '하십시오체'를 'ᄒᆞᆸ서체'라고 일컫는 이가 있다(이기갑, 2003 : 314).
　　[보기] 철순 ᄒᆞᆨ교레 감십데가?(철수는 학교에 가고 있습디까?)
　　달이 안 뜨언 어둡수다.(달이 안 떠서 어둡습니다.) (이기갑, 2003 : 315)
17) 제주도 방언을 연구하는 이들 중에는 '해요체'를 'ᄒᆞ여예체'라고 일컫는 이가 있다(이기갑, 2003 :

(ㅋ) 단형 부정법과 장형 부정법이 있다.

(ㅌ) 특수 어휘로는 '눛싸움(여드름), 파리춤(죽은깨), 안방질(다듬질), 굴갱이(호
미), ᄀ래(맷돌), 돌돗(이끼), 남도로기새(딱다구리), ᄒ를(하루), ᄆ를(마루),
ᄀ를(가루), 동곳(고드름), 부글래기(거품), 비바리(계집애), 심방(무당), 배또
롱(배꼽), 북부기(허파), 꽝(뼈), 게와/게우랑(호주머니), 눕뻬(무), 데축(수
수), 지실(감자), 몬득/구둠(먼지), 모살(모래), 밥부리/자와(잠자리), 여호
(여우), 공중이(귀뚜라미), 지들랑(장작), 둑새기(달걀), 바릇(해산물), 황고지
(무지개), 돗굉이(회오리바람), 남초(담배), 강벼리/간비역/멘주리(올챙이),
초랍다(떫다), 실렵다(차다)' 등이 있다. 고어로는 '드르(들), 오름(산), 부에
(허파), 글매(그림자), 지새(기와), 정제(부엌), 우레(울타리), 부루(상추), 두
테비(두꺼비), 술(숟가락), 도치(도끼), 굴메(그네), 바를(바다), 가달(가랑이),
서리(서까래), 석(고삐), 고고리(이삭), 식(삵괭이), 멧톨/산톨(멧돼지)' 등이
있다.

## 8.6.1.8 황해도 방언

황해도 방언은 경기도 방언과 가장 가깝고, 육진 방언과 가장 멀다. 이 방언의
특성은 다음과 같다.

(ㄱ) 모음 체계는 'ㅣ, ㅔ, ㅐ, ㅚ, ㅡ, ㅓ, ㅏ, ㅜ, ㅗ' 등 9개 모음으로 이루어져
있다. 'ㅟ'는 이중 모음으로 발음된다.

(ㄴ) '봉산, 재령, 장연, 은율, 안악, 황주, 수안, 신계' 등지에는 성조와 음장이
없다. 그런데 '은율, 안악, 황주, 수안, 신계' 등지에서는 주격 조사와 통합

---

324).
  [보기] 가의도 공부ᄒ염서양.(걔도 공부하고 있어요.)
        일 하영 ᄒ염신계예.(일 많이 하였는데요.)

되는 경우에 장음이 실현된다.

(ㄷ) 유성음 사이 [ㄱ] 음 보존 현상이 미약하다. [ㄱ] 음을 보존하고 있는 예로는 '몰개(모래), 방퀴(바위)' 등을 들 수 있다. 유성음 사이 [ㅂ], [ㅅ] 음은 약화 탈락하였다.

(ㄹ) 두음 법칙이 있다. 그리고 'ㄷ, ㅌ, ㅎ'의 구개음화 현상이 있으나, 'ㄱ, ㅋ'의 구개음화 현상은 없다.

(ㅁ) 모음 'ㅡ'가 'ㅅ, ㅈ, ㅉ, ㅊ' 뒤에서 그대로 발음되지만, '쓰다 → 씨다'와 같이 'ㅆ' 뒤에서 'ㅣ'로 바뀌어 발음된다. 움라우트 현상이 실현된다. '고기'를 [괴기]로, '토끼'를 [퇴끼]로 발음하는 것이 그 보기에 해당한다.

(ㅂ) 겹받침 'ㄺ'은 'ㄱ'으로, 'ㄼ'은 'ㅂ'으로 발음된다. '닭[닥], 밟다[밥따]' 등이 그 보기에 해당한다.

(ㅅ) 주격 조사로는 '이/가, 라' 등이 쓰인다. 조사 '라'는 모음으로 끝나는 체언 뒤에 붙는다.

(21) 누구라 갖다 놔:서? (누가 가져다 놓았어?)

(ㅇ) 공동격 조사로는 '과'만이 쓰인다. '에'가 관형격 조사로도 쓰인다.

(ㅈ) 일부 지방에서는 표준어의 의문형 종결 어미 '-ㅂ니까/-습니까'의 대당형 으로 '-ㅂ니꺄'와 '-시꺄'가 쓰이고, '-지'의 대당형으로는 '-지러'가 쓰 이며, '-니'의 대당형으로 '-이'가 쓰인다.

(22) ㄱ. 밥 잡샀시꺄? (밥 잡수었습니까?)
ㄴ. 집에 갑니꺄?(집에 갑니까?)
ㄷ. 어제 집에 돌아왔지러?(어제 집에 돌아왔지?)
ㄹ. 어디 갔다 와이?(어디 갔다 왔니?)

(ㅊ) 선어말 어미인 '-겠-' 대신에 '-갓-'과 '-가-' 등이 쓰인다. 그리고 일부 지역에서는 '듣다(聞)'가 규칙적으로 활용한다.

(ㅋ) 청자 경어법의 구형 체계인 '하십시오체, 해요체, 하오체, 하게체, 해체, 해라체' 등과 신형 체계인 '해체, 해요체' 등의 화계가 실현된다.

(ㅌ) 특수 어휘로는 '불거지(노을), 아적(아침), 섭서비(허파), 영쾡이(여우), 열(쓸개), 오만(어머니), 오레미(올케), 오래(이웃), 우테(옷), 당추(고추), 강냉이(옥수수), 몽투리(뱀), 고지(고드름), 호감자(고구마), 빼랍(서랍)' 등이 있다. 고어로는 '오래(문)'가 있다.

## 8.6.1.9 평안도 방언

평안도 방언은 대체로 평안도와 자강도 지방에서 쓰인다. 이것은 황해도 방언과 비교적 가깝고, 경상도 방언과 가장 많은 상이점을 지니고 있다. 평안도 방언의 특성은 다음과 같다.

(ㄱ) 모음 체계는 'ㅣ, ㅔ, ㅐ, ㅡ, ㅓ, ㅏ, ㅜ, ㅗ' 등 8모음으로 이루어져 있다. 이중 모음 'ㅢ'는 존재하지 않으며, 이것은 'ㅡ' 또는 'ㅣ'와 대응한다. 'ㅢ'가 첫 음절에 오면 'ㅡ'나 'ㅣ'와 대응하고, 둘째 음절 이하에 오면 'ㅣ'와 대응한다. '으사(의사), 히망(희망), 토이(토의), 홰이(회의)' 등이 그 보기에 속한다. 이중 모음 'ㅑ, ㅕ, ㅛ, ㅠ'는 자음 뒤나 첫 음절에서 단모음 'ㅏ, ㅓ, ㅗ, ㅜ'와 대응하는 경우도 있다. '노리(←료리), 차포(←차표), 얼다(←열다), 아단(←야단)' 등이 그 보기에 해당한다.

(ㄴ) '후창(厚昌)' 동부 지역에는 성조가 있으나, 그 밖의 지역에는 성조와 음장이 없다.

(ㄷ) 'ㄷ, ㅌ'이 다른 방언에서는 치경음으로 발음되나, 평안도 방언에서는 치간음으로 발음되고, 'ㅈ, ㅊ, ㅅ'이 다른 방언에서는 경구개음으로 발음되지

만, 평안도 방언에서는 치경음으로 발음된다.

(ㄹ) 'ㅅ, ㅈ, ㅊ' 뒤에서 'ㅡ'가 'ㅣ'로 발음되는 ㅣ전설모음화 현상이 나타나지 않는다. '아츰(아침), 음슥(음식), 즘성(즘승), 습원(십원), 쯪다(찢다)' 등이 그 보기에 해당한다.

(ㅁ) 유성음 사이에 오는 [ㄱ] 음의 보존 현상이 희박하다. '후창(厚昌)' 지방을 제외한 나머지 지방에서는 유성음 사이에 오는 [ㅂ] 음과 [ㅅ] 음이 모두 탈락하여 나타난다. 후창 지방에서 [ㅅ] 음을 보존하는 단어로는 '가슬(가을), 가세(가위)' 등이 있다.

(ㅂ) 구개음화 현상이 나타나지 않는다. '덩겨댱(정거장), 됴:타(좋다), 듕국(중국), 댱:개(장가) 등으로 발음된다.

(ㅅ) 어두음(語頭音) [ㄴ]이 'ㅑ, ㅕ, ㅛ, ㅠ, ㅣ, ㅖ' 등의 앞에서 그대로 발음된다. '녀름(여름), 녀자(여자), 닐굽(일곱), 뇨소(요소), 뉴대(유대), 니토(이토), 니마(이마)' 등이 그 보기에 해당한다. 또, 단어의 첫머리에 오는 한자음 '랴, 려, 료, 류, 리, 례'를 '냐, 녀, 뇨, 뉴, 니, 녜'로 발음한다. '냥반(량반), 뉴행(류행), 닝에(링어→잉어)' 등이 그 보기에 속한다. 한자음 '랴, 려, 료, 류, 리, 례'가 모음과 모음 사이에 올 적에 'ㄹ'을 'ㄴ'으로 바꾸어 발음한다. '기눌(←규률), 대녈(←대렬)' 등이 그 보기에 속한다.

(ㅇ) 겹받침, 'ㄺ, ㄼ'은 어말 또는 자음 앞에서 'ㄹ'만 발음된다. '홀(흙), 달(닭), 수탈(수탉), 야뜰(여덟), 널따(넓다)' 등이 그 보기에 해당한다.

(ㅈ) 주격 조사로는 '이'와 '래'가 있다. 폐음절과 개음절 뒤에서 주격 조사 '이'가 쓰인다. '래'는 개음절 뒤에서 널리 쓰인다.

(23) ㄱ. 더기 바다이 뵙네다. (저기 바다가 보입니다.)

　　 ㄴ. 코이 큰 그 에미네 말이요? (코가 큰 그 여자 말이요?)

　　 ㄷ. 소래 달아낫이요. (소가 달아났어요.)

　　 ㄹ. 내래 갓다 오갓수다. (내가 갔다 오겠습니다.)

관형격 조사로는 '에'가, 조격 조사로는 '(으)루'가 쓰인다. 보조사 '꺼정(까지), 보탄/보탕(부터), 암불라/암걸라(조차)' 등이 쓰인다.

(24) ㄱ. 나<u>암불라</u> 안 가은 돼갓소? (나조차 안 가면 되겠소?)
    ㄴ. 너<u>암걸라</u> 달라구 그르은 어카간? (너조차 달라고 그러면 어떻게 하겠나?)

'공동, 비교'의 뜻을 나타내고 접속의 기능을 하는 '와/과' 중에서 '과'만이 쓰인다. 이것은 때로 '하구'를 덧붙여 쓰거나, '하구' 대신에 '라'를 쓰기도 한다.

(ㅊ) 선어말 어미 '-겠-' 대신에 '-갓-'이 쓰인다. 그리고 선어말 어미 '-월-/-원-'이 추측법을 나타낸다.

(25) ㄱ. 내래 내일 가갓소.(내가 내일 가겠소.)
    ㄴ. 일을 하갓으면 똑똑히 하구래. (일을 하겠으면 똑똑히 하구료.)
    ㄷ. 잇소원다. (있겠다.)

(ㅋ) 명령형 종결 어미 '-라'가 쓰이고, 감탄형 종결 어미 '-과'가 쓰인다. 의문형 종결 어미 '-ㅁ마, -ㅁ매, -ㅂ네까' 등이 쓰이고, 평서형 종결 어미 '-ㅁ무다/-스무다/-슴무다', '-ㅁ먼다/-슴먼다', '-왜다/-우다', '-소다/-수다', '-쉐다/-쉬다' 등이 사용된다. 또한 '그려'가 줄어든 형태인 '래'를 '-다' 뒤에 덧붙여 친근감을 나타내는 것으로 쓰기도 한다. 높임의 평서형 종결어미 '-오이다'에서 온 '-왜다'와 '-우다', 그리고 '-소이다'에서 온 '-소다', '-쉐다', '-수다' 등이 쓰인다.

(26) ㄱ. 우리 집 인간은 야덜이왜다. (우리 집 식구는 여덟입니다.)
    ㄴ. 얼떵 댕게오야 돼갓쉬다. (얼른 다녀와야 되겠습니다.)
    ㄷ. 그 말이 옳쉐다. (그 말이 옳소이다.)

‘-ㅂ디다’ 대신에 ‘-ㅂ데다’와 ‘-ㅂ두다’가 쓰인다.

(27) 속증으로 고생합데다.(속병으로 고생합디다.)

(ㅌ) ‘듣다(聞)’가 규칙적으로 활용한다.

(ㅍ) 청자 경어법의 구형 체계인 ‘하십시오체, 하오체, 하게체, 해라체’ 등과
신형 체계인 ‘해요체, 해체’ 등의 화계가 실현된다.

(28) ㄱ. 밥을 먹습네다.(밥을 먹습니다.) [하십시오체]
ㄴ. 당신이 참우. (당신이 참으오.) [하오체]
ㄷ. 내가 참을랩메.(내가 참으려네.) [하게체]
ㄹ. 옷을 입을랩마?(옷을 입으려나?) [하게체]
ㅁ. 여구레 어드메가?(여기가 어디냐?) [해라체]
ㅂ. 밥을 먹으라우.(밥을 먹어라.) [해라체]
ㅅ. 내가 보앗이요.(내가 보았어요.) [해요체]
ㅇ. 이만허문 되갓디.(이만하면 되겠지.) [해체]

(ㅎ) 특수 어휘로는 섭서비(허파), 열(쓸개), 생우(새우), 마누래(천연두), 거짓부
리(거짓말), 우티(옷), 홍보(호주머니), 곽챙이(괭이), 영우(여우), 소랭이(대
야), 두룽물(우물), 불거지(노을), 감테기(감투), 몸댕이(먼지), 떠깡이(뚜껑),
벌거지(벌레), 크나반/크나배/하나비(할아버지), 클마니/클만(할머니), 아
바니/아반(아버지), 오마니(어머니), 맏아뱀(큰아버지), 맏엄매(큰어머니), 적
은아(동생), 가소마니(장모), 서나(남편, 사내) 등이 있다. 고어로는 ‘오래
(문)’ 하나밖에 없다.

## 8.6.1.10 함경도 방언

함경도 방언은 함경북도에서 육진(六鎭)을 제외한 지역과 함경남도와 양강도에

서 쓰이는 방언이다. 이 방언은 경상도 방언과 육진 방언에 가깝고, 평안도 방언과
는 가장 먼 특성을 지니고 있다. 이 방언의 특성을 구체적으로 들어 보면 다음과
같다.

(ㄱ) 모음 체계는 'ㅣ, ㅔ, ㅐ, ㅡ, ㅓ, ㅏ, ㅜ, ㅗ' 등 8개 모음으로 이루어져
    있다. 그리고 이중 모음 'ㅢ'는 존재하지 않는다. 'ㅢ'는 첫음절에서 'ㅡ'로,
    둘째 이하의 음절에서 'ㅣ'로 발음된다. '의견 → [으견], 토의 → [토이]'
    등이 그 보기에 해당한다.

(ㄴ) '영흥, 고원, 문천, 안변'을 제외한 함경도 전역에 성조가 있다.

(ㄷ) 유성음 사이 [ㄱ] 음의 보존 현상이 방언들 중에서 가장 강하게 나타난다.
    '궁기/궁강(구멍), 입술기(입술), 실겅(시렁), 갈기(가루), 멀구(머루), 낭기
    (나무), 몰개(모래), 놀기(노루), 벌기/벌거지(벌레), 무꾸(무)' 등이 그 보기에
    속한다. 유성음 사이 [ㅂ] 음의 보존 현상이 경상도 방언 다음으로 강하게
    나타난다. '누비/누배/누베(누이), 하불애비(홀아비), 하불에미 (홀어미), 버
    버리(벙어리), 아북(아욱), 새비(새우), 우벙/우붕(우엉), 고부니(고우니), 치
    부니(추우니)' 등이 그 보기에 해당한다. 유성음 사이 [ㅅ] 음 보존 현상이
    있다. '가슬(가을), 부슷게(부엌), 마슬/마실(마을), 구숭(구유), 모시(모이),
    나시(냉이), 가새(가위), 쫏아(쪼아)' 등이 보기에 속한다.

(ㄹ) 어두 평음의 경음화 현상이 있다. '꽉치(괭이), 까지(가지), 싼다(산다)' 등이
    그 보기에 해당한다.

(ㅁ) 전설모음화 현상이 있으나, 'ㅅ, ㅈ, ㅊ' 뒤의 'ㅡ'의 'ㅣ'모음화에 대하여
    저항성이 강하다. '슴따(심다), 슬타(싫다)' 등이 그 예에 해당한다.

(ㅂ) 구개음화 현상은 함경북도의 북단 일부를 제외하고 전반적으로 나타난다.
    '지슴(김), 치(키), 숭(흉), 세때(혀), 지달구다(기다리다)' 등이 그 보기에 해
    당한다.

(ㅅ) 표준어에서의 [ㄹ] 탈락 현상이 나타나지 않는다. '솔나무(소나무), 활살(화살), 달달이 (다달이)' 등이 그 보기에 해당한다. 그리고 겹받침 'ㄺ, ㄻ' 뒤에 자음이 이어질 경우 'ㄹ'만 발음된다.

(ㅇ) 주격 조사 '이'가 개음절 뒤에서도 쓰이고, 폐음절 뒤에서는 조사 '이'가 붙은 다음에 다시 조사 '가'가 덧붙어 쓰이기도 한다.

(29) ㄱ. 하나이 더 만으믄 좋지비.(하나가 더 많으면 좋지.)
　　 ㄴ. 이것이가 저것보다 좋수다.(이것이 저것보다 좋습니다.)

관형격 조사로는 '으'가 쓰이고, 목적격 조사로는 '으'와 '르'가 쓰인다. 공동격 조사로는 '까'와 '하구'가 쓰이고, 처격 조사로는 '셔'와 '이셔'가 쓰인다.

(30) ㄱ. 쇠르 몰구 가우다.(소를 몰고 가시오.)
　　 ㄴ. 밥으 먹어야 하갠소?(밥을 먹어야 하지 않소?)

보조사 '으느/느(은/는), 두(도), 커녀느(커녕), 아부라(조차), 부텀(부터), 꺼지(까지), 보구(보다), 이사(이야)' 등이 쓰인다.

(ㅈ) 사동 접미사와 피동 접미사로는 '-이우-, -히우-, -리우-, -기우-' 등이 쓰인다. 비성조 지역인 '영흥, 고원, 문천, 안변'을 제외한 함경도 전 지역에서 '춥다'가 규칙적으로 활용된다.

(ㅊ) 평서형 종결 어미로는 '-ㅁ다', -ㅁ니(습니), -ㅁ(습), -우다/수다, -우, -수, -스, -지비, -이' 등이 쓰인다. 의문형 종결 어미로는 '-ㅂ까, -ㅁ까(습까), -까' 등이 사용되고, 명령형 종결 어미로는 '-ㅂ소, -ㅂ소세, -소' 등이 쓰인다. 청유형 종결 어미로는 '-ㅂ시다, -ㅂ세다, -기요, -ㅂ세' 등이 쓰인다. 연결 어미로는 '-메로(-며), -멘서(-면서), -니까니/-니까나/-이까데(-니까), -문/-무/-므(-면), -아사/-어사(-아야/-어야/-여야), -ㄹ라(-러), -자구(-려고, -고자)' 등이 표준어의 어형과

달리 쓰인다.

(ㅋ) 청자 경어법의 구형 체계인 '하십시오체, 하오체, 해라체', 신형 체계인 '해체' 등의 화계가 실현된다. 함경도 방언에는 '하게체'와 '해요체'가 쓰이지 않는다.

(31) ㄱ. 세 오뉘비 살아 잇습네다. (세 오누이가 살아 있습니다.)

　　　(김병제, 1965 : 132) [하십시오체]

　　ㄴ. 같이 가오. [하오체]

　　ㄷ. 이리 좀 보라. (이리 좀 봐라.) [해라체]

　　ㄹ. 마이 다릅지. (많이 다르지.) [해체]

(ㅌ) 부정소 '아니'와 '못'이 복합 용언 중간에 끼어들어 부정법을 형성한다.

(32) ㄱ. 먹어 아이 바스. (먹어 보지 않았소.)

　　ㄴ. 말 알아 못 듣소. (말을 알아듣지 못하오.)

(ㅍ) 특수 어휘로는 '베리(별), 할기(흙), 메구리(개구리), 여끼/예끼/영끼/앵끼(여우), 푸승개(허파), 동삼(겨울), 햄(반찬), 구새(굴뚝), 마대매(큰어머니), 가시애비(장인), 가시에미(장모), 거르마니(호주머니), 마스다(부수다), 대배지다(자빠지다), 아웅새다(시끄럽다, 부담되다), 오새(철), 해자부리(해바라기), 피개(새끼 낳는 암퇘지)' 등이 있다.

　고어가 제주도 방언과 같이 많이 남아 있다. '누리(우박), 두레(들), 베레/베리(별), 나조(저녁), 어시(어버이), 점바치(점쟁이), 오래/우래(문), 두테비(두꺼비), 절(젓가락), 구리/굴레/굴리(그네)' 등이 그 보기에 해당한다.

## 8.6.1.11 육진 방언

육진 방언은 함경북도의 육진 지방, 즉 부령·회령·종성·온성·경흥·경원 등지에서 쓰이는 방언이다. 이 방언은 함경도 방언과 가장 가깝고, 제주도·평안도 방언과 가장 멀다. 이 방언의 특성은 다음과 같다.

(ㄱ) 모음 체계는 'ㅣ, E, ㅡ, ㅚ, ㅓ, ㅏ, ㅜ, ㅗ' 등 8개의 모음으로 이루어져 있다. E는 'ㅔ'와 'ㅐ' 사이에서 발음되는 단모음이다. 이것은 60대 이상의 노인들에게서 발견되는 모음이다.

(ㄴ) 성조가 있다.

(ㄷ) 전설 모음화 현상이 나타나지 않는다. 'ㅅ, ㅈ, ㅊ' 뒤에서 'ㅡ'가 'ㅣ'로 바뀌어 발음되지 않고 그대로 'ㅡ'로 발음된다. '스오마니(시어머니), 스집(시집), 며츨(며칠), 원측(원칙), 슴슴하다(심심하다)' 등이 그 보기에 해당한다.

(ㄹ) 유성음 사이 [ㅅ] 음 보존 현상이 있다. '가슬(가을), 겨슬(겨울), 잇스니(이으니)' 등에 그 보기에 해당한다. 유성음 사이 [ㅂ] 음 보존 현상이 있다. '누베(누에), 누비(누이), 새비(새우), 확(호박), 고부니(고우니)' 등이 그 예에 해당한다. 유성음 사이 [ㄱ] 음 보존 현상이 있다. '갈기 (가루), 벌거지(벌레), 내구다(냅다)' 등이 그 보기에 해당한다.

(ㅁ) 어두 평음의 경음화 현상이 있다. '쌌(샀), 뼈선(버선), 쪼끼(조끼)' 등이 그 보기에 속한다.

(ㅂ) 'ㄷ, ㅌ, ㅎ'의 구개음화 현상이 나타나지 않는다. '도:타(좋다), 티장(치장)' 등이 그 보기에 해당한다. 그러나 'ㄱ, ㅋ'의 구개음화 현상이 실현된다. '지슴(김), 차찔(차길)' 등이 그 보기에 해당한다.

(ㅅ) 어두에 오는 'ㄴ'이 'ㅑ, ㅕ, ㅛ, ㅠ, ㅣ, ㅖ' 등의 앞에서 그대로 발음된다. '녀름(여름), 녀자(여자), 니부자리(이부자리)' 등이 그 보기에 속한다. 그런데 어두에 오는 한자음 '랴, 려, 료, 류, 리, 례' 등은 '냐, 녀, 뇨, 뉴, 니, 예' 등으로 발음된다. 이와 같은 현상은 평안도 방언과 같다.

그런데 젊은 세대들은 '룡'을 [용]으로 '륙십'을 [육십]으로 어두 'ㄹ'음을 탈락시켜 발음한다.

(ㅇ) 주격 조사로는 '이' 하나만 쓰이고, 관형격 조사로는 '에/으/우' 등이 쓰인다. 관형격 조사 '에'는 모음 뒤에 오고, '으'는 자음 뒤에 오며, '우'는 순음 뒤에 온다. 처격 조사로는 '에서'를 사용하지 않고 '셔'를 사용한다. 공동격 조사로는 '과/꽈'를 쓴다.

(ㅈ) 선어말 어미 '-겠-' 대신에 '-갯-'을 사용한다.

(ㅊ) 평서형 종결 어미로는 '-꾸마(-스꾸마)/-꼬마(-스꼬마), -꿔니/-꽈니, -디' 등이 쓰인다. 표준어 '-더냐'의 대당형은 '-든'이고, 선어말 어미 '-았-/-었-'과 의문형 종결 어미 '-니'의 결합형인 '-안-/-언-' 등이 쓰인다.

(33) ㄱ. 옵세서 모두 고상하꼬마.(오셔서 모두 고생하십니다.)
　　　 (김병제, 1965 : 126).
　　 ㄴ. 열 다슷에 시집 왓스꼬니.(열 여섯에 시집 왔습니다.)
　　　 (김병제, 1965 : 127)
　　 ㄷ. 그 사래미 머라든? (그 사람이 무엇이라고 하더냐?)
　　 ㄹ. 밥으 가져완? (밥을 가져왔니?)

명령형 종결 어미로는 '-ㅂ게/-습게, -소/-오, -나' 등이 있다.

(34) 개오나.(가져오너라.)(황대화, 1986 : 140)

(ㅋ) 청자 경어법의 구형 체계인 '해라체, 하오체, 하십시오체', 신형 체계인 '해체' 등의 화계가 실현된다. 이 방언에서도 함경도 방언과 같이 '하게체'와 '해요체'가 쓰이지 않는다.

(35) ㄱ. 야든 닐굽으 멋엇스꾸마. (여든 일곱을 먹었습니다.) [하십시오체]

　　 ㄴ. 여라 사람 가티 감둥?(여러 사람이 같이 갑니까?)　 [하십시오체]

　　 ㄷ. 집에 가티 잇슴. (집에 같이 있소.)　　　　　　 [하오체]

　　 ㄹ. 개오나. (가져오너라.)　　　　　　　　　　　 [해라체]

　　 ㅁ. 알아사 가디. (알아서 가지.)　　　　　　　　 [해체]

(ㅌ) 부정소 '아니'와 '못'이 복합 용언의 어근 사이에 끼여 부정법이 형성된다. '만내 못 밧스꿔니, 만내 아이 밧꿔니' 등이 그 보기에 해당한다.

(ㅍ) 특수 어휘로는 '크라반(할아버지), 새기(색시), 나그네(남편), 시애끼(시동생), 두텁다(두껍다), 두터비(두꺼비), 사치(새끼), 코이(콩), 혀이(형), 포리(파리), 다래치(다래끼), 여끼(여우), 골채기(골짜기)' 등이 있다.

(ㅎ) 고어로는 '나조(저녁), 마대매(큰어머니), 오래(문), 가시애비(장인), 가시애미(장모), 두테비(두꺼비), 뚜베(뚜껑), 가슬(가을), 가새(가위), 하내비(할아버지), 하분자(혼자), 새비(새우), 즘생(짐승), 버버리(벙어리), 붑푸(북), 쇼(소), 스누비(시누이), 시기다(시키다), 정지(부엌), 벌거지(벌레), 우티(옷)' 등이 있다.

## 8.6.2 한국어 사회 방언의 특성

한국어 사회 방언은 사회 변인 — 사회 계층·성·연령·종교·인종—에 따라 다양한 양상을 보인다. 이 절에서는 사회 계층·성·연령 등에 따른 한국 사회 방언의 특성에 대해서 살펴보기로 한다.

### 8.6.2.1 사회 계층과 한국어

사회 계층(social stratification)이란 일정한 사회에서 전체 구성원의 불평등을 반영하는 집단 사이의 층위 구조를 뜻한다. 불평등은 소득, 직업, 학력, 경제적·

사회적·정치적 권력에 대한 접근 가능성 등에 기초한다. 이러한 요소들은 복잡한 방식으로 상호 작용한다. 사회적 계층은 경제적·정치적·사회적 관계에 의해 구조화되는 계급(class)의 형태를 보인다. 언어는 계급적 차이를 반영하고 이것을 강화하기도 한다. 대부분의 화자는 상위 혹은 하위 계급의 언어를 모두 사용하지만, 이들을 구분하는 것은 사용상의 빈도(frequency)이다. 사회 계층의 개념은 사회언어학적 연구에서 언어 변이를 이해하는 데 하나의 매개변수로서 그 유용성을 인정받고 있다. 사회적으로 서열화된 집단의 화자는 특정한 음운·어휘·문법 등을 구사함에 있어서 빈도의 차이를 보인다(강현석 외, 2002 : 190).

사회 계급은 거시적인 차원에서 사회·정치·경제적 구조와 과정을 설명하는 개념인데, 사회적 연계망(social network)은 공동체와 관련되며 상호 작용을 하는 개인 차원의 사회적 조직이다. 계급의 구조는 '갈등, 분화, 불평등'인 반면에 연계망은 '합의'를 통해 결속된다(Lesley Milroy and James Milroy, 1992 : 2). 발음과 문법적인 형태에서 생기는 언어적 변이는 계급 사이에서 일어나는데, 언어적인 일치는 사회적 연계망을 통해 형성되는 경향이 있다. 촘촘한 사회적 연계망은 구성원들이 지리적으로 가깝고, 가족 간의 유대, 일터 등을 공유함으로써 집단의 규범을 준수하도록 강한 압력을 가한다(강현석 외, 2002 : 193). 촘촘한 연계망은 하류 사회 계급의 특성인데, 느슨한 연계망은 중류 계급의 특성이다. 느슨한 연계망의 특징은 지리적 이동 가능성이 높고, 친족 관계가 약하며, 교제 범위가 넓은 것이다. 촘촘한 연계망은 개인들 사이의 강한 유대와 공동체의 압력으로 말미암아 전체 사회로부터 낙인찍힌 것이라고 하여도 독특한 언어 형태를 유지할 수 있다. 그러한 집단 내에서 표준어를 전파시키려는 강력한 국가적 정책에도 불구하고 지위가 낮은 일상어로 낙인찍힌 언어 형태가 수세기에 걸쳐 지속된다는 사실은 주목할 만하다(Lesley Milroy and James Milroy, 1992 : 6). 여기에서 지위가 낮은 일상어로 낙인찍힌 언어 형태는 비속어·비표준어·욕설 등을 뜻한다.

사회학자와 사회언어학자에 따라 사회 계층을 분류하는 기준은 일정하지 않다.

사회 계층의 분류 준거로 Labov(1966)에서는 학력·직업·수입 등을, Warnner(1967)에서는 교육·거주지·수입·가족 배경 등을, Trudgill(1974)에서는 직업·학력·수입·주택의 양식·거주지·부친의 직업 등을 들고 있다. Shuy, Wolfram and Riley(1968)에서는 거주지·학력·직업 등을, 김영모(1982)에서는 재산·학력·직업·수입·가문·인격 등을 사회 계층의 준거로 제시하고 있다. Wolfram & Fasold(1974 : 44)에서는 단순한 경제적 요인에 의한 측정보다 사회적 요인—교회 신도·여가 활동·지역 사회 조직—에 따른 것이 더욱 직접적으로 사회 계층에 연관된다고 한다. 인간은 환경의 영향을 받는 존재이므로 거주지·가족 배경·가문 등도 사회 계층을 분류하는 데 중요한 준거가 된다. 사회 계층은 [그림 8-13]과 같이 분류된다.

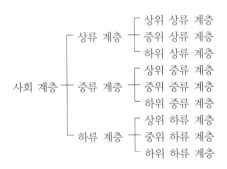

[그림 8-13] 사회 계층의 분류

사람들은 자신들이 속해 있는 사회 조직의 구성원에게서 언어적 영향을 많이 받는다. 사회 계층 간의 언어 차이는 사회적 결속의 정도를 반영한다. 지리적 장애보다 사회적 장벽이 방언 분화에 영향을 더 끼친다. 상류 계층이 사용하는 방언은 다른 계층의 방언보다 지위 또는 신분이 더 높은 것으로 간주한다.

말투의 변이는 사회적 계층 변이의 직접적인 결과이다. 이것은 하위 중류 계층의 언어적 불안정성에서 기인한다. 어느 사회든지 하위 중류 계층과 상위 하류 계층(상위 노동 계층)의 언어 차이가 가장 심하다. 말투와 사회 계층 간의 관련성은

양자택일(兩者擇一)의 문제가 아니라 어느 것이 더하고 덜한가의 문제이다. 이것
은 어떤 집단이 하나의 변이형(變異形)을 사용하고, 다른 집단은 다른 변이형을
사용한다는 것이 아니라, 모든 집단이 다른 비율로 두 변이형을 함께 사용하고
있기 때문에, 경향성(tendency)과 확률(probability)의 문제인 것이다. 고착적인
계층은 인도의 계급 방언에서 알 수 있는 바와 같이 방언 간의 경계가 분명하지만,
유동적인 계층은 방언 간의 경계가 분명하지 않다. 하류 계층의 아이들은 중류
계층의 아이들보다 추상적인 말을 적게 사용하고, 격식을 갖춘 구어(口語)의 사용
을 덜 좋아하거나 그러한 말에 덜 익숙해 있다. 하류 계층의 아이들은 언어 결핍
증세를 보인다. 중류 계층은 정교한 신호 체계를 사용하지만, 하류 계층은 한정된
신호 체계—개념, 사고방식 등을 표현하는 데 부족한 신호 체계—를 사용한다.
민주형의 가정이나 개인 중심 가정의 구성원들 간에는 개방적인 의사소통이 이루
어져 개인차에 따른 언어의 발달이 잘 이루어지지만, 독재형 가정이나 지위 중심
가정의 구성원 간에는 개방적인 의사소통이 이루어지지 않기 때문에 개인차에
따른 언어가 덜 발달한다.

　한국의 사회 계층별 언어 실현 양상을 음운·어휘·문장·담화 등으로 나누어
간략히 살펴보기로 한다.


**음운**　'생선 → [쌩선]', '좀 → [쫌]', '새롭다 → [쌔롭따]', '좁다 → [쫍따]' 등과
같이 어두 평음을 경음으로 발음하는 현상을 어두 경음화 현상(語頭硬音化現象)이라
고 한다. 이러한 현상은 한국의 모든 사회 계층에서 찾아볼 수 있다. 이주행(1999)에서
는 어두 평음을 경음으로 발음하는 비율은 상류 계층(high class) 25%, 상위 중류
계층(upper middle class) 33.3%, 중위 중류 계층(middle middle class) 33.3%, 하위
중류 계층(lower middle class) 66.7%, 상위 하류 계층(upper low class) 50%, 중위
하류 계층(middle low class) 33.3%, 하위 하류 계층(lower low class) 33.3%라고
한다. 하위 중류 계층에 속하는 사람이 다른 계층에 속하는 사람에 비하여 어두

평음을 경음으로 발음하는 사람이 가장 많다(이주행, 1999 : 59).

　'가려고[가려고]' → [갈려고]/[갈려구]로, '배부르다[배부르다]' → [배불르다]로, '모르지[모르지]' → [몰르지] 등과 같이 'ㄹ'음을 첨가하여 발음하는 현상은 상류 계층 16.7%, 상위 중류 계층 25.0%, 중위 중류 계층 33.3%, 하위 중류 계층 75%, 상위 하류 계층 58.3%, 중위 하류 계층 41.7%, 하위 하류 계층 41.7% 등의 비율을 보인다. 이 현상은 대한민국의 사회 계층 중에서 하위 중류 계층에서 가장 많이 실현된다. 이 현상은 오늘날 한국어 음운 규칙에 어긋나는 것이지만, 언어 변화의 흐름선상에서 볼 때 앞으로 보편적인 현상으로 굳어질 가능성이 많다. 피어슨(Pearson)의 검정 통계량 $x^2$=6.089이고, 자유도(df)는 6이며, p-값은 0.413으로, 검정 결과 한국 사회 계층간 어두 경음화 현상은 별로 유의미한 차이가 없는 것으로 보인다. 오늘날 20대 이하의 젊은이와 어린이 가운데 상당수가 어두 평음을 경음으로 발음한다. 언어 변화를 주도하는 하위 중류 계층과 20대 이하 세대가 어두 평음을 경음으로 발음하는 현상을 통해 볼 때 어두 경음화 현상은 모든 사회 계층에 걸쳐 날이 갈수록 보편화되어 갈 것이다. 어두 경음화 현상이 강세를 보이는 것은 초·중·고 각급 학교에서 한국어 발음 교육을 소홀히 하고, 오늘날 대한민국의 사회가 그만큼 삭막하기 때문이다.

　연음 법칙(連音法則)에 따라 '꽃이'를 [꼬치]로, '끝을'을 [끄틀]로, '부엌에'를 [부어케]로, '무릎이'를 [무르피]로 발음하지 않고, '꽃이[꼬치]' → [꼬시], '끝을 [끄틀]' → [끄슬], '부엌에[부어케]' →[부어게] 등과 같이 연음 법칙에 어긋나게 발음하는 사회 계층별 비율은 상류 계층 25%, 상위 중류 계층 33.3%, 중위 중류 계층 41.7%, 하위 중류 계층 83.3%, 상위 하류 계층 66.7%, 중위 하류 계층 50%, 하위 하류 계층 41.7%이다. 연음 법칙에 어긋나게 가장 많이 발음하는 계층은 하위 중류 계층이다. 피어슨의 검정 통계량 $x^2$=11.626, 자유도=6, p-값= 0.071로, 검정 결과 사회 계층 간 어느 정도 유의미한 차이가 있는 것으로 보인다. 연음 법칙에 어긋나게 발음하는 현상은 근대 한국어에서 7종성 법칙에 따라 발음하던 전통이 현대 하중류 계층에서 간이화 욕구로 말미암아 되살아나고 있음을 엿볼 수 있다. 그리고 모든 사회 계층에 걸쳐 연음 법칙에 어긋나게 발음하는 이가 골고루 분포하는 요인은 초·중·고 각급 학교에서 한국어 음운 규칙에 관한 교육을 실제 언어 생활과 관련지어 철저하게 실시하지 않고, 한국어 발음을 정확히 발음하려는 의식이 결여되어 있으며, 되도록 좀더 쉽게 발음하고자 하는 데서 찾아볼 수 있을 것이다.

'손잡이[손자비]→[손재비]', '고기[고기] → [괴기]', '먹이다[머기다] → [메기다]', '창피하다[창피하다] → [챙피하다]' 등과 같이 움라우트(umlaut) 현상에 따라 발음하는 비율은 상류 계층 16.7%, 상위 중류 계층 25.0%, 중위 중류 계층 25.0%, 하위 중류 계층 41.7%, 상위 하류 계층 58.3%, 중위 하류 계층 75.0%, 하위 하류 계층 83.3%이다. 대한민국의 사회 계층 중에서 움라우트 현상에 따라 발음하는 이가 가장 많은 사회 계층은 하위 하류 계층이다. 이 현상은 상류 계층에서 하류 계층에 이를수록 많이 나타난다. 피어슨의 검정 통계량 $x^2$=20.007, 자유도=6, p-값= 0.003으로, 움라우트 현상은 검정 결과 한국 사회 계층 간 유의미한 차이가 있음을 보인다.

앞에서 살펴본 바와 같이 대한민국에서 움라우트 현상을 제외하고, 어두 평음을 경음으로 발음하거나, 'ㄹ'음을 어간에 첨가하여 발음하거나, 연음 법칙에 어긋나게 발음하는 사람이 가장 많은 사회 계층은 하위 중류 계층이다. 이러한 사실로써 한국에서 한국어 음운의 변화를 주도하는 사회 계층은 하위 중류 계층임을 알 수 있다. 이상에서 살펴본 음운 현상 중 피어슨의 검정 결과 어두 경음화 현상을 제외하고, 'ㄹ'음 첨가 현상·연음 법칙에 어긋나게 발음하는 현상·움라우트 현상 등이 한국 사회 계층 간에 유의미한 차이를 보인다. 움라우트 현상은 화자의 사회적 지위를 짐작하게 하여 주는 사회 표지(social marker)로 간주할 수 있다.

**어휘** '벌거지(벌레), 애덜(애들), 맨들어야(만들어야), 인저(인제), 댕겼으니까(당겼으니까), 때려 부려(때려 버려)'[18] 등과 같은 비표준어를 사용하는 비율은 상류 계층 58.3%, 상위 중류 계층 66.7%, 중위 중류 계층 66.7%, 하위 중류 계층 75.0%, 상위 하류 계층 91.7%, 중위 하류 계층 100%, 하위 하류 계층 100%이다. 하류 계층에서 상류 계층으로 갈수록 표준어를 사용하는 비율이 높다. 이것은 학력이 높을수록 상황에 따라 코드 전환을 할 수 있는 의사소통 능력을 지니고 있음을 뒷받침하는 것이다. 피어슨의 검정 통계량 $x^2$=13.275, 자유도=6, p-값=0.039 로, 검정 결과 비표준어 사용은 한국 사회 계층 간 유의미한 차이가 있음을 보인 다. 한편 선진국에 비하여 표준어를 사용하는 비율이 사회 계층 간에 큰 차이가 없다[19]. 비표준어를 사용하는 사람의 비율이 무려 상류 계층에서 58.3%를 차지하 고, 중류 계층에서 69.5%를 차지한다. 상류 계층과 중류 계층에 속하는 제보자의 출생지와 성장지가 서울과 경기도인 사람은 일반적으로 표준어를 구사하는데, 출생지와 성장지가 그 밖의 지역인 경우에는 비표준어를 구사한다. 이와 같이 표준어를 구사하여야 할 상황에서 표준어를 사용하지 못하는 것은 국민의 상당수 가 초·중·고교에서 표준어 교육을 철저히 받지 못하고, 대부분의 국민이 표준어 의 중요성을 인식하지 않고 있기 때문이다. 표준어를 구사하여야 할 상황에서 표준어를 구사하지 못하는 것은 국민들 간의 의사소통을 통한 국가 발전의 측면에 서 볼 때 심각한 문제라고 할 수 있다.

'여가(餘暇)' 대신에 '레저(leisure)'를, '규칙(規則)' 대신에 '룰(rule)'을, '지도자 (指導者)'대신에 '리더(leader)'를, '이상(理想)' 대신에 '비전(vision)'을, '판매(販賣)' 대신에 '세일(sale)'을, '(값을) 깎다'나 '할인하다' 대신에 '디스카운트하다'를 사용 하는 것 즉 고유어나 한자어와 공존하는 외래어를 사용하는 비율은 상류 계층 41.7%, 상위 중류 계층 41.7%, 중위 중류 계층 50.0%, 하위 중류 계층 75.0%,

---

18) ( )의 단어는 표준어임.

19) 이미 Trudgill(1974), Holmes(1992) 등에 의해 영어가 한국어인 영국·미국·호주 등지에서도 상위 계층에서 하류 계층으로 갈수록 비표준어를 더 많이 사용함이 밝혀진 바가 있다.

상위 하류 계층 33.3%, 중위 하류 계층 8.3%, 하위 하류 계층 0.0%이다[20]. 피어 슨의 검정 통계량 $x^2$=20.119, 자유도=6, p-값=0.003으로, 검정 결과 고유어나 한자어와 공존하는 외래어를 사용하는 것은 대한민국 사회 계층 간에 유의미한 차이가 있음을 보인다. 대한민국의 사회 계층 중에서 하위 중류 계층에 속하는 사람이 고유어나 한자어와 공존하는 외래어를 가장 많이 사용한다. 이러한 요인 은 하위 중류 계층에 속하는 사람이 다른 계층에 비하여 상대방이 자신을 실제보 다 높은 사회 계층에 속하는 사람으로 인식하여 주길 바라는 욕구, 언어 습관 등에서 찾아볼 수 있을 것이다. 그들은 Wardhaugh(1998 : 254)가 말한 바와 같이 자기들보다 더욱 높은 사회 계층에 속하는 사람들과 같아지고 싶은 욕구로 말미암 아 고유어나 한자어와 공존하는 외래어를 의도적으로 사용하는 것이다.

외국어의 어휘를 한국어에 혼용하는 비율은 상류 계층 83.3%, 상위 중류 계층 66.7%, 중위 중류 계층 50.0%, 하위 중류 계층 50.0%, 상위 하류 계층 25.0%, 중위 하류 계층 0%, 하위 하류 계층 0%이다. 피어슨의 검정 통계량 $x^2$=31.244, 자유도=6, p-값= 0.001로, 검정 결과 외국어 어휘를 한국어에 혼용하는 것은 한국 사회 계층 간에 유의미한 차이가 있음을 보인다. 중위 하류 계층과 하위 하류 계층은 외국어를 전혀 사용하지 않는데, 상위 하류 계층에서 상류 계층으로 갈수록 외국어를 사용하는 사람이 많다. 이들이 주로 사용하는 외국어는 영어이 다. 기원 전 3세기경부터 19세기말까지 중국어를 아는 한국인들이 모화사상(慕華 思想)[21]에 젖어 중국 어휘를 한국어에 섞어 사용한 것과 같이 8·15 광복 이후 오늘날에 이르기까지 남한의 식자층은 영어를 한국어에 혼용하는 경향이 농후하 다. Trudgill이 일찍이 최고의 사회 집단에서 시작하는 언어의 혁신(linguistic

---

20) 제보자 중에서 '국제 통화 기금'을 사용하여야 할 화맥에서 이 단어를 사용하는 사람은 한 명도 없었고, 제보자에 따라 '아이 엠 에프(IMF)' 혹은 '아임에프' 혹은 '아이에프'라는 단어를 사용하였다. 이것은 대한민국의 국민 중 상당수가 주체성이 없는 언어생활을 하는 것과 대중 매체의 위력을 입증하는 사례라 고 볼 수 있다.

21) 모화사상(慕華思想) : 중국의 문물과 사상을 공경하고 사모하여 따르려는 사상.

innovation)은 마침내 가장 낮은 사회 집단에도 영향을 끼친다고 말한 바가 있다 (Trudgill, 1975 : 35). 한국어에 외국어의 어휘를 섞어 말하는 것은 한국어의 문화가 발전하는 데 걸림돌로 작용할 뿐만 아니라 한국인끼리 의사소통을 할 때에도 장애 요인으로 작용한다.

미래학자들은 21세기에는 문화 경쟁이 더욱 치열해지고, 민족주의가 더욱 깊게 뿌리를 내릴 것이라고 한다. 대한민국의 정부 당국에서는 한국인끼리 의사소통을 할 적에 외국어를 한국어에 섞어 쓰지 못하도록 계도하고, 공적인 상황에서 외국어를 사용하는 사람에게는 불이익이 있도록 조치를 하여야 한다.

화자(話者)는 담화(談話)를 할 때에 담화의 구성 요소들을 연결시키거나, 쉼 또는 멈칫거림을 줄이기 위하여 채움말(filler)[22]을 사용한다. 화자는 전달하고자 하는 메시지(message)에 대한 기억을 되살리기가 어렵거나, 그것을 정확하게 표현하기가 어려울 때에 채움말을 사용한다. 어떤 담화에서 채움말을 많이 사용할수록 그 담화의 생산은 용이해지지만, 그 담화의 질은 더욱 떨어진다. 채움말은 불안·허위·의심 등을 나타내는 표지(marker)가 되기도 한다. 유창한 화자일수록 채움말을 사용하지 않고 말을 한다. 한국 사회 계층별로 채움말을 사용하는 비율은 상류 계층 41.7%, 상위 중류 계층 41.7%, 중위 중류 계층 50.0%, 하위 중류 계층 58.3%, 상위 하류 계층 75.0%, 중위 하류 계층 91.7%, 하위 하류 계층 100.0%이다[23]. 피어슨의 검정 통계량 $x^2=18.011$, 자유도=6, p-값=0.006으로, 검정 결과 채움말의 사용은 한국 사회 계층 간에 유의미한 차이가 없는 것으로

---

22) 문효근(1983 : 11)에서는 '군소리'와 '군말'을 '머뭇거림꼴(hesitation form)'이라 하고, 이것들은 일상의 대화에서 남의 이름이나 물건의 이름을 얼른 생각해 내지 못하거나, 말하기에 난처한 입장에 있거나, 적절한 표현의 방법을 못 찾거나 그 밖에 자기의 태도를 분명히 밝히기를 싫어하거나 하는 나머지, 머뭇거리면서 내는 것을 뜻한다고 한다. 한편 문효근(1983 : 8)에서 군소리는 그 뿌리를 언어 기호에 두고 있지 않은 한갓 호흡 조절에 따르는 생리적 문제와 관계가 있는 것이라고 한다.

23) 채움말의 비율은 "사회 계층별로 각 제보자가 채움말을 사용한 문장/ 각 제보자가 구사한 총 문장수 ÷ 100"로 각 제보자의 채움말 사용 비율을 산출한 뒤에 10명의 것을 합산하고 10으로 나누어 도출한 것이다.

보인다. 그런데 상류 계층에서 하류 계층으로 갈수록 채움말을 사용하는 비율이 높은 편이다. 대한민국의 상류 계층과 상위 중류 계층에서는 '어, 저, 뭐'를, 중위 중류 계층에서는 '그, 어, 저, 뭐'를, 하위 중류 계층에서는 '그, 어, 저, 음, 인제, 그냥[24], 뭐'를, 상위 하류 계층에서는 '음, 어, 저, 좀/쫌, 저기, 막, 뭐'를, 중위 하류 계층에서는 '어, 저, 이제, 인저[25], 뭐'를, 하위 하류 계층에서는 '응, 음, 어, 저, 막, 글쎄, 거시기, 뭐' 등을주로 사용한다. 모든 사회 계층에서 공통적으로 가장 많이 사용하는 채움말은 '어, 저, 뭐' 등이다.

'{미친, 나쁜, 빌어먹을} 놈, 처먹다, 지랄하다' 등과 같은 비속어를 사용하는 비율은 상류 계층 8.3%, 상위 중류 계층 16.7%, 중위 중류 계층 25.0%, 하위 중류 계층 33.3%, 상위 하류 계층 50.0%, 중위 하류 계층 75.0%, 하위 하류 계층 83.3%이다. 비속어를 사용하는 사람이 가장 많은 사회 계층은 하위 하류 계층이다. 상류 계층에서 하류 계층으로 갈수록 저속한 언어를 구사하는 이가 많다. 하류 계층에 속하는 사람들 중에는 상황을 고려하지 않고 생각나는 대로 꾸밈없이 말하는 사람이 많은데, 상류 계층에 속하는 사람들은 상황을 고려하여 북받치는 감정을 억제하고 말하는 사람이 많다. 피어슨의 검정 통계량 $x^2$=24.686, 자유도 =6, p-값=0.001로, 검정 결과 속어 사용은 한국 사회 계층 간에 유의미한 차이가 있음을 보인다.

이제까지의 고찰을 통해서 볼 때 비표준어, 채움말, 비속어 등은 상류 계층에서 하위 하류 계층으로 갈수록 많이 사용함을 알 수 있다. 외래어는 하위 중류 계층에서 가장 많이 사용하고, 외국어는 상류 계층에서 가장 많이 사용한다. 외래어를 하위 중류 계층에서 사용하는 것은 좀더 높은 사회 계층에 속하는 사람이 되고 싶어 하는 동기 때문인데, 상류 계층에서 외국어를 즐겨 사용하는 것은 위세적인 동기 때문이다. 채움말을 제외한 비표준어·외래어·외국어·비속어 등의 사용은

---

24) 주로 여자가 '그냥'을 채움말로 사용한다.
25) '인저'는 '인제'의 비표준어임.

모두 p-값이 0.05 이하이므로 한국 사회 계층 간에 유의미적인 차이가 있음을 보인다. 따라서 이것들은 사회 표지로 간주할 수 있다.

**문장** 대한민국의 사회 계층별 문장의 특성은 제보자가 구사하는 비문법적인 문장과 그가 발화하는 문장의 길이에 국한하여 살펴보기로 한다.

제보자들이 구사한 비문법적인 문장을 분석하여 보면, (ㄱ) 조사를 잘못 사용하거나, (ㄴ) 연결 어미를 잘못 사용하거나, (ㄷ) 단어를 잘못 사용함으로써 비문법적인 문장이 된 것이 많은 비중을 차지한다[26].

대한민국의 각 사회 계층에서 비문법적인 문장을 구사하는 비율[27]은 상류 계층 8.4%, 상위 중류 계층 12.8%, 중위 중류 계층 16.5%, 하위 중류 계층 23.2%, 상위 하류 계층 34.5%, 중위 하류 계층 49.7%, 하위 하류 계층 58.9%이다. 상류 계층에서 하류 계층으로 갈수록 비문법적인 문장을 구사하는 비율이 높다. 하위 하류 계층에 속하는 제보자들 가운데 어떤 이는 종결 어미를 거의 사용하지 않고 연결 어미로 문장을 맺기 때문에 메시지를 이해하기가 힘든 경우도 있다[28].

---

26) 제보자들이 구사한 비문법적인 문장의 보기를 들어보면 다음과 같다.
   (1) 격조사를 잘못 사용한 것 : ① 원래 <u>쎄일이</u> 일월달하구 사월달하구 칠월달하구 십이월달 이렇게 했어요. ② <u>나이가</u> 먹어 가지구 챙피해서 한 귀퉁이에서 내가 숨어서 있었어.
   (2) 연결 어미를 잘못 사용한 것 : 사회 전체도 <u>힘들지만</u> 남편이 사업을 해서 우리도 힘들어요.
   (3) 단어를 잘못 사용한 것 : 소득들이 다 평균적으로 다 떨어졌으니까 그 예전 같은 생활 수준 유지하기가 힘들죠.
27) 비문적인 문장의 사용 비율은 사회 계층별로 각 제보자가 구사한 총 문장에서 비문법적인 문장이 차지하는 비율을 계산한 다음에 사회 계층별 모든 제보자의 비문법적인 문장 사용 비율을 합산하여 제보자의 총수인 12로 나누어 산출한 것이다.
28) 다음 예문은 하류 계층에 속하는 어떤 제보자(51세, 여자, 미회원)의 말을 음성 전사한 것이다.
   "다른 게 아니고 응 학생들한테 부탁하고 싶은 거는 미화원 아줌마로써 먼저 으음 학생들이 공부하는 교실은 내 집같이 깨끗이 해야 되는데 응 국민학생도 아니고 응 하물며 대학생이 이런 사람 볼 때는 국민학생만치도 못하고 응 자기가 소유하고 있는 그 쓰레기 뭐시든지 응 분리수거라든지 가정에서 지금 아엠에프를 다 알고 있잖아요 응 근데 학생들이 너무나 지저분시럽고 그런 데서 자기들이 공부한다는 게 그 머릿속에 들어가는가 이해가 안 가고 또 아줌마들은 다른 것이 아니고 응 또 분리수거가 있잖아요 그리구 그 분리수거두 학생들이 좀 잘 해 줬으면 좋겠구. 또 아엠에프로 인하여 요즘 응 또 전기가 굉장히 가정에서두 아끼구 응 모든 것을 다 아끼는 상황에서 학생들이 더 앞장서서 그런 걸 아껴 줘야 담화를 형성하는 문장의 평균 길이는 상류 계층이 77.7음절, 상위 중류 계층이 47.3음절, 중위 중류 계층이 32.5음절, 하위 중류 계층이 27.3음절, 상위 하류 계층이 21.4음절, 중위 하류 계층이 11.3음절, 하위 하류 계층이 10.5음절이다. 상류 계층에 속하는 사람일수록 장문(長文)으로 말하는데, 하류 계층에 속하는 사람일수록 단문(短文)으로 말한다.

**담화** 담화상 특성은 제보자가 관련성의 격률(the maxim of relevance)과 발화의 연속 규칙(sequenceing rule)에 따라 말하는 실태를 살펴보는 데 국한하기로 한다.

관련성의 격률을 어기고 말하는 비율은 상류 계층 8.3%, 상위 중류 계층 16.7%, 중위 중류 계층 16.7%, 하위 중류 계층 33.3%, 상위 하류 계층 50.0%, 중위 하류 계층 75.0%, 하위 하류 계층 91.7%이다. 하위 하류 계층에 관련성의 격률(the maxim of relevance)에 어긋나게 말하는─동문서답(東問西答)하는─ 사람이 가장 많다. 또한 조사자의 질문에 응답하는 것을 꺼리는 사람이 가장 많은 사회 계층도 하위 하류 계층이다. 피어슨의 검정 통계량 $x^2$=30.171, 자유도= 6, p-값=0.001로, 검정 결과 관련성의 격률에 어긋나게 말하는 현상은 대한민국의 사회 계층 간에 유의미한 차이가 있음을 보인다.

발화의 연속 규칙에 어긋나게 말하는 비율은 상류 계층 25.0%, 상위 중류 계층 33.3%, 중위 중류 계층 41.7%, 하위 중류 계층 66.7%, 상위 하류 계층 50.0%, 중위 하류 계층 25.0%, 하위 하류 계층 0%이다. 피어슨의 검정 통계량 $x^2$=14.325, 자유도=6, p-값=0.026으로, 검정 결과 연속 규칙에 어긋나게 말하는 것은 한국 사회 계층 간에 유의미한 차이가 있음을 보인다. 발화의 연속 규칙에 어긋나게 말하는 사람이 하위 중류 계층에 가장 많은데, 하위 하류 계층에 속하는 사람은 모두 발화의 연속 규칙에 맞게 말한다. 하위 중류 계층이 하위 하류 계층보다 발화의 연속 규칙에 어긋나게 말하는 것은 하위 중류 계층의 화자들은 화맥에

---

되는데."

따라 청자 대우의 화계가 동요하는데, 하위 하류 계층의 화자들은 화맥의 영향을 받지 않고 대화를 시작하기 전에 자기 나름대로 정한 화계에 따라 말하기 때문이다.

관련성의 격률(the maxim of relevance)에 어긋나게 말하는 사람이 가장 많은 사회 계층은 하위 하류 계층이다. 또한 조사자의 질문에 응답하는 것을 꺼리는 사람이 가장 많은 사회 계층도 하위 하류 계층이다. 이것은 상류 계층에서 하류 계층으로 갈수록 대화의 원리를 모르고 대화를 함을 반영하는 것이다. 발화의 연속 규칙에 어긋나게 말하는 사람이 가장 많은 사회 계층은 하위 중류 계층이다. 언어 변화의 주도 계층이 하위 중류 계층이므로 앞으로 모든 사회 계층에 걸쳐 발화의 연속 규칙에 어긋나게 말할 현상이 농후해질 가능성이 높다.

### 8.6.2.2 성과 한국어

남성과 여성의 언어는 상이한 것보다 유사하고 동일한 것이 많다. 남성어와 여성어가 다른 것은 여성과 남성에게 구별된 성 역할을 가르치고 강화시키는 문화적 규범에 따라 남성과 여성은 상이한 방식으로 각자 자신을 표현하도록 사회화되기 때문이다. 상이한 발화 스타일이 문화적으로 각 성에 연관된다. 이와 같은 연관성은 많은 경우에 정형화되어 버려 일정한 문화의 구성원들은 어떤 언어 행위가 전형적으로 여성이나 남성의 것이라고 믿는다. 모든 남성이 전형적인 남성 발화 스타일을 구사하는 것이 아니고, 모든 여성 역시 전형적인 여성 발화 스타일을 구사하는 것이 아니다. 개인적인 차이 이외에도 의사소통의 맥락이 중요한 의미를 지닌다. 대화의 격식성/비격식성, 화자의 목적, 대화자 간의 관계 등과 같은 맥락적 요인이 화자의 언어 선택에 영향을 끼친다. 연령, 사회 계층, 인종, 종교, 출생지 등과 같은 화자의 정체성과 관련된 특징들도 언어 선택에 영향을 끼친다. 우리는 여성이나 남성의 언어를 인지할 때 기저 문화의 모형과 사회적·정치적 함의의 영향을 많이 받는다. 따라서 우리는 성별 언어 차이를 논할 적에

[표8-2] 대상 성별 언어

| 대상 성별 언어 | | 보기 |
|---|---|---|
| 전용성 여부 | 절대 남성어 | 아버지, 미남, 장가가다, 농장지경(弄璋之慶) |
| | 상대 남성어 | 나그네, 늠름하다, 씩씩하다 |
| | 절대 여성어 | 어머니, 미인, 청상(靑孀), 시집가다,<br>농와지경(弄瓦之慶)=농와지희(弄瓦之喜) |
| | 상대 여성어 | 곱다, 고아하다, 알뜰하다 |
| | 통성어 | 부모, 팔방미인(八方美人), 혼인하다, 청승맞다 |
| 대립어 유형 | 남성 중심어 | 의사-여의사, 장부-여장부, 시인-여류 시인 |
| | 여성 중심어 | 파출부-남자파출부, 간호사-남자간호사,<br>미용사-남자미용사 |
| 지칭어 | 남성 지칭어 | 아버지, 남자, 미남, 장인 |
| | 여성 지칭어 | 어머니, 여자, 미인, 장모 |
| | 통성 지칭어 | 인간, 겁쟁이, 교사, 귀염둥이 |

과잉 일반화하여 진술하지 않아야 한다.

전통문법론에서는 성(gender)[29] 범주를 문법 범주의 일종으로 다루었는데, 사회언어학에서는 성별 언어를 성별 차이 언어(gender- different language)와 성 차별 언어(gender-discriminative language)로 양분하여 연구한다. 성별 언어는 어떤 어휘가 남성이나 여성에게 특유하게 쓰이는 어휘인 '대상 성별 언어(objective genderlect)'의 측면과 남성과 여성이 특유하게 발화하는 '발화 성별 언어(utterable genderlect)'로 나누어 살펴볼 수 있다.

'대상 성별 언어(objective genderlect)'는 어떤 어휘가 성별로 적용되는 양상에 따라 절대어와 상대어로 나뉜다(민현식, 2003 : 137). 특정한 성(gender)에만 쓰이는 것이 절대어이다.

남성과 여성 모두에게 쓰일 수 있지만 주로 한 성에 상대적으로 더 쓰이는 것이

---

29) 성(性)을 영어로 sex 혹은 gender라고 하는데 이 두 단어의 의미는 다르다. sex는 생물학적으로 결정되는 것을 뜻하지만 gender는 남성과 여성 간의 전반적인 심리적·사회적·문화적 차이를 포함한 사회적 구성 개념이다.

상대어이다. 절대어는 다시 남성에게만 쓰이는 절대남성어와 여성에게만 쓰이는 절대여성어로 나뉜다. 상대어는 여성보다 남성에게 더 쓰이는 상대남성어와 남성보다 여성에게 더 쓰이는 상대여성어로 나뉜다. 남성과 여성에게 대등하게 두루 쓰이는 것은 통성어라고 할 수 있다. 사람마다 사회적 통념의 변화로 말미암아 절대어와 상대어의 구별은 쉽지 않다.

이 글에서는 남성과 여성의 발화어의 차이를 발음·어휘·문법·담화 등에 국한하여 간략히 살펴보기로 한다.

여성의 음성은 대체로 높고 가늘고 얇은데, 남성의 음성은 낮고 두껍고 깊다. 일반적으로 여성은 남성보다 더욱 동적인 억양[30] 패턴을 보인다. 여성은 자신이 가진 음역 범위 내에서 더 동적인 높낮이(pitch)를 구사하고, 성량(volume)을 신속하게 바꾸고, 남성보다 더욱 빠르게 말한다. 평서문을 남성은 하강조로 발음하는데, 여성은 상승조로 발음한다. 이와 같이 여성이 평서문을 상승조로 발음하는 것에 대해서 Robin Lakoff(1975 : 17)에서는 여성이 주저하고, 확신이 없으며, 주장하는 힘이 약함을 나타내는 것이라고 한다. 그런데 McConnell Ginet(1983)과 Pamela Fishman(1983)에서는 이와 같은 것을 여성이 청자의 반응을 확보하기 위해서 사용한다고 한다. 대한민국의 여성은 접속문과 평서문에서 주로 상승조를 구사한다.

(1) 아주 터프하네요↗.
(2) 어제 저는 충남 광천에 있는 오서산을 다녀왔는데요↗,
　　거기서 산딸기를 따 왔어요↗.

여성은 남성보다 표준어를 더 선호한다. 남성은 타향의 방언보다 자신의 고향

---

30) 억양은 전체 발화에 놓이는 리듬, 성량(volume), 높낮이(pitch) 등이 조합되는 복합체이다. Sally McConnell-Giner(1983 : 76~77)에서는 동적인 억양 패턴은 감성과 자연적 충동을 나타내고, 정적인 억양 패턴은 감정을 통제하고 자제함을 나타내는 것이라고 한다.

방언이 더욱 듣기가 좋다고 하는데, 여성은 자신의 고향 방언보다 표준어가 더욱 듣기 좋다고 한다(민현식, 2003 : 153). 또한 여성은 남성보다 한국어에 외국어를 더 섞어 쓴다.

모든 조건이 같을 때 여성이 남성보다 사회적 위신이 높은 말, 즉 품위 있는 말을 더 많이 사용한다. 이것은 다음과 같은 요인에서 기인한다(Chambers and Trudgill, 1980 : 98).

(ㄱ) 여성은 외모나 행위를 통해 사회적 지위를 나타내려고 한다.
(ㄴ) 여성은 형식적 상황에 놓여 있는 자신을 인식하는 데 익숙하다.
(ㄷ) 아동의 사회화에서 여성들의 전통적인 큰 역할은 여성으로 하여금 '공인된' 행동의 규범에 민감해지도록 만든다.
(ㄹ) 일반 사회에서 남성들이 거칠게 행동하고 규칙을 위반하여도 호의적이나, 여성은 예의 바르고 겸손하며 조촐하고 공손한 존재가 되기를 요구한다.

남성은 품위 있는 언어의 위세보다 품위 없는 언어의 위세에 영향을 더 받는다. 여성은 이와 반대이다. 한편 젊은 여성이 늙은 여성보다 품위 없는 언어의 위세에 영향을 더 받는다. 또한, 중류 계층의 여성어는 품위 있는 언어로 변화하지만, 하류 계층의 여성어는 품위 없는 언어로 변화한다.

여성은 남성에 비하여 수식어인 '너무너무'와 같은 반복 부사를 더욱 많이 사용하고, '어머머, 아유, 세상에, 에그머니' 등의 감탄사를 즐겨 쓴다. 이와 같이 강조의 의미를 나타내는 반복 부사와 감탄사를 자주 사용하는 것은 여성이 감정을 드러낼 수 있도록 사회가 허락하기 때문이다. 남성은 동일한 사회 구성원에게서 감정을 통제할 것이라는 기대를 받기 때문에 감정의 풍부함을 표시하는 말의 사용을 자제하는 것이다. 그리고 여성은 '있잖아요'와 같은 대화 도입 어구(語句), '맞아요, 정말 그래요' 등과 같은 맞장구 어구, '못살아, 몰라 몰라, 미워 미워' 등의 과장 어구를 남성보다 더욱 자주 사용한다. 남성은 여성보다 비속어를 사용하는 빈도가 더욱 높다.

일찍이 Robins Lakoff(1975 : 16-17)에서 여성이 남성보다 부가 의문문(tag questions)을 더 많이 사용하는데, 그 이유는 여성이 단언적 주장을 꺼리기 때문이라고 한다. 부가 의문문은 확인적 부가 의문문(modal tag questions)과 정의적 부가 의문문(affective tag questions)으로 나뉜다. 확인적 부가 의문문은 다음의 예문 (3)과 같이 청자에게 정보를 요구하거나 확신하지 못하는 진술에 대해서 청자에게 승인을 요구하는 경우에 쓰인다. 이것은 화자의 지식을 보충하여 주는 구실을 하기 때문에 '화자 지향적'인 것이라고 한다. 정의적 부가 의문문은 다음의 예문 (4)와 같이 명령이나 비판의 힘을 약화시키거나, 다음의 예문 (5)와 같이 대화에 청자를 참여시키고자 하는 화자의 바람을 나타내는 촉진적 기능을 한다.

(3) 날씨가 매우 쾌청하죠, <u>그렇지 않아요?</u>
(4) 책 좀 빌려 줘요, <u>네?</u>
(5) 그는 멋있는 사람이에요, <u>그렇죠?</u>

남성은 정보를 얻거나 확인하는 화자 지향적 목적을 위해 확인적 부가 의문문을 주로 사용하는데, 여성은 청자 지향적 목적을 위해 정의적 부가 의문을 주로 사용한다(Janet Holmes, 1984 : 54).

남성은 청자 경어법의 격식체를 여성보다 더 많이 사용하는데, 여성은 비격식체를 남성보다 더 많이 사용한다.

(6) 여성 : 어서 오세요.
　　 남성 : 어서 오십시오.

담화에서 남성은 협조적 전략보다 경쟁적 전략을 더욱 많이 사용하는데, 여성은 경쟁적 전략보다 협조적 전략을 더욱 많이 사용한다[31]. 그 이유는 대화를 할 적에 여성은 유대 관계를 중시하는데, 남성은 지배 관계를 중시하기 때문이다.

말 방해와 말 중복을 여성보다 남성이 더 많이 한다. 감정을 논의할 적에는 남성이 여성보다 침묵을 더 지킨다. 그리고 공적이고 격식을 차려야 하는 상황에서는 남성이 여성보다 더 많이 말하는 경향이 있다. 이것은 남성이 여성보다 힘을 유지하고 행사하려는 욕구가 더 강하기 때문이다.

담화를 할 적에 울타리 표현(hedge)을 여성이 남성보다 더 많이 사용한다. 울타리 표현이란 화자가 확신하지 못하는 내용을 진술하거나 직설적인 언급을 회피하고자 하는 의도를 명시적 혹은 암시적으로 나타내는 것이다. 이와 같은 표현을 여성이 많이 사용하기 때문에 여성은 우유부단하고 명시적이지 못하다고 하는 것이다.

(7) 아마도 우리가 재결합하기 위해서 힘써 볼 수도 있을 거야.
(8) 그 모임에 참가해야 할지 말아야 할지 좀 생각해 봐야 할 것 같아.

앞의 예문 (7)과 (8)은 화자가 자기가 한 진술에 확신이 부족함을 나타내는 기능을 한다. 울타리 표현의 사용은 사회적인 통제를 반영한다. 여성은 타인을 공경하

---

31) Tannen(1990)에서 남성과 여성의 차이에 대해서 논의한 것 가운데 중요한 것을 발췌하여 소개하면 다음의 [표 8-3]과 같다.

[표 8-3] 남성어와 여성어의 특성

| 남성어 | 여성어 |
|---|---|
| (1) 서열적 경쟁 관계를 추구한다. | (1) 대등적 협력 관계를 추구한다. |
| (2) 충고나 해결을 좋아한다. | (2) 이해나 동정 자체를 좋아한다. |
| (3) 공적인 상황에서 말이 많은 편이다. | (3) 공적인 상황에서 침묵을 지키는 편이다. |
| (4) 정보 수집과 전달에 힘쓴다. | (4) 정보를 알아도 굳이 내세우지 않는다. |
| (5) 정보가 많은 사람이나 유모를 잘 구사하는 사람이 대화를 주도한다. | (5) 정보가 많아도 남자와의 대화에서는 대화 주도가 어렵다. |
| (6) 상대방의 이야기에 호응이 적다. | (6) 상대방의 이야기에 호응이 많다. |
| (7) 주제 전환이 빠르다. | (7) 주제 전환이 느리다. |
| (8) 제안할 때 명령조를 잘 쓴다. | (8) 제안할 때 권유조를 잘 쓴다. |
| (9) 말 자체를 중시한다. | (9) 말의 속뜻을 중시한다. |

고 타인과의 갈등을 피하도록 사회화되었기 때문에 다른 견해를 가지고 있을지 모르는 청자와의 마찰을 최소화하기 위해 울타리 표현을 사용한다(강현석 외, 2002 : 260). 잠정적인 스타일로 주장하여 남에게서 도전을 받게 될 적에 그 주장을 수정하거나 취소할 수 있다.

그런데 울타리 표현은 화자가 청자에게 정의적 의미를 전달하는 표시의 기능도 한다(Holmes, 1984 : 48)[32].

(9) 네 남편은 바람둥이야.

(10) 글쎄, 내 생각엔 네 남편이, 음, 글쎄 뭐랄까 좀 바람기가 있는 것 같아.

위의 예문 (9)는 확신에 찬 단정적인 표현이지만, (10)은 화자 자신의 주장에 주저하는 표현을 많이 섞어서 단정적인 비판을 피함으로써 친구를 배려한 것이다.

성 차별 언어란 한 쪽 성에 대해서 부당한 성 차별의 편견을 보이는 언어를 뜻한다. 대한민국은 1990년대 이전의 남존여비 사상으로 말미암아 여성 차별 언어가 남성 차별 언어보다 많은 실정이다. 여성 차별 언어의 예를 들면 다음의 (11)과 같다.

(11) ㄱ. 여자는 밥하고 애나 봐.

ㄴ. 여자가 무슨 정치야?

ㄷ. 여자가 무슨 자가용 운전이야.

ㄹ. 다 큰 계집애가 밤늦게 돌아다녀.

ㅁ. 아침부터 여자가 큰소리치면 집안 망해.

ㅂ. 여자가 똑똑하면 대가 세.

ㅅ. 여자는 시집만 잘 가면 돼.

ㅇ. 여자 팔자는 뒤웅박 팔자

---

32) 울타리 표현은 공손 전략의 수단으로 사용되기도 한다.

[예문] 선생님께서는 저의 당돌한 말씀에 몹시 마음 상하지 않으셨을까 하고 저어했습니다.

ㅈ. 암탉이 울면 재수 없어.

ㅊ. 여자와 북어는 사흘에 한 번 패야 한다.

오늘날에는 여권이 신장되고 남녀평등 의식이 고취되면서 남성 차별 언어가 증가하는 추세를 보이고 있다.

(12) ㄱ. 남자가 빌빌거려.

ㄴ. 남자가 단 돈 천 원 가지고 되게 쩨쩨하게 구네.

ㄷ. 남자가 비겁하게 도망가니?

ㄹ. 처자도 먹여 살리지도 못하는 주제에 무슨 남자야?

ㅁ. 남자가 화장도 하니?

남성과 여성 간에 언어를 처리하는 과정에서 신경생리학적 차이가 있다. 자기 공명 영상(magnetic resonance imaging)을 이용한 최근의 연구들에 따르면 남성의 음운 처리는 좌뇌(左腦)에서 이루어지는데, 여성의 음운 처리는 좌뇌와 우뇌 양쪽에서 이루어진다고 한다. 그렇다고 능력상의 차이가 나타나는 것도 아니며, 남성 언어와 여성 언어 간의 구별을 설명하여 주는 신경생리학적 차이가 있음을 보여주는 증거가 있는 것도 아니다. 그 원인은 생물학적인 것이라기보다 사회적인 것이기 때문이다. 남성어와 여성어의 차이가 많은 것은 다양한 사회화 관습과 교육으로 말미암아 생긴 것이다. Wardhaugh(1998 : 310)에서는 여성어는 하찮고, 수다스러우며, 비도덕적이고, 비논리적이며, 게으르고, 완곡하며, 불충분하다는 견해가 매우 의심스럽다고 한다. 그리고 De Klerk(1992)과 Haughes(1992) 등은 여성의 말이 남성의 말보다 더 정확하고, 교양이 있으며, 우아하고, 덜 세속적이라는 주장을 인정하지 않는다.

남녀 차별 언어는 가정, 학교, 사회 등의 교육으로 습득되는 것이다. 가정에서는 부모가 성 차별 언어를 사용하지 않아야 하고, 학교에서는 교사가 학생들에게 그것을 사용하지 않을 뿐만 아니라 학생들에게 성 차별 언어를 사용하지 않도록 교육하여야 한다. 그리고 성 차별 언어가 쓰인 교재를 사용하지 않아야 한다. 또한 언론사에서는 성 차별 언어를 사용하지 않기 위해 배전의 노력을 하여야 한다.

### 8.6.2.3 연령과 언어

연령 간에도 언어 차이가 있다. 30대 이하의 젊거나 어린 사람들 중에는 40대 이상의 사람들보다 단모음 /ㅔ/와 /ㅐ/를 구별하여 발음하지 못하고, /ㅟ/와 /ㅚ/를 이중모음으로 발음하며, 음성모음화와 어두 경음화에 따라 발음하며, 말의 속도가 빠른 사람이 많다. 10대와 20대가 주로 유행어를 만들어 즐겨 사용한다. 유행어는 일종의 속어(slang)로 참신성이 있고 유대감을 표시하는 것이지만, 형식적 규칙을 배제하고 생명력이 짧은 말이다.

> (13) ㄱ. 얼짱, 몸짱, 몸꽝, 살짱, 마음짱, 섹스짱, 테크닉짱, 졸라, 썰렁맨
> ㄴ. 맞습니다 맞고요. 저를 두 번 죽이는 일예요.

60대 이상은 그 이하 세대보다 어려운 한자어를 사용하여 말하거나 글을 쓴다. 청소년들은 60대 이상이 일상어로 사용하는 '읍참마속(泣斬馬謖)[33], 목불인견(目不忍見[34], 무위도식(無爲徒食)[35], 사면초가(四面楚歌)[36], 오매불망(寤寐不忘)[37]'

---

33) '읍참마속(泣斬馬謖)'이란 중국 촉나라 제갈량(諸葛亮)이 군령을 어겨 촉한의 요지인 가정(街亭) 싸움에서 패한 장군 마속(馬謖)을, 울면서 참형에 처하였다는 고사에서 큰 목적을 위하여 자기가 아끼는 사람을 버리는 것을 비유하는 말이다.

34) '목불인견(目不忍見)'은 너무 딱하고 가여워서 또는 너무 꼴불견이어서 눈뜨고는 차마 볼 수 없다는 것을 뜻하는 말이다.

35) '무의도식(無为徒食)'이란 하는 일 없이 먹기만 함을 뜻하는 말임.

36) '사면초가(四面楚歌)'는 사방에서 들려오는 초나라의 노래라는 뜻으로, 사방이 모두 적에게 둘러싸였거나 혼자 떨어져 도움을 받을 수 없는 상태를 뜻하는 말임.

등을 일상어로 사용하지 않는 대신에 인구어 계통의 외래어, 혼종어(hybrid), 외한 국어 등을 한국어에 섞어 쓴다. 다음의 (14ㄱ)은 서구어 계통의 외래어이고, (14 ㄴ)은 혼종어이며, (14ㄷ)은 외국어이다.

(14) ㄱ. 라이벌(rival), 라인(line), 마인드(mind), 모티브(motive), 액션(action), 컨디션(condition), 컨셉트(concept), 패션(fashion), 프린트(print) …

　　ㄴ. 디스카운트하다, 샤이하다, 샤프하다, 심플하다, 썰렁맨, 스마트하 다, 터프하다, 핸섬하다 …

　　ㄷ. luxury, yes, no, oh my god, strong, wonderful …

인터넷을 즐겨 사용하는 10대와 20대는 이른바 통신 언어를 사용하는데, 인터 넷을 별로 사용하지 않는 70대 이상의 사람들은 대부분 통신 언어를 사용하지 않는다.

(15) ㄱ. [준말] 샘(선생님), 설(서울), 스타(스스로 타락한 사람), 셤(시험), 알 바(아르바이트), 중딩(중학생), 고딩(고등학생), 범생(모범생), 재사 (재주 있는 사람), 짱(짜증), 공산당(공부 못해도 산다는 당돌한 애), 바보(바다의 보배), 잼있어(재미있어), 먼(무슨), 걍(그냥), 넘(너무너 무), 바여(봐요), 몬지(뭔지), 모해여(뭐해요)

　　ㄴ. [영어식 약자 표기] imo(in my opinion), ftf(face to face), a(answer), q(question) ; u(you), re-hi(다시 안녕), lol(laugh out loud(너무 웃기 는군), oic(oh, I see)

　　ㄷ. [숫자 약자] 11(나란히 있고 싶어요), 20000(이만), 100(돌아와), 10288(열이 팔팔), 1004(천사), 045(빵 사와)

　　ㄹ. [소리 나는 대로 표기] 추카(축하), 알게써(알겠어), 펴니지(편이지), 글케(그렇게), 핸니(했니), 감사함다(감사합니다), 시러(싫어), 마니 (많이)

---

37) '오매불망(寤寐不忘)'이란 자나 깨나 잊지 못함을 뜻하는 말임.

ㅁ. [감정 표기] 하셩(하셔), 시픈뎅(싶은데), 알쩌(알았어), 슬포(슬퍼)

ㅂ. [감정 표기] : -)=기쁨, 행복함. :-( =슬픔. 0.0=무척 놀람

인터넷으로 의사소통을 하는 10대와 20대의 이른바 N세대가 사용하는 위의 (15ㄱ)~(15ㅂ)을 인터넷으로 의사소통을 할 줄 모르는 한국의 중년층·장년층·노년층 중에는 이해하지 못하는 사람이 있다.

오늘날 대한민국의 20대와 30대 주부들 중에서 20% 이상이 자기의 남편을 '오빠'라고 호칭하거나 지칭한다. 심지어 남편의 나이가 자신보다 적어도 '오빠'라고 부르는 주부가 있다. 40대 이상의 주부들 중에는 남편을 '아빠'나 '아저씨'라고 일컫는 이가 있다. 이와 같이 호칭어를 부적절하게 사용하는 원인은 가정과 학교에서 호칭어와 지칭어 교육을 하지 않고, 텔레비전 연속극에서 작중 인물이 호칭어를 잘못 사용하는 것의 영향을 받고, 기존의 도덕률을 배우는 통과의례를 거부하는 데 있다. 60대 이하의 남편들 중에는 자기의 아내를 '와이프' 혹은 '아내'라고 지칭하는 사람이 많으며, 60대 이상은 자기의 아내를 '집사람' 혹은 '안사람'이라고 일컫는 사람이 많다.

10대와 20대는 자기의 고향 방언을 공적인 상황과 사적인 상황을 구분하지 않고 사용하는데, 직장 생활을 하는 30대와 40대는 공적인 상황에서는 가급적 표준어를 사용하려고 힘쓴다. 퇴직한 50대 이상은 10대와 20대와 같이 자신의 고향 방언을 공적인 상황에서도 사용한다.

대부분의 여성과 30대 이하의 남성들은 주로 청자 경어법의 비격식체로 상대방과 대화를 하는데, 40대 이상의 남성들 중에는 격식체와 비격식체의 혼합체로 대화하는 이가 많다.

(16) ㄱ. 잡아→잡아요→잡으세요

　　ㄴ. 잡아라→잡아→잡게[38]→잡으오[39]→잡아요→잡으세요 →잡으십시오

앞의 (16ㄱ)은 비격식체의 예이다. (16ㄱ)의 '잡아'는 낮춤을, '잡아요'와 '잡으세요'는 '높임'을 나타내는 화계이다. 학교 문법에서는 '하세요체'를 인정하지 않는다. (16ㄴ)은 격식체와 비격식체의 혼합체의 보기로 든 것이다. (16ㄴ)에 제시한 '잡아라, 잡게, 잡으오, 잡으십시오'는 격식체의 보기인데, '잡아'와 '잡아요', '잡으세요'는 비격식체의 예이다. 노인들 중에는 아랫사람이 자신에게 비격식체로 대우를 하면 불쾌하게 인식하는 이가 있다. 오늘날 공식적인 상황에서 격식체와 비격식체를 섞어 말하는 사람이 많다.

### 8.6.2.4 금기어와 특수어

**금기어**  미개 사회에서는 언어에 신비한 마력이 있다고 생각해서 신비한 언어 (mystic language)가 발달한다. 오스트레일리아의 한 원주민은 그들 부족의 언어와 상이한 비밀 언어(secret language)를 금기적인 표현에 사용하고 있고, 중부 오스트레일리아의 여러 부족은 금기 표현을 신체 언어(body language)로 한다.

금기어는 성별, 세대, 신분, 직업, 종교 등에 따라 많이 있는데, 동의적이거나 비유적인 다른 단어, 즉 대용어(non-word)로 표현한다.

성별에 따라 나타나는 금기어는 남성어와 여성어로 구분한다. 한국어에서는 남성어보다 여성어가 더욱 금기를 강조한다(장태진, 1977: 45~47). '마마'(←천연두), '며느리'(←쥐) 같은 대용어는 남성보다 여성 사이에서 주로 보존되고 있다. 이것은 언어적 의사소통(linguistic communication)에서 화자와 청자가 여성일 때 특징적으로 나타나는 어휘이다.

남성어보다 여성어가 더욱 보수적이고 남성어가 우위의 언어 규범을 유지하고 있다. 또한 남성어는 남성답게 장중하고, 여성어는 여성다운 우아함을 가지고

---

38) '잡게'는 '하게체'에 해당하는데, 이것은 50대 이상의 남성들이 주로 사용하는 화계이다. 한국어 문법 학자들은 대부분은 '잡으시게, 잡게나, 잡으시게나' 등을 묶어 '하게체'로 처리한다.

39) '잡으오'는 '하오체'에 해당하는데, 이것은 50대 이상의 일부 남성이 사용하는 화계이다.

있다.

남성은 여성보다 더욱 격식이 있는 말씨를 관용하며 이성 사이에서는 동성 사이보다 더욱 격식을 차린 말씨에다 높은 화계(話階)를 사용하는 경향이 있다(박영순, 1976).

세대에 따른 금기어는 젊은 세대의 속어와 늙은 세대의 완곡어법(euphemism) 등이 중요한 것이다. 속어는 특히 학생 사이에서 발달하는데, 기교적이고 유희적인 말이다. 이것은 진부하지 않고 참신하고 창의적인 표현이다. 완곡어법은 품위 없거나 불쾌하거나 금기시하는 표현을 피하고 점잖은 형식의 표현을 한다.

신분에 따른 금기어는 브램(Bram, J., 1966)에 의하면 신분 제도가 강하게 작용하는 인도에서 계급 사이의 언어 교섭에 매우 심하게 나타난다. 현대 한국어에는 신분에 따른 금기어는 없으나 전시대에 사용하였던 자취는 남아 있다. 궁중어인 '수라(水剌)', 반상어(班常語)인 '마님' 등이 그것이다. '진지'도 신분이나 나이에 따라 높인 말이다.

**특수어** 특수어는 한 집단 안에서만 이해할 수 있는 암호적인 언어이다. 집단의 폐쇄성을 강화하여 비밀을 유지하려는 목적에서 나타난다. 한국어에서는 일반적으로 '은어'라고 하며 넓은 의미로 사용한다. 주로 범죄자, 걸인, 학생, 군인, 유흥업 종사자, 특수 직업인 — 점쟁이, 심마니, 중 —의 집단에서 사용한다. 학자에 따라서는 은어 가운데 일부를 '속어'로 분리하여 설명하기도 한다. 속어(俗語)는 통속적으로 쓰이는 저속한 말이다. '공갈(←거짓말)', '큰집(←형무소)', '별[←전과(前科)]' 등이 속어이다.

# 제9장
# 응용 한국어학

응용 언어학(applied linguistics)은 언어학의 성과와 방법으로 실제 생활에 나타나는 문제를 해결하고 다른 학문에서 제기되는 의문을 해결하고자 하는 학문이다. 응용 한국어학은 한국어학의 원리와 방법을 실용적인 면에 적용하는 학문이다. 모든 학문은 언어와 필연적으로 관련을 가지고 있는데, 특히 언어적 현상을 대상으로 삼고 있는 분야인 언어 교육, 번역, 언어 습득, 문학, 문체, 기호학, 언어 정책, 심리학, 사회학, 인류학, 철학, 논리학, 전산학, 신경 의학, 지리학, 물리학 등은 언어학의 인접 학문으로서 언어학의 성과와 관련하여 연구되고 있다.

## 9.1 한국어 교육학

한국어 교육학은 한국어 교육에 관하여 연구하는 응용 한국어학의 한 분야이다. 즉 이것은 한국어의 교육 과정, 교육 내용, 교육 방법, 한국어 교재 편찬 방법, 한국어 교사 양성 방법 등에 대해서 탐구하는 학문이다.

한국어 사용 활동은 듣기, 말하기, 읽기, 쓰기 등의 행위로 나타난다. 이 행위들은 한국어를 매개로 하여 전달하고자 하는 지식이나 내용을 구성하는 복합적인 사고 과정이다.

현행 7차 한국어 교육과정을 보면 한국어 교육의 목표는 '언어 활동과 언어와 문학의 본질을 총체적으로 이해하고, 언어 활동의 맥락과 목적과 대상과 내용을 종합적으로 고려하면서 한국어를 정확하고 효과적으로 사용하며, 한국어 문화를 바르게 이해하고, 한국어의 발전과 민족의 언어 문화 창달에 이바지할 수 있는 능력과 태도를 기르는 것'이다. 한국어 교육을 통하여 지적인 기능, 의사소통의 기능 그리고 문예 감상의 기능을 신장할 수 있다. 이 목표를 달성하기 위한 영역을 한국어 교육에서는 이해·표현의 언어 활동, 한국어 지식 그리고 문학 지식 등 크게 셋으로 나눈다.

이해의 언어 활동은 듣기와 말하기 활동을 뜻하고, 표현의 언어 활동은 말하기와 쓰기 활동을 뜻한다. 언어 활동을 잘하려면 표현 활동보다 이해 활동을 더욱 중시하여 하여야 한다.

이해·표현의 언어 활동의 교육적 의의는 지적 기능을 신장시켜 주는 것인데, 지식 자체보다 지식을 다루는 능력을 길러 주는 일이다. 사람들이 정보 또는 지식을 이해하고, 판단하고, 조직하고, 비판하고, 활용하는 제반 지적 활동은 대부분 언어 활동을 통하여 이루어진다. 이 언어 활동은 지식을 언어로 옮기는 것만 아니라 언어로 지식을 구성하는 일을 포함하고 있다(노명완, 1988).

이해·표현의 언어 활동은 효과적인 의사소통 능력을 신장시킨다. 사회 속에서 내 의사를 표현하고 남의 의사를 이해하는 것은 사람 사이의 관계를 원만하게 유지하며 일의 능률을 향상시켜 준다.

이해·표현의 언어 활동은 문예 감상 기능을 신장시킨다. 문예 감상은 인간의 삶의 질을 높이는 활동인데 언어 활동을 통해서 효과적으로 이루어진다.

듣기, 말하기, 읽기, 쓰기 등의 언어 활동 이외에 언어 지식과 문학 지식도 한국어 교육의 영역이다. 이해와 표현 영역은 언어 행위를 통하여 의미를 구성하는 언어 사용의 지적 기능을 다루는 영역인데 반해 언어 지식이나 문학 지식은 언어나 문학 자체에 대한 지식 내용을 다루는 영역이다.

이상으로 보건대 한국어 교육은 한국어로 한국어 교육이 추구하는 목표를 달성하고자 하는 것이므로 이를 위해서는 한국어학에서 이룬 성과와 관련이 있다. 이런 점에서 한국어 교육은 응용 한국어학의 한 분야라고 볼 수 있다.

## 9.2 심리언어학

언어를 산출하고 이해할 때 언어 지식을 어떻게 사용하고 어린이가 이들 지식을 어떻게 습득하는가 하는 언어 수행(linguistic perfor- mance)에 관련된 언어학 분야를 심리언어학(psycho-linguistics)이라고 한다.

언어 지식을 습득하고 처리하는 방법은 대부분 언어 지식의 특성에 따르게 된다. 예를 들어, 언어가 개방적이 아니고 고정된 구문이 유한하게 모여 있는 창고라면, 말하기란 단지 생각을 표현하는 문장을 찾아내는 것이고, 이해란 우리가 들은 말소리가 나타내는 의미를 머리에 저장하고 있는 단어의 연결체와 연결시키는 것이다. 그러나 이런 방식으로 언어 수행을 설명하는 것은 잘못이다. 어린이가 문장을 모방하거나 기억하는 방식으로 언어를 배우는 것이 아니고, 한 언어의 문법을 구성하는 방식으로 언어를 배운다. 이것은 바로 언어의 창조성(creativity of language) 때문이다.

문법은 언어의 규칙인데 이 규칙이 말을 산출하고 이해하게 한다. 그러나 발화를 산출하고 이해하는 데에 사용되는 심리적 과정을 문법이 기술하지는 않는다. 발화를 산출하기 위하여는 인지 구조 및 가능성과 함께 문법 지식을 사용한다. 언어 수행 규칙은 정신적 문법과 심리 과정 사이의 관계를 기술한다.

심리언어학자는 인간이 언어를 사용하기 위하여 분명히 가지고 있는 기저(基底) 지식과 능력에 관심을 가진다. 왜냐하면 언어는 표출된 행동에 관한 연구로부터 추론할 수 있기 때문이다. 그러므로 심리 언어학자는 언어 행위에 관심을 둔다.

언어 행위를 보면 발화 행위는 사고를 구문(句文)으로 표현하는 것이고, 청취 행위는 구문을 통하여 사고하는 것이다. 언어심리학은 언어학적인 면에 관심을 두는데 언어음(음운론)보다는 오히려 단어(형태론)나 문장(통사론), 그리고 의미(의미론)에 역점을 둔다.

한국어를 사용하자면 한국어의 음운론, 형태론, 통사론, 의미론 등을 알아야 한다. 의미 있는 대화를 하기 위해서는 한국어 문법 지식 외에 한국어가 사용되는 물리적, 사회적인 세계에 대해 알아야 한다. 다시 말하면, 한국어를 알아야 하는 것은 물론 한국어를 사용하는 방법을 알아야 한다. 이런 지식들은 그때그때 발화와 이해의 과정에서 사용하도록 놓여야 한다. 심리언어학자가 하여야 하는 일은 지식을 그때 그때 사용하도록 하는 과정의 유형들을 구상하는 것이다. 지식과 사용 사이의 관계는 확실하게 해결되지 않는 복잡하고 철학적인 문제를 내보인다.

지식은 두뇌 속에 저장되어 있어 순간적으로 왔다 갔다 하지 않는데, 행위는 시간상 연속적으로 수행되는 일련의 행동으로 구성되어 있으므로 시간적이다. 문장의 수준에서 비시간적 구조인 지식과 시간적 구조인 사용 사이에 관련된 문제를 생각해 보자. 문장을 말하기 전에, 말하고자 하는 몇 가지 생각을 가지고 있다. 이 때 생각을 말로 바꾸는 데에는 생각을 시간에 의해 정렬시킨 실체로 분석하고 조직화하여야 한다. Wundt(1912 : 242~243)에서는 문장을 '동시에 존재하는 인지를 계속적 구조로 변형시킨 것'이라고 한다. 문장이 단순하게 연이어진 단어들이라고 할 수 없다는 것이다. 문장의 단어들은 상호 관련이 있고 전적으로 정신 구조의 윤곽을 나타내기 때문이다.

분트(Wundt, W., 1912)에서는 "한 문장에서 문장의 부분 개념은 그 개념에 해당하는 단어를 말하는 그 순간에 의식 속으로 들어오지 않는다. 문장이 발화되는 동안에 문장을 전체적인 실체로서 의식 속에 존재한다. 심리적인 견해로는, 문장은 동시적인(simultaneous) 구조와 연속적인(sequential) 구조의 두 속성을 지닌

다. 문장은 가끔 개별 하위 요소들이 사라질 수도 있지만, 순간마다 문장의 전체 속에 의식이 존재하기 때문에 동시적인 구조를 가진다. 그리고 문장은 차례차례 특정한 개념들이 관심의 초점으로 옮아가거나 벗어나는 것처럼 한 순간에서 다음 순간으로 전체의 의식적 경험이 변화하기 때문에 연속적인 구조를 가진다."고 한다.

여기서 보듯이 문장의 의미는 단어의 연결체가 아니고 그런 연결체를 만들고 연결체의 시간적 순서를 결정하는 개념이다. 즉, 순서의 규칙이 어떻게 언어 안에서 해석될 것인가에 대한 지식으로부터 얻어진다.

(1) The mat is on the cat.

에서 '숨겨진 고양이'에 대한 심상(心象)을 갖게 되는 것은 영어 지식 때문이다.

(2) 깔개가 고양이 위에 있다.

에서는 한국어 지식이 있어야 똑같은 심상을 가질 수 있다. 문장의 의미는 단어 의미의 지식과 그 언어의 관습이나 규칙에 관한 지식을 내포한 인지 능력으로부터 얻는다.

문법이란 어떤 지식의 유형이거나 정신적으로 저장된 언어 처리 절차의 집합이며, 단어들의 배열 속에서 화자와 청자 양쪽에게 관계 의미(relational meaning)를 주입시키도록 하는 것이다. 관계 의미가 있으므로 앞의 예문에서 '깔개'와 '고양이'의 관계를 분명히 할 수 있다. 언어에는 여러 종류의 문법이 있으나 공통적인 것은 기저의 관계 의미를 통일시켜서 분리되어 있는 의미 요소를 연결하여 순서를 결정하는 규칙들이다. 언어학과 언어심리학에서는 이러한 규칙들을 특징화하기 위하여 노력하고 있다.

문장의 규칙을 왜 알아야 하는가? 언어의 어휘를 배우는 것은 가능하지만 그 문장을 배우는 것은 불가능하다. 이 까닭은 언어의 지식이 생산적이기 때문이다. 촘스키(Chomsky, N., 1964: 50)는 생산적 지식에 관하여 아래와 같이 말하고 있다.

> 중요한 언어 이론이 밝혀 내야 하는 중요한 사실은 다음과 같다. 성숙한 화자는 그가 사용하는 언어로 적절한 경우에 새로운 문장을 생산할 수 있다. 그리고 다른 화자들은 비록 그 문장이 처음 듣는 그들에게 새로운 문장이지만 즉각적으로 이해할 수 있다.

이러한 사실에서 규칙이란 무한하게 많은 언어상 전달에 관한 내용을 생산하며 이해할 수 있는 능력을 가지도록 하기 위하여 제한된 경험의 장을 넓힐 수 있게 하여 준다.

누구도 언어의 문법에 관한 모든 규칙을 기술할 수는 없다. 그러나 모한국어 화자라면 누구나 모든 문법 규칙들을 배워 알고 사용할 수 있다. 어린이들의 언어 습득 과정과 형태를 통하여 이런 규칙들의 일단을 확인해볼 수 있다. 어린이들은 특정한 단어 결합 목록에서 볼 수 있는 것 이상으로 훨씬 많이 배운다. 끊임없이 다양한 새 발화를 듣고, 말하고, 이해하는 것 이상의 지식, 능력을 가지고 있기 때문이다.

언어로 의사소통을 하는 단계에 도달하자면 인지적인 필수 선행 조건이 있다. 어린이는 말로 된 전달을 감지, 분석, 그리고 저장할 수 있어야 한다. 또, 대상물, 사건 그리고 참여한 인간들 모두를 찾아볼 수 있는 세계를 느껴야 하고 다양한 인간적 내지 상호 관계적인 목표를 성취하기 위한 사회적 관계에 참여할 수 있어야 한다. 이런 필수 선행 조건이 갖는 궁극적 기반은 인간의 아이들은 출생할 때 이미 유전적으로 준비되어 있다. 이런 유전적 특성은 어린이가 언어를 사용하기 훨씬 이전에 사람들과 대상물과 시각 그리고 소곡 등과의 상호 작용 과정에서 나타나고 있다. 격문법이나 생성의미론 또는 아동 언어의 의미 내용을 기술하기 위한 기타 여러 문법 틀의 모든 용어들이 가정하고 있는 것도 어린이가 생물체와 대상 물체의 세계를 인지하고 있다는 것이다. 따라서, 언어는 인지 기능이라는 복잡한 조직망 속에 삽입되어 있다고 본다.

심리언어학을 통하여 언어가 인지의 다른 면, 즉 사고, 기억, 정신 발달과 상호 작용하는 방법을 밝히어 볼 수 있다. 또, 언어 현상에 대한 연구가 정신과 그 발달의 본질을 밝히는 데에 어떤 암시를 줄 수 있는 것처럼 정신과 행동의 본질을 연구하는 것은 인간 언어를 이해하는 데에 기여할 것이라고 본다.

## 9.3 임상언어학

언어의 생물학적 기초와 언어의 습득과 사용의 기저를 이루는 두뇌 기능과 관련된 연구를 임상언어학(neurolinguistics)이라고 한다. 이것을 '신경언어학'이라고 일컫기도 한다. 임상언어학은 두뇌에 손상을 입은 사람이 나타내는 행동을 관찰하고 그 이유를 추적하는 과정에서 발달하게 되었다.

두뇌는 약 일백억 개의 신경 세포와 이 세포들을 연결하는 수십억 개의 섬유질로 되어 있다. 신경 세포는 두뇌 표면을 이루고 있는데 이를 피질(皮質, cortex)이라고 한다. 피질 속에는 흰 물질이 있는데 그것은 주로 연결 섬유질로 되어 있다. 두뇌 피질은 신체에 대하여 판단을 하는 조직이다. 여기에서는 모든 감각 기관으로부터 메시지를 받고 모든 임의적인 조치를 취한다. 두뇌 피질은 마음 속에 유일하게 인간만이 가질 수 있는 모든 것이 자리잡은 곳이고 기억의 창고이다. 이 회색 물질 어느 곳에 인간의 언어 지식을 나타내는 문법이 들어앉아 있다고 본다.

두뇌는 좌반구와 우반구로 나누어져 있는데, 이 반구들은 중간 밑부분이 연결되어 있어서 두 개의 두뇌가 상호 교신을 할 수 있다. 이 두 반구들은 좌반구는 몸의 오른쪽 활동을 지배하고 우반구는 왼쪽 활동을 지배한다.

19세기 중엽부터 인간 두뇌의 여러 가지 기능에 대하여 관심을 갖고 연구를 해 왔는데, 특히 언어와 두뇌와의 직접적인 관계가 있다는 기본적인 입장을 가지고 있었다.

학자들 사이에는 인간의 정신과 신체를 지배하는 두뇌 기능은 두뇌의 특정 부분에서 각각 분담하고 있다는 분담론자(localist)와 두뇌는 전체가 한 개 단위로 기능을 발휘한다는 전체론자(holist) 들이 있다. 또, 중간 입장을 취하는 학자들도 있으나, 일반적으로는 기능의 측면화(later-alization), 즉 한쪽으로 분화하는 현상을 인정하고 있다. 두뇌의 좌·우반구는 신경 조직이 일반적으로 대칭적이지만 어린이가 성장하는 동안두뇌의 양면은 서로 다른 기능을 갖게 되어 측면화 현상이 일어난다.

언어는 좌반구의 기능인데 실어증(aphasia) 연구에서 그 증거를 찾을 수 있다. 대부분의 경우, 좌반구 손상은 실어증을 유발하는데, 우반구 손상은 공간 지각의 곤란, 형태 인식과 기타 인지 결함을 가져올 뿐 실어증은 나타나지 않는다. 신경언어학은 '언어 사용상의 장애 현상'과 '언어 사용에 관여하는 두뇌 조직의 손상' 사이의 관련을 연구하는 것이므로 주로 실어증(aphasia)에 관심을 둔다.

임상언어학에 관련되는 증세는 브로카 실어증[1]에서 자주 볼 수 있는 병리적인 언어 행위 (agrammatism), 읽기나 쓰기를 할 수 있었던 성인이 두뇌 손상을 입은 뒤에 나타내는 독서 장애증(alexia), 좌반구 두뇌 손상을 입은 뒤에 그림이나 물건의 명칭을 잘못 붙이거나 명칭을 힘들게 찾아내는 증세(anomia), 정상적인 언어 사용자가 두뇌의 손상 때문에 언어 능력이 상실되는 증세(aphasia), 치매(Alzheimer's disease)와 같은 질병이나 다른 생리학적 상태(영양 실조)의 결과로 나타나는 인지 상실증(dementia), 문자 습득 장애증(dislexia), 선천성 실어증(dysphasia)으로 진행되는 사고의 혼돈 상태(schizophenia) 등이 있는데 크게 실어

---

1) 브로카 실어증(Broca's aphasia)은 브로카(Paul Broca)가 주장한 것으로, 두뇌의 좌반구 앞부분이 손상되면 언어 장애를 나타내는데, 어린이들이 기능어, 문법 형태소 등을 빠뜨리고 말하는 것처럼 전보 문체 언어를 사용하지만 말할 때 의도했던 내용은 전달된다는 것에서 나온 말이다.

증(aphasia)이란 범주로 취급한다.

실어증 환자에게서는 여러 가지 언어 장애가 나타난다. 언어음처럼 들리는데 이해할 수 없는 소리를 내는 경우, 읽은 단어를 동의어로 대치하는 경우, 음운적으로 유사한 단어로 대치하는 경우, 명사는 읽으나 동사는 읽지 못하는 경우, 사소한 기능어를 빼어 버리는 경우 등으로 나타난다.

이런 연구를 통하여 두뇌 속의 문법 구조와 여러 언어 성분에 관한 지식을 얻을 수 있다.


## 9.4 한국어 정책론

한 나라의 말은 그 민족의 역사와 함께 독특한 전통을 지니고 있다. 그러나 주위의 영향으로 인하여 순수성을 유지하기는 불가능하다. 일제 강점 아래 수십 년 동안의 식민지 교육, 그리고 해방 후 분단과 전쟁으로 인한 외국, 특히 미국과의 교류 등으로 한국어에는 수많은 일본어와 영어가 침투하여 어휘 면에 혼란이 나타나고, 삼국 시대에 유입된 한자와 현대에 와서 국제어로 통용하는 영어의 알파벳의 사용으로 한국어 표기 면에 혼란이 나타나고 있다. 이런 어문의 혼란을 정리하고 한국어 교육에서 한국어의 힘을 발휘하게 하는 등 여러 가지 과제에 대해 일어나는 논란을 한국어 문제라고 일컫는다. 한국어 문제는 사회적으로 보면 한국어 운동이요, 국가적으로 보면 한국어 정책의 내용이 될 것이다. 한국어에 관한 이런 모든 문제에 대한 국가의 정책을 연구하는 일을 한국어 정책론이라 하는데, 이것은 학문적으로 응용 한국어학에 속한다.

한국어 정책론에서 담당하는 분야는 매우 넓다. 대략 다음과 같은 것을 들 수 있다.[2]

---

[2] 이 부분은 김민수(1973)에서 발췌하여 정리 보완한 것이다.

## 9.4.1 한국어 문제

**한국어 순화**  한국어 순화는 한국어의 순수성을 지키고자 하는 것인데, 방언, 비속어, 은어를 사용하지 않으며 오용(誤用) 표현을 없애야 한다.

한국어에는 한자어와 외래어의 침투가 매우 심하다. 한자어는 이제 귀화어(歸化語)의 단계에 이르렀으므로 무리한 교정은 힘들겠지만 일본어를 고치는 일은 가능하다고 본다. 한 예로 일본식 단어 '곤색(紺色)'을 '감색'으로 바꾸는 일은 어려움이 없다.

**표준어**  정확한 발음과 표준어 사용은 한국어의 통일이라는 점에서 중요하다.

한 예로 통용언어가 표준어와 달라지면 국립국어원이 수시로 달라진 어휘(비표준어)를 사정하여 표준어로 인정한다.

- **새로 추가된 표준어 목록 일부**

| 현재 표준어 | 추가된 표준어 |
|---|---|
| 만날 | 맨날 |
| 괴발개발 | 개발새발 |
| 날개 | 나래 |
| 손자 | 손주 |
| 자장면 | 짜장면 |
| 꾀다 | 꼬시다 |
| 딴죽 | 딴지 |
| 잎사귀 | 잎새 |
| 푸르다 | 푸르르다 |
| 차지다 | 찰지다 |
| 마을 | 마실 |
| 먹을거리 | 먹거리 |
| 메우다 | 메꾸다 |
| 어수룩하다 | 어리숙하다 |

**외래어**  외래어의 사용은 특히 혼란스럽다. '텔레비전'은 사람에 따라 '텔레비전',

'텔레비', '테레비', '티비' 등 여러 가지로 나타난다. 이러한 혼란을 통일하기 위하여 외래어 형태에 대한 정돈이 필요하다.

## 9.4.2 국자 문제

**한글** 한글의 우수성에 대해서는 이미 잘 알려져 있다. 그렇지만 한글의 자형, 명칭, 배열, 음절 조합 등에 대해서는 한번 짚어볼 필요가 있다.

한글은 자모 모양이 매우 유사하고(ㅂ:ㅍ:ㅁ, ㅏ:ㅑ, ㅏ:ㅓ), 자모명칭 가운데 'ㄱ, ㄷ, ㅅ'이 돌림자와 다르고, 자모 배열에서 기본 자로와 중자음과의 배열 순서 원칙을 합리적으로 정하고(ㄱ, ㄲ, ㄳ…순서와 ㄱ…ㅎ, ㄲ, ㄳ 순서), 음절 조합에서도 음절 형태의 유사성으로 야기되는 혼동 즉, 의−익, 홍−홍, 화−학, 틀−롤, 발−밭 등 그리고 풀어쓰기와 모아쓰기의 장단점도 고려해 보고, 음절 배열 방향에서도 가로쓰기와 세로쓰기를 혼용하는 것을 그대로 두어야 하는지…. 많은 문제점을 생각해 볼 수 있다.

**맞춤법** 한글은 일반적으로 배우기 쉽다고 하나 많은 사람이 맞춤법은 어렵다고 한다. 또, 띄어쓰기와 문장 부호의 사용상 문제점을 제기하기도 한다.

**외래어 표기** 외래어의 사용이 증가함에 따라 외래어를 한글로 바르게 표기하는 문제가 나타난다. 원음에 충실한 표기를 하여야 하는지, 습관음에 충실하게 표기하여야 하는지의 타당성을 결정하여야 한다. 또한, 한글을 로마자로 표기하는 문제도 단순하지 않다.

**한자** 한자는 오래 사용한 결과 매우 친근할 뿐만 아니라 한국어 어휘의 반 이상이 한자어로 되어 있다. 그런데 근래에 한자 사용이 급격하게 줄어들면서 한자는 매우 제한적으로 사용되고 있다. 신문 일부 기사, 각종 회사·시사 잡지 같은 경우에만 명맥을 유지하고 있다. 그래도 아직은 한국어 문자 생활에서 중요한 비중을 차지하고 있으므로 어떤 글자를 언제, 얼마큼 가르쳐야 하는가 하는 문제가 심각하게 대두되고 있다. 또, 한자 사용상 획수가 많은 것이 큰 단점이므로 약자는 사용하는 것이 좋은지 그리고 어떤 글자를 어떻게 약자로 만들어 쓰는 것이 좋은지도 정하여야 한다.

### 9.4.3 한국어 교육 문제

**언어 교육**  언어 교육에서 목적을 달성하기 위한 수단으로 사용하는 것이 교과서이다. 교과서는 국가와 민족의 이상에 합치되고 과학적이고 정확한 내용이어야 하고, 피교육자의 정신 건강에 이롭고 싸고 사기 쉬우며 품격을 갖춘 것이어야 하므로 국가가 법령에 근거하여 교과서임을 결정하는 행위가 필요하다.

한국어는 모든 교과의 기초이며, 이해력과 표현력을 내용으로 하는 언어를 도야하는 중요한 기능을 담당하고 있다. 이 한국어 교육에 관한 문제는 목표, 내용, 방법 등 여러 면으로 논의할 수 있는데, 한국어 교육에 가로놓인 문제들은 대개 한국어·국자 문제와 관련되어 있다.

이런 광범한 한국어 문제를 넓은 시야에서 다루며 원활한 한국어 생활을 보장하기 위해서는 공공 연구 기관이 절실하게 필요하다. 현재 '국립한국어원(國立國語院)'이 이런 기관이다. 여기서는 또 민족과 언어 교육, 모한국어 교육의 목표, 기타 한국어 교육의 현실 문제(입학 시험, 화법) 등도 연구하여 정책으로 펴내야 한다.

**학교 문법**  언어를 바르게 배우기 위한 규범으로 문법을 들 수 있다. 한국어에서 문법은 아마 가장 불일치한 분야일 것이다. 현재 통일된 문법 교과서로 교육을 시행하고 있으나 문법 용어, 품사 분류, 언어 분석 및 정의 등에 많은 문제를 포함하고 있다. 한국어에 나타나는 이런 많은 문제들을 해결하기 위하여 국가적으로 한국어에 관한 정책이 시행되는데, 이 정책은 매우 중요한 것이므로 반드시 많은 학자, 교육자, 문학가 등 여러 분야의 인사들에 의하여 깊이 논의한 후 펴 나아가야 할 것이다.

# 참고 문헌

강경인(1987), 「화제와 추점의 의미론」, 『언어연구』 4, 한국현대언어학회.

강동일 번역(1995), 『문자의 역사』, 새날. Gaur, A.(1984), *A History of Writing*, London
　　　: The British Library.

강신항(1979), 『국어학사』, 보성문화사.

강신항(1990), 『훈민정음 연구』, 성균관대학교출판부.

고영근(1987), 『표준 중세 국어 문법론』, 탑출판사.

고정의(1992), 「대명률직해의 이두 연구」, 단국대학교 박사학위 논문.

권재일(1998), 『한국어 문법사』, 박이정.

기주연(1994), 『근대국어 조어론 연구』, 태학사.

김경아(1996), 「국어 음운 표시와 음운 과정」, 서울대학교 박사학위 논문.

김광해(1993), 『국어 어휘론 개설』, 집문당.

김광희(1997), 『국어 변항 범주 연구』, 한국문화사.

김규선(1978), 「국어 관용어구(idioms)의 연구」, 대구교육대학 논문집 14.

김무림(2004), 『국어의 역사』, 한국문화사.

김민수(1973), 『국어 문법론』, 일조각.

김민수(1973), 『국어 정책론』, 고려대학교 출판부.

김민수(1980), 『신국어학사』, 일조각.

김민수(1981), 『국어 의미론』, 일조각.

김민수(1983), 『신국어학』, 일조각.

김방한(1968), 「구조방언학」, 『어학 연구』 IV-1, 서울대학교 어학연구소.

김방한(1983), 『한국어의 계통』, 민음사.

김병제(1959), 『조선어 방언학 개요(상)』, 사회과학원출판사.

김병제(1965), 『조선어 방언학 개요(중)』, 사회과학원출판사.

김병제(1975), 『조선어 방언학 개요(하)』, 사회과학원출판사.

김병제(1988), 『조선어 지리학 시고』, 과학백과사전종합출판사.

김봉주(1984), 『형태론』, 한신문화사.

김사엽(1974), 『고대 조선어와 일본어』, 강담사.

김상대(1985), 『중세국어 구결문의 국어학적 연구』, 한신문화사.

김석득(1983), 『우리말 연구사』, 정음문화사.

김성렬·이주행·민현식·김희숙·박환영(2003), 『언어와 사회』, 역락출판사.

김영배(1984), 『평안 방언 연구』, 동국대학교 출판부.

김영황(1982), 『조선어 방언학』, 김일성종합대학출판사.

김완진(1967), 「한국어 발달사 상, 음운사」, 『한국 문화사 대계』 V, 고려대학교 민족문화연구소.

김완진(1971), 『국어 음운 체계의 연구』, 일조각.

김완진(1980), 『향가 해독법 연구』, 서울대출판부.

김완진·도수희(1986), 『국어학개론』, 한국방송통신대학출판부.

김일병(2004), 『국어 합성어 연구』, 역락출판사.

김일웅(1982), 「우리말 대용어 연구」, 부산대학교 대학원 박사 학위 논문.

김일웅(1985), 「생략과 그 유형」, 『부산 한글』 4, 한글학회 부산지회.

김정아(1998), 『중세국어의 비교 구문 연구』, 태학사.

김종택(1982), 『국어 화용론』, 형설출판사.

김창섭(1996), 『국어의 단어 형성과 단어 구조 연구』, 태학사.

김태옥·이현호 번역(1995), 『텍스트 언어학 입문』, 한신문화사. Beaugrande & Dressler(1981),
    _Introduction to Text Linguistics_, London : Longman.

김형규(1962), 『국어학개론』, 일조각.

김형규(1974), 『한국 방언 연구』, 서울대학교 출판부.

김형규(1983), 『증보 국어사 연구』, 일조각.

김형규(1985), 『국어사 개요』, 일조각.

김혜숙(1991), 『현대국어의 사회언어학적 연구』, 태학사.

남기심(1974), 「반대어고」, 『국어학』 2, 한국어학회.

남기심·고영근(1993), 『표준 국어 문법론』, 탑출판사.

남풍현(1968), 「중국어 차용에 있어 직접 차용과 간접 차용 문제에 대하여」, 『이숭녕 박사
    송수 기념 논총』.

남풍현(1981), 『차자 표기법 연구』, 단국대학교 출판부.

남풍현(1985), 「국어 속의 차용어」, 『국어 생활』 2, 한국어연구원.

노명완(1988), 『國語 敎育論』, 한샘출판사.

노명희(1998), 「현대국어 한자어의 단어 구조 연구」, 서울대학교 박사학위 논문.

대한민국 학술원(1993), 『한국 언어 지도집』, 성지문화사.

도수희(1984), 『백제어 연구 1』, 홍문각.

도수희(1985), 「백제어의 매(買), 물(勿)에 대하여」, 『우운 박병채 박사 환력 기념 논총』.

도수희(1987), 『백제어 연구(I) − 전기어를 중심으로 −』, 백제 문화 개발 연구원.

도수희(1987), 『한국어 음운사 연구』, 탑출판사.

민현식(1990), 「시간어와 공간어의 상관성(1)」, 『한국어학』 20, 한국어학회.

민현식(1991), 『국어의 시상과 시간부사』, 개문사.

민현식(1997), 「국어 남녀 언어의 사회언어학적 특성 연구」, 『사회언어학』 5−2, 한국사회언
        어학회.

민현식(1999), 『국어 문법 연구』, 역락출판사.

민현식(2003), 「성별 언어 특성과 성 차별 표현의 양상」, 『언어와 사회』, 역락출판사.

박갑수(1973), 「의미론」, 『국어학신강』, 개문사.

박경현(1982), 「국어의 중의적 표현 구조에 대한 연구」, 『경찰대 논문집』 1, 경찰대학교.

박경현(1987), 『현대 국어의 공간 개념어 연구』, 한샘출판사.

박근우(1985), 「담화의 정보 구조」, 『새결 박태권 선생 회갑 기념 논총』.

박병수(1979), 「심리 언어학」, 『현대 언어학』, 한신문화사.

박병채(1967), 『한국 문자 발달사』, 고려대학교 민족문화연구소.

박병채(1968), 「고대 삼국의 지명 어휘고」, 『백산학보』 5.

박병채(1971), 『고대 국어의 연구』, 고려대학교 출판부.

박병채(1989), 『국어발달사』, 세영사.

박은용(1985), 「한국어의 계통」, 『신한국어학개론』, 형설출판사.

박영순(1976), 「국어 경어법의 사회언어학적 연구」, 『국어 국문학』 72·73, 국어국문학회

박영순(1988), 「국어 동의문 연구」, 『선청어문』 16·17, 서울대학교 사범대학 국어교육과.

박영순(1993), 『현대 한국어 통사론』, 집문당.

박용후(1988), 『제주 방언 연구』, 과학사.

변정민(2005), 『우리말의 인지 표현』, 월인출판사.

서울대 대학원 한국어연구회(1990), 『국어 연구 어디까지 왔나』, 동아출판사.

서정수(1984), 『존대법의 연구』, 한신문화사.

석주연(2003), 『노걸대와 박통사의 언어』, 태학사.

성광수(1979), 『국어 조사의 연구』, 형설출판사.

성균관대학교 대동 문화 연구원(1986), 『고등학교 문법』, 대한교과서주식회사.

성기철(1985), 『현대국어의 경어법 연구』, 개문사.

손영애(1986), 「국어과 교육의 성격과 내용 체계」, 『선청어문』 14 · 15, 서울대학교 사범대학 국어교육과.

송민(1975), 「18세기 전기 한국어의 모음 체계」, 『성심 여대 논문집』 6, 성심여자대학교.

신현숙(1986), 『의미 분석의 방법과 실제』, 한신문화사.

심재기(1971), 「국어의 동음 중복 현상에 대하여」, 『서울대학교 교양과정부 논문집 인문 사회 과학편』 3.

심재기(1982), 『국어어휘론』, 집문당.

심재기(1988), 「한국어 관용 표현의 화용론적 연구」, 『관악어문 연구』 11.

안병희(1967), 「한국어발달사 중, 문법」, 『한국 문화사 대계 』V, 고려대학교 민족문화연구소.

안병희 · 이광호(1990), 『중세국어문법론』, 학연사.

양주동(1942), 『고가 연구』, 박문서관.

양태식(1984), 『국어 구조 의미론』, 서광학술자료사.

염선모(1987), 『국어 의미론』 형설출판사.

오명근(1996), 「아랍어」, 『세계의 문자』, 예술의 전당.

오정란(1993), 『현대 국어 음운론』, 형설출판사.

왕문용 · 민현식(1993), 『국어 문법론의 이해』, 개문사.

우인혜(1997), 『우리말 피동 연구』, 한국문화사.

우형식(1996), 『국어 타동구문 연구』, 박이정.

유만근(1992), 『한국어 독본』, 성균관대학교 출판부.

유목상(1983), 「연결서술형 어미 연구」, 단국대학교 박사학위 논문.

유창돈(1961), 『국어변천사』, 통문관.

유창돈(1964), 『이조어사전』, 연세대학교 출판부.

유창돈(1964), 『이조국어사 연구』, 선명문화사.

유창돈(1971), 『어휘사 연구』, 선명문화사.

유현경(1998), 『국어 형용사 연구』, 한국문화사.

윤평현(1988), 『국어의 접속어미 연구』, 한신문화사.

이경우(1998), 『최근세국어 경어법 연구』, 태학사.

이광정(1988), 『국어 품사 분류 체계의 역사적 발전에 관한 연구』, 한신문화사.

이근수(1983), 「어휘상으로 본 고구려어와 일본 고대어」, 『홍익어문』 2, 홍익대학교 사범대학.

이기갑(1986), 『전라남도의 언어 지리』, 탑출판사.

이기갑(2003), 『국어 방언 문법』, 태학사.

이기동(1986), 「낱말의 의미와 범주화」, 『동방학지 50』, 연세대학교.

이기문(1967), 「한국어 형성사」, 『한국 문화사 대계 』V, 고려대학교 민족문화연구소.

이기문(1972ㄱ), 『국어사 개설』, 민중서관.

이기문(1972ㄴ), 『국어사 음운 연구』, 한국문화연구원.

이기문(1975), 『개화기의 국문 연구』, 일조각.

이기문·김진우·이상억(1984), 『국어 음운론』, 학연사.

이기문(1991), 『국어 어휘사 연구』, 동아출판사.

이병건(1976), 『현대 한국어의 생성 음운론』, 일지사.

이병근(1976), 「19세기 국어의 모음 체계와 모음 조화」, 국어국문학 72, 73호, 국어국문학회.

이병근(1981), 「음운 현상에 있어서의 제약」, 『국어학 연구 총서』 8, 탑출판사.

이상규(2003), 『국어방언학』, 학연사.

이석주(1975), 「반의어 의식에 관한 일 조사 연구」, 『논문집』 제9집, 한국국어교육연구회.

이석주(1978), 「유아어고」, 『국어 교육』 33, 한국국어교육연구회.

이석주(1979), 「개화기 국어 표기 연구」, 『논문집』 3, 한성대학교

이석주(1989), 「반의어에 대한 고찰」, 『제효 이용주 박사 회갑 기념 논문집』, 한샘출판사.

이석주(1989), 『국어형태론』, 한샘출판사.

이석주(1990), 「기사 문장의 변천」, 『신문 기사의 문체』, 한국언론연구원.

이성구(1985), 『훈민정음 연구』, 동문사.

이숭녕(1961), 『중세 국어 문법』, 을유문화사.

이숭녕(1964), 「경어법 연구」, 『진단학보』, 25·26·27.

이숭녕(1967), 「한국어발달사 하, 어휘사」, 『한국 문화사 대계』 V, 고려대학교 민족문화연구소.

이숭녕(1967), 『한국방언사』, 고려대학교 민족문화연구소.

이승명(1973), 「국어 상대어론(1)」, 『어문총록』 8, 경북대학교 인문대학 국어국문학과.

이승명(1978), 「이원 대립과 상대 관계 : 상대 의식과 구조 분석을 중심으로」, 『눈뫼 허웅 박사 환갑 기념 논문집』, 서울대학교 출판부.

이승재(1992), 『고려시대의 이두』, 태학사

이용주(1972), 『의미론 개설』, 서울대학교 출판부.

이용주(1974), 『국어 한자어에 관한 연구』, 삼영사.

이용주 외 4인(1990), 『국어 의미론』, 개문사.

이윤하(1999), 「현대국어의 대우법 연구」, 서울대학교 박사학위 논문.

이을환·이용주(1964), 『국어 의미론』, 수도출판사.

이을환(1973), 『일반의미론』, 개문사.

이을환 외 5인(1979), 『국어학 신강』, 개문사.

이응백(1975), 『국어 교육사 연구』, 신구문화사.

이응백(1987), 「일정 시대의 국어 표기법」, 『한국어 생활』 9, 국어연구원.

이익섭(1974), 「국어 경어법의 체계화 문제」, 『국어학』 2, 국어학회.

이익섭(1981), 「영동 영서의 언어 분화」, 서울대학교 박사 학위 논문.

이익섭(1990), 『국어학 개설』, 학연사.

이익환(1984), 『현대 의미론』, 민음사.

이인섭(1984), 「언어와 사고의 연상 구조에 관한 연구(1)」, 『논문집』 13, 서울 여자 대학교.

이정복(1993), 「하동 지역의 경어법의 사용 양상」, 『사회언어학』 창간호, 한국사회언어학회.

이정복(1998), 「국어 경어법 사용의 전략적 특성」, 서울대학교 박사학위 논문.

이주행(1981), 국어의 복합어에 대한 고찰, 국어국문학 86, 국어국문학회.

이주행 외 3인 번역(1987), 『비교역사언어학』, 학연사. Arlotto, A.(1972), *Introduction to Historical Linguistics*, Houghton Mifflin Company.

이주행(1988), 『한국어 의존명사의 통시적 연구』, 한샘출판사.

이주행(1990), 「충청북도 방언의 상대경어법 연구」, 『평사 민제 선생 화갑 기념 논문집』.

이주행(1990), 「전라북도 방언의 상대경어법 연구」, 『돌곶 김상선 교수 회갑 기념논총』.

이주행(1992), 『현대국어 문법론』, 대한교과서주식회사.

이주행(1992), 「남한과 북한의 어휘 비교 연구」, 『한국어 연구 논문』 34집, KBS한국어연구회.

이주행(1993), 『근대 국어 표기법에 대한 형태론적 해석』, 『정신문화연구』16-1, 한국정신문화연구원.

이주행(1996), 『한국어 문법 연구』, 중앙대학교출판부.

이주행·이규항·김상준(1998), 『표준 한국어 발음 사전』, 지구문화사.

이주행(2000), 『한국어 문법의 이해』, 월인출판사.

이주행(2002), 「서울 방언에 대한 연구」, 『국어 교육』 107, 한국국어교육연구학회.

이주행·김상준(2004), 『아름다운 한국어』, 지구문화사.

이주행(2003), 「한국어와 만주–퉁구스 제어의 격 표지 비교 연구」, 『국어 교육』 109, 한국국어교육연구학회.

이주행(2004), 『개정증보판 한국어 문법의 이해』, 월인출판사.

이주행 외(2004), 『화법 교육의 이해』, 박이정.

이주행(2005ㄱ), 「한국인과 중국 조선족의 음운 실현 양상」, 『이중언어학』 28, 이중언어학회.

이주행(2005ㄴ), 「한국인과 중국 조선족의 문법 실현 양상」, 『한국어교육』 16-2, 국제한국어
교육학회.

이주행(2005ㄷ), 『한국어 사회 방언과 지역 방언의 이해』, 한국문화사.

이주행(2005ㄹ), 『한국어 어문 규범의 이해』, 보고사.

이주행(2006ㄱ), 「남한과 북한의 언어문화에 대한 고찰」, 『국어 교육』 121, 한국어교육학회.

이주행(2006ㄴ), 『한국어 문법』, 월인출판사.

이주행(2009), 『한국어 의존명사 연구』, 한국문화사.

이주행(2011), 『알기 쉬운 한국어 문법론』, 역락출판사.

이주행(2019), 『외국어로서의 한국어 문법 교육론』, 보고사.

이찬규(1993), 「한국어 동사문의 의미 구조 연구-무의도성 동사문을 중심으로-」, 중앙대학
교 박사 학위 논문.

이창용(1990), 「국어 부정문 연구」, 세종대학교 박사 학위 논문.

이철수(1985), 『한국어 음운학』, 인하대학교 출판부.

이철수(1989), 『한국어사』, 개문사.

이필영(1993), 『국어의 인용 구문 연구』, 탑출판사.

이현복(1984), 『한국어 표준 발음』, 대한음성학회.

임지룡(1989ㄱ), 「대립어의 의미 습득에 대하여」, 『모국어 교육』 7, 모국어 교육 학회.

임지룡(1989ㄴ), 『국어 대립어의 의미 상관관계』, 형설출판사.

임지룡(1991), 「의미의 본질에 대한 심리언어학적 해석」, 『언어 연구』 8, 대구 언어학회.

임지룡(1992), 『한국어 의미론』, 탑출판사.

임지룡(1997), 『인지의미론』, 탑출판사.

장경희(1985), 『현대국어의 양태 범주 연구』, 탑출판사.

장경희(1980), 「지시어 '이, 그, 저'의 의미 분석」, 『어학 연구』 16-2, 서울대학교 어학연구소.

장경희(1990), 「조응 표현」, 『국어 연구 어디까지 왔나』, 서울대학교 대학원 국어연구회.

장석진(1985), 『화용론 연구』, 탑출판사.

장태진(1977), 『국어 사회학』, 형설출판사.

전광현(1967), 「17세기 한국어의 연구」, 『국어 연구』 19.

전광현(1971), 「18세기 후기 국어의 일고찰」, 『논문집』 13, 전북대학교.

전상범(1977), 『생성음운론』, 탑출판사.

정동화·이현복·최현섭(1984), 「국어과 교육론」, 선일문화사.

정연찬(1976), 『국어 성조에 관한 연구』, 일조각.

정연찬(1980), 『한국어 음운론』, 개문사.

조명한(1986), 『언어 심리학』, 정음사.

진태하(1975), 『계림유사 연구』, 탑출판사.

채완(1986), 『국어 어순의 연구』, 탑출판사.

채완(1984), 「화제와 총칭성, 한정성」, 『목천 유창균 박사 회갑 기념 논문집』.

천시권·김종택(1971), 『국어 의미론』, 형설출판사.

천시권(1979), 『국어 의미 구조의 분석적 연구』, 일심사.

최규일(1984), 「한국어 화용론의 기술과 의미 해석」, 『새결 박태권 선생 회갑 기념 논총』.

최남희(1996), 『고대국어 형태론』, 박이정.

최범훈(1981), 『중세 한국어 문법론』, 이우출판사.

최범훈(1985), 『한국어 발달사』, 통문관.

최재희(1991), 『국어 접속문 구성 연구』, 탑출판사.

최창렬(1980), 『국어 의미 구조 연구』, 한신문화사.

최창렬·심재기·성광수(1986), 『국어 의미론』, 개문사.

최학근(1956), 『국어 방언학 서설』, 정연사.

최학근(1971), 「남부 방언군과 북부 방언군과의 사이에 개재하는 등어선 설정을 위한 방언
　　　　조사 연구」, 『지헌영 선생 회갑 기념 논총』.

최학근(1982), 『한국 방언학』, 태학사.

최현배(1937), 『우리말본』, 연회전문학교출판부.

최호철(1993), 「현대국어 서술어의 의미 연구」, 고려대학교 박사 학위 논문.

한길(2002), 『현대 우리말의 높임법 연구』, 역락출판사.

한영목(2004), 『우리말 문법의 양상』, 역락출판사.

한영순(1967), 『조선어 방언학』, 김일성종합대학출판사.

허웅(1954), 「존대법사」, 『성균 학보』 1, 성균관대학교.

허웅(1963), 『중세 국어 연구』, 정음사.

허웅(1964), 『국어 음운학(개고 신판)』, 정음사.

허웅(1975), 『우리 옛말본』, 샘 문화사.

허웅(1983), 『국어학』, 샘 문화사.

허웅(1985), 『국어 음운학』, 샘 문화사.

홍사만(1985), 『국어 어휘 의미 연구』, 학문사.

홍순성(1990), 「대립어와 부정」, 『한국학 논집』 17, 계명대학교 한국학연구원.

홍윤표(1986), 「근대 한국어의 표기법 연구」, 『민족 문화 연구』 19, 고려대학교 민족문화연구원.

홍윤표(1987), 「근대 국어의 표기법에 관한 연구」, 『국어 생활』 9, 국어연구원.

홍종림(1991), 「제주어의 양태와 상 범주 연구」, 성균관대학교 박사 학위 논문.

황대화(1986), 『동해안 방언 연구』, 김일성종합대학출판사.

황대화(1999), 『조선어 방언 연구』, 료녕민족출판사.

黃迪倫(1979), 「사회언어학」, 『현대 언어학』, 한신문화사.

황희영(1978), 「한국 관용어 연구」, 『성곡 논총』 9, 성곡학술문화재단.

小倉進平(1944), 朝鮮語方言の研究, 岩波書店.

河野六郎(1945), 朝鮮方言學試考 - '鋏' 語攷, 東都書籍.

Akmajian, A. *et. al.*(1984), *Linguistics : An Introduction to Language and Commu-nication*, Cambridge, Mass : The MIT Press.

Allen, M.R.(1975), Vowel Mutation and Word Stress in Welsh, *Linguistic Inquiry* 4-2.

Austin, J.L.(1962), *How to Do Things with Word*, Oxford Clarendon Press.

Bloomfield, L.(1933), *Language*, New York : Holt, Rinehart & Winston.

Bram, J. (1966), *Language and Society*, New York.

Carnap, R. (1947), *Meaning and Necessity*, The University of Chicago Press.

Chao, Y.R.(1968), *Language and Symbolic System*, Cambridge Univ. Press.

Chambers, J.K. and Trudgill P.(1980), *Dialectology*, Cambridge Univ. Press.

Chomsky, N.(1957), *Syntactic Structure*, The Hague : Mouton.

Chomsky, N.(1965), *Aspects of the Theory of Syntax*, Cambridge, Mass : The M.I.T. Press.

Chomsky, N. & Halle, M. (1968), *The Sound Pattern of English*, New York : Harper & Row.

Chomsky, N.(1971), Deep Structure, Surface Structure and Semantic Interpretation, in Steinberg, D.D. & Jakovits, L.A., des., *Semantics*.

Chomsky, N.(1972), *Language and Mind*, N. Y. : Harcourt Brace Joranvich.

Chomsky, N.(1975), *Reflections on Language*. N. Y. : Pantheon Books.

Clark, H.H. & Clark, E.V. *Psychology and Language : An intrduction to psycholinguistics*. New York Harcourt Brace Jovonovich, Inc.

Cruse, D.A.(1973), Some Thoughts on Agentivity, *Journal of Linguistics* 9.

Cruse, D.A.(1975), Hyponymy and Lexical Hierachies, *Linguisticum*(N.S.)

Cruse, D.A.(1980), Antonyms and Gradable Complementaries, In Kastovsky. ed., *Perskektiven der lexikalischen Semantik*.

Cruse, D.A.(1986), *Lexical Semantics*, Cambridge University Press.

Fishman, J.A.(1972), *Language in Sociocultural Change*, Stanford, California.

Fishman, J.A.(1972), *The Sociology of Language*, Rowley, Mass.

Fromkin, V & Rodman, R.(1993), *An Introduction to Language* (5th ed.), New York : Holt, Rinehant & Wiston.

Foder, J.A. & Katz, J.J.(eds) (1964), *The Structure of Language : Readings in the Philosophy of Language*, Englewood Cliffs, N.J. : Prentice–Hall.

Frege, G.(1892),  ber Sinn und Bedeutung, (English Translation, *On Sense and Reference, in Geach*, P. & Black, M. 1960.

Fromkin, V. and R. Rodman(1983), *An Introduction to Language*, 3rd ed, New York : Holt, Rinehart & Winston.

Furth, H.G.(1966), *Thinking without Language : Psychological Implication of Deafnss*, New York : The Free Press.

Grice, H.P. (1968), Utter's Meaning, Sentence–Meaning and Word–Meaning, *Foundation of Language* 4.

Grice, H.P.(1975), Logic and Conversation, In Cole & Morgan eds., (1975), *Syntax and Semantics* Vol. 3 : Speech Acts, New York' Academic Press.

Gauin, P. L.(1970), *Method and Theory in Linguistics*, Mouton & Co. N. V., Publishers, The Hague.

Gleason, H.A.(1955), *An Introduction to Descriptive Linguistics*, New York : Holt, Rinehart & Winston.

Henderson, L.(1982), *Orthography and Word Recognition in Reading*, London : Academic Press.

Hymes, D.H.(ed) (1964), *Language in Culture and Society*. New York : Harper &

Row.

Hymes, D.(1971), Sociolinguistics and the Ethnography of Speaking, Blount, B.G.(ed.), *Language, Culture and Society*, Cambridge, Mass.

Jespersen, O.(1924), *The philosophy of Grammar*, New York : The Norton Library.

Katz, J.J. (1970), Interpretative Semantics vs. Generative Semantics, *Foundation of Language* 6.

Katz, J.J.(1972), Semantic Theory, New York : Harper & Row.

Katz, J.J. & Folder, J.A.(1963), The Structure of a Semantic Theory, *Language* 39. [Reprinted in Folder & Katz (1964)]

Kempson, R.M. (1977), *Semantic Theory*, Cambridge University Press.

Kiparsky, P. (1982), Lexical Morphology and Phonology, The Linguistic Society of Korea (ed.), *Linguistics in the Morning Calm*, Seoul : Hanshin.

Kurath, H.(1949), *A World Geography of the Eastern United States*, Michigan Univ. Press.

Ladefoged, P. (1982), *A Course in Phonetics*, New York : Hartcourt Brace Jovanovich.

Langacker, R.W.(1973), *Language and Its Structure*, Harcourt Brace Jovanovich, Inc.

Lass, R. (1984), *Phonology*, London : Cambridge University Press.

Leech, G.N.(1974, 1981), *Semantics*, Harmondsworth : Penguin.

Lyons, J.(1969), *Introduction to Theoretical Linguistics*, Cambridge University.

Lyons, J. (1977), *Semantics* 2 vols., Cambridge University Press.

Lyons, J.(1981), *Language and Linguistics*, Cambridge Univ. Press.

Marckwardt, A.H.(1962), Regional and Social Variation, Anderson, W.L. & Stageberg, N.C.(eds.), *Introductory Readings on Linguistics*, New York.

Martin, S.(1954), *Korea Morphophonemics*, Baltimore : The Linguistic Society of America.

Mather, J.H. and Speitel, H.H.(1975), *The Linguistic Atlas of Scotland*, 2 vols. London ; Croom Helm.

Matthews, P. H.(1974), *Morphology : An Introduction to the Theory of Word Structure*, Cambridge University Press.

Meillet, A.(1948), *Linguistique et Linguistique générale* 2 vols., Paris.

Nida. E.A.(1949), *Morphology* : *The Descriptive Analysis of words*, 2nd., Univ. of Michigan Press.

Nida, E.A.(1963), *Morphology*(2nd ed.), Ann Arbor.

Nida, E.A. (1975, 1979), *Componential Analysis of Meaning*, The Hague : Mouton.

Ogden, C.K. (1932), *Opposition*, London. Reprinted Bloomington, 1nd. : Indiana University Press(1968).

Ogden, C.L. & Richards, I.A.(1923, 1949), *The Meaning of Meaning*, New York : Harcourt, Brace & World, Inc.

Orton, H.(1960), An English Dialect Survey ; Linguistic Atlas of England. Orbis 9.

Orton and Wright(1974), *A Word Geography of England*, London ; Seminar Press.

Piaget, J.(1962), *Comments on Vygotsky's Critical Remarks Concerning The Language and Thought of the Child and Judgement and Reasoning in the Child*, Cambridge, Mass. : the M.I.T. Press.

Pike, K.L.(1943), *Phonetics : A Critical Analysis of Phonetic Theory and a Technic for the Practical Description of Sounds*, Ann Arbor : University of Michigan Press.

Poppe, N.(1960), Vergleichende Grammatik der Altaischen Sprachen 1. *Vergleichende Lautlehre*, wiesbaden, Otto Harrassowitz.

Postal, P.M. (1968), *Aspects of Phonological Theory*, New York : Harper & Row.

Pride. J.B. & Holmes, J.(eds.)(1972), *Sociolinguistics*, Middlesex, England, Penguin Books.

Quine, W.V. (1953), *From a Logical Point of View*, Havard University Press.

Quine, W.V.(1960), *Word and Object*, The M.I.T Press.

Radford, A.(1981), *Transformational Syntax*, Cambridge Univ. Press.

Radford, A.(1981), *Transformational Grammar : a First Course*, Cambridge Univ. Press.

Ramstedt, G.J.(1928), *Remark on the Korean Language*, MSFOu 58.

Ramstedt, G.J.(1939), *A Korean Grammar*, MSFOu 82.

Ramstedt, G.J.(1949), *Study in Korean Etymology*, MSFOu 95.

Sadock, J. (1974), *Towards a Linguistic Theory of Speech Acts*, New York Academic Press.

Sapir, E. (1921), *Language*, New York : Harcourt Brace.

Saussure, F. de(1916), *Cours de Linguistique G  n  rale*, Paris : Payot. Translated by W. Baskin(1959), *Course in General Linguistics*, New York : McGraw−Hill.

Schane, S.A. (1973), *Generative Phonology*, Englewood Cliffs, N.J. : Prentice−Hall.

Seale, J.R.(1969), *Speech Acts : An Essay in the Philosophy of Language*, Cambridge University Press.

Sloat, C., Tylor, S.H. and Hoard, J.E.(1978), *Introduction to Phonology*, Englewood Cliffs, N.J. : Prentice−Hall.

Slobin, D.I.(1974), *Psycholinguistics*, Glenview, Ill : Scott, Foresman & Co.

Smith, N. and Wilson, O.(1980), *Modern Linguistics : the Results of Chomsky's Revolution*, Bloomington, Indiana : Indiana Univ. Press.

Stern, G. (1931, 1965), *Meaning and Change of Meaning*, Indiana University Press.

Stewart, W.A.(1968), A Sociolinguistic Typology for Describing National Multilingualism, Fishman, J.A.(ed.), *Readings in the Sociology of Language*, The Hague : Mouton.

Street, J.(1962), Review of N. Poppe's Vergleichende Gramatik der Altaischen Sprachen. *Language*, Vol. 38, No. 1.

Trudgill, P.(1974), *Sociolinguistics : An Introduction*, Middlesex, England, Penguin Books.

Ullmann, S. (1951, 1957), *The Principles of Semantics*, Oxford : Basil Blackwell.

Ullmann, S.(1962), *Semantics : An Introduction to Science of Meaning*, Oxford : Basil Blackwell.

Vachek, J.(1973), *Written Language : General Problems and Problems of English*, The Hague : Mouton.

Watt, W.C.(1970), On two Hypotheses Concerning Psycholinguistics, Hayes, J.R.(ed.), *Cognition and the Development of Language*, New York : John Wiley & Sons, Inc.

Wilson, D. & Sperber, D. (1983), *Relevance : Foundation of Pragmatic Theory*, Mimeo.

Wundt, W.(1912), *Die Sprache*(3rd ed.), Leipzig : Verlag von Wilhelm, Englemann.

Yule, G.(1985), *The Study of Language*, N. Y : Cambridge Univ. Press.

# 찾아보기

## ㄱ

가례언해  226
가와노 로쿠로(河野六郎)  352
가차  290
가청도  44
각자 병서  233, 306
간극도  44
간략 표기  29
간접 방법  326
간접 질문법  329
감각 형용사  123
감정 감탄사  129
감탄법  140, 142, 261, 262
감탄사  102, 129
감탄형  130
강세  63, 64
강세 보조 동사  117, 118
강세 언어  63
강세 음절  63
강원도  66
강원도 방언  16, 360
강현석  382, 399
강화  79
개구도  28, 44
개념적 의미  156
개모음  28
개방 연접  67, 88
개음절  46

개중모음  28
객체 경어법  145
객체 대우법  147
거성  308
격  133, 176
격식체  403
격음화  238
격조사  112, 255
결과격  134
결여 동사  120
경구개  27
경구개 마찰음  40
경구개음  27, 37, 42
경구개음화  73
경기도 방언  16, 356
경민편언해  226
경상도 방언  16, 66, 365
경어법  144, 145, 261, 263
경음화  238
경제성  325
경칭 대명사  109
경험자격  134
계림유사  200, 222, 231, 232, 249, 278
계열  59
계열 관계  85
계열체  85
고구려어  247
고금석림  227
고대 한국어  203, 220, 229, 253, 255, 258,

261, 272
고대어  98
고려 가요  249
고유 명사  105, 171, 172
고유어  94
고저  64
고조  65
공동격  134
공명도  44, 45
공명음  39, 41
공시적 연구 방법  21
공용어  98, 319
공통 조어  204
공통 지시  181
공통어  319
과거 시제  134
과도음  34, 41
과정 동사  119
관계 동사  119
관계 의미  410
관계언  102
관련성의 격률  392
관사  103
관용구  188, 191, 192
관형격  112, 133, 255
관형격 조사  113, 256, 257
관형사  124
관형사형 전성 어미  92
관형어  104
광개토왕릉비문  221
교차형 등어선  344
구  82
구강  26
구개 마찰음  73, 74
구개 모음  73
구개음화 현상  241
구개음화  71, 73, 357, 359, 361, 363, 371,
    373, 376, 379
구격  134

구결  277, 301, 302
구결 표기  277
구결식 표기  301
구급간이방  224
구급방언해  223
구상 명사  107
구어  15, 315
구조방언학적 방법론  323, 324
구조적 다의성  166
구형 체계  146
구획 지도  341
국제 음성 기호  29
굴곡조  65
궁중어  405
권념요록  226
귀납적 방법  21
규칙 동사  119
규칙 형용사  122
균여전  221, 278
그라이스(Grice P.)  180
그리스 문자  291
그림 문자  287, 288
근대 한국어  254, 257, 260, 263, 267, 274
근대어  98
근칭 대명사  109
근칭 사물 대명사  110
금기어  197, 404
금지 보조 동사  117, 118
기본 모음  29, 30, 32, 34
기본 변이 형태  87
기원법  140, 141
기원형  130
기저형  324
기호학  183
길이  43, 47
김방한  324
김병제  352, 378
김영모  383
김영황  352

김이협 337
김형규 201, 249, 352

## ㄴ

나이다(Nida, E.A.) 158
남녀 차별 언어 400
남방계 한어 318
남산신성비문 221
남성 393
남성어 16
내부 연접 67
내포 149
내포적 의미 156
내훈 223
노걸대언해 226
노명완 407
높이 43, 47
높임법 145
능동사 116
능률성 321
능엄경언해 223
니제르·콩고 어족 208

## ㄷ

다원 대립 169
다의성 165, 194
다의어 96
다의적 단어 167
단모음 32, 34
단모음 체계 60
단선 등어선 342
단어 82, 87, 88, 93, 160
단어 문자 287, 290
단어 부사 125
단어 형성법 99
단음 문자 291
단의어 96
단일어 93

단절 연접 68
단형 부정법 148, 356, 358, 359, 366
단형 사동 144
담화 179, 392
담화 규칙 181
담화 분석 179
당위 보조 동사 117
대담식 질문법 330
대등 연결 어미 92
대등 연결형 131
대립 관계 접속 150
대립어 171
대명률직해 222, 276, 299
대명사 102, 107
대상 158
대상격 134
대용 표현 181
대용성 107
대용어 404
대조 연구 방법 21, 22
대조성 156
대치 84
대화 규정 181
대화의 격률 180
도급 관계 접속 153
도안형 지도 338, 339
독립격 조사 113, 257, 258
독립격 112, 133
독립언 102
동국신속삼강행실도 226
동국정운 223, 305
동문유해 227
동사 102, 114
동음 생략 79
동음 이의어 165, 166
동음이의어 96
동의보감 226
동의어 167
동작 동사 119, 120

동작성 명사  106
동태성 명사  106
동형성  325
동화  70
두시언해  226
두음 법칙  357, 359, 361, 363, 367
두음 제약  47
두음  45
드라비다 어족  208
등급 대립  169
등어선  342
등어선속  346
등온선  342
등위 접속  150
뜻  173


**ㄹ**

라이온스(Lyons, J.)  169
라인강의 부채  344
람스테트(Ramstedt, G.J.)  201
러시아 문자  293
로마자  291
리처즈(Richards, I.A.)  155
리치(Leech, G.N.)  156, 169
리치  156


**ㅁ**

마찰음  39, 235
만주 문자  293
말 방해  398
말 중복  398
말레이·폴리네시아 어족  208
말미 연접  67
말소리  23
말음  45
말음 제약  47
맞춤법  416
메이예(Meilet, A.)  196

면담  334
명령법  140, 141
명령형  130
명명 관계  158
명명식 질문법  330
명사(名詞)  102, 103, 104
명사형 전성 어미  92
명칭  158, 171
모순 개념  170
모음  27
모음 동화  70
모음 변이  76
모음 사각도  32
모음 조화  71, 75, 239, 240, 243, 361
모음 체계  60, 230, 232, 239, 242, 245,
        355, 356, 358, 365, 367, 370, 372,
        376, 379
모음 충돌  79
목적격  112, 133, 255
목적격 조사  256, 257
목젖음  38
목표격  134
몬·크메르 어족  210
몸짓언어  404
몽골 어군  213
몽골·만주 문자  291
무기 양순 폐쇄음  57
무기 연구개 폐쇄음  57
무기 치조 폐쇄음  57
무성음  56
무정 명사  106
무표 계열  58
무표항  58
문말 연접  67, 68
문법 규칙  181
문법 범주  133
문법 형태소  83, 84
문법상  136
문법적 등어선  349

문어 15, 315
문자 285
문자 습득 장애증 413
문자 언어 314
문장 82, 391
문장 부사 125
문장의 확대 149
문중 연접 67
문체 179
문헌 연구 방법 21
문화 유형 318
문화어 319
물명고 227
미래 시제 135
민간 어원 99
민현식 394, 396

## ㅂ

바꿔쓰기 176
박병채 226, 252, 279
박영순 405
박은용 216
박통사언해 227
반개모음 28
반고모음 28
반대 개념 170
반모음 34, 35, 41
반복상 137, 138
반상 문화 318
반상어 405
반영적 의미 157
반의 관계 97
반의어 97, 168, 169, 171
반폐모음 28
발성부 24
발음 등어선 346, 347
발음 음성학 24
발화 성별 언어 394

방언 316
방언 구획 351
방언 자료집 336
배열적 의미 157
배타적 분포 55, 86
백제어 247
번역소학 224
번역식 질문법 329
벽온신방 226
변별 자질 54
변이 199
변이 형태 86, 87
변칙 188
변화사 102
병렬 관계 접속 150
병렬 동화 71
병렬 합성어 94
병서 233
보격 112, 133
보유 보조 동사 117, 118
보조 동사 116
보조 형용사 121
보조사 112, 114
보조적 연결형 131
보통 명사 105
보통학교용 언문 철자법 281
복선 등어선 342, 343
복수 표준어 283
복잡한 해석 지도 341
복합어 93
본동사 116
본형용사 121
봉사 보조 동사 117, 118
부가 의문문 397
부사 125
부사격 112, 133, 255
부사격 조사 113, 256, 257
부사어 104
부여계어 202

부의미 193
부정법 147
부정 보조 동사 117
부정 보조 형용사 121
부정칭 108
부정칭 대명사 109
부채형 등어선 344
북방계 부여어 318
분류두공부시언해 224
분리성 88
분석적 문장 178
분석적 사동 144
분절 음소 61
분절음 43
분포도 338, 340
불규칙 동사(不規則動詞) 119
불규칙 형용사 122
불능 보조 동사 117
불능 보조 형용사 122
불변화사 102
불완전 동사 118
불파음 56
브램(Bram, J.) 405
비강 27
비강 폐쇄음 41
비격식체 403
비교 연구 방법 21, 22
비교 형용사 123
비동태성 명사 107
비례 관계 접속 153
비례적 대립 57
비밀 언어 404
비성절모음 34
비속어 390
비어 319
비원순 모음 28
비유 관계 접속 153
비음 27, 41
비음 동화 71, 238

비인접 동화 71
비인칭 대명사 109
비인칭 명사 103
비종결 어미(非終結語尾) 91
비종결 어미 91
비표준어 98, 390
비형상적인 언어 82
비형식 질문지 328
빌렌슈타인(Bielenstein) 342

## ㅅ

사동 143, 144
사동 보조 동사 117
사동 접미사 260, 261
사동사 116
사동주 116
사모예드 어군 207
사물 대명사 109
사서언해 225
사피어(Sapir, E.) 160
사회 계층 381
사회 방언 316, 317, 318, 381
사회 방언론 19
사회적 연계망 382
사회적 의미 157
삼강행실도언해 223
삼국사기 200, 221, 247
삼국유사 200, 221, 247, 248
삼인칭 대명사 109
삽입 84, 85
상 117, 135
상관 58
상관 개념 170
상관속 59
상관쌍 58
상대 개념 170
상대 시제 134
상대어(相對語) 97

상류 계층  393
상류 계층어  16
상보적 분포  55, 86
상부사  127
상성  308
상승 연접  68
상승조  65
상위어  96, 97
상의  101
상태 동사  120
상태 보조 형용사  122
상태성 명사  106
상형 문자  287, 289, 290
상황 지시성  107
생략  78, 195
생성방언학적 방법론  323, 324
서기체  275
서기체 표기  275
서법  117, 138
서법 부사  126, 128
서수사  111
서열  59
서울 방언  16, 355
석보상절  223
석봉천자문  225
선어말 어미(先語末語尾)  91, 139, 263
선언 개념  170
선택 관계 접속  150
선행문  150
설근음  38
설단음  38
설면음  38
설명 관계 접속  152
설측음  41
설측음화  72
성  394
성 차별 언어  399
성문 마찰음  40, 73
성문음  38

성분 구조  156
성분 분석  163
성상 관형사  125
성상 부사  126
성절모음  34
성절음  43
성조  65, 66, 225, 357, 365, 367, 379
성조 언어  65
성조 체계  308
성취 보조 동사  117, 118
세기  43, 47
셰익스피어(Shakespeare)  180
소쉬르  44
소유격  133
소학언해  225
속격  133
속삼강행실도  224
속어  319, 405
수 관형사  125
수긍 가능성  325
수메르 문자  289
수사  102, 110, 111
수사적 효력  179
수식언  102
수용성  321
수평조  65
수행 발화  182
수행문  184
순간상  137
순경음  307
순서상  137
순음  37
순차 관계 접속  152
순행 동화  71
스트리트(Street. J.)  215
습관 보조 동사  117, 118
시간 부사  126, 137
시간 직시  187
시용향악보  224

시인 보조 형용사  122
시제  117, 134
시제 부사  127
시제법  261, 263
시행 보조 동사  117, 118
신라어  218, 247
신성 문자  289
신어 창조  99
신정국문  228
신증유합  224
신형 체계  146, 147
실어증  413
실질 형태소  84
심리 동사  120
심리 형용사  123
심리언어학  408
심리한국어학  20

## ㅇ

아랍어  294
아프리카·아시아 어족  209
악장가사  224
악학궤범  224
안병희  299
알타이 어족(Altaic Family)  208, 211
알타이 어족설  215
압존법  146
야베르크(Jaberg)  330
약속법  140, 142
약속형  130
약식 전사  335
양립 불능  169
양면적 대립  57
양보 관계 접속  152
양성 모음  239
양수사  111
양순 폐쇄음  57
어간  90

어근  88
어근 창조법  99
어두 자음군  231
어두음 생략  78
어말 어미(語末語尾)  91
어말음 생략  78
어미  90
어중음 생략  78
어휘  194, 386
어휘 구조  194
어휘 등어선  346
어휘 의미론  17
어휘 형태소  83, 84
어휘상  136, 137
어휘적 다의성  165
어휘적 등어선  346, 347
어휘적 사동  144
어휘적 의역  168
억양  67, 68
언명  164
언문 철자법  281
언어 계통론  204
언어 교육  417
언어 능력  179
언어 수행  183, 408
언어 지도  336
언어 지도첩  337
언어의 창조성  408
언어의 혁신  388
언어적 의사소통  404
언표 내적인 행위  185
언표적 행위  185
언해두창집요  226
언해태산집요  226
언향적 행위  185
에스토니아 어(Estonian)  62
여성  393
여성어  16
역 대립  169

역가공덕분 278
역어유해 227
역질문법 330
역행 동화 71, 72
연결 어미 91
연결형 130, 131
연구개 27
연구개 폐쇄음 57
연구개음 38, 73
연령 401
연병지남 226
연서 307
연역적 방법 21
연음 법칙 385
연접 67
연합 관계 85
영동 방언권 352
영서 방언권 352
예스페르센 44, 45
예언력 325
예정상 136
오그던(Ogden, C.K.) 155
오명근 294
오스틴(Austin, J.L.) 185
오쿠라 신페이(小倉進平) 328, 352
완결식 질문법 330
완곡어법 405
완료상 136, 368
완전 동사 118
완전 동화 71
왜어유해 227
외국어 차용 99
외래어 94, 415
외래어 표기 416
외연적 의미 156
용비어천가 223, 308
용언 102
우랄 어족 207
우설적 사동 144

우설적 표현 135
운소 52
운소론 52, 61
운율적 자질 43
울만(Ullmann, S.) 155, 193, 197
울타리 표현 398
움라우트 77, 244, 246, 361, 364, 386
원각경언해 306
원격 동화 71
원순 모음 28
원순 모음화 243
원시 부여어 202
원인격 134
원칭 대명사 109
원칭 사물 대명사 110
원형 언어 205
월인석보 223
월인천강지곡 223, 308
운율 자질 61
유무적 대립 58
유사어 96
유성 마찰음 235
유성음 56
유성음화 74
유속 합성어 94
유연성 194
유의어 96
유정 명사 106
유트(Jud) 330
유표 계열 58
육진 방언 378
운음 227
융합 합성어 94
은어 405
은유 188, 190
음상(音相) 86
음성 기관 25
음성 기호 23
음성 기호 지도 338

음성 모음 239
음성 언어 285, 314
음성 전사 29
음성적 등어선 346
음성학 23
음세 68
음소 52, 53, 57
음소 문자 287, 291
음소론 52
음소적 등어선 346, 348
음소적 변이 형태 86
음운 52, 384
음운 규칙 68
음운 문자 291
음운 전위 79
음운론 52, 321
음장 61, 357, 365, 367
음장 연어 63
음장소 63
음절 문자 287, 292
음절 43
음절핵 46
음차 275
음향 음성학 24
응낙법 140, 142
응낙형 130
응용 언어학 406
응용 한국어학 16, 406
응집성 179
의도 관계 접속 151
의도법 261, 262, 263
의도 보조 동사 117
의문법 140
의문형 130
의미 155, 158
의미 공준 163, 165
의미 자질 162
의미론 188, 321
의미의 일반화 196

의미의 특수화 196
의미적 등어선 347, 349
의사 소통 179
의역 168
의존 명사 105, 106
의존 형용사 121
의존 형태소 82, 83
의지 감탄사 129
이광호 299
이기문 202, 216, 219, 221, 230, 263
이도 299
이두 276, 299, 301, 302
이두 표기 276
이두 표기법 299
이두문 299
이론한국어학 16
이륜행실도 224
'ㅣ' 모음 동화 71
이서 299
이숭녕 250
이원 대립 169
이음 55
이음동의어 96
이익섭 352
이인칭 대명사 109
이주행 384
이중 모음 34
이중 모음화 359
이중 체계 324
이집트 문자 289
이토 299
이화 80
인과 관계 접속 151
인구어 82, 103
인도·유럽 어족 206
인두 26
인두음 38, 41
인상주의 전사 336
인접 동화 71, 72

인지 상실증 413
인지적 의미 156
인칭 대명사 108
인칭 명사 103
인칭 직시 187
인터넷 402
일인칭 대명사 108
임상언어학 412
임상한국어학 20
임신서기석 275
임신서기석문 221
입겿 277
입성 308
입천장 27
잉여 규칙 163, 165

## ㅈ

자강도 372
자기 공명 영상 400
자동사 115
자립 명사 105
자립 형태소 83, 84
자모 문자 291
자유 변이 56
자유 이음 56
자음 36
자음 동화 70, 238
자음 체계 59, 229, 231, 234, 240, 244
자음의 제자 305
장소 부사 126, 128
장소 직시 187
장애음 39, 40, 74
장음 36
장음화 357
장형 부정법 148, 356, 358, 359
장형 사동 144
재구 201
재귀 대명사 110

저모음 28
적절성 179, 181, 321
전기 중세 한국어 231, 232, 258
전동음 41
전라도 방언 16, 362
전사 334, 335
전산한국어학 20
전설 모음 28
전설 고모음화 357, 359
전설 모음화 243, 363, 376, 379
전성 어미 91, 92, 132
전성형 130, 132
전염 195
전이음 41, 42
전제 185, 186
전주 290
전치사 103
전통문법론 394
전통방언학적 방법론 323
전환 관계 접속 153
절 82
절대 시제 134
절적 사동 144
접두사 89, 124
접미사 89
접미사적 사동 144
접사 88
접속 150
접속 조사 112, 114
접속사 102, 128
접속언 102
정도 부사 126
정밀 전사 335
정밀 표기 29
정의적 부가 의문문 397
정의적 의미 157
정인지 302
정점음 45
제1차 기본 모음 29, 30

제2차 기본 모음  30
제보자  329, 330, 332
제왕운기  276, 299
제자해  303
제주도 방언  16, 367
조건 관계 접속  151
조사  102, 103, 112
조선관역어  200, 222
조선어연구회  281
조선어학회  281
조어  201
조어법  99
조음 음성학  24
조음법  37
조음점  37, 38
조음체  37, 38
조형용사  121
존대법  145
존비법  145
존재 형용사  123
종결 보조 동사  117, 118
종결 어미(終結語尾)  91
종결형  130
종성 체계  307
종속 연결 어미  92
종속 연결형  131
종속 접속  150, 151
주격  112, 133, 255
주격 조사  112, 256, 257
주동사  116
주시경  280
주의미  193
주제  174
주제 관계  174, 176
주제적 의미  158
주체 경어법  145
중국·티베트 어족  208
중국어  66
중류 계층어  16

중설 모음  28
중성 체계  307
중세 한국어  203, 255, 261, 273
중세어  98
중칭 대명사  109
중칭 사물 대명사  110
중핵 의미  192
중화  69
중화 현상  69
지사  290
지속상  137, 138
지시  173
지시 관형사  125
지시 형용사  123
지역 방언  316, 317
지역 방언론  19
지정사  102, 124
직설법  138
직시  187, 188
직접 방법  325
직접 질문법  329
진리  179
진리 값  178
진리 조건  177
진열 지도  337, 338
진행 보조 동사  117
진행상  136, 368
질리에롱(Jules Gillieron)  201, 326
질문법  329
질문지  328

**ㅊ**

차리·나일 어족  210
차용어  250
차자 표기  297
채움말  389, 390
처격  134
처용가  298

천연색 지도  338, 339

첨가  79

첨가어  215

첩해신어  226, 257

청유법  140, 141

청유형  130

청자 경우법  145, 146, 355, 357, 362, 364,
    369, 372, 378, 380, 403

청취 음성학  24

체언  102

체언문  272

초분절 자질  47

초분절음  43

초성 체계  305

촘스키(Chomsky, N.)  411

최소 대립어  53

최학근  352, 353

추측 보조 형용사  122

추측법  138, 364

축소  198

축약  78

충청도 방언  16, 358

치간음  37

치음  37

치조 폐쇄음  57

치조음  37, 73

치환식 질문법  331

친근성  194

친족 관계  204


**ㅋ**

카르납(Carnap, R.)  164

캐롤(Carrel, L.)  186

캐츠(Katz, J.J.)  184

켐슨(Kempson, R.M.)  169

코카시아 어족  209

크루즈(Cruse)  158

키릴 문자  296

키릴·러시아 문자  291


**ㅌ**

타동사  115

타부  197

탄설음  41

탈락  78

터키 어군  212

텍스트 한국어학  18

통사 등어선  346

통사 의미론  17

통사론  81, 82, 321

통사적 등어선  347, 348, 349

통시적 연구 방법  21

통신 언어  402

통용어  98

통합 관제  85

통합 체계  324

퉁구스 어군  213

특수어  405

특이한 등어선  345

특정칭  108


**ㅍ**

파생 접사  89

파생 형용사  259

파생법  99

파생어  93, 259

파찰음  39, 40

팔세아  227

페니키아 문자  295

평가 형용사  123

평상 연접  67

평서법  140

평서형  130

평성  308

평순 모음  28, 31

평안도 방언  16, 372

평안도  372
평탄 연접  68
폐모음  28
폐쇄 연접  67, 88
폐쇄음  39, 55
폐음절  46
폐중모음  28
포더(Fodor, J.A.)  184
표기법  275
표음 문자  287
표음주의  279, 284
표음주의적 원리  309
표의 문자  287, 290.
표의주의  284
표의주의적 원리  309
표준어  98, 319, 321, 415
품사(品詞)  100
피노·우그릭 어군  207
피동  143
피동 보조 동사  117
피동 접미사  116, 259
피동사  116
피사동주  116
피어슨  385
필모어(Fillmore)  187

## ㅎ

'ㅎ' 곡용어  238
'ㅎ' 말음 체언  230, 238, 254
하강-상승조  65
하강 연접  68
하강조  65
하류 계층  393
하류 계층어  16
하위어  96, 97
하의  101
하의 관계  97
학교 문법  417

한국어 계통론  19
한국어 교육론  19
한국어 교육학  406
한국어 담화 분석론  18
한국어 문법론  17, 81
한국어 문자론  19
한국어 문체론  20
한국어 방언론  19
한국어 순화  415
한국어 음성학  16
한국어 음운론  17
한국어 의미론  17
한국어 정책론  19, 414
한국어 화용론  17
한국어  15
한국어사  18, 200
한국어학  15, 16, 21
한국어학사  18
한글  291, 416
한글마춤법 통일안  281, 310
한글 맞춤법  282, 284, 309
한영순  352
한자  290, 416
한자어  249
한청문감  227, 243
함경도 방언  16, 66, 375
함의  186
합성 동사  260
합성 명사  260
합성법  99
합성어  93, 94
합용 병서  233, 306, 308
해석 지도  337, 340
핵 방언권  332
햄릿(Hamlet)  180
행위자격  134
향가  297
향약구급방  222, 249, 278
향약집성방  222

향찰  220, 277, 278
향찰 표기  277
향찰 표기법  297
현대어  98
현대 한국어  254, 258, 261, 267, 275
현장 연구 방법  21
현재 시제  135
현지 조사자  333
협동 원칙  181
형성  290
형식 질문지  328
형식 형태소  84
형용사  102, 120
형태론  81, 321
형태론적 사동  144
형태소(形態素, morpheme)  82, 83, 160
형태적 등어선  346, 348, 349
형태적 변이 형태  86
호흡부  24
혼종어  94
혼태어  95
혼합형 지도  341
홍무정운역훈  223
화용론  183, 188, 321
화제  179
화행  183, 184
확대  198

확인법  138, 140
확인적 부가 의문문  397
환칭  99
활용  130
활용 접사  89
활용형  130
활음  42
황해도 방언  16, 370
회상법  138, 139
회의  290
회화 문자  287
후기 중세 한국어  222, 235, 238, 239, 253, 258
후두  25
후레게(Frege, G.)  173
후설 모음  28
후행문  150
훈몽자회  224
훈민정음  223, 232, 234, 302, 303, 307, 308
훈민정음의 체계  305
훈민정음 해례  302, 303, 304, 308
훈차  275
휴지 연접  67
희망 보조 형용사  122

## 이석주 李奭周

한성대학교 인문대학 한국어문학부 명예 교수
■ 저서
『국어형태론』(한샘출판사)
『의미론』(공역, 한신문화사)
『국어 의미론』(공저, 개문사)
『한국어사』(공저, 영진출판사)
『대중 매체와 언어』(공저, 역락출판사)
『방송 화법의 이론과 실제』(공저, 집문당)
『화법 교육의 이해』(공저, 박이정)
『신문 방송 기사 문장』(공저, 한국언론연구원)
『신문 기사의 문체』(공저, 언론연구원)
『어떻게 쓸 것인가』(공저, 한성대출판부)
『고교 화법』(공저, 금성출판사)

## 이주행 李周行

중앙대학교 인문대학 국어국문학과 명예 교수
국제한국어교육문화재단 부이사장
■ 저서
『한국어 의존명사의 통시적 연구』(한샘출판사)
『한국어 문법의 이해』(월인출판사)
『한국어 문법 연구』(중앙대학교 출판부)
『현대국어 문법론』(대한교과서주식회사)
『한국어 의존명사 연구』(한국문화사)
『외국어로서의 한국어 문법 교육론』(보고사)
『어문 규범의 이해』(보고사)
『한국어 사회방언과 지역방언의 이해』(한국문화사)
『표준 한국어 발음 사전』(공저, 지구문화사)
『국어 의미론』(공저, 개문사)
『사회와 언어』(공저, 역락출판사)
『신문 기사의 문체』(공저, 한국언론연구원)
『신문 방송 기사 문장』(공저, 한국언론연구원)
『대중 매체와 언어』(공저, 역락출판사)
『화법의 이론과 실제』(경문사)
『화법 교육의 이해』(공저, 박이정)
『비교역사언어학』(공역, 학연사)
『인간관계와 의사소통』(공역, 한국문화사) 외 다수

개정판

## 한국어학 개론

2006년 2월 28일 초판   1쇄 발행
2007년 2월 28일 신정판 1쇄 발행
2017년 7월 25일 개정판 1쇄 발행

**지은이** 이석주·이주행
**펴낸이** 김흥국
**펴낸곳** 보고사

**책임편집** 이경민
**표지디자인** 손정자

**등록** 1990년 12월 13일 제6-0429호
**주소** 경기도 파주시 회동길 337-15 보고사 2층
**전화** 031-955-9797(대표)
　　　02-922-5120~1(편집), 02-922-2246(영업)
**팩스** 02-922-6990
**메일** kanapub3@naver.com / bogosabooks@naver.com
http://www.bogosabooks.co.kr

ISBN 979-11-5516-705-2  93710
ⓒ 이석주·이주행, 2017

정가 25,000원